U0519910

海外东南亚研究译丛
孙来臣　主编

泰国的激进话语
泰国萨迪纳制的真面目

〔澳〕克雷格·J.雷诺尔斯　著
金勇　译
杜洁　校

商务印书馆
创于1897
The Commercial Press

Thai Radical Discourse: The Real Face of Thai Feudalism Today, by Craig J. Reynolds, originally published by Cornell University Press.

Copyright © 1987 Cornell Southeast Asia Program Publications

This edition is a translation authorized by the original publisher

中译本根据康奈尔大学出版社 1987 年版译出

本书承蒙
宁波东方联信实业发展有限公司
及王立礼博士
慷慨资助

译丛国际顾问团

王赓武（新加坡国立大学）
詹姆斯·斯科特（James Scott，美国耶鲁大学）
埃里克·塔利欧科佐（Eric Tagliocozzo，美国康奈尔大学）
安托尼·瑞德（Anthony Reid，澳大利亚国立大学）
李塔娜（澳大利亚国立大学）
通猜·威尼差恭（Thongchai Winichakul，美国威斯康辛大学）
苏尔梦（Claudine Salmon，法国国家科学研究中心）
桃木至朗（日本大阪大学）
小泉顺子（日本京都大学）
刘仁善（韩国首尔国立大学）
潘辉梨（越南河内国家大学）

译丛国内顾问团

周南京（北京大学）
梁志明（北京大学）
梁英明（北京大学）
梁立基（北京大学）
李　谋（北京大学）
张玉安（北京大学）
裴晓睿（北京大学）
戴可来（郑州大学）
贺圣达（云南社会科学院）
朱振明（云南社会科学院）
范宏贵（广西民族大学）
古小松（广西社会科学院）
孙福生（厦门大学）
庄国土（厦门大学）
陈佳荣（香港现代教育研究社）

"海外东南亚研究译丛"编委会

主　编：孙来臣（加利福尼亚州立大学富勒敦分校）
副主编：李晨阳（云南大学）　　　　　傅聪聪（北京外国语大学）
　　　　张振江（暨南大学）
编　委：薄文泽（北京大学）　　　　　金　勇（北京大学）
　　　　杨保筠（北京大学）　　　　　史　阳（北京大学）
　　　　夏　露（北京大学）　　　　　杨国影（北京大学）
　　　　吴杰伟（北京大学）　　　　　包茂红（北京大学）
　　　　顾佳赟（北京外国语大学）　　于向东（郑州大学）
　　　　孙衍峰（中国人民解放军信息　易朝晖（中国人民解放军信息
　　　　　　　 工程大学洛阳校区）　　　　　　工程大学洛阳校区）
　　　　陈红升（广西社会科学院）　　易　嘉（云南民族大学）
　　　　林明华（广东外语外贸大学）　牛军凯（中山大学）
　　　　毕世鸿（云南大学）　　　　　范宏伟（厦门大学）
　　　　邓仕超（暨南大学）　　　　　叶少飞（红河学院）
　　　　许芸毓（天津外国语大学）　　杜　洁（成都大学）
　　　　阳　阳（广西民族大学）
秘书处：李晨阳（cyli_dny2002@126.com）
　　　　傅聪聪（johanikhwan@aliyun.com）
　　　　陈红升（574343199@qq.com）

筚路蓝缕，以启山林
——"海外东南亚研究译丛"总序

孙来臣

从20世纪初期的南洋研究算起，中国研究东南亚的历史几近百年。从南洋研究的先驱人物到东南亚研究的后继学者，薪火相传，辛勤耕耘，使中国的东南亚研究从机构建设、人才培养、资料收集和学术出版诸方面都初具规模、引人注目。

在21世纪初的今天，随着中国国力的提升，东南亚地区重要战略地位的凸显，以及中国与东南亚关系的日益密切，中国对东南亚研究重视的程度日渐加强，民间对东南亚地区的兴趣也愈加浓厚。此外，一批具有国际视野、外语知识和研究能力的学者群体也有望逐渐形成。这些都将会在21世纪把中国东南亚研究推向一个前所未有的高峰。但是，反思中国东南亚研究的今昔，对照美欧、日本和东南亚地区的研究状况，我们又不得不承认，在学术环境、学术视野，研究题目与田野调查的深度和广度，研究资料的购置和收藏，资料和外语的掌握，尤其是重要概念和重大理论的创造等方面，中国的东南亚研究仍落居人后，差距显著，要跻身国际前列并引领世界潮流尚需时日。到目前为止，中国的东南亚研究还缺乏独创的理论和研究框架。要真正走向世界、产生国际影响，就必须在材（史）料上阅读原文、"脚踏实地"（田野调查），实现从"原料进口"到"独立生产"的转变；在研究方法上完成从"刀耕火种"（梳理材料、描述事实）到"工业革命"的飞跃（创造概念、理论和发现重大规律），实现从单一学科到交叉学科、从传统学科（历史、文化、经济、外交、华侨华人等）到前沿学科（包括妇女、性别、生态、气候、环境、医学等）的开拓；而在研究视野上要从微到著，从一（国）到多（国），高屋建瓴，以全球眼光将东南亚地区作为世界的一个有机部分来审视。以此为基础，进而出现一批闻名中国、享誉世界的重要著作和学者，其中最重要的一个标准就是这些著作的观点理论和研究范式要在国内外产生重大甚至爆炸性的影响，达到不胫而走、洛阳纸贵的程度。也就是说，中国的东南亚研究要从学习、借鉴国外的理论和学说开始，进而创造出自己的理论，最后受到国际学术界的广泛肯定和承认。

有鉴于此，翻译与引进国外的优秀著作对中国东南亚研究的进步与起飞至关重要。明末徐光启提出"欲求超胜，必须会通；会通之前，先须翻译"的思想，对中国东南亚研究的发展具有重大而直接的启发意义，而鲁迅"拿来主义"的观点在世界文明交流的过程中则永不过时。中国近百年来对海外的东南亚研究著作时有翻译，为介绍国际学术信息起到了积极的作用，功不可没，但在著作的选择、翻译的组织和翻译质量的管控方面都多有局限。为促进中国东南亚研究与海外的交流，促成中国东南亚研究早日与国际接轨，发掘、培养一批优秀翻译人才，并逐步提高学术界对翻译重要性的认识，在海内外学界的热心促成和康德基金会的鼎力支持下，现在由商务印书馆推出"海外东南亚研究译丛"，出版海外东南亚研究各方面（包括历史、考古、政治、经济、华侨、宗教、文化、语言、文学等）的优秀著作。译丛下设顾问团（其中包括国际顾问团与国内顾问团）和编委会。国际顾问团由国际上东南亚研究领域的著名学者组成，负责推荐海外优秀和经典的著作；国内顾问团则由国内东南亚研究领域的著名学者组成，负责确定出版方向、推荐优秀翻译人才等。译丛编委会由国内外精通中外文（外文包括东南亚非通用语种与其他通用语种）、热爱翻译、善于翻译、富有学术献身精神的学者组成。编委会成员根据各方面专家（包括编委会成员）的推荐，审查、确定需要翻译的著作目录，负责物色优秀翻译人才、确定翻译人员、审定翻译作品、保证翻译质量等。光阴荏苒，日月如梭，译丛最早从2010年开始酝酿，距今已经整整八个年头！译丛于2014年7月12日正式在云南大学启动。同时，为了鼓励翻译，译丛编委会在康德基金会的鼎力支持下又设立"姚楠翻译奖"（2017年1月1日之后，改由北京大学博士王立礼先生私人慷慨赞助），从2015年起每两年进行一次评选和颁奖。在译丛筹备的过程中，几位热心支持我们的国内外顾问在近年先后作古，今谨以译丛的正式出版慰藉其在天之灵。

组织并联合国内外的学术力量和资源，系统翻译海外东南亚研究著作的努力在国内尚属首次。译丛这些年一路走来，困难重重、步履维艰，其中包括资金缺乏、学术界漠视翻译以及译才难得等。可喜的是，近几年国内外的学术翻译在渐渐升温。美国"亚洲研究学会"设立了有关中国、南亚和东南亚方面的翻译奖项，显示出国际学术界对翻译的逐渐重视；国内的"海外中国研究丛书"的连续出版和巨大影响也非常令人鼓舞。特别是本译丛的编委会成员们以"筚路蓝缕，以启山林"的理念与献身学术的精神，秉持"假我十年，集同志数十手，众共成之"（明末著名天主教徒杨廷筠语，系其在欣闻法国传教士金尼阁从欧洲采购七千多部西书运抵中国后，计划组织翻译时所说）的信念，为推动中国东南亚研究的发展和进步一直不计名利，默默奉献。我们也希望各方面的有志之士加入到我们的行列中，共同为中国的学术繁荣和中外学术的交流增砖添瓦、贡献力量。我们也竭诚欢迎国内外学术界对我们的译著进行坦诚而细致的评论，因为我们非常欣赏鲁迅的这段话："翻译的不行，大半的责任固然该在翻译家，但读书界和出版界，尤其是批评家，也应该分负若干的责任。要救治这颓运，必须有正确的批评，指出坏的，奖励好的，倘没有，则较好的也可以。"

最后，我们衷心希望本译丛以他山之石，攻中国之玉，为中国东南亚研究的发展和腾飞开山凿洞、架桥铺路！

"海外东南亚研究译丛"的信念：中国东南亚研究亟须振兴与国际化，而翻译海外精品著作则是实现该目的的重要途径之一。

"海外东南亚研究译丛"的座右铭：翻译精品，精品翻译；精益求精，宁缺毋滥。

"海外东南亚研究译丛"的目标：出版一批精品译著，开拓一块学术净土，造就一批优秀译才，建设一座通（向）世（界）桥梁。

目录

中文版翻译说明 1
译者序 2

序　言 11
致　谢 13

第一章　泰国历史中的集·普米萨 16
　　泰国的历史书写 16
　　集·普米萨生平的建构 22
　　集·普米萨的生平 30
　　　　冷战中的泰国 37
　　　　学生政治——1953 年 46
　　　　死亡 58
　　有关翻译的说明 62

第二章　当今泰国萨迪纳制的真面目 68
　　引　言 68
　　萨迪纳生产制度的总体特征 72
　　　　萨迪纳一词的含义 72
　　　　萨迪纳制的经济特征 73
　　　　萨迪纳制的政治特征 78

萨迪纳制的文化特征 84
            萨迪纳制的起源概述 91
        泰国萨迪纳制的起源 102
            泰国社会与奴隶制 103
            从泰国原始公社制到奴隶制 108
        泰国由奴隶制到萨迪纳制 114
        泰国的萨迪纳制 125
            经济特点 125

        附编辑手记 198
        尾　注 198

第三章　泰国过去的封建制 207
        隐喻与正统意符 208
        萨迪纳术语的历史 210
        当今泰国萨迪纳制的真实面目 215
        史学新范式占据主流 225
        萨迪纳的回归 230
        萨迪纳与煽动性 235

第四章　结论 237

参考文献 244
附录一　泰国历史研究中的马克思主义 263
附录二　第二章泰文转写原文对照 302

中文版翻译说明

本书第二章是集·普米萨《当今泰国萨迪纳制的真面目》的英译版本，中文版翻译时参考、对照了泰文原版。雷诺尔斯参照的泰文母本是较早的版本，在个别引注和内容上与今天通行的经过泰国学者勘定的泰文版有所区别。英译本与泰文版有冲突处，中译本均以通行的泰文原版为准。

由于本书涉及英文和泰文两种文字，这两种语言的文本均涉及原文对照和转写的问题，为体现出区别，译者在翻译时采取以下规则：

1. 第一、三、四章，雷诺尔斯在英文行文中的泰文拉丁转写均予以保留，在中文译文中用斜体表示，如尼拉诗体（*nirat*）。

2. 第二章，集·普米萨的泰文文本中使用的外文原文对照，在中文译文中全部以大写英文字母标注。如"生产关系"（PRODUCTIVE RELATIONSHIP）。雷诺尔斯英译本中的泰文拉丁转写予以保留，在中文译文中以斜体标出，并加标下划线，以示为泰文转写词，如"派"（*phrai*）或"列"（*lek*）。

3. 译者在中文译文中使用的原文对照，若原文为英文，则以英文表示，并以括号标出，如前宫政变（Front Palace revolt）；若原文为泰文，由译者转写为拉丁字母，则在转写后下标下划线（人名、地名除外），以区别于雷诺尔斯英文中的泰文转写，如农业（kasikam）。

4. 译者的泰文转写规则参照《泰国王家学术委员会泰文拉丁字母转写规则》，但此规则并不区分长短音，对一些音位相近或相同的因素也不区分，因此有些泰国人根据自身实际情况对转写规则进行改动，但并无统一标准。本书保留了那些已出版或已被广泛认可的专有名词的转写，其余则统一按照王家学术委员会颁布的规定转写。

5. 无论雷诺尔斯还是集·普米萨的文本，文中出现的加粗字体均在译文中予以保留，原文中出现的斜体，在中文译文中以字下加着重号标注。

译者序

克雷格·J. 雷诺尔斯（Craig J. Reynolds）是澳大利亚国立大学著名的泰国史和东南亚史专家，他一生的职业和个人生活都和泰国紧密相连。雷诺尔斯深耕泰国历史研究数十年，著述颇丰，对推动泰国史学研究做出了重要的贡献，泰国学术界都亲切地称呼他为 Achan Craig，意为"克雷格老师"[①]。

雷诺尔斯1941年6月7日出生于美国芝加哥，1959年毕业于位于纽约罗切斯特的布莱顿中学（Brighton High School），1962年在马萨诸塞州的艾姆赫斯特学院（Amherst College）获得英语文学学士学位。毕业后他并未急着就业，而是报名成为美国和平队（Peace Corps）[②]的志愿者。1963年9月，雷诺尔斯被派往泰国南部半岛地区西岸的甲米府，成为当地中学的一名英语老师。这是年轻的雷诺尔斯第一次与泰国结缘，或许当时他并未想到泰国研究会成为自己日后终生致力的事业。今天的甲米已经发展成为泰国著名的旅游胜地，拥有豪华的旅游度假村、国际机场和人声鼎沸的夜市，但在20世纪60年代，甲米还是一个默默无闻的小渔村，条件十分艰苦，就连当时的泰国教育部官员也认为那里属于泰国的欠发达地区。但是远离繁华的首都曼

[①] 泰语 Achan 来自梵语 ācārya，用来称呼高等院校中的教师和科研人员，和作为对某一领域有专长的人的尊称。
[②] 美国和平队（Peace Corps）是一个由美国联邦政府管理的美国志愿者组织，是1961年在肯尼迪总统的倡议下组建的。二战之后，为了对抗共产主义在亚洲和拉丁美洲的扩张，美国在世界范围四处出兵，进行军事干预，导致众多第三世界国家，特别是刚刚摆脱殖民统治而获得独立的亚非新兴国家对美国印象不佳。肯尼迪总统希望美国和平队可以通过志愿者活动，向第三世界国家提供经济、教育和社会等方面的技术支持和援助，宣传美国文化，促进相互了解。和平队的志愿者必须是美国公民，一般都具有大学本科学历，他们在接受三个月的培训之后，在美国境外服务两年。和平队一直蓬勃发展，自1961年以来已有超过22万美国年轻人参加过和平队，为全世界141个国家提供了志愿服务。

谷，反倒使雷诺尔斯对泰国底层社会有了真切的体验和认识。

1965年9月，雷诺尔斯结束了为期两年的志愿者服务回到美国，进入康奈尔大学（Cornell University）继续攻读博士学位。由于在泰国的志愿经历，他选择了康奈尔大学的东南亚项目（Southeast Asia Program，简称SEAP）。东南亚作为一个区域概念始于二战之后，在冷战背景下，东南亚成为意识形态争夺的主要战场之一，该地区在国际事务中的重要性日益凸显，美国迫切需要通晓当地语言和国情的专家学者。美国政府分别在耶鲁大学、康奈尔大学、加州大学伯克利分校等地建立了专门的东南亚研究项目，其中尤以建立于1950年的康奈尔大学东南亚项目的成效最为显著。在洛林斯顿·夏普（Lauriston Sharp）和乔治·卡欣（George Kahin）等人的领导下，康奈尔大学逐渐成为美国东南亚区域研究的重镇。他们十分重视语言能力，一方面提供覆盖整个东南亚的主要语言的教学，一方面配合语言教学打造了美国最丰富的东南亚语种书籍资料库，即今天的约翰·爱科尔斯藏书（John M. Echols Collection），其中仅泰语藏书就超过7万本。由于是学习文学出身，雷诺尔斯最初想选择语言学，但成为博士候选人之后，最终选择了历史学。在这里，他师从著名的东南亚研究专家奥利弗·沃尔特斯（Oliver W. Wolters）、大卫·怀亚特（David K. Wyatt）、斯坦利·奥康纳（Stanley J. O'Connor）等人，此外他还结识了一批热情的同学：禅威·格塞希利（Charnvit Kasetsiri）、阿金·叻丕帕（Akin Rabibhadana）、塔·查冷迭拉那（Thak Chaloemtiarana）、伦纳德·安达亚（Leonard Andaya）、芭芭拉·沃森·安达亚（Barbara Watson Andaya）、雷纳尔多·伊莱托（Reynaldo Ileto）、诺尔·巴蒂（Noel Battye）等。他们中很多人都是来自东南亚本土的年轻学者，特别是有不少来自泰国的学者。在和他们的接触中，雷诺尔斯逐渐培养起对泰国历史的学术兴趣，而当时在康奈尔的年轻的政治学讲师本尼迪克特·安德森（Benedict R. O'G. Anderson）对雷诺尔斯的学术兴趣的转变也起了推动作用。雷诺尔斯后来写作《泰国的激进话语：泰国萨迪纳制的真面目》时，安德森"以其过人的语言和概念理解上的天赋，提出了许多翻译和编辑问题上的建议"，他一直对此心存感激。在安德森去世之后，雷诺尔斯动情地说道："我从未选过他的课，但他是我的老师，我从他身上学到了很多，我很幸运，曾和他短暂相遇共事过。"①

在获得博士学位之后，雷诺尔斯在1972年前往澳大利亚悉尼大学（University of Sydney）任教，在那里工作了20年，并培养出包括孔莉莎（Hong Lysa）、缇达·沙拉雅（Dhida Saraya）和通猜·威尼差恭（Thongchai Winichakul）在内的一批优秀的历史学家，他们在泰国史和东南亚史研究领域均颇有建树，其中尤以通猜的学术影响力最大，他在东南亚史学界影响深远的著作《图绘暹罗：一部国家地缘机体的历史》（*Siam Mapped: A History of the Geo-Body of a Nation*）②正是在雷诺尔斯指导下写作的博士论文基础上完成的。1991年，雷诺尔斯又举家搬到堪培拉，在澳大利亚国立大学（Australian National University）的太平洋和亚洲研究学院（Research School of Pacific and Asian Studies）从事教学和研究工作，一直到他2007年荣休。

雷诺尔斯的历史研究讨论的问题驳杂，涉猎广泛，且始终对各种新思潮、新方法和新视角保持着开放的态度。在康奈尔就读期间，他就在沃尔特斯的影响下养成了跨学科研究和对复杂概念的兴趣。由于学习文学出身，雷诺尔斯在文章中非常注意话语分析，重视语言和修辞的力量，强调概念的精准。在悉尼大学任教期间，因为工作需要，雷诺尔斯还教授一些涉及人类学、社会学和符号学等人文和社科理论的课程，他也将这些学科知识和观念引入自己的历史研究中。从20世纪80年代开始，历史学内部的研究范式开始转变，不断遭到后现代文化理论家的冲击，他们对历史研究的中立客观和历史叙事的连贯性和解释力都进行了批判。雷诺尔斯是较早接受后现代思潮的历史学家之一，熟悉后结构主义和解构主义的方法和术语，因而也受到了一些攻击。但是他并不以为意，认为这种转变是大势所趋，但在实践中他又相当克制，这一点集中反映在他的文章《泰国历史的情节：方法与实践》（The Plot of Thai History: Theory and Practice）③中，在文中他利用后现代史学

---

① 详见https://seap.einaudi.cornell.edu/ben-anderson-eulogy-surabaya-indonesia-december-19-2015-thak-chaloemtiarana（查询时间：2017年9月20日）。

② Thongchai Winichakul, *Siam Mapped: A History of the Geo-body of a Nation*, Honolulu: University of Hawaii Press, 1994.

③ Craig Reynolds, "The Plot of Thai History: Theory and Practice," in Gehan Wijeyewardene and E. C. Chapman, ed., *Patterns and Illusions: Thai History and Thought in Memory of Richard B. Davis*, Canberra: Australian National University, 1992, pp. 313-332. 泰文译本是由拉查尼蓬·占塔拉阿

家海登·怀特（Hayden White）的情节化（emplotment）分析框架，对泰国1932年革命和通猜提出的"地缘机体"（the geobody of Siam）进行分析，批判了保皇派和民族主义史学对泰国历史的情节化的影响。这篇文章被译成泰文后，在泰国史学界产生了深刻的影响，推动了泰国史学方法和观念的创新。

雷诺尔斯非常重视泰国本土学者和本地语言对历史写作的意义，强调泰语语境和本地视角，这多少有一些人类学家的"文化主位"观察视角的意味。事实上，他的历史写作也的确注意借鉴和吸收人类学家的民族志写作经验。同时，不同于许多西方学者，雷诺尔斯精通泰语，不仅是满足阅读文献和日常交流的程度，他还经常直接使用泰语而不是母语英语来进行演讲。从1977年开始，雷诺尔斯多次受邀到泰国各大学用泰语进行讲座，为了能够准确地表达所有的观点，雷诺尔斯不得不花大量时间"做作业"。在这个过程中，他发现这不仅仅是语言转换的问题，还包括思想和思考的出发点的差异。得益于良好的泰语功底和对泰国的熟稔，雷诺尔斯敏锐地观察到泰国学界在不同时期的范式和趋向的变化，以及泰国社会的时代转型，同时他又见微知著，从一些词语的微妙区别中，发现其背后的重要意义，从而进行鞭辟入里的分析。①

雷诺尔斯的学术生涯是从泰国的宗教史研究开始的。他的第一篇作品是他未出版的博士论文《十九世纪泰国的佛教僧伽》（*The Buddhist Monkhood in Nineteenth-Century Thailand*）②，从制度化和思想史的角度考察了19世纪泰国的僧伽宗教改革，对法宗派（Thammayutika）和大宗派（Mahanikaya）的分裂进行了深入浅出的分析。后来在1976年发表的《泰国历史中的佛教宇宙观，特别参照十九世纪文化变革》（Buddhist Cosmography in Thai History,

---

（接上页）里（Rachaniphon Chantharaari）翻译的，见 Craig Reynolds, *Chaosua khunsuak sakdina phanyachon lae khonsamaya*（Tycoons, warlords, feudalists, intellectuals, and common people）Bangkok: Textbook Foundation Project for the Humanities and Social Sciences, Thammasat University, Trans. and ed. Varuni Otsatharom。

① 本书中对"萨迪纳"一词的分析即是一例。
② Craig J. Reynolds, "The Buddhist Monkhood in Nineteenth-Century Thailand," PhD. dissertation, Cornell University, 1973.

with Special Reference to Nineteenth-Century Culture Change》[1]一文中，雷诺尔斯明确提出暹罗的佛教改革首先是在西方文化的冲击下，精英阶层在思想层面上对传统佛教三界宇宙论的变革。随后，他又编译和评论了僧王瓦栖拉延瓦罗洛（Wachirayan Warorot）的自传[2]，进一步指明在五世王朱拉隆功时期的国家政治改革与僧伽改革的密切关系。雷诺尔斯还陆续发表了关于佛教经济变革、佛教与政治、佛教与传统文化和女性权利等方面的文章，但同时他对泰国的关注点开始由传统社会向现代转移。他对泰国的现代思想史，尤其是20世纪60年代以来的左翼思潮和激进知识分子的历史产生了浓厚兴趣。

1983年，雷诺尔斯和孔莉莎合作完成了《泰国历史研究中的马克思主义》（Marxism in Thai Historical Studies）[3]一文，追溯了二战结束后三十多年来以马克思主义为代表的左翼思想在泰国的发展历程，挑战军人独裁统治和保守主义的激进知识分子的谱系，以及对泰国社会形态的争论。这篇文章是一部开创性的作品，它把这场意识形态之争还原到现代泰国的社会语境中，将左翼思想影响下的文学和历史研究与激进的政治运动直接联系起来，而这场政治运动在1973年10月14日之后达到高潮。在这些激进知识分子及其言论中，集·普米萨（Jit Phumisak）及其1957年首版的著作《当今泰国萨迪纳制的真面目》（后文简称《真面目》）显得格外光彩照人。这篇文章也成为雷诺尔斯后来的专著《泰国的激进话语：泰国萨迪纳制的真面目》（即本书，后文简称《激进话语》）的分析框架，他将集·普米萨和《真面目》从群像中摘选出来，置于舞台中央。事实上，雷诺尔斯对集的兴趣早在20世纪70年代就开始了。雷诺尔斯一贯表现出对特立独行的思考者和知识分子的同情，他最早发表的文章并不是宗教史研究，而是关于19世纪末一个叫K. S. R.古腊（K. S. R. Kulap）[4]的平民出身的学者，他凭借自身努力和才华，进入

---

[1] Craig J. Reynolds, "Buddhist Cosmography in Thai History, with Special Reference to Nineteenth-Century Culture Change," *The Journal of Asian Studies*, Vol. 35, No. 2 (Feb., 1976), pp. 203-220.

[2] Craig J. Reynolds, ed. and trans., *Autobiography: The Life of Prince-Patriarch Vajiranana of Siam, 1860–1921*, Athens: Ohio University Press, 1979.

[3] Craig J. Reynolds and Hong Lysa, "Marxism in Thai Historical Studies," *The Journal of Asian Studies*, Vol. 43, No. 1 (Nov., 1983), pp. 77-104.

[4] Craig J. Reynolds, "The Case of K. S. R. Kulap: A Challenge to Royal Historical Writing in Late Nineteenth-Century Thailand," *Journal of the Siam Society*, 61, 2 (July 1973), pp. 63-90.

此前由贵族垄断的知识领域（主要是历史领域），因而受到王权和贵族的压制、贬低甚至污蔑。① 而集·普米萨和古腊是同一个序列中的人物，同样是出身低微，但却才华横溢，挑战当局的知识权威，因而被当权者视为洪水猛兽，并被以煽动叛乱、藐视君主或共产主义的罪名逮捕和起诉。②

集·普米萨是泰国著名的历史学家、语言学家、文艺评论家和诗人，1930年出生于巴真武里府，是一名底层公务员的儿子。他幼年随父亲工作调动而搬来搬去，二战后搬到曼谷并完成了高中学业。之后他进入朱拉隆功大学文学院学习历史，并在大学期间开始了写作生涯。由于他的左翼思想和带有激进言论的著作，集被沙立·他那叻军人政府投入监狱关押了6年。1964年，集获释后进入丛林加入了泰国共产党领导的东北游击队武装。1966年③，他被由当地村民引路的政府军枪杀。尽管集写下了许多对学界产生重要影响的历史学、语言学和文学著作，以及大量高质量的诗歌、文艺评论、书评和影评，但大部分作品都是在他去世后才出版的。他生前籍籍无名，部分原因是因为他英年早逝，而且许多文章都是使用各种笔名发表的，但更重要的是他的作品连同他的名字，甚至他的死亡都已成为一种禁忌，被军政府查禁和抹杀。1973年学生运动之后，他侬—巴博军人政权被推翻，泰国进入短暂的文人政府时期，言论相对自由宽松，集的作品被重新发掘并广为流传，他的专著被多次出版和再版，他的歌曲和诗歌被人传唱和阅读。集·普米萨不畏军政府强权的反抗和理性批判，对社会正义的追求，对社会底层的同情理解，使他成为青年一代的精神代表，成了一个激进主义的理想符号；同时，他在研究上天赋过人，思想活跃，敢于挑战学术权威，动摇了当时传统史学的根基，激发了泰国的经济史学派和地方史、大众史的研究，而这些主要来自他的《真面目》一书的影响。

《真面目》中所采用的马克思主义理论，在今天的泰国来看并不显得激

---

① 雷诺尔斯对古腊非常欣赏，甚至曾半开玩笑地说：很遗憾没有和他生在同一个年代，无缘与他相见。
② 雷诺尔斯后来还在这个序列中加入乃汀（Nai Thim），他因创作一首冒犯国王的诗歌而遭到朱拉隆功国王的审查。详见 Craig J. Reynolds, "Sedition in Thai History: A Nineteenth-Century Poem and its Critics," in Manas and Turton, ed., *Thai Constructions of Knowledge,* London: School of Oriental and African Studies, 1991, pp. 15-36; reprinted with changes in Reynolds, *Seditious Histories: Contesting Thai and Southeast Asian Pasts,* Seattle: University of Washington Press, 2006, chap. 4.
③ 一说1965年。

进，但在当时冷战和反共产主义的氛围下，马克思主义的作品代表着禁忌，传统史学家也拒绝通过阶级分化、土地所有权、以徭役制和重税的形式体现的阶级剥削等角度来解读泰国社会。然而，集利用王家编年史（彭沙瓦丹）材料、档案等历史证据支持他的分析，加上他对语言的卓越掌控能力，使其分析雄辩有力，令人信服。当然，这不是一部成熟的著作，也未最终完成①，集在写作该书时还不到30岁，他对马克思主义的粗浅了解都来自二手材料甚至是小说，并未真正读过马克思主义的原典著作，他对"萨迪纳制＝封建制"的概念等式，也被今天学界证明是有误的。但是雷诺尔斯并未像一些西方学者一样，把这本书视为"有些幼稚的马克思主义批判"而丢在一边，而是正视它的价值，并通过它所引发的学术争议，揭示了泰国现代社会思想发展的脉络，争夺概念和术语的界定与命名背后蕴藏的物质力量，以及等级制在今天泰国社会中存留的形式。②雷诺尔斯在写作《激进话语》时，采用了一种后现代史学的分析思路，还充分运用语言修辞和符号学，以建构历史意识的框架。《激进话语》是各种对集·普米萨的研究中（包括泰国学者的泰文著作）最全面、最深入和最具批判意识的著作，若借用雷诺尔斯在书中引用的福柯的"作者功能"（the author-function）的概念，集作为历史学家的身份的确立，到本书才真正完成。

进入90年代之后，泰国社会又经历了重大的变化，随着美国从东南亚撤军，冷战结束，以及泰共问题的和平解决，国家安全全面让位于经济发展，成为泰国新的时代主题，随之而来的是军人向文官交接政权（尽管其间也经历了1992年"黑色五月"流血事件），全球化和跨国资本主义的渗透成为新的争议焦点，尤其是1997年金融危机给信奉"发展主义"至上的人们当头浇上一盆冷水，民族主义和保守主义再次抬头，对于"泰国性"（Thainess）和身份认同（identity）的关注热度也再一次提升。雷诺尔斯学术研究的主题紧随着泰国的变化而转变：国家认同和全球化。1991年，雷诺尔斯编辑了一本研讨会发言的论文合集《泰国认同及其捍卫者：泰国1939—1989年》

---

① 原书中对前现代税收制度的分析并未完成，而手记中称将对萨迪纳制度的其他经济特征，以及政治、社会和文化等方面特点做进一步研究，最终也未能见到成果。这可能和集后来被捕入狱有关。
② 在泰国21世纪之后出现的社会动荡中，这种等级差异再次以隐喻的形式展现出来，弱势的"红衫军"称自己是 phrai（庶民、奴仆），称对方是 chao（主人），这是前现代对不同社会等级的称呼。

(*Thai Identity and Its Defenders: Thailand, 1939–1989*)①，2002年再版时，他专门撰文补充了一篇文章《全球化时代的泰国认同》(Thai Identity in the Age of Globalisation)，对这十年来认同观念的变化做一总结，书名也相应做了调整。②进入21世纪之后，泰国陷入无休无止的街头政治运动的怪圈，社会撕裂，城乡差异和地区差异被放大。但这一次，雷诺尔斯除了个别的政治评论外，鲜有政治史的专文。他仍在继续此前进行的研究，并把重心放在长时段的社会观察，特别是对泰国知识分子的长期分析上，他认为这是探讨泰国公民社会与政治意识的关键所在。此外，他还越来越重视东南亚的区域性，并在此背景下展开对泰国的比较分析。

2008年1月，在泰国法政大学举行的第十届国际泰学研究会议上，会方专门为刚刚退休不久的雷诺尔斯设立了一个专题分会，以表彰他对泰国历史研究的毕生贡献。在会上，佩里吉（Maurizio Peleggi）③提出我们可以通过文化实践，即列维-斯特劳斯提出的"修补拼贴"（*bricolage*）的概念，来理解雷诺尔斯作为历史学家的技艺。马克思主义、女权主义、符号学和解构主义等，都是雷诺尔斯使用的分析工具，使他总能从新颖的角度分析和思考泰国的思想、社会和文化历史，并由此激发新的问题。但同时，他对这些工具的使用并不随性，而是冷静节制，每一个分析都要落到实处，他并不是一个彻底的后现代主义者。

退休后的雷诺尔斯并未休息，依然不断往来于澳大利亚和泰国之间，笔耕不辍，撰写文章和书评，也不时对泰国政治时局发表评论。除了发表在学术期刊和论文集中，雷诺尔斯也紧跟时代，利用电子媒体的即时性和便捷性，开始在网络新媒体中发表短文，分享作品。他最近的研究对象是泰南洛坤的一位颇具"灵力"的警察昆攀塔拉拉查德（Khun Phantharak

---

① Craig Reynolds, ed., *Thai Identity and Its Defenders: Thailand, 1939-1989*, Clayton: Monash University Center for Southeast Asian Studies, 1991; reprint ed. Chiang Mai: Silkworm Books, 1993.
② Craig J. Reynolds, "Thai Identity in the Age of Globalisation," in Craig J. Reynolds, ed., *National Identity Thailand and its Defenders: Thailand Today*, rev. ed., 2002, Chiang Mai: Silkworm Books, pp. 308-338.
③ Maurizio Peleggi, "Introduction—On History, Thailand, and the Scholarship of Craig J. Reynolds," Maurizio Peleggi, ed., *A Sarong for Clio: Essays on the Intellectual and Cultural History of Thailand--Inspired by Craig J. Reynolds*, Ithaca, New York: Southeast Asia Program Publications, Cornell University, 2015, p. 11.

Ratchadet）①，他也带有雷诺尔斯钟爱的那一类人物的特质：特立独行，拥有超人的能力和人格魅力，足以影响社会。而这一研究又重新回到了佛教史和文化史的研究上，正是雷诺尔斯研究起步的领域。

---

① Craig J. Reynolds, *Power, Protection and Magic in Thailand: The Cosmos of a Southern Policeman*, Acton: ANU Press, 2019. 昆攀塔拉拉查德（1903—2006 年），这是他的爵衔，他也是最后一位受封爵衔的平民。据传他受到两尊神佛 Jatukham 和 Rammathep 的护佑，屡破奇案，是犯罪的克星，以他的名义制作的佛牌崇信者众多。2007 年，他去世之时引发了 Jatukham Rammathep 佛牌的抢购风潮，甚至发生多地寺庙伪造佛牌事件。

序　言

在本书中，我尝试书写一段泰国的历史，并同时就这段历史撰写一个史学批评。为此，我选择了1957年首版的集·普米萨的《当今泰国萨迪纳制的真面目》（Jit 1974c）一书，我翻译了该书并将译文作为本书的第二章。在众多用泰文写就的关于泰国政治经济的研究中，集的这部著作在很长一段时间里极具原创性和影响力，其展现过去的形式备受那些青睐此前史学的人士的质疑。因此，我给予它极高的评价，并试图展现它是如何表述出20世纪泰国意识中的冲突、紧张、含糊和认同的。

历史学家与人类学家一样，都在从事异文化知识的建构工作，借此展现其他的有别于我们所处的时代与世界，即我感兴趣的第三世界。它要求西方的作者必须具备这样一种能力，既可以保留其他时代和世界的独特原貌，又能够使其通俗易懂，这或许是不可能完成的任务。在我看来，泰国的历史学家们，不论是职业的，还是因写作或教学工作性质与之相关，都没有主动表现出对这种知识建构活动的兴趣。我们还有更多工作亟待完成，需要阐明认知过程，并能够指出它会导致怎样的建构。在这种情况下，历史学家可能会留意到如今出现在某些民族志书写中的认知焦虑，即"现代思想中特别普遍的内省与存在主义倾向特征"。在民族志中对意义和解释的自我反思，促使民族志学者介入自己的田野工作经验中，从而激发了民族志写作中的阐述和实验的方法。（Marcus and Cushman 1982: 39, 46-48）

用英文表述泰国的历史思想，这是一项民族志研究工作。我认为翻译和评述集·普米萨的《当今泰国萨迪纳制的真面目》即是一次本着这种关切态度对其进行阐释和验证的绝佳机会。我将在第一章中就阐释和验证对象做进一步概述。尽管外国历史学家可能会说到、有时候会看到一些泰国历史学家不会说或看不到的东西，我还是试图拒斥外国学者传统的做法，即置身于该社会之外，综合过去并将其整合成一个更大的、某种程度上更完整的图景。我通过特殊渠道接近了一些人和一些材料，这将会使本书有别于其他关于集·普米萨的著作，但是对集·普米萨的生平和著作建构是永无止境的，我本人的贡献仅仅是其中的又一块碎片，而不是对它的总结。在写作这部关于其生平和著作的论著的时候，我并不寻求制造一种"平衡"或"客观"的图景，而是利用混乱和矛盾的意义，去展示我所看到的历史的多样含义。

致　谢

谨向以下向我提供经济资助的单位表示诚挚谢意。悉尼大学（University of Sydney）为我提供了进修假期和旅费补助，康奈尔大学人文学会（Society for the Humanities, Cornell University）在 1980 年北半球的春天之时为我提供了研究基金，当时我正在考虑写作一本关于集·普米萨与泰国历史的书。1983 年下半年，澳大利亚国立大学太平洋及东南亚历史系（Department of Pacific and Southeast Asian History at the Ausralian National University）为我提供便利条件，使我完成了全书大部分的草稿。我曾多次前往曼谷，法政大学泰学研究所（Thai Khadi Research Institute at Thammasat University）的主任沙内·詹马里（Saneh Chamarik）教授热情地接待了我，在他的帮助下，研究工作变得非常愉快。

集·普米萨的姐姐皮荣·普米萨（Phirom Phoumisak）授权翻译《当今泰国萨迪纳制的真面目》一书，并多次向我讲述了关于她弟弟的事情。她为我提供了接近她家庭历史的机会，对此我深表谢意。

我也向所有愿抽出时间与我交谈的受访者表示感谢。我从他们那里获得的对泰国过去的理解，远远超出了所引用的特定访谈的内容。他们中的许多人催促我去向其他人核实他们所讲事件的版本，当然，这个任务有时候非常困难。

猜阿南·萨姆塔瓦尼（Chai-anan Samudavanija）热情地提供了《当今泰国萨迪纳制的真面目》一书初版珍本的影印本。同时，我还要向以下诸位表示感谢，他们与我交谈并提供了各种形式的帮助，他们是顺塔里·阿萨崴（Sunthari Asawai）、素拉查·班隆素（Surachat Bamrungsuk）、万威帕·布鲁拉达纳潘（M. L. Wanwipha Burutrattaphan）、沙内·詹马里、素帕蓬·加蓝拉帕（Suphaphorn Charanlaphat）、维塔亚功·清恭（Witayakorn Chiengkul）、玛纳·吉达格先（Manas Chitakasem）、内里达·库克（Nerida Cook）、品希·杜克（Pensri Duke）、蓬皮容·炎昙（Phornphirom Iamtham）、帕拉功·奇拉索鹏（Phalakon Jirasophon）、阿查拉蓬·格姆皮萨迈（Atcharaphorn Kamutphitsamai）、禅威·格塞希利（Charnvit Kasetsiri）、纳卡琳·梅德莱拉（Nakkharin Mektrairat）、巴莫·纳空塔（Pramote Nakhornthap）、威猜·纳帕叻萨米（Wichai Napharatsami）、查提·纳塔素帕（Chattip Nartsupha）、瓦鲁尼·欧萨塔隆（Waruni Otsatharom）、缇达·沙拉雅（Dhida Saraya）、素察·萨瓦希（Suchat Sawatsi）、查隆·顺塔拉瓦尼（Chalong Suntharawanit）、安恰里·苏萨炎（Anchali Susayan）、赛春·万纳拉（Saichon Wannarat）、颂杰·万塔纳（Somkiat Wanthana）和通猜·威尼差恭（Thongchai Winichakul）。

尼提·尤希翁（Nidhi Aeusrivongse）、本尼迪克特·安德森（Benedict Anderson）、珍妮弗·库什曼（Jennifer Cushman）、托尼·戴（Tony Day）、拉纳吉特·古哈（Ranajit Guha）、雷纳尔多·克莱梅那·伊莱托（Reynaldo Clemena Ileto）、孔莉莎（Hong Lysa）、露丝·T. 麦克维（Ruth T. McVay）、迈克尔·范·兰根伯格（Michael van Langenberg）以及奥利弗·沃尔特斯（Oliver Wolters）读过早期的打字文稿版本，并做出了尖锐的评论，帮助我完善了本书。我尤其要感谢本尼迪克特·安德森，他以其过人的语言和概念建构上的天赋，在翻译和编辑问题上提出了许多建议。

第三章和第四章的初稿曾先期在亚洲研究协会（Association for Asian Studies）主办的《亚洲研究期刊》（*Journal of Asian Studies*）（volume 43, number 1）和由悉尼社会和文化研究协会（Sydney Association for the Study of Society and Culture）出版的《封建制度：比较研究》（*Feudalism: Comparative Studies*）（1985年）中发表。我对这两个协会的再版授权表示感谢。

有三个人很希望读到这本书，但遗憾的是他们夙愿未偿，已经离世。在悉尼大学政治学系任教的印尼问题专家雷克斯·莫提默（Rex Mortimer）曾满怀激情地撰文和讨论关于世界的"去欧洲化"（dis-Europeanization），这是我也非常认同的概念。当我开始进行这项研究的时候，雷克斯对此表示出兴趣，他如果不是突然离世，一定会提出宝贵的意见。尼西·奇拉索鹏（Nisit Chirasophon）是一位清迈大学的激进主义者，后来于20世纪70年代初来到曼谷，直到 1975 年在铁路事故中去世。尼西参与了 1974 年集·普米萨的《当今泰国萨迪纳制的真面目》一书的再版，可是直到 1982 年我才知晓此事。很多年前，我曾在尼西的故乡泰国南部甲米府（Krabi）的中学任教，尼西是我的学生，尽管他那时还很年少，就已经充满批判性和政治性了。我时常在想，他也许在集的生平和著作中发现了自己的影子。素帕·希利玛诺（Supha Sirimanond）坦率地对我说到他和其他人在 20 世纪 40 和 50 年代想要做的事情。素帕惯于装成一个普通的媒体人，但他其实并不简单，20 世纪 70 年代的激进活动家们与他本人二十年前参与的历史活动有关联。他于今年 3 月份去世，我时常为此感到遗憾，本书的进展之慢令人懊恼，他在世时未能见到完稿。

克雷格·J. 雷诺尔斯
1986 年 7 月于悉尼

第一章　泰国历史中的集·普米萨

泰国的历史书写

在大多数以英语撰写的历史著作中，泰国往往被描绘成一个缺乏激进政治和激进著述的国家。不仅有诸如历史上从未沦为殖民地这样的消极因素，还有像地理、宗教和精明领导等积极因素，都被用来佐证上述看法。泰国因能免遭殖民统治而感到自豪，但这却意味着不会出现某个组织、阶级或政党振臂一呼，奋起反抗，最终从外国主子手中夺回主权这样的情形；并且那些机构在19世纪顶住了西方帝国主义的压力幸存下来，并进行了自我调整，以应对20世纪来自内部和外部的挑战。直到最近，泰国丰饶的土地资源都保佑该国农民免遭不幸；除了个别例外地区外，他们不会像爪哇、越南、中国和印度农民那样苦难深重。佛教与神圣王权紧密结合、二位一体，直到20世纪后期仍然为文官-军人的统治秩序提供合法性。甚至在启蒙思想、君主立宪制、议会民主制和欧洲社会主义都随着向往西方和接受西式教育的人士进入泰国人的思想，由此产生了对政治、社会和经济变迁的渴望之后，其打破传统和开创纪元的目标却从未实现。因此，在泰国没有发生席卷全国的社会革命，没有出现反抗殖民压迫、进行民族解放的独立运动，也没有伟大领袖振臂一呼、万众响应的反封建劝诫。从这些特征来看泰国历史，所有的西方作者都不可避免地向他们的读者传达这样的观念："泰国是一个保守的国家"（Simmonds 1963）。

这种关于泰国的历史话语导致的一个后果是，用英语写就的泰国历史著作很少是带有争议性的，或者仅仅是在技术或策略意义上有争议。西方历史学家只是担心原始证据的匮乏，记录的时间有问题，以及里面会掺杂着王室的倾向。除了这些基本问题，英文的泰国历史著作就基本不存在什么争议了。西方历史学家们假定这种连续性循环未受影响，"泰国人"自己也认同这种连续性循环对他们作为人民的意识是必不可少的。因此，许多关键性问题就被搁置起来了。泰文历史著作是如何在外国历史学家的意识中体现出来的？用本土方言写作的历史和外文写作的历史之间究竟是怎样一种关系？前者只是后者的资料来源吗？外国历史学家通过什么程序理解泰国的历史意识？外国历史学家创作的泰国历史表述有何特征？它究竟是谁的历史？可以肯定的是，它既不是泰国人民的历史，也不是泰国国家的历史，对于一个民族或一个村庄、一个阶级、一个政权、一个机构的历史意识而言，这就是其对自身如何成为现在这种状况的记忆。

　　历史学家们从不缺少连续性，事实上，历史学家工作的本质就是去建构这种连续性。这些既已存在的分裂、创新和不连续性，都只能有待于在更为宏大、包罗万象的连续性中加以解释、桥接、缝合或语境化。所有的创新都是为了在事后进行反观，通过这种后见之明可以得出结果，从而告一段落。集·普米萨（Jit Poumisak）的《当今泰国萨迪纳制的真面目》（*The Real Face of Thai Feudalism Today*）①一书初版于1957年，以其激进性（*waek naew*）在泰国历史研究中享有盛名，因为它与传统的历史实践截然不同。也正是这种创新性使得该书成为一部激进的历史。将这部作品翻译成英文，或许可以将这种创新性分离出来，在某种意义上是将其保留下来，由此，开始回答上面提出的一些问题，并且理解现代泰国历史著作和当代意识相互之间的关系。集的历史著作不时被审查，被禁止出版，因而被边缘化。这种官方的查禁表明，该书是一个激进文本，它标志着用泰语写作的史学著作出现了新形式，是一种历史意识改变的标志。

　　甚至在19世纪末，泰国的君主制正如日中天，王权与君威相辅相成，无须像今天这样有忠诚但谨慎的军人支持之时，就已产生两个指向历史意识转变的根本性问题。一个是书写历史采用的形式，另一个是书写历史是属于谁的特权。在第一个问题上，按照王朝历时记年的编年史作为一种特殊的形式，到19世纪60年代曼谷王朝四世王（1851—1868年在位）时期就彻底终

---

① 《当今泰国萨迪纳制的真面目》一书，后文简称《真面目》。

止了。其他形式的编年史，例如附属国的编年史，则到20世纪20年代仍在继续，但是曼谷王朝五世王（1868—1910年在位）的编年史仅仅是名义上的编年史。它在结构上并不是像前面四世国王的编年史那样按照时间先后顺序编写，而是按主题来编写的，并且没能完成，写到1873年重创王室家族的前宫政变（Front Palace revolt）事件发生之前就停笔了。19世纪90年代对国家的改造虽然是由国王领导的，但却是源自几十年前就开始的社会经济的变化，这些并未被记入史册。事实上，该编年史（作者要"殚精竭虑"[lua phrasati kamlang]地编写整个统治时期的历史）是将统治时期早期的零碎内容拼凑而成的（Damrong 1950: preface）。

究竟是什么让撰史者感到力不从心？难道连编年史作者、身为这场国家改革的主要设计师之一的丹隆亲王（Prince Damrong），也想不出一个能够在单一框架下理解各种巨变的历史形式吗？丹隆的家人给出一个解释，他曾跟自己的一个儿子言及，要写一部完整的编年史就像剥掉他一层皮似的（Nidhi 1984）。这种解释用逸闻趣事遮蔽了问题，并忽略了泰国现代意识的结构性转变。五世王时期的编年史读起来像是不成熟的历史写作形式（用叙事展开泰国过去的情节），过早地挣脱传统（编年史）的茧缚，结果只能是枯萎凋亡。简而言之，原因就在于它尊奉现代泰国王权以前的君主专制政体，但不管怎样，编年史的编写形式仍然保留下来，尽管它已不再用于记录当代发生的事件了。凭借现代印刷技术和教育，泰国的精英阶层开始重新编写编年史，从而传播"编年史王权"，并向不断增长的知识阶层灌输这种思想。在编年史中，"国王们仍然是所有历史变迁的核心力量"，是一种"泰国精英正有意识地去推进的适当的变革进程"的范式（Nidhi 1982: 31, 35）。

第二个问题是历史学家们的身份：他们究竟是来自官僚贵族、僧团组织还是平民阶层？最终，也没有哪个委员会或宫廷组织能回答这个问题，但是技术可以。由前来创业的基督教传教士在19世纪30年代引入泰国的印刷机影响很大，它使得任何人只要有机会、动机和材料，都可以传播历史。由于泰国的君主并没有像当时的越南皇帝一样，对新技术表现出多少兴趣和占有欲，因此平民和持不同政见的贵族们不止一次铤而走险，触怒王室。1878年，宫廷查抄并焚毁了一部用尼拉诗体（nirat）记载的一次不得人心的战役的历史，因为负责指挥军队的官员对其出版表示抗议（Jit 1975c）。后来，在世纪之交，一位平民历史学家想要获得官方的文件，被多次调查和惩罚，他的关于一位僧伽高僧的传记也被从发行中召回（Chai-anan 1979; Reynolds 1973）。这两件事的共同特征是，国王及其属下官员都反对形式一词的两个意义：社会形式（social form，通过拒绝顺从国王权威，作者违反了某种社会规范）；以及文学形式（literary form，作者分别滥用或改变了诗歌和编年史的既定规范）。对于1878年的事件，丹隆和朱拉隆功（Chulalongkorn）国王都明确指出，诗人的叙述已经"超出了"（意为"越界"）尼拉诗体的范围（Jit 1980a: 175-176）。

尽管宫廷的史书形式，即编年史，不再用来表现精英阶层对自己过去的看法，尽管平民大众已有能力适度挑战宫廷撰写历史的特权，但宫廷依然继续编写（或授权编写）泰国的历史作品，直到1932年绝对君主制终结。这些历史作品里记录的全都是内部事务。没有帝国主义势力来胁迫或贬抑本土历史写作；也没有像在缅甸、爪哇、越南、菲律宾、马来亚和柬埔寨那里发生的那样有帝国主义势力征服或威逼泰国社会和宗教阶层妥协。直到1932年，宫廷还承担着其他国家殖民地考古部门的职责——发掘和保存历史遗迹——尽管都是在那些住在曼谷的外国学者的协助之下进行的。这些考古工作并没有导致泰国历史的整体重塑，而是导致曾经辉煌一时的素可泰（Sukhodaya）和阿瑜陀耶（Ayudhya）王朝的复兴。似乎仅仅一瞥卢斯（G. H. Luce）在缅甸、赛代斯（G. Coedès）在印度支那半岛和克罗姆（N. J. Krom）在爪哇的工作后，丹隆和他的考古团队就创造出帝国的历史意象，在被迫接受西方势力强加的治外法权条款而使国家受辱之后，重振国家的士气。在1932年之后的25年时间里出现的这种整体史的写作，特别是出自为1932年之后掌权的新统治精英服务的銮威集瓦塔干（Luang Wichit Watthakan）[①]的手笔的作品，重写了泰国历史的"情节"（plot），将王朝的情节与民族国家的情节编织在一起（Reynolds 1984; Charnvit 1979b: 166-168）。

这种重写并非易事。它要求一位专制君主为一个截然不同的社会和政治秩序提供合法性，但此时的专制君主已日薄西山，无法为自己辩言了。泰国

[①] 銮威集瓦塔干，原名金良·瓦塔纳布叻达，"銮威集瓦塔干"是他的爵名，后为了响应銮披汶放弃爵衔的号召而改名为威集·威集瓦塔干。他有华裔血统，是一位带有强烈民族主义情绪的历史学者，创作了大量新式历史剧、歌曲及广播稿，为銮披汶政府的民族主义政策服务。——译者注

历史仍然在静候着一种新的形式和一个处于权力结构之外的作者的出现，而从二战一直到20世纪50年代，编年史尽管形式不再，但观念依然如旧。直到1950年，五世王时期编年史的部分内容仍然还被拿来编到一起并被命名为编年史（Damrong 1950）。

直到《当今泰国萨迪纳制的真面目》一书在1957年面世，才出现了一种全新的样式，该书引入了生产关系、统治模式和统治阶级与被统治阶级之间的矛盾这样的话语。泰国人民在为满足物质生存需要而挣扎，他们想要成为自己命运的主人，创造自己的历史，要成为历史的主体而不是其被动的客体。分析的主要单位不是君主制，因为君主制在銮威集瓦塔干的作品中就已不再被当作历史发展的主要推动者了，同样也不是任何其他政治或经济制度。分析的焦点集中于社会制度，即泰国的政治经济学家现在所说的马克思意义上的社会形态（*rup khong sangkhom*）（Reynolds and Hong 1983）。

社会形态包括三个因素，分别是经济、政治和文化的因素。这种社会形态，无论是原始公社制，还是奴隶制或封建制社会，都是通过生产力（如生产技术和劳动力）、生产关系和阶级对立的复杂互动而发生变化的。由此产生的动态过程推动社会从一种社会形态进入到下一种，新的形态在前一种形态中已经显露端倪，尽管后者已随之崩溃并消失。经济因素，即整个社会的生产关系，主导着《真面目》一书，而"文化"与"宗教"等泰国国家认同的支柱则退居其次。一位匿名编辑洞察其对经济因素的强调，他在书末的手记中做出如下解释：由于缺乏时间和资金，不得不暂缓对政治、社会和文化的特征的分析，只得先对到当时为止的泰国历史书写进行纠正。在对经济的强调上，这位《真面目》的作者借用了1890年恩格斯致约瑟夫·布洛赫（Joseph Bloch）书信中的话。面对那些否认这项主要原则的敌人，他和马克思不得不反复对其予以强调，因为他俩并非总有时间、地方或机会纳入相互作用的其他相关要素，令其得到应有的重视。集·普米萨在书中宣布的描绘泰国社会的经济、政治和文化关系的计划未能完成，至少在《真面目》一书及其他后续作品中没有完成，尽管集·普米萨在其他许多著作中也考察了封建权力的非经济特征。

这部作品在1957年首次发表的时候，题目中带有"当今"（today）一词，但在后来数度再版重印时去掉了，这个词赋予其一种当代的穿透力，直指 20 世纪 50 年代末封建残余的存在。当代泰国政治经济学家认为，这些残余以忠于君主制和佛教的形式在泰国人的意识中占据突出地位。在 1957 年的文本中，封建或泰语中的萨迪纳含义要比单纯的君主制更加广泛和全面，后者被吸纳成为封建/萨迪纳整体的一个重要组成部分。因此，那些封建/萨迪纳阶级便不仅仅是指王室甚至贵族（"通过脚的大小或家庭出身来断定一个人是否属于萨迪纳阶级的做法是绝对有误的"），但是萨迪纳时期最大的地主是刹帝利（kshatriya），意即国王及其"庞大的家族"，他们垄断着统治阶层的特权和权利进行剥削。尽管君主制并不是分析的主要单位，但国王作为这个阶级的领袖，在这种形态中是至高无上的。通过揭穿该阶级的动机是出于贪婪，而非出于尽责，通过揭露他们将宗教和文化的价值观用作统治的工具，而不是作为精神和社会保障的源泉，以及通过阐释这个社会形态最终是如何在对人类福祉和生产不利的状态下陷于停滞的，该书将经济、政治和社会的落后与君主政体联系起来。

这种对君主制特点的描述，完全颠覆了泰国现代君主制的自诩之誉，即作为经济、政治和社会发展的代理人：一个推动民主变革的力量；一个核心家庭的稳固典范；简易农耕发明（自行车齿轮抽水泵）、现代农业精密技术（大型水利工程以及化学方式人工降雨）以及多样化农业（乳品业）的资助者。由宫廷出版的画册为这种自诩之誉进行宣传，如《农业国王》（*kasat kaset*）（1980 年），其书名来自一个古老的梵文词源（*ksetr* 变成 kshatriya，再按音位转录成 *kasat*），又通过相近谐音将统治者（*kasat*）和农业（*kaset*）关联在一起。从 20 世纪 50 年代末开始，军人政府恢复了君主的威望，并将王权置于官方民族主义意识形态的核心。界定叛乱的法律包括藐视君主的罪行（lese majesty），因此肆意篡改或颠覆君主制的任何既定意义的行为，便有违法之虞了。将君主制与落后的农业秩序联系起来，已经几近叛乱行径了。

泰国政府的合法性依赖一个意义网络，阐明于法律、公共典礼和象征符号（不管是纪念碑的塑像，还是首都的规划，抑或是无处不在的佛寺）之中。这些意义相互交织，将军人集团、君主政体和佛教僧伽组合成三位一体来代表"泰国"。军人和警察负责维持公共秩序和捍卫领土完整；他们通过武装力量在背后支持着国家政权。君主制是一个古老的神圣权威在现代的延续，令人敬畏和遵从，同时其成员组成的王室家族，是一个与时代相适应的家庭单位。佛教僧伽是社会道德规范的储藏库，并指引忠实信徒最终得到精神上的解脱。在必要时，每个三位一体中的一极力量都会借用另外两股力量的核心意义，来补充或增强自身的意义库存。叛乱会被定义为是要拆解这个意义网络，调侃这些意义，以不恰当或未经批准的方式使用这些意义（Ryan 1982: 1-8）。在本书的第三章和第四章，紧接《真面目》一书的译文，我将探究集的文字中的煽动性暗示［该文本是如何阐明正统意符（proper meaning）的］，并讨论抵制这些意义的诸种举措，审查只是其中之一。

《真面目》将写作和叛乱关联起来，它的出版史还表明了绝对权威和正统意符之间的联系。从首版时开始，它就深陷由自己释放的各种意义所引发的冲突之中，作者也凭借此书成为其意义之一。该书是在1957年的宽松氛围中首次出现的，那年适逢上座部佛教国家纪念佛陀涅槃2500周年。不久之后，到1958年，该书的作者就被关进监狱，书也被查禁了。过了十五年，在1973年10月14日之后，这本书在又一个宽松的时刻被重印，结果到1977年却再次遭到查禁。1979年，这本书再度重印。

在对《真面目》一书评论的第一部分中，我将提供一个对二战之后泰国历史和该书的作者集·普米萨生平的说明。我将讨论该作者对其他人意味着什么，并为全书提供一个语境——时间、地点——但是我将推后我对该书的解读，在译文之后再做评论。该书早已在泰国历史写作的历史中占据一席之地；它也早已被吸纳进入以泰文写作的历史著作的系谱之中。在翻译并评价该书的时候，在某种意义上，我想要向英语使用者们再次介绍其地位，最起码要"报告"其在泰文著作中的地位。不管怎样，这个工作并不是一次简单的翻译和报告。翻译和评论还指出了历史写作和当代意识之间的关系，并构成我的论点，即这个特殊的泰文文本如何以及为何必须被纳入用英文写就的泰国历史之中。

集·普米萨生平的建构

在20世纪的泰国历史中，集·普米萨的生平在很多方面都疑问重重，尤其是他的生平支离破碎，难以整合，读者们想通过他的人生故事了解其全貌，也往往落空。生活抵制传记，因为传记是"表现其对象的假造综合物……它要合乎逻辑且必然围绕着中心"，因此必然是"不真实的生活"（Sturrock 1979: 53）。关于集的生平，许多部分都对应不上，有许多缺漏以及相互矛盾的证言，都在表明他的一生难以被整合成一个整体，形成定论。尽管集·普米萨现在是泰国激进思想的中心人物，尽管他在某种程度上被正式的学术话语归化，这使他在泰国社会和历史的分析谱系中占有一席之地，他的生平仍旧支离破碎，散布于101份证明他存在的文本之中。这其中包括亲戚朋友的回忆、对他们的访谈、传记的序言、至少有一项关于"生平与著作"（life-and-work）的学术研究、自传材料，以及从这些来源精雕细琢加工而成的各种传记。看起来他的学识总是取之不尽用之不竭（有三份手稿于1982年首次出版，另有一份于1983年首次出版），这使得发现和建构他生平的活动始终保持着活力，尽管发掘他未出版手稿的工作可能已经停止了。

这些材料有的匿名，有的使用笔名，本身就难以捉摸，这就使得集的生平更加深晦莫测。对他的身世探究得越深入，限定和定位它的任务就越复杂。他的死亡方式（他于1966年5月5日在打游击的时候被枪杀）意味着葬礼传记这种范例式泰国传记永远都无法写成。不法之徒的葬礼传记是不能出版的。因此，即便是搜集传记资料的泰国学生所青睐的货真价实的正式生平记述，也相当匮乏。这也难怪，关于他去世的时间有时也不确定，有的书中说是死于1965年5月5日，而有的书中则是1966年5月5日。

这种不确定性笼罩着集·普米萨的传记；换句话说，他的一生充满争议，其中一部分源于他屡遭排斥的人生片段。在1953年，大学当局让他停学了整整一个学年，从而将他和同学们隔离开来，并把他列为持不同政见的异己。在1958—1965年间，专制政府在未经审讯的情况下就将他关进监狱，将他从公民社会中驱逐出去，使他成为一名政治犯。在1965年底，他在获释约十个月之后加入了游击队，此举究竟是为了加入泰国共产党（Communist Party of Thailand, CPT）还是希望辗转前往中国不得而知。他究竟是一个怎样的人物，值得如此大动干戈地排异和隔离？这些排异举措所处的环境是怎样的？这些都是需要向他寻求答案的问题。对这些答案的追寻引发了人们对他传奇人生的构建，他已经成为年轻人心目中的一个文化英雄和革命知识分子的典范。他的人生故事现在已经成为更宏大的话语的一部分，这些话语是关于年轻人反抗老一辈，关于激进思想对抗传承的智慧，以及关于边缘化群体对抗地位根深蒂固的群体。将他的生平定义为"必然围绕着中心"并将其从边缘和外围恢复回来的动力，被这些排斥、隔离和反抗的主题不断削弱，或者强化。

在泰语世界中，他很可能是继比里·帕侬荣（Pridi Phanomyong）之后，最富话题性、最深孚名望又最受人诋毁的泰国的激进思想家。比里是1932年革命中的文官领袖，他提出的1933年经济计划被怀疑是"共产主义"，因为其中含有社会主义的原则。集较比里小一辈，成长于20世纪40年代后期，正值比里的政治命运日渐衰微之际，他在新闻界、文学界和教育界，而不是在法律界和公共事务中崭露头角。比里在1946年日本占领时期结束之后曾短暂出任过总理，和他不同，集从未在政府部门任过职。此外，比里在巴黎大学获得法学博士学位，而集从未踏上过西方国家的土地。要是他在国外接受过教育，他的想象力也许就会得到深刻严格的学术规范的约束和训练。他将会学到如何去严密论证自己的断言，并提出替代的解释模型，那么他重新解读泰国历史的计划很可能就会失去专注和果断，而正是这种专注和果断才赋予了《真面目》一书如此的力量。

比里在他在世之时就获得了传奇般的地位。作为1932年政变集团中最主要的知识分子，以及法政大学（道德与政治科学大学［The University of Moral and Political Sciences］）的创办者，他旨在将法国的启蒙思想传递给泰国的公众。泰国所有的左翼民族主义者，甚至包括泰国共产党成员，都把各自对政治的定义和比里的定义联系起来。尽管部分泰国共产党员敦促党承认其声誉并加以利用，但泰共并未照此行事，这使得此后数代泰国左翼力量分化成为两个支流：比里及其追随者和泰国共产党（Phin interview 1984）。由于在1946年被不公正地牵连进年轻的阿南塔国王被弑事件，并被迫逃离祖国，比里流亡海外，先是前往中国，后来又到巴黎，直至1983年3月去世。尽管身处境外，他仍与远在曼谷的法院和律师进行诉讼，目的在于洗清对他的多项罪名指控。当他允许人们去拜访他在巴黎的寓所之后，许多身在国外的泰国学生和教师都动身到他家里去进行访谈，去分享他的政治智慧，并通过与泰国政治史和他所体现的政治思想建立关系来确定自己的理想。这种朝圣活动在1973年10月发生大规模学生运动并推翻军人统治之后又变多了。

从 1973 年 10 月到 1976 年 10 月，这个国家享有完全的议会民主，尽管这种民主制正日益遭受围攻（Girling 1981; Morrell and Chai-anan 1981）。而曾主持在泰国建立议会机构的比里，则是年轻一代泰国激进主义者建构属于自己意识的历史时的一个关键参照点。但对于那些在这三年时正处于二三十岁年纪的青年来说，比里这个人物距离太远、年岁太高，无法用来比照他们自己的经验。比里作为激进式重构社会的潜在领袖的超凡魅力几乎没有减少，但是由于年纪太大，加之远离泰国政治斗争的限制，他难以担当新政治的核心人物。

对于更年轻一代的激进主义者来说，集与他们年纪相仿，教育背景相近，他的英勇就义又为他的人生平添了意义。此外，在 1973—1976 年期间，对其生平的搜寻和对其作品的探索，是二战后对泰国文学和文化史的文化挖掘的重要部分（Anderson 1985; Flood 1975; Reynolds and Hong 1983）。从战争结束直到 1957—1958 年这一时期，是泰国社会主义真正的全盛时期，受唯物主义哲学、社会现实主义和后革命时期的俄国和中国的成就的激励和启发，泰国涌现出许多文学和历史研究。1973—1976 年，集的诗歌、音乐、评论、散文和学术研究都被人从旧的书籍和杂志中发掘出来（还有从一些人家的后花园中发掘的厚厚的手稿），这些过去的零星碎片，都被集中起来汇编成册并重印。他的生平 / 著作以及其他 20 世纪 50 年代进步作家的作品，触动了泰国青年运动的神经，对其生平 / 著作的追寻和探索也成为运动的一大核心活动。

1973 年 10 月 14 日的政治变革的某些方面（例如大规模的集会）在泰国政治史上是史无前例的，但事后看来，许多蛛丝马迹都预示了这种变革，并为之做好准备。然而，事件发展得如此迅速，变革来得如此仓促，在当时看来，一个新的时代正在降临。新纪元亟须一种不同形式的过去或历史，它不是谈论如何演变到今天的历史，而是讲述此前就已存在的具有类似的条件、作者与活动的历史。这种过去为 1973 年后涌现的意识提供了时间上的深度和认识上的冲击。时间上的深度在这里意味着年轻人复兴和重振那些沉寂已久的或被遗忘的事物。换一种隐喻，有些事情正被旧事重提。集的生平（从生到死，死后被探索并被重新讲述）就是这种重提的旧事，它使得 20 世纪 50 年代与 1973—1976 年间在某种程度上具有相似性，这些相似性有助于定义和巩固 1973 年后出现的意识。

通过赋予 1973—1976 年时期一个 20 世纪 50 年代的过去，集·普米萨成为一名推动这三年间的文学运动的作者，还滋养了那些了解他的人们的后 1973 年意识。他既是那个意识的产物，同样也是导致其产生的一个原因。对他的生平/著作的发掘体现了福柯（Michel Foucault）所说的"作者功能"（the author-function），在对一个人的生平/著作的评论之中蕴藏着特定的意义，占有一些意义，同时排斥其他意义。作者的名字，按福柯的说法，"发挥叙述话语特定的功能，确保一种分类的手段。这个名字允许它把一批文本归到一组，从而定义它们，将它们与其他文本区分开来并形成对比"（Foucault 1979: 147）。作者功能通过下面的方式给予一个文本主体整体性和连贯性："作者"和"作品"相互定义。作为一个统一原则，作者身份是一个重要的途径，使得话语因为特定的目的而被调动或控制起来（Foucault 1972）。

在集·普米萨的个案中，有两部作品（Jit 1972, 1974c）是先于作者的，这是因为，人们对作品的发掘和出版引发了对其作者的追寻，如同是作品追逐着作者。当作品追上作者以后，集被排斥和隔离的人生片段也被发掘出来，关于其传记和他其他的著作也随即出版。尽管与 20 世纪 50 年代早期相比，1973 年之后的这段时间（谁又能说得准这种状况能持续多久？）被从过去所有泰国的历史中区隔出来，正是在这段特殊的、区隔的时间里，集·普米萨的生平/著作开始成为泰国激进话语中不可或缺的标志。青年运动及其盟友为了自己的目的构建出一位作者，即使这时政府和大学当局都试图通过树立一个截然不同的作者来控制激进话语。

在 1973 年 10 月 14 日之后建构作者"集·普米萨"的最初阶段，当局虽然开始放松审查控制，但集的名和姓依旧是种禁忌，他会被屏蔽姓名或者代以其笔名或中性的第三人称代词"他"（Khao）。在收集最早的一部证明集的存在和其在泰国文学史上地位的传记材料的时候，编辑们曾联系集昔日的同窗和老师，以揭开这位作家的神秘面纱，但他们"遇到了意想不到的阻碍"，并被禁止指名道姓地提到他（Chonthira et al. 1974b: 6-31）。因此，他们只能用笔名或者"他"（Khao）指称他。为了引起读者注意，他们划掉了他的名字，将代指的人称代词加大字号，并用粗体铅字印刷。这本集的生平故事，谈到了 1953 年导致他被朱拉隆功大学停学的事件，而这本早期传记正是在 1974 年发表于该大学的学生刊物《文学院评论》（*Aksonsatphichan*）上。在该事件中，大学自身的传统遭到违背，因此即便是在政治开明时期，大学高层人士也并不情愿让围绕着"集·普米萨"的危险意义滋生扩散。在列举 1958 年 10 月沙立·他那叻（Sarit Thanarat）将军发动政变之后拘捕的作家和活动家名单的时候，编辑们有意将集的名字偷偷塞进来（Chonthira et al. 1974b: 28）。但是人们在小传的文中却无法得知，在这些人称代词、假名和被划去的名字背后的那个名字就是集·普米萨。

那些围绕着"集·普米萨"的被隐去的名字成为秘密和禁忌知识，因此也赋予其强大的力量和护身符般的魔力。1974 年一整年，新生代（*khon run mai*）学生、教师、作家和激进主义者们围绕 1973 年 10 月 14 日事件的意义展开辩论，并将"集·普米萨"和其他 20 世纪 50 年代的作家都纳入富有政治意义的文学话语之中（Chonthira 1974a; Lamnan 1980）。"集·普米萨"成为这些新生代的文学和历史关注的焦点，例如法政大学在 8 月份举办了一个关于"文学斗争与 10 月 14 日事件"的展览。到了 9 月，泰国社会科学协会（Social Science Association of Thailand）组织了一场名为"集·普米萨的思想"的研讨会，会上有三位学者（春提拉·萨亚瓦塔纳［Chonthira Satyawatthana］、禅威·格塞希利、沙内·詹马里）和集在 20 世纪 50 年代的一位老同事素帕·希利玛诺（Supha Sirimanonda）提交了论文（Suchat 1974）。许多争论都集中在《真面目》一书和集的文学批评上，试图让他重见天日，褪去他的神话光环，树立他作为一位学者和思想家的声望。研讨会的与会者们声称集·普米萨具有某种特定的意义，换句话说，他们试图确定作为作家的集·普米萨是如何发挥作用的。事实证明，争论仅仅使作者的潜在意义得到了倍增。他究竟是一个**人道主义者**，还是个**浪漫主义者**，或者是一位**革命者**？这些术语以欧文大号字体印刷，在泰文文本中跃然纸上。在那个激烈动荡的时期，研讨会无法在最合适的定位问题上达成共识。素查·萨瓦西（Suchat Sawatsi）是众多认识到 20 世纪 50 年代和 1973—1976 年时期具有相似性的人中的一位，并推动将二者进行比较，指出新生代给予集突出的地位恰恰是因为集的名字代表了隐秘和被禁止的知识（Suchat 1974: 89）。即使到今天，秘密依然持续：《母亲》是集最著名的一首诗歌，却从未被完整地刊印过。当权者依然用作者集·普米萨来判定什么可说，什么不可说。

在 1973—1976 年整整三年时间里，大学的老师和学生，包括出版商甚至泰国共产党都对"集·普米萨"的建构做出了贡献。1974 年 12 月底，一部根据集的生平改编的戏剧在朱拉隆功大学上演。值得注意的是，四幕剧情中有三幕都与排斥和隔离的情节有关，这也是他传记的标志（Chulalongkorn University 1975）。泰国共产党在集死后追授他为党员，匆忙地发行了一本简短的传记，为了党自身的利益而公开赋予其一些革命的意义（Klum phithak wannakam n. d.）。出版商迅速重印了他的著作（Jit 1974a-e; 1975a-c; 1976a-c），包括《真面目》一书在内，该书共推出了 5 个新版。"集·普米萨"既是书籍市场的宠儿，又在读者中拥有良好的口碑。关于集的性格和生活习惯等细节，1958 年被捕人士们一部关于狱中集体生活的回忆录提供了难得的资料（他照料囚犯们的花园，抱怨食物，向看守争取看电视的权利）（Thongbai 1974）。1976 年适逢集去世十周年，朱拉隆功大学的学生期刊用了整整一期的版面刊登了集的生平／著作（Chulalongkorn University 1976）。这一期的内容包括对集还未曾重印的作品的摘要，他 120 部作品的目录，以及更多他的同事提供的口述，他们有些人隐藏了自己的身份，使用诸如"并肩斗争的朋友"一类的笔名。

在那些 1973—1976 年间浮出水面的、为了构建作者并让"集·普米萨"的意义之争变得日益激烈的材料中，有一份"集·普米萨的供词"（Evidence Given by Jit Poumisak），是他在 1958 年接受政治警察审讯的记录，至少提供了一部分关于他的事实（Jit 1978a）。但是该文本是通过影印和油印形式半地下流通的，因而其真实性受到削弱，而且这份材料的出处被认为来自政治警察的说法也都是道听途说的，因此是可疑的；尽管在多年之后，曾和集的案子关系密切的一名退休高级警官证实了材料的出处是可靠的（Chat interview 1979）。口供采用了第一人称，因而带有自传模式的特征，使得这种讲述者的陈述带有一种真实的效果。印刷出来的材料似乎是在回答问题，但是并没见到问题。各种文字记录形式的审讯记录也许可以串联起来构成他到那时为止的完整的人生，结果却造成多处重复和时间上的混乱。这份自述以陈述人的名字、生日、父母的名字和职业等内容开头，它除了想要在 1973—1976 年这段时间澄清和界定作家集·普米萨之外，还服务于其他目的。它第一次正式出版是在 1978 年 5 月的《太阳》（Athit）杂志上，它标志着 1976 年 10

月之后对异见和争论的压制已经过去了，次年的重印则支持了关于泰国共产党以及在丛林中进行游击的持不同政见的作家和知识分子们的话语（Kong Bannathikan Sayam Nikon 1979）。

除了1958年的审讯记录，大部分关于集的童年信息都来自对他于1977年12月去世的母亲的采访，以及来自她的姐姐皮荣，她接受过多次访谈，也写过一本回忆录（Phirom n. d.）。一位笔名叫"勐·波阳"（Muang Boyang）的人，在现已停刊的文学期刊《书文世界》（*Lok Nangsu*）中任编辑助理，他致力于搜寻集的纪念品，孜孜不倦地收集他的照片、未出版的手稿、信件、笔记，以及其他关于集生活的琐碎的口头和文字记录。他用其中的部分材料撰写了集早年生活和学生时期的传记，其真实性得力于他与集的家人的私人交往，并获取了集的私人物品（"Muang Boyang" 1980）。"勐·波阳"在不止一本书中刊发了集的书桌和作品的照片，仿佛在表示这是他求知的圣殿，是他革命思想的源泉，一如胡志明（Hu Chi Minh）在越南和毛泽东在中国的情形一样，他们工作的书桌都被悉心保存下来。对他的家人、老同学和老师进行的访谈，是这本传记文学重要的组成部分；采访人（以及读者们）通过直接聆听第一人称的讲话来接触"集·普米萨"。

所以，在这些被藏匿的、机密的、使用化名的材料之外，还有访谈和证词，有时候来自同样使用化名的作者。事实上，获取口述材料的活动和要澄清作者身份一样，都是故事的一部分，对我来说也是如此。在过去这几年，我在对集·普米萨的研究中得到许多乐趣，其中之一就是能和许多人会面，他们非常愿意和我交谈，或把我拉到一边告诉我他们所知道的事情，集对他们说过什么，他们的关系是怎样的。他们的话表达了一种愿望，即希望自己能够进入这个禁忌的话题中，不管他们的政治立场如何。挡在秘密和禁忌话题之间的辩证关系就是揭秘。更多的证人，更多的作品，这一系列不间断的揭秘暗示着仍然有许多事情有待揭开，在他的生活和著作中，到处都存留着空白。因此，用英语讲述集·普米萨的生活，会涉及很多二战后泰国历史的内容，它可能被用其他方式讲述过，或从未被提及，甚至被遗忘，我将把泰文材料中对他人生的建构作为我的故事的一部分，包括它的各种失误、揭秘的事情，以及复调式的证词。在泰语中，"集·普米萨"的意义存在于广泛的话语之中，涉及泰国的政治、历史、文学、文化和反抗束缚的激进的社会变革，因此这些内容同样应该在英语的传记中加以展现。

集·普米萨的生平

集原名颂集（Somjit），后来缩略为集，1930年9月25日出生在巴真武里府（Prachinburi），该府位于泰国中部，向东延伸到柬埔寨边境。他的父亲叫希利（Siri），是县税务办公室的文员，他的母亲叫汕恩（Saengngoen），是一位裁缝，为地方军营的士兵缝制衣服。他的姐姐叫皮荣，比他年长两岁，是他唯一的兄弟姐妹。父亲在公务部门供职，意味着需要定期调任到其他地方，这也是为什么集在不同的府接受了小学和中学教育——包括曼谷西部的北碧府（Kanchanaburi）、南边的北榄府（Samutprakan）和最东边的马德望省（Battambang）。马德望是二战初法国转交给泰国管理的柬埔寨领土的城市中心，位于冲突高发地带，几个世纪以来一直都是东南亚各势力的兵家必争之地，他们全家在20世纪40年代中期住在这里，直到法国在战后要求归还其殖民领地。

集首次接触柬埔寨的政治环境让他终身难忘，尽管当时他只有十几岁。由于当时泰国统治着现在柬埔寨西部的领土，他的父亲又在政府部门任职，他自然被卷入殖民占领的状况之中。他和他的泰国朋友们，许多都是被泰国政府派来管理柬埔寨居民的公务员的孩子，首当其冲遭受到当地人的怨恨，有时甚至会受到肉体上的伤害。他从这一时期开始写日记，他记下的第一件事就是他在1946年3月22日傍晚遭到枪击，子弹擦着他耳边呼啸而过，他甚至可以感受到耳边急速卷起的冷风（Jit 1979b: 44）。这件事使他有理由诅咒高棉人（Khmer），他说如果不是因为顾念自己的母亲，他早就拿起武器去对抗"自由高棉"（Free Khmer）了，那些人为了争取柬埔寨独立而武装反抗所有外国统治势力，包括泰国，也包括法国。但是对这种反泰情绪的个人体验，并没有妨碍他最终认识到自由高棉事业的正义性；他不顾周围的泰民族统一主义（Thai irredentism），表达了对自由高棉的同情（Jit 1979b: 56）。当将马德望归还法国的日期临近，他的老师们声泪俱下地发表了充满民族主义情绪的讲话，要求学生们谨记自己的责任，要让这个柬埔寨西部的府回归泰国,一份报纸还称颂了泰-高棉之间的友好关系,并向柬埔寨人民保证,他们不会再是法国主子的"浮渣"了。

从那以后,柬埔寨的语言和文明一直在集的生活和作品中占据显著位置。他在语言上颇具天分,很快就掌握了高棉语,据说他能够讲一口流利的现代高棉语(Phirom interview 1979),并懂得古典高棉语,水平在泰国不逊于任何一个人(preface in Jit 1979c)。他的学术文章显示,他具有丰富的古代高棉社会和政治的知识,他在 20 世纪 50 年代末为进入柬埔寨的外国旅游团担任导游的时候,可能就展示过这些知识。然而,这些知识和他的多语言能力却给他带来了麻烦。在曼谷上中学的时候,他被一个老师奚落为像个柬埔寨人,他的姐姐认为这种指责有辱他们的泰国国民身份(Phirom 1981:38)。

当 1946 年泰国的行政人员及其家人被迫离开马德望时,集的母亲带着两个孩子到曼谷继续接受教育。他的父亲几乎很少出现在有关集的生平的口述和文字材料中,他从这时开始就从家庭的历史中销声匿迹了,留下两个年少的孩子。许多年来,集的姐姐一直不愿开口提及这位缺席的父亲希利(Phirom 1980:33)。他抛家弃子,留下汕恩独自将两个孩子抚养长大。

自那以后,汕恩作为单身母亲独自一人维系和支撑着家庭。所有访谈和自传的内容都证实集和他的母亲感情深厚,以至于"母亲"在他的传记和他创作的作品中无处不在,并成为它们的主题。皮荣对母亲的回忆(其中有不少内容都涉及她的弟弟)是对这一主题的最新点缀;皮荣有一张集站在母亲身后的照片,他的手臂亲切而带有独占欲地搭在她的肩上(Phirom 1980)。在他入狱的六年时间里,汕恩一直对他深信不疑,经常来探望他,并在有生之年见到他的儿子在 1973—1976 年间获得认可和恢复名誉。

根据一位证人的说法,集曾发誓要写他的母亲,超越高尔基那部著名的关于母亲的作品("Muang Boyang" et al. 1980:51);另一位证人说,正是高尔基书中的主人公和自己母亲的相似性,促使他从英文版翻译这本俄语的《母亲》(Cintana interview 1979; Jit 1978c)。他在做评论家时使用的一个笔名,就是用他母亲的名字做了一个梵文化的文字游戏,这是由 20 世纪 70 年代末的一位最勤勉的传记作者破解的("Muang Boyang" et al. 1980:145-62)。1979 年出现了一本盗印版的《真面目》,出版社叫汕恩出版社(Saengngoen Press),在未经授权的情况下盗用了他母亲的名字;这个至今都不知其名的出版社利用了这份母子深情,这一纽带现在已为集的作品的读者所熟知,他们以此来建构集的作家身份。亲密的母子关系显然与认为他的政治异见源于他来自一个破裂家庭的说法相冲突。然而早在 1953 年,"母亲"在集的作品中就出现了问题。在那一年,他的诗歌《母亲》,内容是关于一个孩子因激情而意外受孕降生,被大学当局认为有损泰国理想的母亲形象。纵观集的所有作品,"母亲"闪现在各种各样的主题中,也给"集·普米萨"带来了连续性和亲切感。在他屡遭排斥和隔离之际,这份拳拳孝子心总能让他看淡这些人生路上的坎坷。

在 1946 年的首都,国家文化和政治生活的中心,集进入设在本扎玛波丕寺（Wat Benchamabophit）的公立学校学习,该寺是"五世王的王家寺院",建于 19 世纪末,由五世王朱拉隆功授命建造,作为宗教艺术和教育的典范。尽管他后来视宗教为统治阶级狡猾的产物,但在青少年时期,他却是个留心观察这些源于宗教信仰的工艺品的学生。他会到寺院中去参拜著名的钦纳拉佛像（Chinnarat Buddha）,并聆听僧侣们诵经。他在日记中事无巨细地记录下寺院建筑的细节:逐级递减的五层屋檐、灯台和香炉的摆设以及收集的各式各样的佛像,这使得大雄宝殿成为一个泰国佛教造像艺术的博物馆。他在情绪忧郁之时曾说"我感到完全厌世",表明他思忖着去剃度为沙弥,"也许永不还俗"（Jit 1979b: 46）。这是他距离成为一名泰国佛教徒的期望最近的一次。在泰国,所有的成年男性都应该至少要短期剃度出家一次。但是他个人的习惯和品位中带点苦修甚至清教徒式的特点。他的一位密友说道,他这个人无法容忍自己或其他人的缺陷或瑕疵（*mai hai mi tamni*）,这个评价也得到了其他相识之人的支持（Thawip interview 1979）。

日记是从马德望时开始记的,但大部分是在 1947 年他在公立寺庙学校学习的 9 个月里写下的,他写到了伙食问题,与朋友们的争吵,母亲和姐姐的身体状况,到二手货市场去买关于考古和编年史的特价书,以及学校放热季长假时到内地旅游等内容。偶尔他也展现出顽劣的一面,他曾因让一个朋友抄他的数学考卷而被抓,因而被判不及格。有一次他还遭人羞辱,校长告诫他要多读书,任何书都可以,以克服他那乡下孩子的无知。他在日记中披露的内容是校长所不知道的。其实集早就涉猎了大量的泰国古典文学作品。他还频繁出入国家图书馆,调查用巴利文、梵文和古高棉文记载的石碑碑铭,详细阅读了乔治·赛代斯（George Coedès）关于泰文书写系统的书籍。他对古典的过去饶有兴趣，多次拜访普毗萨麦公主（Princess Phunphitsamai），她是"泰国历史学之父"丹隆拉查努帕亲王（Prince Damrong Rajanubhab）的女儿（Phirom 1981:39）。对此时的集来说，泰国文化即是高雅文化，还有比在其贵族守护者近前更好的学习它的地方吗？即使在进入大学之初，开始对高雅文化产生怀疑和批判的时候，他仍然对它保持敬意，还曾多次拜见一位王室高级成员塔尼尼瓦王子（Prince Dhani Nivat）。

1947年6月，他去参拜了阿南塔国王的遗体，这位年轻的君主于1946年6月9日被发现死在寝宫内，头部遭受致命的枪伤，按照泰国的丧葬礼俗，他的骨灰安放在一个装饰华丽的大骨灰盒中停放12个月。这件事促使集在1947年6月9日写下了一篇长文，沉思国王驾崩几日内的事情，当时他本人还生活在马德望。他回想起他得知国王驾崩的确切时间——上午9：45——他、母亲和朋友们一起议论这个新闻，都开玩笑不相信它。在市场里，大家几乎不谈论别的东西：话题全都是国王！国王！国王！基本没有话题和人民有关，他继续写道，只有国王。正是在这本日记里，他表达了自己的矛盾心情，一方面支持柬埔寨人民独立自主的权利，另一方面又要面对直接针对他这个泰国统治代表的柬埔寨民族主义情绪。他在一份声明中记录了一段非常详细的对他身边政治氛围的观察，表明他对日记内容的复杂性有充分的认识："我原本想要写我对弑君一事的反思，结果却偏离到自由高棉上去了，不管是谁读到这里都会笑出来。"（Jit 1979b:56）他到了曼谷并进行回顾之后，才将这些观察整理出来。当这本日记于1979年出版的时候，《书文世界》杂志的编辑人员将其作为集尊重佛教和君主的证据（*Lok Nangsu* 1979c），但是以上引用的日记却表明，集对国家权力机关的看法是更为复杂的。有传言说出版的日记并不完整，有一部分"敏感的"（例如带有煽动性）内容并未付梓出版，都直指这种复杂性以及未来披露更多内容的可能性。

在那些年，作为一个持有民族中心主义观点的狂热民族主义者，集在曼谷的学校里组织过一次抵制中国商品的活动，通过传单和演讲来鼓动他的同学们（Jit 1979b:63）。1973—1976年间，新生代追随着作家集·普米萨，他在抵制运动中的领导地位被作为他早熟的政治激进主义的铁证，为其1953年在朱拉隆功大学更为著名的事件埋下了伏笔（"Muang Boyang" 1976;

1980：215）。的确，从整体上看，日记是他很早就具有政治敏锐性的一个证据。1979年时我曾和一位泰国朋友聊天，她当时二十多岁，她说："你从日记中可以看出，他和我们大多数人都不一样。"这是一个经历过20世纪70年代中期社会巨变的年轻女性，她这一代人要比集那一代具有更强的政治意识。她的话指的是他头脑中不寻常的思考方式，以及他的政治敏感性。

经过在预科中学（Triam Udom），即朱拉隆功大学附属的预科学校的两年学习之后，集于1950年被朱拉隆功大学文学院录取，开始学习语言和历史。他头两年的成绩平平无奇。他经常迟交作业，不是因为懒惰或者课程要求超出他的能力，而是因为他总是全神贯注地思考某个问题，而忽略了正式课程的要求（Phirom interview 1979）。用达到学位的要求来衡量，他特立独行、与众不同，需要不断评估价值，也吸引人们继续搜寻记录材料。在1982年公之于众的集在大学早期创作的零散作品的合辑中，"勐·波阳"转载了老师对集的批评性意见，认为他偏离了布置的问题（Jit 1982a: 156）。毫无疑问，他对于大部分的教学感到厌烦，并用行动进行反抗，无视课程的内容，甚至没有通过朱拉隆功大学第二年的历史课程，不得不在1952—1953年重修整个学年的课程，这对于未来泰国最著名的一部历史著作的作者来说，真是讽刺性的转折事件。

在《真面目》一书中，他批判了那种缺乏批判精神的教学方法，在封建/萨迪纳教育体制下的学生被教导要吸收、要重复、要接受（ACCEPT）（他在这里使用了英文），而不是要独立思考。他本人就是个喜欢争辩的人，总有层出不穷的问题提给老师们。其中一位老师是已故的帕耶阿奴曼拉查东（Phraya Anuman Rajadhon），一位令人尊敬的泰国民俗和历史学者，他认为集非常聪明（*brai*），和当时其他高级教员不同，他视学生和老师之间的代际冲突为一种必要和积极的社会价值（"Muang Boyang" et al. 1980: 39）。进步运动于1976年首次发表这些帕耶阿奴曼拉查东的回忆，以帮助阐明作者功能，强化了对集的知识才华的宣传，并且有助于对集作为一位反叛学者的争论。

他多才多艺，还精通音乐。后来在坐牢的时候，他还进行音乐创作，为革命歌曲作曲，并用多弦的泰式筝（*Cha-khe*）演奏。他还会拉另一种弦乐乐器胡琴（*So-u*），有一张摄于朱拉隆功大学的照片，上面集正在专心致志地与人合奏（"Muang Boyang" 1980）。

在大学之外，他在文学圈声名鹊起。在大学预科学校期间，他就被誉为作家，成为班级刊物的编辑成员——他在童年时就自制一些卡通和民间故事插图的小册子，都是他亲手绘制的（Phirom interview 1979）。他刚入大学之际，就为各种刊物撰写了大量学识渊博、精深复杂的论辩文章，这些文章借鉴了法国和英国东方学学者的研究，基本都基于泰语的语言科学：文献学、语源学、铭文学、手抄本、梵文与巴利文等古典语言。其中一篇代表性的文章是《泰国的洗发水》，讨论了"洗发水"和"肥皂"的词源，以及佛手柑或卡菲尔酸橙果（makrut）在清洗、药用和吉祥等方面的属性。这种洗发水深受泰国人的欢迎，以至于一位向集提供泰国风俗信息的贵族称这种水果的精华为"泰国的洗发水"。《天堂树》（Parichat）在1950年7月发表了这篇文章，将其视为"一个标志，预示着集·普米萨的未来可期，他必将在文学及其他文科领域成为一个重要的艺术家，因为他独一无二的写作风格和技巧……只要他不放弃对文学的热爱，这个年轻人将会成为泰国的又一块文学瑰宝"（introduction to Jit 1979c）。许多人都会赞同说这个期望已经实现了，尽管从当时的情况来看，他的生平或著作并不完全像保皇主义杂志的编辑所想象的那样。集在1950—1954年间的多项研究于1979年被合辑再版（Jit 1979c），加上刚刚引用的证据，作为散文作家的作者身份被抽离出来，并使其成为一个特殊类型的作者，即作为学者的集。事实上，他在那四年时间里一直在创作和做其他方面的事情，并不适合被归为"学者"范畴。事实上，这些作品也拒绝任何的归类。

一位曾于1979年汇编出版集的学术文章的《书文世界》的编辑，还出版过另一个专家提供的佐证材料，这是一封落款为1953年2月11日、用英文写给集的私人信件。信中对集的文章《披迈的碑铭》（Phimai Inscription）大加赞赏，称其为"暹罗学者所写的最好的文章之一，（它）对任何国家的任何学者都会大有裨益"（preface to Jit 1979c）。这封信的作者是威廉·格德尼（William Gedney），一位美国语言学家，他于1947年来到泰国。两位集的老师向格德尼引荐了他，从1950—1953年底，集一直和这个美国人及其泰国妻子翠依（Choi）同檐而居（Gedney interview 1980）。

集如饥似渴地阅读，加上渊博丰富的高棉知识，他似乎"无所不读"，这让格德尼极为惊讶，格德尼视其为遇见过的最聪明的泰国人之一。格德尼记得这位彬彬有礼、自控能力强并稍显刻板的年轻人,以至于集在一张摄于1955年的照片中摆出自然放松的姿势,躺卧在吴哥窟的寺庙前面,让格德尼觉得他一反常态。集对自己的衣着和饮食要求非常苛刻,有一次,他的要求让当时还是格德尼的女管家的翠侬哭着离开家门。集在早餐时似乎喜欢吃蛋黄完整的煎鸡蛋,当发现蛋被煎破了,便坚持要求重新做一份。"他喜欢激怒我,就像狗戏耍鸡(*ma yok kai*)①一样",她在多年以后说道(Choi interview 1980),仿佛生活就是每天与集在斗智。她认为集很傲慢,觉得他看不起她,因为她受的教育比他少——"他总是对我发号施令"。后来,集较高的教育水平帮了她的忙。当她和格德尼因为1953年的事件被迫离开泰国的时候,她需要通过一个文化水平测试以获取美国签证,集为她进行了英语阅读和写作的速成辅导。

集有自己的房间,他和格德尼会从各自的研究中抽身出来,聚到走廊以消解酷热,他们在这里讨论每天的政治新闻和泰国文化——语言、音乐、雕塑等。格德尼注意到,那时集对高雅文化的喜爱程度和后来他对它的批判程度成正比。他在寺庙公立学校以及通过查阅国家图书馆资料获得了佛像造像方面的知识。直到今天,格德尼还在怀疑"在我认识他的时候,集是否是一个赤色分子"(Gedney interviews 1980)。看上去格德尼只认识(或只允许格德尼见到)集作为朱拉隆功大学头脑聪明的学生这一面,他对世界充满了渴望。格德尼对集给予认可,对待他也像对待一个饱学之士,这无疑大大增强了集的自信。不管怎样,这两个男人在20世纪50年代初建立起了非常亲密的关系,随着事态的发展,他们之间的友谊总是将格德尼与泰国联系在一起,如同在集的传记中塑造一个外国人的形象,他需要被当局解读,同样也需要被反叛的知识分子读者们解读。

要分析集·普米萨和威廉·格德尼在1953年底发生的事件中究竟出了什么问题,有必要说明一下20世纪50年代泰国公共生活中的马克思主义和共产主义的情况。作为作家,集·普米萨在泰国发挥影响的方式和超级大国之间的对抗竞争有关。无论在控制马克思主义和共产主义话语,还是在推动泰国激进式变革方面,"集·普米萨"都发挥了重要作用。

---

① 比喻戏耍是假,想害是真。——译者注

除了 20 世纪 50 年代的政治警察外，还有 1973 年 10 月 14 日之后涌现的"新生代"，他们在泰文语境中对集的生活的构建都集中在格德尼与集的关系细节上，竭力去弄清格德尼是如何以及多大程度上"影响"了集。实际上，在 20 世纪 50 年代初的曼谷，获取马克思主义的知识比格德尼和泰国政治警察当时所了解的情况要容易得多。集的马克思主义思想的来源不能追溯到外国的劝说者俄国人、中国人或美国人身上去。事实上，导致集·普米萨在大学三年级时被停学的事件，是由福柯所称的话语构型（discursive formation）组成的：一系列复杂的实践、语言和视觉信号，关涉美国二战后在亚洲遏制共产主义的政策，以及美国公共生活中的麦卡锡时代（McCarthy era）。

冷战中的泰国

格德尼是在战后来到泰国并以从事泰国问题研究为业的美国学者中的先锋。尽管他本人之前并没有在泰国的经验，但是对其中一些美国人——例如艺术史学家亚历山大·B. 格里斯沃尔德（Alexander B. Griswold），以及已故的历史学家沃尔特·F. 维拉（Walter F. Vella）——来说，与这个国家的关系源于他们在战时曾为设于亚洲的战略服务局（Office of Strategic Services, OSS）工作。随着美国人对东南亚的兴趣与日俱增，华盛顿政府急需泰国方面的专家，自然会转向那些已经熟悉这个国家情况的美国人。身兼学者和传教士身份于一身的前大使肯尼斯·兰登（Kenneth Landon）人脉极广，无论是对身在泰国的美国商人们，还是对毫无经验的（美国）国务院东南亚事务司（Southeast Asian division of the State Department）而言，他都是一个重要人物。东南亚事务司当时急缺专家，随后就数量充足了（Neher 1980: chap.2）。从更偏远的领域进入泰国问题研究的人类学家洛林斯顿·夏普（Lauriston Sharp），对官方对东南亚的无知和国务院政策制定的结构性缺陷感到震惊，他、兰登和其他人都想要消除这种无知（O'Connor 1981）。格德尼能在 20 世纪 40 年代末、50 年代初来到曼谷，在某种程度上取决于这种美国权力的联系，以及帮助维持这种联系的知识。

战后美国对泰国的了解，以及今天美国的泰国问题研究，都源于美国在东南亚地区复杂的经济和战略利益。起初，美国政府制定了针对泰国的政策，主要关注这个国家的经济健康，这项政策"明确优先考虑应对一切亚洲的共产主义向泰国扩张的威胁"（Neher 1980:4）。此外，美国的政策还暗含一个因素，即疑心英国会寻求重新建立它在亚洲的殖民帝国（Darling 1965:43-44）。战后泰国的比里政府精明地利用了这种猜忌，他利用美国人来降低英国的战争赔偿要求和各种新殖民主义的措施。但是随着1948年3月14日美国国会批准了马歇尔计划，世界被划分成"一个核桃的两半"（LaFeber 1976: chap.3），美国的关切在实质上和强度上都发生了变化。随着冷战同时在欧洲和远东地区发展，加之中国共产主义的胜利开始引起美国官员们的警惕，美国迅速调整了对泰政策，将重心放在国家安全上。

到1948年，美国将泰国确定为遏制中国共产主义战略的核心国家之一（Darling 1965:67）。战后大约十年期间的历任美国驻泰大使——埃德温·F.斯坦顿（Edwin F. Stanton）、威廉·J. 多诺万（William J. Donovan）（前战略服务局局长）和约翰·E. 比欧力福（John E. Peurifoy）——都致力于反共产主义，并对此直言不讳。鉴于当时美国政治的性质，很难想象他们会另作他选。1950年2月，在朝鲜战争爆发前夕，美国的巡回大使菲利普·C. 杰塞普（Philip C. Jessup）造访亚洲，在曼谷与各驻东南亚的美国大使们交换了意见，之后带着给予泰国经济援助的建议返回华盛顿。1950年9月，在杜鲁门的第四点计划（Point Four program）下，两国政府签订了一个经济和技术合作协议，美国的援助从1951年开始（Darling 1965: chap.3; Hayes 1971; Nuechterlein 1965: chap.4）。正是在这种美国安全关切的背景下，在20世纪50年代初多诺万出任美国驻泰大使之时，格德尼与集开始建立友谊。

泰国对于美国防御战略的重要性已经产生效果，中央情报局（CIA）有计划帮助泰国建立一支准军事警察武装力量（Lobe 1977:19-25）；美国还为泰国当局提供反共宣传。格德尼的研究拨款到1951年差不多快花光了，曾一度受雇协助制作一部反共影片。他的工作是检查片中的泰国演员是否按照脚本说话。他是当时在泰国少数几个泰语达到一定水平，足以监督对白的美国人之一。威尔·伯德（Will Bird），一位以曼谷为基地的商人，曾在战略服务局工作过，现在为中央情报局工作，他也雇用了格德尼，将伯德的一份反共杂志由泰文重新译回英语（原文为英文），工作性质同样是确认信息是否被准确地传递过去了（Gedney interviews 1980; Lobe 1977; Neher 1980: chap.2）。

二战之后的十年里，泰国历届政府都响应了美国在太平洋地区的至高权威，调整自身以配合美国的需求和政策。陆军元帅贝·披汶颂堪（Plaek Phibunsongkhram）①和其他军官通过1947年11月的政变掌握了实权，几个月之后，到1948年4月又逼迫文官总理和内阁成员下台，从而完全掌控了权力（Thak 1979: chap.1）。披汶起初缺乏对政府绝对的控制力，为了赢得美国的支持并巩固自己的地位，他迅速地发表了反共言论（Darling 1965: 70）。当1950年6月朝鲜半岛发生战火，新成立的泰国军人政府向联合国部队提供了作战人员和大米物资。这个决定，连同接受美国的援助，巩固了美泰联盟。

泰国和美国的反共联盟却有些讽刺意味，因为美方官员曾帮助泰国通过艰难的谈判，于1948年②在泰国建立了苏联的公使馆，这是苏联二战后在东南亚地区的第一个使馆，直到20世纪50年代也还是唯一的一个。这种外交上的援助，某种程度上是为了对抗英国的霸权和新殖民主义政策。除了要求泰国政府承诺将让成立于1942年的泰国共产党合法化，苏联还要求在泰国设有正式的外交代表，作为泰国获准加入联合国的筹码（Shirk 1969）。集的《真面目》一书中部分原始资料，特别是俄语的历史杂志《历史问题》（*Voprosy istorii*），很可能是来自苏联使馆的文化事务中心。说明这一点是为表明集有进取之心，也为探明其灵感和信息的一个来源，而不是要从苏联的宣传活动中去寻找其马克思主义思想的起源。

随着泰国共产党活动的合法化和公开化，以及比里时期（1946—1947年）产生的自由和民主期望的势头有所减弱，在二战之后十年左右时间里，在曼谷公共话语中出现了明显的左倾倾向。这个国家见证了人们对马克思主义思想、历史唯物主义、工人权利和国际共产主义的兴趣方兴未艾（Flood 1975; Reynolds and Hong 1983）。泰国共产党的喉舌《大众》（*Mahachon*）在1947—1948年间每周出版一期。乌冬·希素万（Udom Sisuwan）1938年曾去过延安，在那里和红十字会（Red Cross）和世界语协会（Esperanto Association）一起工作，回到曼谷之后长期从事评论家的工作，并在《大众》开设专栏，1946年加入了泰国共产党（Udom interviews 1983, 1984）。这段

---

① 一些中文文献中习惯称他为銮披汶。——译者注
② 泰国和苏联于1946年建交，泰国于同年12月加入联合国。——译者注

时期泰国共产党在法政大学非常活跃，大约 20 名青年学生参与到党的活动中来。其中一位叫品·玻恩（Phin Bua-on）的学生 1951 年从大学退学，为了成为《真理》（Satchatham）的编辑，这是一个泰文版的《真理报》（Pravda）（Phin interview 1984）。素帕·希利玛诺任编辑的《文学评论》（Aksonsan）是 1949—1952 年发行的文学进步月刊，是对党办出版物做出的有意识的反应。素帕想要创办一个不会"牵着人民鼻子走"的刊物（Supha interviews 1979）。在这些出版物中，大量的马克思主义经典著作和概念被直接译成泰文，或"摘要"翻译和展示。甚至还有人非常直白地表达亲俄的吁求，有一部以"人民的保护者"为笔名写就的作品，题目就叫《我想成为一个共产主义者》（"Prachaban" 1950; "Mae Khwan Khao" 1979）。

许多参与将马克思主义进行泰文转化的作家们也创作诗歌、小说和文艺批评，并将其冠以"社会现实主义"和"文艺为人生，文艺为人民"的特征（e.g. Jit 1972; Udom 1978）。这些作家认为西方的大众文化是腐朽堕落的（例如吉他是被鄙视的），也不欣赏在当时催生的先锋派（例如毕加索［Picasso］，或埃尔维斯·普莱斯利［Elvis Presley］）的解放的一面，他们当中有些人后来成为泰国共产党的高层元老（Sathian interview 1984）。乌冬·希素万在 20 世纪 50 年代对西方文化的腐朽堕落进行了批判，对于被他批评的现象而言似乎有过甚其辞之嫌。即使是集，也在 1964 年写下了讽刺首都曼谷衰败的辛辣诗篇《夜幕下的腥味》（Khao Klang-Khun; Jit 1981a: 253-64），因为从沙立时期开始，曼谷的夜生活就变得像今天这样肮脏龌龊，充斥着声色犬马。

萨玛·布拉瓦（Samak Burawat）的新宇宙论为这部作品提供了一个世界观，萨玛是在伦敦接受教育的地质学家和矿业工程师，从 1947—1952 年在曼谷的一家佛学院讲授哲学（Reynolds and Hong 1983: 85-86）。萨玛也使用"海上船长"（kaptan samut）的笔名在《文学评论》上发表了翻译和分析斯大林的《论辩证唯物主义和历史唯物主义》的文章。他天生就是个哲学家，对辩证法和事物的关系性存在感兴趣（e.g. Samak et al. 1974: 27-28）。当布拉乌·希曼达（Prawut Simanta）还是一个东北地区也梭吞府（Yasothon）的孩子的时候，就曾反对过宗教教育，他回忆起在大学期间读过萨玛的著作，对他的解释印象深刻。在佛教的教义中存在一个激进的选择：如果所有的存在都是受苦，那么一个人就有义务去减轻这种痛苦，而不是一味地承认它

（Prawut interview 1983）。尝试着将佛教和马克思主义进行批判性结合之后，萨玛·布拉瓦开始靠近泰国共产党，尽管《文学评论》的编辑素帕·希利玛诺曾告诫他要和共产党保持距离，但泰国共产党已经吸引、甚至招募到了不少他这一代中最精英的人（Supha interviews 1979）。但是由于萨玛的忧虑，加上党不希望每个人都接近它，萨玛最终也没有成为党员（Phin interview 1984）。正是像萨玛这样的著作，将科学社会主义和泰国的佛教锻造在一起，集·普米萨才有机会读到并与进步（kaona）思想家进行讨论，同时写作关于泰语中的肥皂这样的睿智文章。

对泰国的共产主义作为一支战后政治力量的能力，几乎所有研究者都认为其被严重高估（美国的政策制定者想方设法维持全球的安全，而泰国政府也出于投机的考虑，他们看到亲美立场将是多么有利可图）。但是毫无疑问，一些城市里的泰国知识分子，借鉴苏联和中国的革命模式，想要为泰国激发一种彻底的、明确的非军国主义的民族主义。由于没有一个可供攻击和取代的殖民宗主，这种激进的民族主义的矛头便直接指向本土的权力精英，特别是针对披汶。

对于1947年之后的这十年，有趣的是一大批左派话语者都被允许大行其道，甚至得到权力结构中的人物的支持：三巨头中除了披汶，还有沙立·他那叻和炮·希亚侬（Phao Siyanon），他们中的任何一位都无法清除掉另外两人独揽大权，直到1958年沙立大获全胜。他们每个人都雇有文笔犀利的文人来攻击自己的政敌，可以说，左派作家们在政变集团成员势力之间的空隙中活跃兴盛。然而，即使是在这种情形下，这个政权也只能够容忍一定程度的对其政策的异议和反对；随着这十年的消逝，政变集团开始落实立法工作，使军人和警察机关有绝对的权力镇压异见分子，并迫使泰国共产党转入地下。

这次立法是在1949年中国共产主义胜利几年之后进行的，中国的情况引起了泰国政府的警觉，因为它改变了亚洲国家间关系的格局。至少有一部原文为俄文的马克思主义的作品，经由中文译本被译成泰文（Reynolds and Hong 1983:80），在泰国华人工人阶级中间的共产主义组织是激进社会变革的思想和信息的源泉。中国共产主义的胜利也因为随之而来的反封建宣传而受人关注。那时泰国的王权衰微。普密蓬·阿杜德（Phumiphon Adulyadej）

于1946年继承受伤致死的哥哥的王位时年仅22岁，在位时间也才三年。当时的军人政权尚不确定自己与王室之间应该保持何种关系，以及在多大程度上这种关系能够有助于军人统治。这种不确定一直延续到1958年沙立上台，他设想他的独裁政治是将民族、宗教和国王作为军人官僚政府的天然标志。这种对于泰国政权合法性的根深蒂固的不安，最终将共产主义威胁作为统治的正当理由。1951年11月29日的无线电政变或无声政变中，"共产主义的威胁（既有内部的，也有来自外部的）首次被用作发动政变的主要理由"（Thak 1979: 71）。

政权的合法性依赖于合法当局（proper authority）所制定的"意符"（meaning）①，而审查制度则是一个标准，标明当局禁止或支持的"意符"。1952年发生了几起事件，它们赋予当局及其反对派新的"意符"，或对旧"意符"进行修订。1952年6月30日，警察总监炮发布了一道禁令，直接禁止一些书籍的发行和销售，理由是它们对良好的秩序和人民的道德构成了损害（Thongchai 1978: 500-504）。令人好奇的是，这些列入《泰国王家政府公报》（*Royal Thai Government Gazette*）名单的书籍，大多数作品（作者为列宁、斯大林、恩格斯和高尔基等）都是英文或中文的，尽管事实上在那个时期，许多马克思、恩格斯的经典著作都已经有了泰文的意译本和概述本出版了。另一个令人好奇的是，禁书目录里还包括屠格涅夫（Turgenev）的《父与子》！由于许多英文的马克思主义经典文集都能在曼谷买到，禁书目录意味着它更多是表明政府的立场（外国驻曼谷使馆的分析家读起来比较容易吧？），而不是对公共辩论的一种有效控制。之后，好像是为了祝贺德怀特·艾森豪威尔（Dwight D. Eisenhower）当选美国总统，为了进一步表明其反共决心，泰国军人和警察于1952年11月10日又针对左翼评论家们采取了行动。

一些作家、记者和部分军官遭到逮捕和审问，他们被指控密谋发动政变，是由一个所谓的"和平反叛"（Peace Revolt）的事件引发的，这是一个自我矛盾的修辞，同时指向采用强硬手段镇压和平倡议者的军人和警察，以及希望乘着和平的马车通往革命的异见人士。"和平"在这里指的是全球性

---

① "意符"原指形声字结构中表示意义的部分，在此被借用来表示原文中 meanings 一词。——译者注

的和平运动，脱胎于核时代之初的对真正实现裁军的关切，它是1948年2—3月在法国组织的，很快就被苏联通过共产党和工人党情报局（Cominform）加以利用（Shulman 1965: chaps. 4, 5, 9）。许多国家的首都都举行了和平会议，在1950年斯德哥尔摩会议之后，组织者声称他们以《斯德哥尔摩宣言》（*Stockholm Appeal*）的名义收集到了5亿个签名（Stanton 1957: 274-77; Thak 1979: 69; Thongchai 1978: chap. 4）。但眼下泰国当局正与之对抗的，不是欧洲运动，而是立足中国的亚洲运动。泰国也成立了和平委员会征集签名，当1952年10月六名泰国代表动身前往北京参加在那里召开的大型和平会议之时，泰国政府在广播中马上就把他们定为叛国者（Bangkok Post 11 Oct. 1952）。泰国的和平运动聚焦于一个国内问题，即政府决定向以联合国的名义参加朝鲜战争的美国军队提供物资支持。这个决定引来了泰国媒体的尖锐批评，触动了泰国公众的敏感神经，对这种干涉另一个亚洲国家事务的行为表示不满（Wiwat 1985: 12-13）。

11月份的逮捕，以及随后的审讯和意外发现（警察发现了一些文件和俄制武器），占据了报纸的头版头条数周，给了炮一个对其批评者和弱小的政敌采取行动的机会。镇压的对象包括报刊编辑、作家和劳工组织者，同样也包括那些仍然活跃的用言语和文字反对政府的比里的支持者们（Phritthisan 1985: 59）。比里的妻子和儿子也在被捕之列（Wiwat 1985: 19）。炮对和平运动的利用还催生了一件逸事，察·查旺恭（Chat Chawangkun）那时是一个在警局任职的中级警官，负责调查和报告政治犯罪，他到炮那里去对他说，世界上没有哪个政府会被一个以和平的名义进行的运动推翻。炮对这种对镇压的批评大发雷霆（Thawip interview 1984）。

一些被捕的反对派人士曾经卷入一个叫作国家解放运动（*khabuan kankuchat*）的事件之中，似乎已经起草了一份落款日期为1952年10月1日的新宪法（Suphot 1957）。炮还为反共立法提供了背景，该立法将被用于抓捕之用，他扬言反叛者意图拘禁国王并强迫他宣布废除君主制。西方的情报机关告诉泰国政府，说苏联的特工们已经"策反"了一位驻伦敦的年轻泰国空军军官（Neuchterlein 1965: 111）。这样，"赤色分子密谋推翻国王陛下"（Reds Plotted to Oust HM King）很快占据了1952年11月13日英文报纸《曼谷邮报》（*Bangkok Post*）的新闻头条，令人触目惊心。

共产主义与君主制的二元对立被写进了关于煽动叛乱的法案之中。这些法令是参照美国1950年颁布的《颠覆活动控制法案》(*Subversive Activities Control Act*)制定的，禁止泰国共产党活动，扩大当局的权力，可以未经审判就拘留那些违反模糊规定的个人，上述法案于同一天在议会获得通过(*Bangkok Post* 14 Nov. 1952; Thanin 1974:239-56)。该法案的第三条规定了三种"共产主义"的行为：(1)颠覆由国王任元首的民主制度；(2)在没有合理赔偿的情况下将私有财产或私有生产资料国有化，借此改变国家的经济制度；(3)在人民中制造不稳定、不团结和仇恨，参与恐怖主义或破坏活动。在这三条的最后标明要将他们一网打尽，事实上，警察早就据此抓人了。

后来成为集•普米萨的友好雇主的《文学评论》编辑素帕•希利玛诺，尽管从未在和平宣言上签名，但还是在这次搜捕中身陷囹圄，他的杂志也停刊了。他在一个朋友家里看过一部俄罗斯电影（那时对于曼谷居民来说，任何类型的外国电影都是一种特殊款待），他就是因此而被捕的。此前不久，他刚在他的报刊中发表了有关新闻世界里的腐败现象的长文(Supha 1976)。他还有其他与俄国有关的经历，曾在1946年担任过泰国外交部驻莫斯科的公共事务专员，有可能因此惹祸上身。和当时其他文学记者界的人士一样，他读过并写过关于马克思主义的文章，并由衷地对中国和俄国的革命经验感兴趣。尽管他没有在大学的固定教职，但是他在法政大学做过关于马克思的推广讲座，讲座内容出版成一本名为"资本主义"(*Capitalism*)的书(Supha 1951)，阐释马克思的思想。政治警察认为素帕的问题在于，他是一个"孤独的共产主义者"，这个充满矛盾的说法让他困惑；为了找出他的同伴，警察们不止一次地尝试诱劝他(Supha interviews 1979)。其他因为这样或那样的原因被捕的作家们，都曾经在法政大学做过推广讲座。（他们在1952年讲座讲稿合集出版的《大众观点》[*From the Vantage Point of the Masses*] 一书，现在已经成为记录当时和平叛乱进步思想的宝贵资料 [Samak Burawat et al. 1974]。）

尽管上述事件在泰国政治史上，甚至在政变集团不同派别的权力流动中都不被视为是重大事件（例如，政变的阴谋看起来像是捏造的，这一事件在标准的泰国政治书籍中也无足轻重），但实际上，1952年的和平叛乱是一个历史基准，为1958年更全面的镇压埋下了伏笔。素帕只被扣留了52天，但是一些作家，如古腊·赛巴立（Kulap Saipradit），则被囚禁了四到五年，只是因为赶上1957年纪念佛陀涅槃2500周年才被释放。随着近来泰国学者将关注的焦点放在了这个重要的事件上，和平叛乱被从脚注中解救出来，重新进入人们的视野（Phritthisan 1985, Wiwat 1985）。

"集·普米萨"会永远受到这种反共话语实践的影响，并且在一定程度上被其建构。这种反共话语实践不仅将军人和警察清除异己的权力明文载入法律，而且对泰国政府的合法性本身至关重要。将素帕和集这样的人的思想和活动归因为共产主义境外势力的影响，是减少这些思想和活动的危险性的一种方式。这样一来，这些思想的来源便被归于境外，它们与泰国社会格格不入，注意力也因此被转移，远离国内的实质性问题。通过将催生这些思想的灵感来源转到域外去，合法当局宣称其非泰性（non-Thai），并将秉持这种思想的个体排除在共同体之外。在1952年和平叛乱之后，那些接受这些思想的知识分子们也被囚禁起来，在身体上被社会拒斥。

泰美两国在反共斗争中越走越近，反共措施更加严苛，合法当局对异见和批评的态度不断强硬。正是在这种背景下，威廉·格德尼与集·普米萨的关系面临考验。二战之后美国在太平洋地区的野心和政策，直到1957—1958年仍以苏联与中国为参照对象的曼谷知识分子的生活，以及泰国政府的麦卡锡主义式的举措等，都交织在他们的关系中，并在多种因素的作用下，两个人受到了排斥。尽管在前一段中提到了关联，在泰语材料中只是以零星和断断续续的形式出现，但泰国的学术研究被1973—1976年一系列事件所激励，开始涉足这个领域，特别是泰国反共政策的演进（Suwadi 1979; Thongchai 1978; Wiwat 1985）。值得注意的是，这些学术著作在该领域内并没有给"集·普米萨"留下任何位置。合法当局通过泰国的大学（大学里的研究仅是为了获取硕士学位）控制着话语，使"集"这样的文学界名人远离国际政治、超级大国间的竞争和泰国的叛乱历史。有一篇硕士论文专门研究集的作品，获准写于1976年10月6日政变刚刚结束之后的艰难时期，仅仅关注他的创作，并没有提到（事实上，并没有"见到"）上述关联（Chamroen 1977）。但是"集·普米萨"为这些关联提供了背景并将它们组合到一起，而我提出这些关联，是作为我个人对构建作家身份的"集·普米萨"的贡献。

学生政治——1953年

这些关联，即使没有被清楚阐明，也可以通过泰文材料理解，并在某种意义上，是通过作为1952年和平叛乱和反共法案同年发生的事件而被人记住，这起事件让格德尼和集两人都声名狼藉。这一事件在泰语中有个名称，叫 korani yonbok（掷地事件），它立刻就成为一个符号，代表朱拉隆功大学历史上的某个时刻，它与上面提到的世界历史没有明确的关联，也是集人生中经历的主要受社会排斥的事件之一。由于来自该大学的学生或年轻教师都深入钻研1973—1976年间推出的集的传记，掷地事件从建构之初就被写进其传记之中（e.g., Chonthira 1974b: 25-27），并在此后一直被不断引用。

在大学三年级的时候，集被选为朱拉隆功大学年刊的编辑，年刊于每年10月23日出版，这是为了纪念与大学同名的曼谷王朝五世王朱拉隆功（1868—1910年在位）去世的日子。尽管人们对他的泰语造诣钦佩不已，但是集在校园中却是一个令人不安的存在，因为他在大学的出版物中公开发表自己对堕胎问题的批判立场，例如，他谴责这是准妈妈的自我轻视和不负责任（Lok Nangsu 1981c: 44-45）。这种文化上的不合群后来可能被解读为政治上的颠覆。在1953年，集花了一整个学年时间，在年刊上投入了大量心血，收集了40余篇文章和诗歌，其中至少有两篇出自他自己的手笔——一篇是关于母亲的诗歌；另一篇是对佛教进行的机智的历史唯物主义批判——并将它们付梓。

在出版日期约一个星期之前，他去校对打样的时候才得知部分内容，特别是他自己的两篇作品受到大学当局的关注，因为它们含有"共产主义"的内容（Jit 1978a）。连接大学和警察的一个中间人物是素蒙纳察·沙瓦迪恭亲王（M. R. W. Sumonnachat Sawatdikun），他是一位爱好文学的文学院老师，在那时的工作涉及打压共产主义（"Muang Boyang" 1981: 53-54; Lok Nangsu 1981a: 11）。格德尼因素蒙纳察在惩戒集一事中发挥重要作用而感到不悦，因为素蒙纳察曾是几年前介绍集认识他的老师之一，现在却要积极起诉集的案子（Gedney interviews 1980）。集的指控者同样也反对刊登一篇美国人撰写的文章的译文，因为它批评了泰国政府的政策，另外封面设计与以往的年刊差别甚大。一个由大学理事会任命的委员会要求集辞去编辑一职，随着大学当局出面干预的消息不胫而走，校园里开始同时出现支持和反对校方干预的传单。

10月23日是泰国日历上的重要节日，朱拉隆功是最受爱戴的泰国君主。在20世纪50年代初期，年刊的名字使用的是国王的别称 *piyamaharat*（意为伟大、受人爱戴的王者）（Chulalongkorn University 1952）。因此，即使是一些无关紧要的地方，如封面上需要带有各种神圣的标志，集对此也进行了调整。上一期（1952年）的封面使用的是黑色的国王骑马雕像，背景色是黄色和灰色。我听过很多关于集要如何处理封面的故事：用建造雕像的工人的图片替换国王的骑马雕像，或者加入其他的颜色。笔名"并肩斗争的朋友"、现在已知是他的朋友布拉乌·希曼达，还记得集对颜色和标志发表的意见，他的一些想法来自《读者文摘》（*Reader's Digest*）("Muang Boyang" et al. 1980:69-70）。带有多义性和不确定性的文本，甚至取材于伪善的美国中产阶级杂志里的内容，都可以做颠覆性的使用。集摆弄着那些被固定下来、于每年10月23日向大学的同名创始人献礼的能指符号。他这么做是在违反传统，而"传统"正是年刊中用英语印刷的五项学生行为守则之一：SENIORITY、ORDER、TRADITION、UNITY、SPIRIT（尊长、秩序、传统、团结、精神），首字母连起来就是 SOTUS（Chulalongkorn University 1952）。1953年的年刊未能面世，而且几乎该期所有的内容都成为封存的文件。只有一篇佛教的评论文章《黄蕉叶鬼》（泰文名：*phi tong luang*；英文译名：*Spirits of the Yellow Leaves*）[①] 曾被全文发表（Jit 1981c）；关于母亲的那首诗歌的片段也在不同地方出现过（e.g., Jit 1978d:preface; Jit 1982a: 84-86）。《黄蕉叶鬼》是一篇复杂的文字游戏，影射戒律松弛的出家人和道德权威的化身，将他们比作那些居住在深山老林之中、用干黄的芭蕉叶搭建临时居所、仍以狩猎和采集为生的少数民族（cf. Bernatzik 1958）。宗教的外衣就像伪装。僧侣的橙黄色僧袍是脆弱和暂时的，就像住在密林中的少数族群在林中搭建的临时小屋一样。这位被预言将成为另一位泰国文学明珠的年轻人，将他讽刺的才智同时伸向僧侣和国王。

---

① "黄蕉叶鬼"（*phi tong luang*）原意是指泰北地区的一支山地少数族群，即马拉布里人（*Maraburi*）或马拉人（*Mara*），黄蕉叶鬼是其他族群对他们的称呼，因为这个族群喜欢用放置变黄的芭蕉叶铺在屋顶。该族群不喜生人，若有生人打扰，便会迁居躲避。——译者注

这场争论的高潮出现在 10 月 28 日，当时学校召开全校学生大会，3000多名学生被召集到一起，校方向他们解释为何年刊会遭到审查。关于会上发生的事情有很多口头陈述，其中不乏坚称"我当时在场"的证词。学生领袖在会场上当面提出指控，集被控告是一个共产主义者。后来他被允许发言，并成功扭转了会场上的局势，他解释了自己想要突破（waek naew）过去的模式，让年刊变得更吸引人。但是根据一位后来对他施予援手的在场同学的描述，他的雄辩也激怒了他的控告者们。尽管这位同学觉得集有些固执己见，但是她认可他的诗性想象，尊重他说话的权利（Lok Nangsu 1981c:44-45）。还未等集完成自己的辩护，一直是朱拉隆功大学最右翼群体的工学院的学生们［在另一位在场的学生看来，他们就是流氓（nakleng）作风］（Wipudh interview 1979）冲上台抓住集，将他从台上扔下，把他摔得不省人事。这就是 yonbok（"扔到地上"）事件（即"掷地事件"），这个词是改自另一个词 yonnam（"扔到水中"），许多高年级学生用这种方式来强化 SOTUS，惩罚违反守则的倒霉的低年级学生，将他们投进学校的池塘中。集被送到医院检查，X 光片显示他伤得并不严重，之后他回到格德尼的住处，很快就从轻微脑震荡中恢复了。

在 20 世纪 50 年代的泰国，把集的创作、编辑方针、图形设计等附会上共产主义是无法避免的，警察和立法者们在 1952 年的和平叛乱之时，就捏造出君主制和共产主义之间的关联。从那时起，对君主制和僧伽的意符的不恰当使用会被视为叛乱的信号。察·查旺恭是一位在警局专门负责政治犯罪的警官，他谙熟这件案子，他的话简单明了，泰国社会正向一个方向前进，而集却走在反方向上（Chat interview 1979）。希哈德·汶纳（Sihadet Bunnag）是在学生大会上对集发表抨击言论的学生之一，他的评价稍有不同，认为集不过是在夸夸其谈，集说他要"将 10 月 23 日的校刊向左偏转 30 度"（"Muang Boyang" et al. 1980:69）。新闻媒体带着各级负责人提供的陈述，对这一事件进行了集中报道。一些老师和学生试图搪塞有欺侮现象的说法，说这是学生们惩罚有不当行为的学生的传统方法。已故的历史学家卡宗·素卡帕尼（Khachorn Sukkapanij）无视了整个事件，认为这一切稀松平常：yonbok 和 yonnam 是一样的（"Muang Boyang" 1981:56-57）。但是掷地（yonbok）事件揭露了 yonnam 内在的仪式化的暴力行为。在这种环境下，欺侮很容易越界成为流氓暴力。会议结束后的第二天，工学院的学生推搡进入校园进行跟进报道的新闻和摄影记者。很容易就能知道是谁对新闻媒体说了些什么，因为集将报纸上对该事件的报道剪下来制成了一个详细的剪贴簿（"Muang Boyang" 1981）。这是他生命中的一个重要事件。他告诉翠依·格德尼："如果他们继续将此事认定与共产主义有关，将来某一天我就真的做给他们看。"学生大会之后他依然我行我素，可想而知麻烦会接踵而至（Choi interview 1980）。

格德尼是当时少数几个支持集的人士之一。让格德尼感到沮丧的是，卡宗和其他老师拒绝伸出援手。在学生大会之后的某个时间，他带着集去找克立·巴莫（Khukrit Pramot），格德尼是在社交场合认识他的，他希望能获得大力支持。克立起初表示同情，说道诸如"我们不能让麦卡锡主义发生在这里"之类的话，但是后来由于事件持续发酵，越闹越大，他退回在山中的房子里等待风暴结束（Gedney interviews 1980）。为了给局势带来一个理性的声音，格德尼接受了一家报纸的采访（*Prachatipatai* 31 Oct. 1953），试图减轻年刊因为带有越轨和叛乱内容被攻击而产生的影响。但是这一举动结果却适得其反，因为它吸引了公众的注意，认为格德尼是在幕后谋划的 *farang*（欧洲人、白人），是一个用激进思想教唆泰国年轻人的洋人。察至今仍深信格德尼是一名泰共成员，向年轻的泰国国民灌输共产主义（Chat interview 1979）。泰国总理发表了一个声明，说此事已全在警察的掌握之中，事情也的确如此。格德尼受到政治警察的调查，觉得自己再留在泰国会有危险，对于一个曾经协助美国特工制作反共宣传影片的人，这真是个匪夷所思的转变。无论如何，格德尼坚称自己书房里几乎没有什么社会主义作品，但在人们的臆想之中，他在集的生活中是幕后操手（*eminence grise*），学生们都这么认为，警察也是如此解释的。威廉·格德尼卷入"掷地事件"导致1973—1976年时人们对他究竟是怎样的一个人产生好奇，他也出现在1974年之后集的传记之中。他在1953年进行的报纸访谈也成为宝贵的资料，并于1981年重印（*Lok Nangsu* 1981b）。事实上，对于一些泰国人来说，他更像是集的"义父"（foster father），而不是一个泰语语言学家。

事实上，也有一些对外国颠覆行为的实质指控，但并不是报纸上所暗示的那些。美国大使馆当时由前战略服务局局长"粗野的比尔"（Wild Bill）多诺万出任大使，他们为了给泰国警察留下共产主义威胁的深刻印象，出资雇用格德尼将《共产党宣言》翻译成泰语。1952年时格德尼为了维持生计，进行报章报道的翻译服务工作，这些新闻时事通讯保存了当时政治紧张的生动记录（Gedney 1952）。这位美国语言学家接受了翻译马克思主义文本的任务，但条件是需要一位说泰语母语的本地助手。集就是那位助手，格德尼在很多翻译工作中都雇用了他；美国大使馆无意之中将一部马克思主义的重要著作放到一位泰国激进分子的面前，使他接受了教育（Gedney interviews）。格德尼说，据他所知，翻译《宣言》的工作是格德尼声称他所知道的集唯一一次接触马克思主义的情况（Gedney interviews 1980）。

美国大使馆一直奉行支持泰国政府反击"红色威胁"的政策，如今在格德尼因掷地事件而危及泰国签证的时候，也只能袖手旁观。这是麦卡锡主义在泰国的重演。格德尼感到伤心沮丧，不受欢迎，同意于1954年1月带着翠依离开泰国。他被客气地驱逐出境，远离泰国达5年之久。

掷地事件成为一个大新闻，集的同事、同学和过去的学生都记得，不管集走到哪里，都会受到此事的牵连。他们的记忆为许多"集·普米萨"著作的前言提供了材料；在1973—1976年以及之后的时间里，他们接受访谈或写下并出版他们的回忆。在这些证据里，集的传记内容显得十分零散；在很多情况下，人们因为欣赏集的政治思想，对他的文学才华的钦佩之情便会大打折扣。这个时候，集被迫暂时放弃他的学业，并被要求定期向警局报告（Chat interview 1979）。他直到1955学年才回到大学，在被停学期间他曾短暂在中学任教，但是由于他对文学持有非正统的观点，他和学校的管理人员相处得并不融洽。素帕·希利玛诺并没有完全放弃他所钟爱的新闻业，他在《新泰国报》（Thaimai）担任助理经理，并将电影和书籍评论的工作交给集。这些以"读书人"（bukmaen）为笔名的文章中，有一篇被多次重印（e.g. Jit 1979c.; 1982a: 134-46）。素帕记得集是一个天生的老师，急切需要清楚的答案，对自己的个人举止十分严格。集不喜欢素帕抽烟斗或雪茄，说这是资产阶级享乐；对此素帕回答道，在马克思的著作中没有写过禁止吸烟。讽刺的是，集流传最广的一张照片，出现在成千上万的杂志封面和海报上，在照片中这位严格律己的政治诗人眯眼对着光，嘴里叼着一根香烟！在完整的照片中，他的左手有可能握着威士忌酒瓶的瓶颈（Jit 1981a: 204）。在《新泰国报》，集结识了刚从法学院毕业的通拜·通包（Thongbai Thongbao），通拜定期为报纸撰写短篇小说，后来成为工人领袖和政治犯们的律师（Thongbai interview 1979）。"并肩斗争的朋友"写道，集在这两年里努力学习英文——他经常制作词汇表——阅读马克思、恩格斯、毛泽东和斯大林（《列宁主义的问题》）的著作，以及其他许多泰国进步作家，如社尼·绍瓦蓬（Seni Saowaphong）、古腊·赛巴立、萨玛·布拉瓦等人的作品（"Muang Boyang" et al. 1980: 79-81）。

当集 1955 年为了获得学士学位而重返校园之后，成绩得到明显提高，并以优异的成绩顺利地完成了后两年的学业。与此同时，他开始为更多的报刊撰写文章：在《印泰报》（*Phimthai*），他遇到了他威·瓦拉迪洛（Thawip Woradilok），他建议集使用颂猜·布里察加伦（Somchai Prichacharoen）的笔名；在《祖国》（*Pituphum*），他结识了布朗·万纳西（Pluang Wannasi），并使用辛拉巴·皮塔春（Sinlapa Phitakchon）（意为"保护人民的艺术"）的笔名开设了"艺术评论"专栏（Jit 1974b）。除了他在 1957—1958 年在《自由报》（*Sanseri*）中以颂猜的笔名撰写的"人生与艺术"专栏（Jit 1974d）外，其中一些出版物还展现了因政变集团内部斗争而为反对派激进主义创造的空间。沙立拥有《自由报》，而《新泰国报》则与炮有关系；政治强人需要这些报纸来互相攻讦，因此给了像集、素帕、他威、通拜和其他人一个进行社会和政治评论的论坛。

集在大学的最后两年里，还为世界旅行社（World Travel Service）担任导游，负责曼谷旅游，陪同外国游客游览曼谷、阿瑜陀耶和在吴哥的古高棉遗迹。他的一位导游同伴是威·威萨塔维（Wit Witsathewet），后来成为朱拉隆功大学的哲学讲师，他经常在晚上与集以及另一位大学好友素提·库达拉（Suthi Guptarak）一起谈论政治。集的谈话充满了阶级斗争和经济剥削，多数家境富裕的学生对他都避而远之。那些来自穷苦家庭的学生（威就是其中一位）对他的话题饶有兴趣。即便如此，虽然他们与集过从甚密，但他们也并不总是能接受集的想法。集的同伴们极少有人能在辩论上望其项背，绝大多数人都会叹服于他的"超凡才智，对政治的强烈兴趣，和高度理想主义的献身精神"（Wit interview 1979）。威记得在 20 世纪 50 年代，他大学时代的学生对君主、宗教和家庭的态度是很保守的，老师很少关注学生的激进运动，因为它只限于很小的范围内。然而那时和今天一样，在一年一度的法政大学－朱拉隆功大学足球对抗赛上，允许进行抗议和政治评论。1956年，威在集和其他人的支持下成为学生会主席，他们在游行队伍中组织了一出滑稽戏，他们装扮成农民的模样背着一个地球仪，象征农业无产阶级支撑着世界。受压迫者的历史角色、与朋友的争论、社会政治变革中阶级冲突的动力、在泰国历史中若隐若现的吴哥帝国等，集在某个时候将这些都写进作品之中（Jit 1982c）。在与朋友之间的一系列长谈中，集将自己塑造成一个好奇的参与者，精心安排了各种争论。这部作品既不是小说，也不是自传，而是一种混合的形式，一种高度智性的日记，或许从来没想过要出版。

集在1957年获得学位之后，却拒绝出席毕业典礼，不想直接从国王手中接过证书。他选择了教师职业，继续为报刊杂志撰稿，并开始攻读教育学硕士。他在1957和1958年似乎特别高产，部分原因是1973年之后，有人专门将他的评论和文章收集起来结集出版，有的作品还不止一次再版。他的一些最重要的文学研究始于这一时期（Jit 1974a）。完整的《文艺为人生，文艺为人民》（*Art for Life, Art for the People*）卷（Jit 1972）于1957年出版，他使用了"提巴功"（Thipakon）这一笔名，意为"照亮前进道路的人"，出版社是台维出版社（Theves Press）。这个进步出版社还出版了高尔基和鲁迅这两位集很敬仰的俄国与中国的社会现实主义作家的译著（Jit 1975b; "Thawipwon" 1981; Cintana interview 1979）。他珍藏着一个高尔基的半身石膏像和一幅鲁迅的画像，后来被警察用来指证他同情共产主义（Jit 1978a）。

1958年中期的几个月，集正在艺术大学（Fine Arts University）的建筑学院教英语，有一份特别详细和生动的回忆录，使人回想起他作为老师是多么精力充沛和受人欢迎（学生们都回来上课了！），以及他是多么渴望听到对他教学风格的批评或认可。希利乌萨·蓬拉占（Siri-usa Phonlachan）（为纪念诗人和批评家阿萨尼·蓬拉占［Atsani Phonlachan］而取的笔名？）1976年时写下了她的回忆，她是众多与集身处同一时代、被集驾驭泰语语言能力迷住的人之一：集在解释时的简洁清晰，交谈时的强度，要求学生们思路清晰并相信自己的判断（"Muang Boyang" et al. 1980:29-61）。她曾经到集的家里拜访，他的屋子堆满了书，摆满了墙边，甚至堆在床底下。他经常去买书，并想尽一切办法收集书籍。有学生到莫斯科参加一个青年峰会，他借此机会请他代购一位遭受麦卡锡迫害的美国小说家霍华德·法斯特（Howard Fast）的作品。他在被捕之前开始学习中文，警察发现他还拥有几本俄文和中文书籍。仿佛是要确认他自学的勤奋和多语言的能力，《书文世界》从他的语言工作簿中节选印出部分内容，上面有他亲手写下的汉字，证明他确实在学习中文（Iang Huadong 1979）。

集在这段时期最重要的作品就是《真面目》一书，于1957年出版，使用"颂萨麦·希素达万纳"（Somsamai Srisudravarna）的笔名，意为首陀罗种姓的荣耀（Jit 1974c）。由于1957年是佛教流传2500周年纪念，这一年对上座部佛教世界来说有特殊的意义。这是佛教国家人为定下来的日子，在巴利语经典中佛历2500年并没有什么特殊意义。为庆祝这一吉祥的事件，泰国政府宣布对那些在1952年和平叛乱事件中被捕、仍在羁押的政治犯实行大赦。这个时机同样给了进步的激进人士和作家们一个机会，他们庆祝1957年的五一劳动节，并推动历史前进。法政大学法学院1957年的年刊就是在披汶独裁统治下"半自由、半不自由"条件下的产物（"Mae Khwan Khao" 1978）。正是在这一年刊中，集的《真面目》首次面世，同时刊登的还有带有对千禧年的期盼和反映社会主义观点的歌曲、诗歌、散文和演讲。集的大学好友、早已经被泰国共产党看中的布拉乌·希曼达，和其他朋友们都建议集写一部马克思主义的史学作品，他同意了（Prawut interview 1983）。

在这本厚达500页的年刊的封面上，是一个红色的球体从缕缕蓝绿色的云朵中升起。这是指红星照耀暹罗？还有一组照片，重点都在年轻人身上，勾画出一个让这十年来在曼谷的美国大使馆恐惧的世界：1957年3月2日，大批学生在内政部门前示威，抗议美国干涉2月份的选举；5月19日在王家田广场（Pramane Grounds）的示威，抗议东南亚条约组织（Southeast Asia Treaty Organization）；1956年英法联军入侵埃及，北京举行群众大会声援埃及（这些图片都配上青年人抗议殖民主义和战争的说明）；新加坡人游行示威反对英国殖民主义；约旦的街头抗议；15000名日本民众抗议英国研制氢弹；在莫斯科的学生们；春天北京的公园一景；大量青年一起表演体操；以及泰国的篮球队在中国南方访问比赛。在年刊开头是大学领导的照片（披汶总理任校长，警察总监炮任副校长），却与上面提到的照片的意味截然不同，这就使得这本年刊愈发复杂化，作为一组符号，它几乎无法容纳从封面到封底之间所迸发出来的力量。归根结底，披汶、炮和沙立正是抗议者、示威者和演说者们所针对的目标，全书充斥着这样的内容。该书是一种号召，要推翻掌权者，他们正是因为大学高级官员的身份而成为攻击的目标。

该书作为一组符号的另一个复杂之处在于，事实上披汶提供了 30000 铢的经费资助出版。披汶很可能在进行一种赌博：如果历史能够很快证明与美国结盟是不明智的，他不想站错队伍，再犯他在二战时选择与轴心国结盟的错误（Thawip interview 1984）。桑·帕塔诺泰（Sang Phatthanothai）是一位深受欢迎并有些神秘的电台主持人，他与亲政府的工人组织有联系，披汶通过他开辟了一条与中华人民共和国进行沟通的渠道（Kanchana 1979; Sayam Nikon 1979）。另外，资助这个带有些社会主义色彩的出版物也许还有另一个目的：披汶和炮希望让美国人对国内共产主义的威胁印象深刻（Prawut interview 1983）。

在 1957 年法学院年刊中用图片方式描述的敌对双方的对抗和辩证关系，不仅仅出现在法政大学，在其他大学校园中同样存在。当集来到艺术大学教英语时，就被人叫作"共产主义走狗"（*ai khommiwnit*），当这个大学的学生们用集在制作 1953 年年刊时采用的打破常规旧习（*waek naew*）的方式来制作 1957 年的"迎新生"手册时，他们发现校园里的气氛明显出现两极分化（"Muang Boyang" et al. 1980: 33-37）。新文学运动仍然十分活跃。迎新手册在刊载帕耶阿奴曼拉查东翻译的托尔斯泰的《何为艺术？》的同时，还收录了集的一篇文章，后来收入《文艺为人生，文艺为人民》一书中（Jit 1972）。掷地事件的情形重现了，"反动学生们"拒绝接受该书。他们反对该书没有王室的印章，而且放上了农民的雕像，他们控告该书传播共产主义。一个学生暴徒先是撕去薄薄的卷首插图页，上面有集关于艺术责任的未具名的警句，然后将整本书一页一页地撕碎，再将它们付之一炬，或者丢到井里。这个事件以一场拳脚打斗收场。正如在 20 世纪 50 年代时那样，当 20 世纪 70 年代中期的"新生代"开始创建自己的历史时，它回顾并借鉴通过写作来进行对抗的方式。暴力销毁书籍以及焚烧书籍的问题，在 1973 年"十月十四日"事件之后又在大学的研讨会上引发争议："我们是否应该焚烧泰国的文学作品？"（Chumnum wannasin 1976）。在 1976 年 10 月 6 日的血腥政变之后，很多人都被暴力行为吓坏了，他们烧掉了大量自己手中在前三年时间里印制或重印的书籍。他们担心现在会被政治警察以拥有这些罪证为名抓起来。

1957年校园中的两极分化、同年2月份的可耻的选举，以及由其引发的抗议和示威游行，反映了政变集团这三人——披汶、炮和沙立之间的摩擦。通过1957年10月和1958年10月的两次政变，沙立最终解决了两个政敌，成为一个无可匹敌的军事独裁者（Thak 1979:chap.2）。通过巩固控制权，并在泰国政治体制中强加了整齐划一的命令，沙立对数量众多的反对派和另类社会分子（三轮车司机、妓女、流浪汉，同样还包括作家、记者和社会活动家）采取行动，根据1952年的反共法案对他们实行拘捕和羁押。集虽然事先收到了逮捕他的警告，但他未采取任何措施躲避它，于1958年10月21日被关进监狱。他不过是众多未经审判就被拘禁多年的人当中的一个。首次出版集的《文艺为人生，文艺为人民》一书的台维出版社老板和经理金达那·高达恭（Cintana Kotrakun）连同她尚年幼的孩子一起被拘捕（Thongbai 1974:196-98）。那些没有被逮捕的人士或者转入地下，或者退回到一个更顺从的姿态。诗人们改变了他们的写作风格，审慎地选择不同的主题进行创作。被称作泰国文化史上的"黑暗时代"（*yuk mut*）来临了。

在被捕之后的几个月里，集·普米萨遭到警察的审讯，内容是关于他的各种活动：他的朋友、工作、创作、收入来源、读什么书；他的回答成了在1973—1976年间流传的"自传"（Jit 1978a）。警察要求他详细地描述掷地事件，因为他们是依据1953年年刊事件中有争议的证据拘捕他的。因为他的博学多闻，也因为他的左翼政治人士身份，他在警察中间早已大名鼎鼎了。一位警官阿里·伽里布（Ari Karibut）在集被捕之后曾和他谈过两三次话，但不是正式的访谈，他记得起初并不是很愿意见到集，因为他实在是太博学了（*mi khuamru mak*）（Ari interview 1979）。也许是想避免牵连到别人，集回答审问时将自己的交友圈限制在很小的范围，只提到他的同学素提·库达拉和布拉乌·希曼达，这两个人同他一起被捕了。"集·普米萨"生活中的另一段情节，也被人记起并写下来：他在艺术大学的学生们坐上一辆出租车，穿过城区到警察总署拘留所里探望他；他们发现他面色苍白，但是精神状态很好，深信自己没有做错任何事，并且向学生们保证自己在被捕之前已经批改完他们的试卷了（"Muang Boyang" et al. 1980:56-57）。在辗转多个监狱之后，他最终被关押在曼谷边上的拉耀监狱（Lard Yao prison）中，在那里的六年时间里，他阅读、写作、创作歌曲，是政治犯中的一员。

通拜·通包在1958年10月同其他人一起被捕，留下了一份拉耀监狱里政治犯生活的记录，他特意取了一个讽刺挖苦的名字《拉耀的共产主义者》（Thongbai 1974）。集也加入到监狱社区的工作中，负责菜园，该社区每天制定例行工作以补充他们微薄的食物限额供给。他和其他几位狱友还给监狱长官的孩子和年轻的亲戚们上课。他还教一位拉祜族的山民和他的儿子标准泰语。有一部集尚未出版的手稿是关于拉祜人的民族学、音韵学和他编译的拉祜语词表，是在他"拉耀大学"与拉祜人相处的那段时间里写的（Jit 1963）①，尽管有一篇简短的关于拉祜音乐的文章已被收入到一些文集里（e.g., Jit 1978e: 62-70; 1981a: 3-13, 25-31）。1979年9月，《民意报》（*Matichon*）公布了集的这部民族学著作的存在，以纪念集的诞辰，另一部著作也被介绍到公众的眼前，它带有格德尼的语言学规范的痕迹（"Muang Boyang" et al. 1980: 163-70）。

集在狱中招惹了很多人，既有狱卒，也有其他囚犯。不是所有的囚犯都喜欢这个聪明的男人，他无法容忍懒惰和妥协，坚定地站在公平和公正的立场上。对于一些人来说，坚定意味着执拗和固执。"固执"（*du*）一词会出现在与警察和那些不赞同他的政治立场的熟人们之间的对话中。即使是在那些支持他政治主张的人，如从大学时代就是好友，并且是他和泰国共产党的主要联络人的布拉乌·希曼达看来，集的行为从来都不是体察入微的。他从来都不懂得克制，总是轻易为某个原因动起手来（Prawut interview 1983）。

摆脱了家庭的负担和日常例行的工作，集在拉耀监狱这六年时间里著述颇丰，进行那些他在外面一边教书一边写作可能无法完成的工作。有大部头的翻译——高尔基的《母亲》（Jit 1978c）、普列姆昌德（Premchan）的《戈丹》（*Gothana*）（Jit 1978b）、一部斯特帕诺瓦（E. Stepanova）写的马克思传记（Jit 1975a）、一本越南短篇小说选（Jit 1976a）；还有一些短篇翻译——英国马克思主义古代史学家乔治·汤姆逊（George Thomson）的《论宗教》（*An Essay on Religion*）（Jit 1976c）、1959年周扬的一篇演讲《关于艺术和文学》（Jit 1980b）。相比于翻译作品，他的另外两部复杂而艰深的研究著作今

---

① 目前该书已经出版，书名叫《拉祜或目色语》。——译者注

天在泰国得到更广泛的阅读。一部是关于《誓水咒》（Jit 1981b）的，另一部是关于泰-暹罗民族的，《真面目》一书的历史唯物主义的框架正是综合了对傣泰族群的起源所做的词源学、碑铭和语言学的分析（Jit 1976b）。后一部作品被许多泰国读者视为是集最伟大的作品，是对泰国研究最博学和最急需的贡献，原稿被素帕埋在他在吞武里（Thonburi）的花园里，直到1976年他认为时机合适才拿出来出版。当1976年10月6日发生政变之时，这本书还剩数百本在货仓中等待配送，据说它们被装上卡车销毁了。集在铁窗内还继续创作诗歌和歌曲，如"拉耀进行曲""国际歌""泰国农民进行曲"等，有一些是从外文材料翻译过来或修订的（Jit 1978d; 1981a）。服刑期间也给了他时间反思作家及其作品被压制的情况，所以有了对提·素卡扬（Thim Sukhayang）的研究，他的尼拉纪行诗（nirat）于1878年被朱拉隆功国王的宫廷没收并销毁了（Jit 1975c）。他还翻译了一个和自己很像的西班牙持异见者、作家和诗人的一段话，那个人被弗朗哥（Franco）关押了23年，直到1963年才被释放（Jit 1978e: 46-60）。

和其他时代和地方的囚犯一样，集等人也成了牢狱律师，在受过法律培训的同狱犯人的帮助下掌握了他们案子的技术术语（Thongbai interview 1979）。根据沙立的一项法令，他们被拘留调查，他们使用人身保护状（writs of habeas corpus）去逼迫政府受理他们的案件。集的一份法律诉状得到保留，并被想方设法印出来，成为他的生平/著作的另一份重要文件（"Muang Boyang" 1980: 6-12）。他申辩的理由是政治警察在1953年进行的调查早已对掷地事件做出了判决，因此它与他的案件不再有关系了。

他最终于1964年12月30日获释（Thongbai 1974: 652）。他尝试着继续他的工作生涯，并半心半意地去索要他作为泰国的公派教师的欠薪，但是由于他有被指控共产主义的污点，以及他的服刑记录都成为挡在他复归之路上的障碍（Ari and Phirom interviews 1979）。他之后9个月的活动难以追查，不过他花了大量时间在家中写作。当时，在把一些书籍交给他威，把关于民族问题的手稿托付给素帕之后，集在一次聚会时向好友们道别（"Muang Boyang" et al. 1980: 60），于1965年11月进入丛林。泰国共产党的前线组织接收了他（Prawut interview 1983）。

集加入游击队的这段生活是一段被社会排斥的情节，但是和其他生活片段（被大学停学 18 个月，作为政治犯坐了 6 年牢）相比，几乎很少有见证和回忆材料能够补充到他的生平 / 著作中。他在丛林游击队期间的生活无迹可寻，这使得他的传奇和神秘色彩与日俱增。仿佛是为了标记这段无迹可查的地下抵抗军时光，他死亡的确切日期众说纷纭，有人认为是 1965 年 5 月 5 日，也有人认为是 1966 年 5 月 5 日，它们之间整整相差一年。但是这种模糊和含混是可以理解的。尽管今天泰国共产党在泰国家喻户晓，尽管所有泰共泄露出来的文件记载了其行动的计划和挫折，但在当时它仍然是一个非法的政党，集在其中的生活仍然是扑朔迷离的。尽管共产党为了利用集与日俱增的名望，于 1973 年 10 月之后迅速制作了一部关于他的传记（Klum phitak wannakam n.d.），但他在世的时候似乎还不是一个党员，泰国共产党只是在他死后追授他为党员。泰国共产党透露说集会被送到中国去，但这只是党的宣传手段，因为党并没有培养他成为干部的打算（Prawut interview 1983）。他和党内领导层的关系并不和睦。无论在监狱还是在丛林期间，他都和乌冬·希素万存在分歧；乌冬是 20 世纪 40 年代以来进步运动中的活跃分子，他在 20 世纪 60 年代中期从拉耀获释之后就进入丛林打游击，并成为中央委员会的成员（*Sayammai* 1983; Udom interview 1984）。作为党内的元老，又比集年长 10 岁，乌冬要求党对新人加强纪律约束，集并不是那种可以被任何党派或个人纪律规约的人（Ari and Supha interviews 1979; Khamsing interviews 1980）。正如我将在第三章展示的那样，《真面目》一书是对乌冬在七年前，于 1950 年出版的激进史学著作《作为半殖民地的泰国》（*Thailand, A Semicolony*）（Udom 1979）进行的一种回击。无论在理论上还是私人交往层面，这两个人关系都不融洽。

死亡

1966 年 5 月 5 日，集被枪杀在东北部的沙功那空府（Sakhon Nakhon），靠近当时泰国共产党的武装基地普潘山（Phuphan Mountains）。1961 年，泰国共产党宣布他们要进行武装革命，以对抗沙立的独裁统治。1965 年 8 月，就在集进入丛林之前不久，泰共反抗军武装和政府军在东北部交火，拉开了众多武装冲突的序幕（Morrell and Chai-anan 1981:81）。然而，集的死亡方式不太适宜进入反抗泰国政府的人民战争的历史。根据再版的《真面目》一书前言中对他死亡的一段简短描述，一个村长向泰国的海外留学生们夸耀，是他射出了那颗致命的子弹，美国人为了感谢他，还奖励了他一趟夏威夷之旅（Jit 1974c）。1967年，一位在夏威夷学习的泰国文学教师遇到了一个泰国村长旅游团，其中一位团员做了上述自夸，并坦言他的职责就是把强硬的共产主义消灭在他的丛林巢穴之中（Wipudh interview 1979）。另外的说法则给人留下截然不同的印象。集和另一个反抗军战士需要食物并在一个他们认为安全的村庄落脚。他们向一位老奶奶讨点粮食，但是她却将他们俩报告给村里的领导，领导就去追踪集并向他开枪，打伤了他的腿。集想要逃进森林，村民们（在那个自夸的村长的带领下？）追击并最终杀害了他（Khamsing interviews 1980; Prawut interview 1983）。他身上只带着很少一点钱，一张身份证，以及一本记录花销的日记。但是有一个流言至今仍在流传，说尸体无法确认身份，有一只手被砍下来送到曼谷以进行指纹鉴定。村庄的民兵们想知道他们是否采取了正确的行动，这个消息通过电报发回曼谷。平叛当局并没有宣布死讯，或许是因为此时正当政府努力要让泰国共产党屈服的重要关头，由于这会引起人们的注意，反而让集成为一名殉道者（Prawut interview 1983）。但是此后，他的死成为建构"集·普米萨"以及探究他与泰国共产党之间的关系最重要的部分。泰共似乎太疏忽大意了，让一个缺乏经验的干部自己外出。这段情节被解读为，他深具社会主义和人道主义良知：对受压迫的穷人深信不疑，集信任一位年迈的农民妇女。

　　六年过去了，新生代在为自己的意识寻找一个历史来源的时候发现了集，并开始重新建构他的人生。最初，当法政大学的一个文学团体在大学图书馆里意外发现《文艺为人生，文艺为人民》的时候，他们似乎无法辨认出作者或确定他/她在泰国文学史上的位置（Publisher's preface to Jit 1972）。后来，当新生代开始通过泰国社会和文化史来思考1973年"十月十四日"运动的含义时，运动的一个中心就是要寻求建设一种新文学，正是通过对集的生平传记收集和作品发掘，它才开始初具规模。春提拉·萨亚瓦塔纳是朱拉隆功大学里一位富有创新思想的文学系学生和讲师，是汇编整理集的生平细节和文档材料的重要人物。诸如禅威·格塞希利等其他大学人士将集从边缘拉回，并极力维护他的学术声誉（Suchat 1974; preface to Jit 1976b），如此一来，便相当于为学术目的而尝试发挥作者功能。当 1976 年 10 月 6 日之后春提拉进入丛林，《书文世界》杂志的"勐·波阳"接过了她留下的重担，搜寻更多集的著述和关于他生平的文件，以从被排斥和孤立的境况中复原出集的生平 / 著作。集的母亲汕恩一辈子都与儿子关系紧密，直到 1977 年 12 月 5 日去世为止，她一直都是一个重要的信息来源（Lok Nangsu 1978）。

集对新生代的意识而言意义重大，当 1976 年 10 月政变之后许多年轻人都转入丛林打游击，他们仍然继续追问关于他的问题。在反抗泰国政权的叛乱中，他们的生命如今和集的生命是一体的，他的反叛是他们的榜样。他到底是怎么死的？他和泰国共产党在一起的那段时间情况如何？他和同伴之间的关系怎样？泰国共产党的领导层仍然感到困惑，为何一个在党的历史上影响甚微的人物会有这么大吸引力（Khamsing interviews 1980）。1977 年 5 月正值集的忌日之际，集在大学时代的好友之一、当时正在参加游击队的布拉乌·希利玛诺做了一场关于集生平的报告，他在报告中讲述了关于集牺牲的故事（Khamsing interviews）。1977 年 10 月，泰国共产党的领导举行了一个会议，赞颂了集与两名同辈萨诺·孟空（Sanoh Mongkhon）和颂蓬·平巴迪（Somphong Pungpradit）的贡献，宣布他们都是党内重要的知识分子（Sathian interview 1984）。

也正是在此时，集·普米萨的生平和著作第一次进入英语著作之中：撒迪尤斯·弗拉德（Thadeus Flood）的《一名革命知识分子的简介》（Profile of a Revolutionary Intellectual）（Flood 1977）。1979 年 10 月，我在朱拉隆功大学举行了一场关于我的研究的报告，整个礼堂挤满了人，来听一个外国学者讲集·普米萨。当时的头牌文学杂志派"勐·波阳"来对报告进行录音，最后出了一本书，其中引用了我的一些评论。这是对证据材料的补充，一个远渡重洋的来访者为集的故事添加了他自己的一点内容（Lok Nangsu 1979b; Sathian 1982:463-64）。"作为学者的集"仍然处于不断完善稳固的过程中——《真面目》和其他著作正在又一次重印——10 月份的报告有助于证实材料的挖掘工作仍在继续。

"集·普米萨"依然在泰国的文学和文学界中继续存在着，为文学想象提供材料，这样做恐有使他偏离被赋予的积极意义之虞。但是，不参考作者功能，是无法从这些材料中创作出任何作品的，这种作者功能是由春提拉、

"勐·波阳"、禅威、素查、他威、素帕、泰国共产党,以及其他"见证人"构建的。因此,在1979年的时候,当一位有点文学野心的警官写了一部关于集之死的短篇小说的时候(Chinda 1979),《书文世界》杂志的编辑们把小说当成传记来读,立即质疑内容的准确性(*Lok Nangsu* 1979a)。那些举动致力于保存"革命知识分子"的意义,例如,努力让那个意义保持原封不动。法政大学的学生文学团体的刊物《艺文文汇》(*chumnum wannasin*)在9月份集的生日的时候,把他作为革命知识分子加以纪念,专门辟出一期介绍他的生平,并在封面印上他戴着眼镜的大学生模样的画像。在1979年5月,集去世十三周年之际拜访法政大学的人,会看到在政治学院门前有一首瑙瓦拉·蓬拍汶(Naowarat Phongphaibun)写的关于集的诗歌(Naowarat 1983)钉在公告栏上,并用干叶子镶在边框上——模拟出森林的情境,提醒人们那里是他最后一次倒下的地方。

在那个警官的短篇小说中,讲述者煞有介事地问道:集·普米萨的遗体在哪里?他们有没有举行适当的仪式将他火葬?在一个佛陀的牙齿和头发在他入寂2500年之后都依然被供奉和崇拜的社会里,这些问题唤起了遗物的力量。但是皮荣直到1981年底才从政府当局那里得到集的遗体,并悄悄地将其安葬于曼谷一座不知名的寺庙之中。看起来一些沙功那空的村民保留了集死去的那片树林,并在那里立了一处神龛,才能够在若干年之后向这位幸存的家庭成员转交一些东西。最终,他的遗体可以在宁静和专属自己的地方安眠了。自此之后不再有一个洋溢着口号的青年运动,亟须一种命运的象征,因而渴望再去追寻这个政治诗人的另外一丝痕迹了。

然而,在大众传媒时代,一张照片可以像成块的骨灰一样,成为有力的遗物。1979年,我在法政大学买了一本学生练习本,在每页的横格线底下都有不太清晰的照片水印。在本子的前半部分分别是高尔基和古腊·赛巴立的头像,一人一页相对,在后半部分则是集和鲁迅,在中骨对折一面是集和古腊。每个元素都能从这种对应成对出现之中汲取力量和意义。高尔基和鲁迅非常契合泰国人的用意,同时古腊和集也被推向了世界,通过与俄国和中国的社会现实主义者的联系而被国际化,并进入到不分国界的社会意识写作的谱系中。在集·普米萨的个案中,20世纪70年代中期的青年运动、大学老师们、泰国共产党员们和政府审查机构都对作者功能的构建贡献了力量——

一个特殊的历史人物，生于 1930 年 9 月 25 日，死于 1966 年 5 月 5 日，被绑定到关于他的生平/著作的言说和出版的规则与传统中。如今学生们在印有这些头像的纸张上写听课笔记，原本模糊的肖像就愈发依稀难辨，并且随着时光的流逝，也许人们会愈发不知其生平经历、作者作品和将这些头像印在纸上的这段政治历史了。但是，依然有足够的见证人——素帕、他威、通拜，等等——出现在偶尔举办的研讨会中，并再一次添加他们的讲述，去构建那个从来没有完全构建起来的人物。1984 年 5 月，在另一个集的逝世周年纪念上，1973 年之后因其革命歌曲走红的卡拉万乐队（Caravan band）成员吟唱着集的记忆。集依然在呼吸着（*Khletlap* 1984）。

有关翻译的说明[①]

《当今泰国萨迪纳制的真面目》1957 年首版，从 1974 年以来被多次再版重印。有人告诉我，泰国共产党虽然无法宣称这部作品是符合党的指导思想的，却仍然提供了一大笔钱帮助在阳光图书俱乐部（Chomrom Nangsu Saengtawan）首次再版该书，但收到这笔钱的尼西·奇拉索鹏（Nisit Chirasophon）并不清楚它的真实来源（Prawut interview 1983）。很可能有一份地下的副本——一本"黄皮书"（*nangsu pok luang*）——在 1973 年"十月十四日"运动之前就在传播，但是我从未见过这个版本。我认为 1957 年的初版是最准确的版本（之后的版本有印刷错误和语法上的"修正"），我也是选择这个版本进行翻译的。

初版和部分后续版本用加大字号的粗体字将一些特殊的句子和段落在页面上标示出来。尽管这种印刷格式应用在英文排版中成本很高，但是它确实捕捉到该书在 1957 年首次出现时的某种精神。集采用了英文的标点符号，这是泰文书写系统从西方引入的，在现代泰文书写和印刷中已经越来越普遍了，但他在使用时前后不一。此外，指明这些标点符号的应用问题会显得有些尴尬和挑剔，因此我只是说明一下，译文中所有的感叹号和不少问号与引

[①] 这是雷诺尔斯英文版中的翻译说明。——译者注

号的用法都是出自集，而不是我。

在专业术语或翻译过来的术语的后面，集插入括号，在里面用欧文字体标注外文原文术语，如 *thunniyom*（CAPITALISM）或萨迪纳制（FEUDAL SYSTEM）。这个惯例我在翻译的时候保留下来，将该术语用大写的欧文字体表示，生动地说明任何翻译都不可避免的相似与差异的模糊性，正如它强调这样一种感觉，本土形式变得陌生化，同时又免受其西方参照对象的影响。我还保留了外文词汇中的拼写错误。

sakdina 和 saktina（=封建）在泰文中的拼写是相同的，但在转写的时候是有区别的，为了说明在传统的泰文 *sakdina* 基础上，现代泰文创造出了新意义，这一点将在第三章给出详细解释。saktina 一词没有使用斜体，使这个术语能部分地得到英文的承认，并能辨别出它的新用法。我以我个人认为能够体现集的思想的方式翻译了一些泰文的书名。例如，一些译者译作"古代暹罗统治状况"（Aspects of Ancient Siamese Government）或"古代暹罗统治"（Ancient Siamese Government）的书名，我译作"古代暹罗的统治特征"（The Nature of Rule in Siam from Ancient Times [*Laksana Kanpokkhrong prathetsayam tae boran*]）。同样，一些关键的术语，我选择的翻译方式是为了强化集的书的主旨。例如，*chao khun munnai* 是"统治的主人"（rulling masters），*chaotidin* 译作"地主"（Land-lord），*chao khong thidin* 则译作"土地主人"（landlord），以强调前资本主义时期的地主统治阶级，行使政治的、司法的和文化的权力，并不是简单地收取地租。

《当今泰国萨迪纳制的真面目》这本书，即使在泰文中也让人感觉有点奇怪和有许多不尽人意之处，更不用说在译成英文之后了，但不管怎样，它是历史化和情境化的，是它所在时代的记号。为了保留这种感觉，我让译文文本自己说话，只添加了最低限度的注解（有些人会说我是忽略了）。在极少数例外情况下，我会觉得文本有异乎寻常的误导之嫌，但我还是选择不去"改正"它。书中对泰国政治经济的分析在最近三十年得到了反思，特别是来自泰国学者们的反思，我将在第三章汇报这些反思。

任何文本在经过翻译之后都会损失一些东西，因为它被译著语言，甚至被它的译者剥夺了。为了反映一个文本对这种剥夺的反抗，例如标注翻译方式，调和、解释和重新呈现出与原著语言文本完全不同的内容，我使用了两种注释。《当今泰国萨迪纳制的真面目》泰文原文的脚注,在我的译文中作为第二章的尾注。在第一、第三和第四章(即我对译文的评论部分),则采用在括号中标明作者–年代引证的方式。

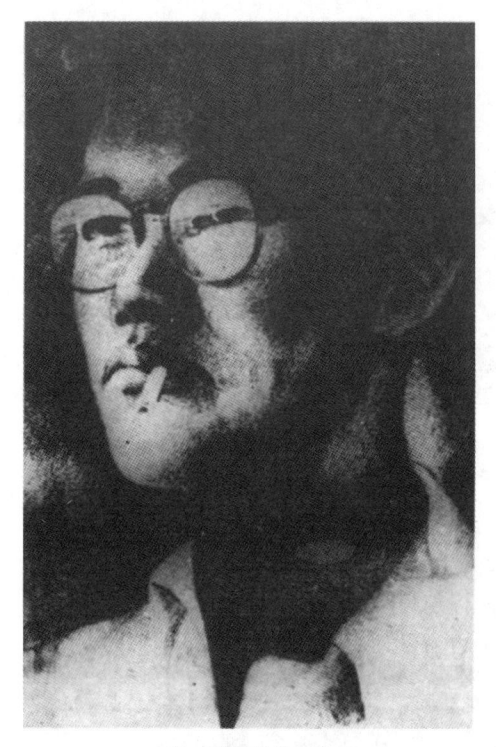

第一章　泰国历史中的集·普米萨　　65

集·普米萨的头像

1962 年，集（前排中间）在拉耀监狱五一庆祝活动中。照片来源：《语言学与词源学》(*Phasa lae nirukkatisat*)（Jit, 1979c）

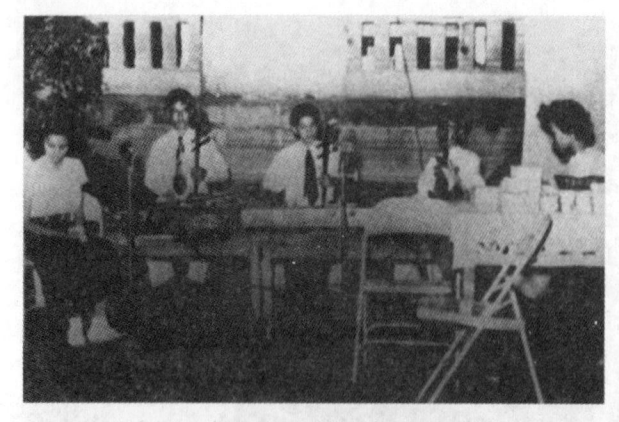

集（左数第三位）正在朱拉隆功大学演奏传统音乐。照片来源：勐·波阳，《青春之歌》（Botphleng haeng rungarun，1980）

在拉耀监狱，集与姐姐皮荣和母亲汕恩在一起。照片来源：《语言学与词源学》（*Phasa lae nirukkatisat*）（Jit, 1979c）

1955年，集的一次吴哥窟之行。照片来源：《语言学与词源学》（*Phasa lae nirukkatisat*）（Jit, 1979c）

泰文《当今泰国萨迪纳制的真面目》一书的初版书影

第二章　当今泰国萨迪纳制的真面目

颂萨麦·希素达万纳（Somsamai Srisudravarna）*

引　言

43　　在当今经济、政治和文化变革的潮流中，泰国人民听到和反复谈论，以至成为日常问题的，便是**帝国主义**（包括充当其附庸的买办资本家和贵族资本家）和**萨迪纳制**。无论是在报纸上，还是在京畿府的王家田广场、外府的市政大厅和集市等公众场所的讨论中，甚至是其他诸如示威游行等人民运动中，最响亮的声音便是对帝国主义和萨迪纳制的反对和谴责之声。

　　当然，泰国人民反对并谴责帝国主义与萨迪纳制的这种广泛的运动是个吉兆，它表明泰国人民现在已经完全觉醒了。他们已经能够清楚地认识到谁是剥皮割肉掠夺他们的敌人，谁是从他们骨头中吸取骨髓的敌人。他们的生活穷困潦倒、食不果腹，生活费用却居高不下。作为劳动力的工人深受剥削之苦，以至于他们生活的意义陷入**"为了吃饭而干活，为了干活而吃饭"**这种无尽的恶性循环，而且还要面临失业的风险。民族资本家被迫破产，国家经济持续低迷衰退，那些被誉为国家脊梁的耕田种地的农民反而无米可吃。许多问题已司空见惯，在经济领域，地租和利息奇高无比，劳动者债台高筑，成为失去土地的破产者，最终沦为雇农或出卖劳力者；在政治领域，政府部门糜烂腐朽、舞弊成风，身居要位的人滥用职权，相互争权夺利，利用

---

*　集·普米萨的众多笔名之一。译文中字下加着重号（原文中为斜体）与加粗部分皆来自原文格式。本文原名《当今泰国萨迪纳制的真面目》，首次发表于1957年《新世纪法学》（*Nitisat Chabap Satawat Mai*）刊物中，1974年首次出版成书，书名定为《泰国萨迪纳制的真面目》。本章译者参照1974年后数度重印再版的通行泰文版本对译，具体版本为：〔泰〕集·普米萨：《泰国萨迪纳制的真面目》，暖武里：神圣智慧出版社，2007年，第10次印刷。（จิตร ภูมิศักดิ์, โฉมหน้าศักดินาไทย, นนทบุรี: สำนักพิมพ์ศรีปัญญา, ๒๕๕๐.）——译者注

不公正的法律压榨人民，用重税盘剥他们；在文化领域，社会阶层之间地位悬殊，受到西方文化的影响，道德的败坏正在不断扩散，艺术和文学被垄断在少数人的手中。所有这些情况汇集到一起，使泰国人民认识到这一切问题的根源即帝国主义（及其附庸买办资本家和贵族资本家）与萨迪纳制。

有证据表明泰国人民已经真切地认识到帝国主义的危害了，他们发起了要求政府退出"东南亚条约组织"（SEATO）的人民运动，该条约旨在侵略和挑起战争，是帝国主义用来维护自己利益的工具。与此同时，人们还要求政府推行自由与中立的政策，与不同阵营的国家都开展经济、政治和文化方面的交流，而不是根据政治意识形态站队。而表明泰国人民已经明确认识到萨迪纳制危害的证据，是他们要求进行土地改革，管控地租和利息，以及实现国家工业化，以摆脱落后的萨迪纳农业生产体系。

此外，泰国人民还认识到帝国主义和萨迪纳制对人民的剥削和压迫，是一种联合剥削（COLLECTIVE EXPLOITATION）①，二者均从这种联合剥削中获益。帝国主义通过垄断银行业、工业和商业来攫取利益；而萨迪纳阶级则在农业方面，即通过土地、地租、利息等进行剥削来攫取利益，如今他们又联合起来成为外国帝国主义垄断资本家的买办。基于以上事实，帝国主义与萨迪纳制联起手来奴役压迫人民，以达到将来能够继续合作肆意剥削人民的目的。这种联手压迫人民并剥削他们的一个鲜活的例子已经进入人们的视线了。在埃及，军人集团于1952年发动革命之前，外国帝国主义势力一直扶植萨迪纳势力充当其压迫人民的工具和先锋。在越南，法国帝国主义竭尽全力扶持保大帝（Bao Dai）的萨迪纳势力，但最终败给了转向扶持军阀吴廷琰（Ngo Dinh Diem）的美国帝国主义。最新出炉的例子就发生在1957年4月，美帝国主义和约旦的萨迪纳势力联手行动，以肃清约旦人民中的社会主义力量。以上这些实例使泰国人民看清了帝国主义和萨迪纳势力之间的联合剥削（COLLECTIVE EXPLOITATION）政策，因此，人民才会不断发出振聋发聩的呼声，他们迫切需要消灭的最主要的敌人，就是来自外部的帝国主义和来自内部的萨迪纳势力。

---

① 集·普米萨原文中标注的外文，在本书中都以大写字母表示，以区别于雷诺尔斯的英文标示。——译者注

什么是帝国主义？简而言之，帝国主义就是资本主义的垄断阶段（MONOPOLY CAPITALISM）。垄断手段是为了使资本家能够充分地实现最大利润（MAXIMUM PROFIT）。这是因为通过自由资本主义（NON-MONOPOLY CAPITALISM），由于存在自由竞争，资本家无法实现最大利润，只能获得平均利润（AVERAGE PROFIT）。此外，帝国主义阶段的垄断是银行资本和工业资本之间的联合垄断，它掌握在少数金融寡头（FINANCIAL OLIGARCHY）的手中。这一层次垄断的重要功能是进行国家间的垄断，即垄断不是局限在某一个国家内部。不仅如此，国家间的垄断只有将资本投入到别国进行投资才能获得暴利。当然，他们之间为了相互争夺垄断市场，最终必然会爆发战争。

这就是"帝国主义"！

接下来说说萨迪纳阶级，究竟什么是萨迪纳阶级？

萨迪纳阶级是指那些穿着撩幔尾[①]**的人吗？萨迪纳阶级是指那些嚼槟榔的人吗？萨迪纳阶级是指那些小脚板的人吗？萨迪纳阶级是指那些贵族阶层吗？萨迪纳阶级是指那些思想保守的人吗？萨迪纳阶级是指那些蔑视侮辱人民、儿童和妇女的人吗？萨迪纳阶级是指那些王室成员吗？**

这些含混不清的回答，大家可能都还记忆犹新，因为近来经常有人指责某人是萨迪纳阶级，依据往往只是他们的衣着打扮和脚板的大小。实际上，这些描述也不能算错，但也不准确，因为那些脚掌较小的人都是那些"红足雅士，侧足而行"之人的后代[②]，他们从古代起就不事劳动，双脚从未曾踏进过泥土。他们可能会成为资本家，也有可能因为遭遇经济破产而变成一介平民，甚至有可能沦为遭受最残酷剥削的人。现在很多萨迪纳阶级人士也不再穿撩幔尾了。领主们，甚至诸如法国19世纪中叶的路易斯·菲利普国王（LOUIS-PHILIPPE）那样拥有土地的人，没有当过萨迪纳阶级的也比比皆是。恰恰相反，他们反倒成了资产阶级特别是金融资本家的代表！因此，通过脚的大小或家庭出身来断定一个人是否属于萨迪纳阶级的做法是绝对有误的。

那么，我们要判断一个人是否是萨迪纳阶级，应该看哪些因素呢？

---

① 一种泰国传统的裤装，在穿幔服时将绊尾幔的下摆绕过两腿间往后撩。——译者注
② 意指世袭贵族。——译者注

答案就是，我们应该观察**"生产关系"**（PRODUCTIVE RELATIONSHIP），也就是说，要看他在生产活动或者参与生产活动中时，他与生产领域内其他人之间有怎样的关系。

假设昆邦荣拉查利巴查（Khun Bamrung Ratcharitpracha）靠农耕为生，昂丹西（Amdaeng Si）①也种地，昆邦荣拉查利巴查和昂丹西的关系是，他是昂丹西的丈夫，那么昆邦荣拉查利巴查是不是萨迪纳阶级？这个问题无法回答。之所以无法回答是因为没有找准关系分析的症结。昆邦荣拉查利巴查是昂丹西的丈夫这一关系，只是个人和个人间的私人关系（PRIVATE RELATIONSHIP BETWEEN INDIVIDUALS）。而我们要深入到本质去观察的是他们在生产领域中相互间的关系，也就是说我们必须要分析，在从事生产或谋生活动的时候，昆邦荣拉查利巴查和昂丹西之间是怎样的关系。谁是雇主，谁是雇工？谁是土地和其他生产资料的所有者，谁是租用土地和其他生产资料进行劳动的人？如果在生产过程中，昆邦荣拉查利巴查作为地主，躺在屋里悠闲地抖着双脚（不管脚大还是小），而昂丹西则租种土地，辛勤地耕种劳作，收获的粮食按照"种田缴半"制度，要分一半给昆邦荣拉查利巴查作为地租，那么我们才能确定我们的这位大人是一位萨迪纳地主，而昂丹西是一位穷苦农民，昆邦荣拉查利巴查和昂丹西之间的关系才是地主与贫农的关系。

这不过是一个例子，而且并不太严谨，但即便如此，我们也足以总结，判断谁属于哪个阶级要看他们在生产活动中的关系。我们能够大致确定，如果一个人是提供租地的地主，那么他就是萨迪纳阶级。但这样仍不够周密，因为我们最终对萨迪纳阶级的认识还仅停留在个体的层面。我们还没有了解真正的萨迪纳生产制度。我们要彻底认识这个制度，必须考察这个社会总体上的生产关系（PRODUCTIVE RELATIONSHIP OF SOCIETY AS A WHOLE）。当然，我们必须从经济、政治和文化等方面的关系对其进行考察，这三个方面共同决定了一个社会的类型。

按照这个思路，萨迪纳生产制度究竟是怎样的呢？

---

① 昂丹是旧时指称女子时所用的词，昂丹西实际上是指名叫西的女子。——译者注

萨迪纳生产制度的总体特征

萨迪纳一词的含义

"萨迪纳"(saktina)按字面意思可解释为"**管辖田地的权力**",如果解释得更为详尽具体一些,萨迪纳的意思是指"**管辖作为当时以农耕为谋生手段的人民的重要生产资料的土地的权力**"。通过以上对词义的解释,我们可以从总体上认识到,萨迪纳生产制度是一种与"**土地**"密切相关的生产制度。

根据经济学原理,"土地"是一种生产资料(MEANS OF PRODUCTION),简而言之,土地是人类用来从事生产劳动的一种工具。人类社会在资本主义阶段之前,即机器作为谋生工具出现之前,人们赖以谋生的主要工具就是土地。这是因为人类主要依靠粮食生产为生,这被称作**农业**(kasikam)。每个人幸福感的多寡都取决于他占有土地的多寡或是否占有土地。拥有土地多的人,幸福感就强;拥有土地少的人,幸福感就不断递减;而没有土地的人,就会陷入艰难困苦的境地,因为必须靠租种别人的土地养家糊口,要缴纳租金和部分收成,或者被迫去地主的田地里为其劳动。他们被称为"**农奴**"(SERF),在泰国古代被称作"**派**"(phrai)或"**列**"(lek)。如果和资本主义生产制度进行比较,拥有大量土地的地主相当于手中掌握大量工厂和生意的大资本家,他们锦衣玉食、富贵奢华,都是"**有福**"(mi bun)之人;拥有土地较少的地主相当于中等或小资本家,他们的幸福感相应逐级递减;那些一点土地也没有的人就相当于那些没有任何工厂与生意的人,只能靠出卖劳力受雇于人勉强维持温饱,天天"**听天由命**"。

除了人类的幸福取决于谋生工具或生产资料之外,人类的权力也同样取决于谋生工具的规模与数量。大地主拥有大量的"派"和"列",或换句话说是为其效命的人,就会时刻拥有强大的影响力与权力,因为他手中掌握着对这么多人生杀予夺的大权。在大地主的德泽(barami)恩庇之下工作的人们,他们是饥是饱,是苦是乐,都取决于地主本人满意与否。

由此可见,萨迪纳的含义便不仅仅是之前所说的"**管辖作为主要生活资料的土地的权力**",实际上它还包括"**人类权力与影响的多与寡,取决于作**

为主要生活资料的土地的规模和数量"这一方面含义。

不仅如此，在社会中掌握至高权力的地主们，还竭力教育驯化那些"派"和"列"们，让他们依照传统，将地主奉为人中龙凤，奉为他们生命的主宰。地主们的生活方式，如礼仪规范、言谈举止，他们的消遣娱乐，如吟唱、奏乐、戏剧和文学等，这些都需要让"派"和"列"视作典范，被他们推崇和模仿。这样是为了让广大"派"和"列"们能潜移默化地接受灌输，尊崇主人，安于现状，永远服从他们的管理，并认为这样是合情合理的。这意味着，拥有土地所有权的人，也拥有掌控其他人生活方式的权力，这同样也是一个文化方面的问题。

因此，萨迪纳除了在经济方面"管辖作为主要生活资料的土地的权力"的含义，以及政治方面**"人类权力与影响的多与寡，取决于作为主要生活资料的土地的规模和数量"**的含义之外，它还包含文化方面的**"决定生活方式的权力，取决于作为主要生活资料的土地的权力"**的含义。

这些依赖并牵涉土地的经济权力、政治权力和文化权力，便是**"萨迪纳"**一词真正完整的含义了。

如果进一步详细解析，或许可以更加明晰这个概念。"萨迪纳"是种社会制度，而社会制度必然由经济、政治和文化这三个方面构成。此外，要分析社会制度的特征，就必须要深入分析该社会重要的谋生工具，或主要的生产资料。在此之后，才能进一步考察生产资料的占有在经济、政治和文化方面反映出来的影响。

萨迪纳制的经济特征

该制度在经济方面的特征如下：

1. 占有生产资料并利用生产资料榨取利润

主要的生产资料包括土地及其他必要的工具，如耕牛、谷种等，它们的所有权大部分都落入被称作**"封建领主"**（FEUDAL LORDS）或**"地主"**（LANDLORDS）的少数人群手中。当土地这种主要生产资料的所有权被这群少数群体控制，作为重要的社会生产力量并占据绝大多数的广大人民，便只能沦为在这些领主的土地上耕作的劳动者。他们被获准拥有私人财产，但只能在规定的某块土地上耕种，不得随意迁徙，因为领主们会四下巡视，将他们登记在案并纳入自己的管辖下。当某块土地被转让给另一位封建领主，在该块土地上耕种的农人或称"**农奴**"（SERF）也随同土地一起被转让。这些农奴在泰国被称作"**列**"或"**派**"，由列耕种获得的收成必须定期按照一定的比例作为"**'随'税**"（suai）上缴，具体缴纳比例根据封建领主个人的满意程度而定，可能占全部收成的 50%、60% 或 70%，有的甚至会高达 80%，这都取决于商定好的条件。这是第一类群体。第二类群体是那些自由民（seri chon 或 thay），他们需要租种地主的土地谋生，必须分出一部分收成向地主缴纳"**地租**"。租金数额有的按照每莱（rai）8 或 10 桶（thang）①来计算，或者根据比例按照该块土地总收成的 30% 来计算，但最普遍的地租比率是 50%，这被称作"**种田缴半**"制度。这种状况几乎和"列"与"派"的境遇没有多少差别，唯一的不同可能就是他们可以自由迁移，不受土地的束缚，仅此而已。第三类群体是个人拥有小块土地自给自足的人（即自耕农）。这些人有向领主上缴部分收成作为"**赋税**"（phasi）或"**田赋**"（akon kha na）的义务，税额由每莱 1 桶到 6 桶不等，具体取决于作为统治阶层的大地主们的决定。

2. 徭役制度

农民们除了被强制缴纳地租和赋税，每年还必须定期到封建领主那里帮忙种地或者服其他的杂役，期限由每年 3—6 个月不等。在有些地区，农民们甚至要带上自己家的耕牛和工具去为封建领主种地，而后者只需提供土地和谷种形式的资本。除了要无偿替封建领主种地，农民们还要服劳役修建大型土木工程，既包括萨迪纳国家政府的工程，也包括其所在地区封建领主的工程。这种制度被称作"**徭役**"（CORVÉE）制度，在沙皇俄国被称作 **OTRABOTKI** 或 **BARSHCHINA**。这种徭役制度被视为合法制度，任何人都不能逃避，因为它是对封建领主恩惠的一种报偿。他们认为自己花费宝贵时

---

① "莱"是泰国的面积单位，1 莱约合 2.4 亩。"桶"是泰国旧时容量单位，1 桶等于 20 泰升，1 泰升为一个椰壳的容量。——译者注

间来管理农民，并施恩"赏赐"土地让他们耕种谋生，"赏赐"渠水供他们饮用，"赏赐"空气让他们呼吸。

3. 生产技术与方式

人类在萨迪纳制时期的农业生产技术（*theknik*）相比于过去（即奴隶制时期）已经取得了巨大的进步，因为开始采用先进的生产工具，尤其是这一时期铁器工具的冶炼工艺水平取得了长足的进步，使得生产更加精细，产量也得到了提高。人类从奴隶制社会末期到向萨迪纳制社会过渡时期开始，就学会了使用耕畜助力拉车犁地，耕畜也不断普及逐渐成为当时重要的生产资料。萨迪纳时期的生产，尤其是在农业生产方面取得了进一步的发展，产量提升至更高的水平。在手工业方面，人类的手工工艺更加精进，发明了更先进的织布机，炼铁、纺织、编织、木制器具及其他各类消费品的制造都迅猛发展并普及开来，生产工艺也越来越精细。多数农民在农耕之余，也从事手工业劳动。萨迪纳时期便成为农业和家庭手工业普遍结合的时期。自耕农式的生产体系，即拥有少量私有财产，同时亲自参与劳动，不剥削其他劳动者的剩余价值，也逐渐开始在萨迪纳时期的社会中发挥作用。

4. 生产的目的

这一时期的农业和手工业对于农民而言，大体是为了生计并满足基本需求。生产的主要目的不是为了交易。即使是那些封建领主和地主们通过剥削压榨，以"随"税、地租、赋税等形式征收的产品，多数也是为了个人消费。即使存在个别商品交换现象，也只是些超出消费需求的过剩产品，交换的目的是满足彼此的需求。真正以追求丰厚利润为目的的贸易体系尽管已经开始萌芽，但在社会中还无法真正形成气候。

5. 封建领主的垄断贸易体系

萨迪纳时期的商品交换体系和追逐巨额利润的贸易活动，是在萨迪纳经济发展了相当长时间之后才出现的。大规模的商品交换或真正追求利润的商业贸易，是在领主和大地主们的发起下才产生的。这一时期贸易的特征，是封建领主的垄断贸易，简而言之，即那些萨迪纳统治阶级单方面垄断了贸易活动，广大被剥削和奴役的农民与百姓根本无法自由地涉足商贸活动。

49　　萨迪纳阶级垄断贸易体系之所以产生，是来自前文所述的事实。当封建领主们——可能是国王，也可能是王族或官僚大臣——从自耕农、"派"和"列"那里剥削榨取剩余产品（SURPLUS PRODUCTS），在个人享用、发放军饷和赏赐下属之后，发现还有一些剩余。这些剩余的产品会被封建领主拿去交换军械和外国商船运来的其他商品，或者交换自己满意的海外贸易的商品。当商人们远洋航海之风日盛，商品交换和贸易也随之活跃起来。来自遥远国度的新奇物件，价值不菲的奇珍异宝，都刺激着领主们变本加厉地对自耕农、"派"和"列"们进行剥削，以获得更多可用于交换的农产品和林产品。在交换海外商品的时候，封建领主会保留自己的优先交易权。为了保证自己在交易中的主导地位——即一方面安抚远航而来的商人，使他们愿意求得自己的荫庇；另一方面也为了能更充分地压榨人民——封建领主们便下令禁止人民与这些海外商船进行直接的交易，如果想要进行交易，必须通过他们的中介才能进行。最终，由这些萨迪纳阶级垄断的贸易体系便产生了。那些封建大领主们还一手垄断了组建远赴海外各国进行贸易的商船队的特权。而萨迪纳时期的"派"、"列"、佃农、自耕农及其他广大民众，所遭受的剥削增加到了三重。

第一重剥削是在传统萨迪纳制下对劳动力、徭役、"随"税、赋税及其他各种形式的征税的剥削，此外还包括借贷产生的利息，其原因在于农民已经被压榨到食不果腹的地步，不得不去借债。

第二重剥削是变本加厉地加重已有的剥削行径，如强行向"派"们征收"随"税和贡品等，封建领主们会拿着这些剩余产品去和外国进行交易。

第三重剥削是指所有大萨迪纳地主们的垄断贸易体系所产生的剥削。

6. 萨迪纳垄断体系的崩溃

当萨迪纳垄断贸易体系发展到高级阶段，即同时垄断对外和对内所有贸易时，新的矛盾就产生了。那些手艺人或自由民工匠，以及大大小小的商人们，开始意识到萨迪纳制的贸易垄断体系是一种压迫体系，阻断了本应畅通的谋生之道。他们便成立了各种被称作"GUILD"的职业行会和商会组织，以保护自身的利益，并与萨迪纳垄断贸易体系对抗。这些人是社会中的新兴阶层，被称作中产阶级（MIDDLE CLASS）或资产阶级（泰语：*kadumphi*；英语：BOURGEOISIE），他们的力量日益壮大。中产阶级与萨迪纳阶级之间的矛盾日益尖锐，不可调和，甚至达到对抗状态（ANTAGONISM），爆发了旨在推翻萨迪纳制的革命，其中最伟大的一次是1789年的法国大革命。

那些萨迪纳制末期出现的自由民工匠，努力改进自己的生产工具。当这群人的力量发展壮大成为中产阶级之后，他们中的知识分子又成功地发明出了机器，手工业生产便发展成为工业，这就是欧洲从18世纪末到19世纪的工业大革命（INDUSTRIAL REVOLUTION）。如此一来，以垄断农业和使用陈旧落后工具进行生产的手工产品为主的萨迪纳垄断贸易体系便轰然倒塌了，让位于中产阶级的自由主义贸易（泰语：*seriniyom*；英语：LIBERALISM）或放任自由主义（LAISSEZ FAIRE）体系。这些中产阶级后来发展成为资本家（泰语：*naithun*；英语：CAPITALIST），并最终建立起资本主义（泰语：*thunniyom*；英语：CAPITALISM）的生产制度。这既终结了萨迪纳制度中的手工业，也终结了在萨迪纳经济中发展到最高阶段的垄断贸易。

7. 萨迪纳制最后阶段的农业生产状况：农业生产落后和农民破产

农民们在萨迪纳制时期使用的生产工具，经过一段时间的改良，达到一个技术顶峰，之后就突然停滞不前了。在犁地的工具上，使用铁制的犁铧已经是最高的成就了，下一步要继续发展就只有使用机器来犁地，而这大大超出了萨迪纳生产体系能达到的水平；在肥料使用上，农民们虽然开始使用肥料，但也停留在使用天然有机肥料阶段，而通过科学技术生产出来的无机肥料是中产阶级知识分子研究出来的，这也超出了萨迪纳阶级的能力；使用耕畜来帮助人类犁地耕田，是萨迪纳生产体系下能够找到的最好的代替人力的方式；依赖天然降雨或挖渠引水灌溉农田，是萨迪纳制下水利灌溉技术发展的最高成就；等等。因此，萨迪纳制下的生产能够达到的最高水平，只是懂得使用铁器工具，使用有机肥料，使用耕畜，使用雨水或依赖修建沟渠引水灌溉等。这种生产体系在此突然停滞不前，无法再继续发展下去了。简单地说，萨迪纳生产体系和其他生产体系一样，为自己定下了死期。因此，当工业兴起并开始使用机器之后，农民的农业体系就被一下甩到了后面。

另一方面，萨迪纳地主和封建领主们的残酷压榨多达三重（正如第5点中说的那样），使得农民们最终到手的粮食根本不够果腹，因为绝大部分都被剥削走了。即便想要增加产量或改进生产工具，也没有能力进行，因为缺乏投资的本钱。因此，农民的生活状况困苦不堪，借债不可避免，使得农民又深陷债务，遭受更深重的剥削。当债台高筑、利息累累的时候，土地就落入债权人的手里，自耕农就沦为了破产农民。而那些佃农同样会遭遇因无力还债而被迫卖身为奴的境况，也和那些"列""派"和奴隶一样，遭受饥饿和贫穷。他们后来被解放，成为自由民，也同样面临着贫困和破产的威胁，最终他们只好远离故土，来到工业城市寻找生路，向工业资本家出卖自己的劳力。也就是说，破产的农民最终成为资本主义社会的职业工人阶层。这是最后阶段发展呈现出的倒退景象，也是萨迪纳经济的农业生产体系的结局。

萨迪纳经济的发展，经历了由萨迪纳制初期到后来的辉煌时期，再到遭遇冲突后的衰退时期，最终被推翻而土崩瓦解。这是任何一个建立在阶级压迫基础上的经济体制都无法回避的客观规律。

萨迪纳制的政治特征

萨迪纳时期的政治特征，或者换句话说，是萨迪纳时期为了争夺生产资料的所有权和生产资料所得利益的分配权而进行的阶级斗争的特征，具体如下：

1. 萨迪纳阶级（封建领主与地主）和农民阶级（"派""列"与自耕农）之间的阶级斗争

由于主要的生产资料土地并不是社会共有的财产，它们的所有权掌握在极少数人手中，而这些人又利用管辖土地的权力来压迫剥削作为多数的民众。萨迪纳社会和其他剥削社会一样，将人们分成两个群体，即剥削阶级（EXPLOITATING CLASS）和被剥削阶级（EXPLOITED CLASS）。在萨迪纳社会，土地是最重要的生产资料，剥削阶级必然是那些拥有最大片土地的人，即那些地主和封建领主，被称作地主阶级或萨迪纳阶级。至于被剥削阶级，则是指那些没有土地的人，被称作农奴阶级或庶民（"派"）阶级或农民阶级，其中还包括少数耕种自己小块土地的自耕农。

这两个阶级之间阶级斗争的结果，获得胜利并握有政治权力的一方是地主阶级，因为地主阶级对土地拥有绝对的权力，这也是经济方面的权力。当他们像这样控制了经济命脉，就相当于掌握了全体农奴阶级的命运。正是通过掌控农奴阶级的命运，地主阶级才享有绝对的权力，规定农奴在社会中应有的权利和义务。简而言之，地主阶级通过独揽权力成为统治阶级，农奴阶级便沦为被统治者，或更确切地说是沦为被压迫被役使的人。这是阶级斗争的结果，也是萨迪纳社会的政治形式。

毫无疑问，所有萨迪纳制下的政治机构，都是为那些萨迪纳阶级服务的，是他们利用手中的权力来规定农奴阶级对他们的权利和义务的机构。简而言之，是维护萨迪纳阶级利益的机构，单方面攫取并保护地主阶级利益。萨迪纳统治集团便成了直接维护地主阶级利益的委员会。

维护地主阶级利益委员会的主席，必然由拥有土地权力最多的人，或者是拥有土地所有权数量最多的人的代表来担当。我们将该委员会主席一职称作"**格萨**"（kasat）①或"**帕昭片丁**"（**phrachao phaendin**）②。如果按字面意思理解，"kasat"意为"拥有土地的人"或"统辖土地的人"。这个词的词源即"kaset"③，意为用于耕种的土地。"khattiya"（亦为国王之意）一词的词源也来自"khet"④（田地、土地之意）一词，是同样的意思。即便是纯泰语词汇"**phrachao phaendin**"，意思也是"统治所有土地的王者"。由于国王手握主宰全体人民经济、政治和文化等方面命运的大权，因此也被人称作"**chao chiwit**"，意思是人民的生命之主。这就是对维护地主阶级利益委员会主席的称呼！

作为土地主人的这位委员会主席，宣称将所有土地都归入他一个人的名下，也就是说普天之下莫非王土，国王恩赐土地让人栖居，国王也有权随时将土地没收（没收＝将土地归还）。因此，萨迪纳社会的政权也被称作"**phra ratcha anakhet**"，意为圣王的领地。在英语中称国王为 KING，称王

---

① 泰语中的格萨（kasat）一词来自梵语中的刹帝利（kshatriya）一词，在英译本中，此处直接使用了 kshatriya 一词。——译者注
② "格萨"和"帕昭片丁"这两个词都是音译，意思都是指国王，后文出现均意译为国王。——译者注
③ 英译版中转写作"ksetr"，是按字形将不发音符号一并转写出，本文按照泰文的发音转写。——译者注
④ 英译版中转写作"khett"，原因同上注。——译者注

国为 KINGDOM（=国王的领地）；在法语中称国王为 ROI，称萨迪纳时期的王国为 ROYAUME，意思同样也是指国王的领地。

另一方面，当国王拥有所有土地的所有权和凌驾于其他所有人的权力的时候，国王对大众有生杀予夺的大权，国王赐予人们生存权，人们才能活命，国王也可以随时收回他们的生命（即处死）。因此，萨迪纳政权也被称作"phra ratcha anachak"，意为"圣王权力的轮宝转动所经地域内的土地"（ana 是巴利语，与梵语的 ajnya 或 anya 相同）。

通过上面权力集中的特征，萨迪纳社会的统治形式便是"**君主制**"政体（国王掌握权力）或"**君主专制政体**"（国王拥有绝对的政治权力）。只有在这种政体下，才能保证地主阶级能够长期随心所欲地压迫、剥削劳动力并榨取各种利益。

2. 萨迪纳阶级内部的冲突与斗争

在这种君主专制政体（ABSOLUTE MONARCHY）中，统治阶级是由那些大大小小的地主阶层的宗族，以及秉持"**精忠效主，鞠躬尽瘁**"原则的忠心侍臣（仆从）们组成的。那些拥有凌驾于人民之上特权的国王与达官显贵天生就对权力和利益贪得无厌。每一位封建领主都拥有大片土地的权力。要加入维护利益与统治的委员会，便需满足分权的条件，使之与其所拥有土地的规模和数量相称。这是封建领主之间采取和平方式的唯一条件。一旦出现与权力地位不平等相称的条件或行为，遭受利益损失的封建领主便会挥师举兵，推翻对自己行事不公的旧委员会，简而言之，即奋起对抗不能公平给予他们相称的剥削人民的权利的旧委员会。

由于萨迪纳阶级内部存在着这种冲突和斗争，萨迪纳分权体系必须依据土地的持有规模和数量来运作。封建领主权力的大小与各自控制的土地数量挂钩，这一规定也成为执行准则，一直沿用到萨迪纳体系崩溃为止。

在萨迪纳制初期，萨迪纳阶级内部的冲突和斗争还异常激烈。国王或委员会主席还无法将权力完全集中在自己手中，只能允许各封建领主完全享有其控制的土地的权力。这些封建领主势力庞大，仅次于国王，被称作"**藩王**"或"**封臣**"（VASSALS）。他们要听命于国王。但国王在下达命令前要先和他们协商，若不能得到他们的同意，国王的指挥也很难实现。一些大领主们会经常做出挑战国王权威的举动，这种情况在英国萨迪纳制初期诺曼底王朝威廉国王执政时表现得尤为明显。简而言之，国王的权力被架空了，实权掌握在这些藩王或封臣们手中。这些藩王或封臣拥有多少诸侯城、要怎样盘剥臣民、如何制定法律和生产货币等，都是他们自己的事，国王无法插手。国王的实际权力至多只能控制那些直接隶属于自己的大小主城。因此，在阶级内部矛盾的最后阶段，国王会竭尽全力削弱取缔那些封臣或藩王，并直接派自己人去管理那些原属于封臣或藩王治下的大小诸侯城。此举将确保这些封臣或藩王不能再像前任们那样犯上作乱了。阿瑜陀耶王朝初期取缔素可泰国、曼谷王朝五世王时期取缔清迈国、取缔帕城城主的统治权等，这些都是中央集权的举措。

还有另一种方法，使得中央集权达到顶峰，即查抄所有土地，收归国王所有，取消旧封建领主，然后新委任一批领主。这些新任封建领主绝大多数出自国王所在的王室宗亲，以及他们的萨迪纳宗族后代，或是从对朝廷忠心耿耿的侍臣中遴选出来的，将他们派往各地担任钦差大臣（*khaluang*），充当国王的耳目，管理一级、二级、三级、四级等不同等级的城池。这些新官僚都直接隶属于国王，他们在泰国被称作"**城主**"（*chaomuang*）或"**地方行政官**"（*phuwa ratchakan muang*）。当国王对某位大臣的表现和忠诚感到满意，便会赐予他一定的权力作为奖赏，这种权力即对土地的权力。土地的数目不定，但是不能超过法律规定的数量，这就是我们所说的"**萨迪纳**"。通过这种方式，那些实行世袭采邑制的封建领主们便逐渐消亡，但即便如此，那些由国王直接任命采邑的贵族仍然来自原来领主的宗族，因为只有他们才能接受良好的教育，并有机会效命国王。

萨迪纳的统治形式是一种从地方分权（DECENTRALIZATION）开始，最后以中央集权（CENTRALIZATION）收场的统治形式。

3. 农奴和自耕农阶级的斗争

萨迪纳社会最主要的矛盾是萨迪纳阶级与整个农民阶级之间的矛盾。尽管两个阶级的斗争最终以萨迪纳地主们的胜利告终，但是身处水深火热之中的广大农民仍未放弃揭竿而起推翻地主阶级政权的努力。农民斗争的基本目标是争夺作为主要生产资料的土地的所有权，使其回到农民的手中。有了这样的基本目标后，一个现实问题是：只有被有效组织起来、有强大战斗力的农民斗争，才能够彻底取得推翻萨迪纳生产制度的斗争或革命的胜利；而中产阶级要推翻萨迪纳制，旨在争夺商业和手工业的权力，并不能真正摧毁作为农业剥削制度的萨迪纳制。

在萨迪纳时期，农民阶级的斗争表现为叛乱或引发混乱的农民暴动。他们的斗争遭到一次又一次的失败，一方面作为维护地主阶级利益工具的法律不予支持，另一方面还遭到地主阶级训练有素的武装力量的镇压。农民阶级失败的根源来自经济状况。极其分散的个体小生产模式使得农民们天生难以形成有组织、有效力的凝聚力，这是其一。另一点是，萨迪纳阶级向农民们灌输这样的生活哲学：人不可能违逆福报，人生际遇取决于功德业果和命数。这使得大多数没有自己资本的农民们灰心绝望，自暴自弃。因此农民的起义斗争都演变成暴乱（MOB）的形式，缺少坚韧不拔和齐心协作，缺乏组织，甚至还缺少正确的领导，这样自然最终都难逃失败的命运。

正是由于缺乏组织和领导，使得农民斗争呈现出新的特征，即往往会接受其他阶级的领导。在萨迪纳初期，此时的中产阶级羽翼未丰，农民的暴乱往往会被与前朝统治有矛盾的地主阶级利用。他们凭借经验将农民的力量据为己用，通过提出满足农民希望的新口号，例如**"原来的国王并非十王道之君，我们应共同拥立深具福德和十王道的新王"**，诸如此类的话都很有效果，农民们会因憧憬美好的新生活而加入进来。这即是说农民仍然依赖人治施舍的幸福，而看不到自身阶级的力量。萨迪纳阶级还有一种利用农民力量的方式，就是加入到农民暴乱的运动之中，然后慢慢将政治权力控制在自己的手中。最终，真正从农民暴动中渔利的正是那些萨迪纳阶级。历史上萨迪纳制社会江山易主、改朝换代的奥秘就在于此。

当萨迪纳社会发展到资本主义生产方式的初始阶段，中产阶级崛起开始反抗萨迪纳阶级，农民阶级往往就听命于中产阶级的领导。这一时期的农民斗争与城市里中产阶级斗争紧密结合，中产阶级也经常利用农民暴动为己谋利。中产阶级有一种态度表现得比较明显，即中产阶级一旦取得斗争胜利就与地主阶级达成妥协。这是因为当中产阶级建立起自由主义的商业和工业体系之后，他们与萨迪纳阶级在生产资料方面的根本矛盾就不存在了，两个阶级便又继续勾结在一起。如此一来，萨迪纳阶级仍然像之前一样继续剥削农民。在农民暴动中得利的人并不是农民，而是那些正在建立资本主义生产体系的中产阶级。

通过以上内容可见，农民暴动只不过是其他阶级攫取政治权力的台阶。农民们通过暴乱获得的最多只是让严酷的剥削压榨暂时减轻一阵子，却无法真正从萨迪纳统治中解放出来，并建立起农民自己的政权。

但不管怎样，以上内容也不意味着农民永远无法通过自己的斗争为自己谋利益。的确，农民阶级的暴乱一般都是在其他阶级的领导下进行的，但在资本主义社会时期，工人阶级正在不断发展壮大。在工人阶级的领导下的农民斗争才能真正给农民阶级带来利益，因为只有工人阶级的领导才有较高的政治觉悟、有长远的眼光、没有妥协的态度；农民才能够彻底摧毁仍在剥削自己的萨迪纳制腐朽残余，才能真正享受到革命斗争的胜利果实。这是因为新建立的工人阶级政权不是那些为了剥削其他阶级而建立的剥削阶级政权，而是受剥削的劳苦大众的政权，它的建立是为了完全消除剥削阶级，通过掌控政治机构这一工具来管理和分配作为公有生产资料主人的人民大众的利益。只有在上述这种工人阶级政权的经济条件下，农民才能够转变经济生产模式，由各自分散的自耕农经济，变成集体生产的农业经济。通过这个方式，农民们能够团结起来成为一个整体，有效地组织起来，真正从根本上摧毁萨迪纳制的腐朽残余。

4. 萨迪纳阶级与中产阶级之间的阶级斗争

前文在讨论经济特点的时候已经提到，在萨迪纳制末期出现了新的矛盾，即萨迪纳制垄断贸易体系与中产阶级的自由贸易体系之间的利益冲突。萨迪纳阶级在斗争方面经验丰富，对中产阶级形成了压制，但同时中产阶级也越来越意识到，只有推翻萨迪纳政权并建立起自己的政权，才能打破萨迪纳的垄断贸易体系。中产阶级的组织虽然松散，但是为了全力对抗萨迪纳政权还是产生了。中产阶级与萨迪纳阶级的斗争并不是孤军奋战，而是有遭受严酷剥削和压迫的农奴阶级加入到队伍中来，中产阶级一方的力量才变得格外巨大。最终，在广大人民的支持之下，中产阶级才推翻了萨迪纳政权，并建立了中产阶级的政权取而代之。这是萨迪纳政权的最终命运。最伟大的反抗并推翻萨迪纳制的例子，就是1789年在法国爆发的中产阶级的大革命。

即便如此，请大家注意，被中产阶级终结的萨迪纳制只是它的政治权力。在农业生产方面，萨迪纳制的剥削和压迫依旧根深蒂固，作为主要生产资料的土地和过去一样，依然完全掌握在萨迪纳阶级手中。这是由于没有进行土地改革，萨迪纳阶级损失的只是负责分配和维护自身利益的委员会机构而已。这些萨迪纳势力的残余力量仍然不断试图夺权复辟。到资产阶级民主革命（BOURGEOIS-DEMOCRATIC REVOLUTION）时，萨迪纳阶级与资产阶级或中产阶级之间的阶级斗争并未结束。当然，在这一时期，全体农民依然继续遭受地主阶级的剥削，尽管剥削方式已有所变化，不像过去那么严酷，但即便如此，农民的处境依旧苦不堪言，纷纷破产，一如既往。

农民阶级要想取得斗争胜利，并从萨迪纳制中解放出来，只有一条出路，即加入工人阶级的斗争，承认组织有序的工人阶级的领导，而不是加入事后背信弃义、向萨迪纳阶级卑躬屈膝的中产阶级的斗争队伍！

萨迪纳制的文化特征

萨迪纳社会的文化特征，或换个说法，人民的生活形式特征有如下表现：

1. 社会中人与人之间的关系有尊卑贵贱之分，这种关系是阶级天生的，与土地的权力相关

萨迪纳制脱胎于奴隶制，是它的下一个阶段。继位或世袭的奴隶主们摇身一变，成为世袭的地主阶级。人类对血统出身的尊崇在这一时期达到了顶峰。那些地主阶级被人尊崇，或强迫人民尊崇自己为"**神明**"（thewada）、"**天神**"（chaofa）、"**神**"（phra chao）、"**佛陀**"（phra phuthachao）、"**天子**"（orot sawan）等。概言之，都是天神临凡或佛祖转世。该阶级的族系便受人崇拜，因高贵的家族出身而享有压迫庶民的权力。萨迪纳阶级之所以受人尊崇往往会与土地联系在一起，家道中落的萨迪纳阶级会变成"**没落贵族**"（phudi tokyak），继而变成"**祖宗八代的贵族**"（phudi paetsaraek），再次之成为"**游手好闲的世袭贵族**"（phudi tindaeng takhaeng tindoen）或"**无所事事的纨绔子弟**"（yiap khikai mai fo），最终沦为平民。这些人之所以还能维持身份只是因为他们手里还有一定土地的权力。那些新地主们一获得土地便开始拥有权力

了，他们是**"有福德之人"**（phu mi pun wasana），是**"有奴仆侍从之人"**（phu mi kha that boriwan），最终也会成为贵族。

对于那些没有土地的平民，或仅仅拥有勉强维持生计的土地的人，他们被蔑称为**"派拉"**（phrai rap）①，是**"具邪见"**（mitchatit）②之人，必须忍受**"罪孽果报"**（rapchai wenkam）之苦，是不受神明护佑的**"底层之人"**（khon chantam）。这两个阶级很难相互交往，即便有交往，庶民阶级也一定是弱势一方，是仆从走卒。两个阶级间通婚更是难事，如果丈夫是贵族，娶了一个庶民或奴隶女子为妻，妻子也会被蔑视为庶民老婆，泰国称她们作"乜格朗塔西"（mia klang thasi）。若女方是贵族，男方为庶民，他们想要成婚比登天还难，几无可能；若结婚后有了孩子，孩子必须承担恶人之业果，做底层奴仆的工作，只是因为母亲是跨越阶级的。

2. 奴隶制度依然存在

除了"派""列"和"萨曼春"（平民）③这些底层阶级之外，萨迪纳社会还残留着**"奴隶制度"**（rabop that）。这些奴隶包括**"塔南恩"**（that nam'ngoen，意为卖身奴隶），指贱价卖身的奴隶，以及**"塔信台"**（that sinthai，意为债务奴隶）和**"塔仁贝"**（that ruanbia，意为家生奴隶，即奴隶的子女），他们都是可以自由买卖的物品。人类的处境如同动物一般，可以像蔬菜鱼类一样被任意买卖。人类的基本权利，作为一个**"人"**的地位，在萨迪纳制社会中无法得到保障。地主阶级还随心所欲地残酷对待家生奴隶。尽管萨迪纳制末期出台了解放奴隶的法令，但是奴隶们依然继续遭受欺压，因为他们没有土地。在萨迪纳时期被解放的奴隶，无论在泰国还是俄罗斯，情况都无二致：没有土地。而最终正是他们成为资本主义发展进程中的一支强大力量，即成了出卖劳动力的工人。

---

① "派拉"指地位较高的庶民，最多可有 15 莱授田。——译者注
② 邪见是佛教用语，指不信因果、功德、父母、圣人等之见解，是佛教中的八邪之一。八邪分别是邪见、邪思、邪语、邪业、邪命、邪方便、邪念、邪定，与八正道相对。——译者注
③ 派、列和萨曼春都是对底层庶民的分类，因承担社会角色和分工不同而有不同称呼。——译者注

3. 民族歧视

无论是相比于本民族后进的民族，还是在"王国"中的少数族群，都被贱待为人渣，是底层阶级和敌人。在萨迪纳社会，民族平等和民族友好是不存在的。这是因为国家所有的土地都归地位最高的国王所有，来到他的土地上栖居的人便被像奴隶一般对待，是在王国属地里毫无贡献的奴仆。

4. 歧视女性和儿童

萨迪纳制社会中的女性被歧视压迫，地位低于男性。女性穿的纱笼筒裙被视为是污秽之物，男性不得触碰。此外，地主们还会将女性视作发泄欲望的工具以供自己享乐，女性的状态如同一个雌性动物一般，等待着满足地主的性欲。在王宫和贵族家中的后宫或侍女制度非常普遍。在宫廷的后宫和官僚府邸的内闱中，女性被长期幽禁，甚至催生了她们之间非正常的同性行为（HOMOSEXUAL），这种情况随处可见。封建领主的性生活也越来越变态。

儿童在萨迪纳社会的地位也很低下，因为这些孩子并不是按照封建领主的意愿出生的，而是因为他们纵情声色、宣泄情欲之后的意外结果。这些孩子是没有价值的。另外一点是，封建领主们为了稳固自己的统治，想要把这些孩子从小就控制起来。所以，这些孩子遭受到残酷的欺压和歧视。

5. 风俗习惯和传统

各种风俗习惯和传统都与土地有千丝万缕的联系，因为多数人的生活都与土地上的劳作有关。尽管如此，这些风俗习惯和传统都被轻视为是庸俗粗鄙的，因为它们来自那些"派拉"（普通的庶民）们。只有那些以服务萨迪纳阶级为目的、源于土地的传统和风俗，才会被推崇和突出强调。例如，你要是依靠我的土地谋生，你就欠下我的恩情债了，特别是那些奴隶，为主人干活的同时也要吃主人的米，这就欠下主人饭食之恩的恩情债，而他们为主人干的活也就不值一提了，诸如此类。不管怎样，那些被认可为高尚和正确的习俗传统，必然都是来自宫廷或贵族之家。宫廷是所有风俗仪礼的中心，然后向贵族家庭传播，贵族再向家中的家臣侍从传播，再通过他们向下面的"派拉"传播。那些没有阶级意识的庶民们，要是想加入各种社会圈子中而不感到窘迫，就必须按照贵族的风俗行事。哪有因为脚踩土地耕种劳作而变得脚大的人，却要竭力濯足束脚，让脚变得纤细红润，这是那些不事劳动的贵族才有的特征！在萨迪纳制末期，当资本主义生产制度或称重商主义（MERCANTILISM）逐渐发展起来，中产阶级羽翼渐丰，开始维护自身的利益，萨迪纳阶级的习俗传统又变成束缚中产阶级发展的锁链。中产阶级经常被那些贵族们讥讽为是"**癞蛤蟆坐轿**""**变色龙得金**"①，是一群"**没见过世面**"的人，要是在法国会被叫作"NOUVEAU RICHE"（暴发户）。这时的中产阶级便竭尽全力要扭转萨迪纳阶级的习俗传统，凭借金钱这种来自经济的新力量的威力，中产阶级逐渐在社会中变得显赫起来。随着萨迪纳阶级的衰落，中产阶级建立起属于自己的全新的自由主义的习俗传统。

但不管怎样，中产阶级的妥协态度，使得他们认同并借鉴一部分萨迪纳阶级的习俗传统。越是那些用金钱买官鬻爵的中产阶级，越愿意接受并使用萨迪纳阶级的习俗传统来装点自己。因此，萨迪纳阶级的习俗传统的影响在资本主义社会依然存在，并未完全消失。

6. 文学艺术

萨迪纳社会的艺术包括民间艺术和宫廷与贵族家庭的艺术。民间艺术被贬低为粗俗不堪的，只有服务于萨迪纳阶级的宫廷与贵族家庭的艺术才被树立为典范加以推广和颂扬。萨迪纳社会的文学亦是如此，即是说它是为萨迪纳阶级服务的文学。总之，无论艺术还是文学，都被萨迪纳阶级所垄断。

文学艺术的发展在萨迪纳制初期一直秉承"**为生活而艺术**"（sinlapa phua chiwit）的原则，意思是仅为了萨迪纳阶级的生活！广大人民没有为自己生活服务的艺术创作的自由。传统的条条框框和政治经济生活状况，迫使艺术家们完全陷入萨迪纳阶级的为生活而艺术的包围之中。这种状况使得在萨迪纳制末期成长起来的新一代中产阶级艺术家们感到压抑，他们正在为了建立自由主义经济体系而奋斗。在一段时期内，文学艺术将成为服务于他们斗争的工具。但是中产阶级一旦取得胜利，其文学艺术便开始转向"**为艺术而艺术**"（sinlapa phua sinlapa）的原则。这是一种追求天马行空的幻想的自由主义艺术思维，不与任何现实的社会生活关联。当中产阶级的为艺术而艺

---

① "癞蛤蟆坐轿"和"变色龙得金"都是比喻小人得志，得意忘形。——译者注

术的原则产生之后，萨迪纳阶级的为生活而艺术的原则就走到了终点。

7. 教育

既然经济和政治权力，乃至规定其他方面生活方式的权力，都像这样落入萨迪纳阶级的手中，毫无疑问，教育权力自然也控制在萨迪纳阶级的手中并为其服务。

为了积攒本阶级的功德波罗蜜，萨迪纳阶级将修史和诠释历史的权利牢牢掌控在自己手中。萨迪纳阶级的学者自命为历史学之父，自认为是国家历史的最高裁定者，国家历史便非但不是人民进步运动的历史，反而成了国王继承王位和他们的各种文治武功的历史，成了描绘国王对百姓的功德波罗蜜和恩威的文字。这就是萨迪纳的历史，并非真正的历史，而是彭沙瓦丹（Phong Sawadan）①，是关于天神后代转世临凡至人界平定艰难时世的记载。萨迪纳阶级的历史学便直接变成向青少年培养和灌输要对国王的洪恩厚泽感恩戴德，并对萨迪纳阶级保持忠诚信念的学科。实际上，历史学是一门关于人类社会斗争经验的学科，它好比为后世生活提供社会斗争的例证。历史研究便成为研究社会起源的核心，是开启通往正确行为之路的重要钥匙。萨迪纳阶级充分意识到这一事实，便将历史研究的主导权掌控在手里，并利用它为本阶级谋取利益。

除了集中展现萨迪纳阶级生活范例和经验诠释的历史学，对于其他学科，不管是伦理学、法律还是行政管理等，萨迪纳阶级也不忘插手，加入训谕内容，为了服务并推动萨迪纳制度的建设。在最初，萨迪纳阶级甚至都禁止人民学习法律，萨迪纳阶级允许并强制人们学习的勉强称得上是法律的东西，是宫廷侍卫规范手册、禁城内的规章守则等，家臣侍从和平民百姓们必须严格遵守。

总之，萨迪纳教育的特征就是垄断教育，只允许人们学习对萨迪纳阶级有益的知识。

萨迪纳教育的另一个目的是为了愚民，不让他们聪明起来，因为要压

---

① 彭沙瓦丹是泰国古代由宫廷记录和编纂的一种编年体史书，按字面意思是指"与国家或作为国家元首的国王有关的事件"，即王朝的大事记，因此也有译作"纪事"或"纪年"。——译者注

迫剥削聪明人绝非易事。因此，萨迪纳时期的教育非常落后。但与此同时，萨迪纳阶级又需要头脑聪明、做事干练的人来执行"**公务**"（rachakan，即为国王效劳）。萨迪纳阶级便从自己的手下中选派人手，到贵族和封建领主的官邸甚至王宫去接受教育。女孩学习的目标是像一块"**叠好的布**"（pha phapwai）一样，等待丈夫前来释放欲望，简单点说就是学习侍夫之术。男孩学习的目标是成为"**战士**"（khunsuk）、"**武士**"（asawin）和"**火枪兵**"（thahansua）等。

这一特点使社会上普遍形成了知识不轻易外传的风气。宫廷老师们都对自己的知识严格保密，只向自己中意、认为忠诚的门生传授。多数平民没有机会通过学习变聪明，至多只能达到基本的能读会写，诗人、艺术家和其他学富五车之人，绝大多数都在王宫或封建领主的宫中。

另外，萨迪纳制的教育是教人要学会"**接受**"（ACCEPT）。它不为学生创造机会，不是让他们先思考，等到见到事实之后再相信，而是要求他们要不假思索地接受和相信。这是为了扼杀一切可能对萨迪纳阶级造成损失的思想萌芽。

垄断教育以及这种教人接受（ACCEPT）的教育方式发展到极致，必然与中产阶级"**自由主义**"思想相抵触。中产阶级进行贸易、工业生产和商业活动等，必然需要培养头脑灵活、有创造性和知识丰富的人才。垄断知识和要求知识市场自由开放这两种力量产生了激烈的交锋。萨迪纳阶级竭尽全力压制中产阶级教育机构的建立和发展，但最终还是无法阻挡历史车轮的前进，中产阶级的教育机构还是建立起来了。

但是！萨迪纳阶级发展了上千年，在谋略和经验上远胜中产阶级，加之中产阶级自身的妥协性，萨迪纳阶级竟能堂而皇之地涉足进入中产阶级的教育机构之中，萨迪纳残余势力还能掌控课程设置，以及修改最终的教育目标。历史学还掌握在萨迪纳阶级手中，或在其阐释影响之下。

8. 宗教

在萨迪纳制初期，宗教与萨迪纳制曾经严重对立过。宗教曾经高高在上，凌驾于众生，它竭尽所能想要继续维持自己的重要地位。宗教与萨迪纳制的斗争在欧洲、印度，甚至在泰国都表现得非常明显。在欧洲，往往表现为教皇宣布驱逐（EXCOMMUNICATE）国王，而国王则宣布废除教皇。由于人类的生活在根本上依赖于经济的权力，萨迪纳阶级获得了最终的胜利，因为他们手里牢牢掌握着生产资料。

宗教的失败使其最终成为国王积攒波罗蜜的工具。宗教界必须承认国王是**"假想神明"**（sommotthep），是**"人间之神"**，是**"天神临凡"**，是**"佛祖再世"**，最后成为**"宗教的资助人和护持者"**。作为回报，萨迪纳阶级也分出部分土地给宗教人士，分配给寺庙一些奴仆，授予出家修行者不同等级的官爵，并有官阶标志，享有年俸甚至月俸。这种现象无论在国外还是在泰国都很普遍。

到了这个阶段，宗教就有责任教导人们崇敬并畏惧国王，所有的出家人都成了世家子弟、名门淑媛的老师和导师。当然，教育的方针是遵循萨迪纳阶级的意愿的。

不仅如此，宗教还成为封建领主之间政治斗争的工具。一些以法师自居的出家人还招兵买马，意欲争夺政治权力，或者支持供养自己的领主，这些都需要通过符咒巫术进行传播。有时，正在争夺权力的封建领主会利用宗教作为桥梁，鼓动人民斥责诅咒旧政权，并使之转而支持依附自己，使自己登基成为新王。

当资本主义生产方式逐渐发展，中产阶级崛起反抗萨迪纳阶级的时候，萨迪纳阶级便会更有效地使用宗教这个工具。例如法国的拿破仑三世（Napoleon III）时期，萨迪纳残余势力伪装成为国民制宪议员，要求拿破仑三世开放自由教育，因为当时政府垄断了教育。萨迪纳阶级不得不这么做，因为如果政府不垄断教育，萨迪纳阶级就会利用教育肆意麻痹愚弄人民，特别是各种学院都是由教会的教士控制的。残暴的卓越军事家拿破仑一世这才将教育从修道院中分离出来，并交由政府垄断办学。到拿破仑三世时期，当萨迪纳阶级乔装成国民制宪议员要求开放自由教育，允许私人办学时，拿破仑三世中了圈套。他刚宣布私人可以办学教育，教士们就迫不及待地开办了学校和学院，为那些没落的萨迪纳阶级培养新的力量。教士们之所以帮助萨迪纳阶级，是因为萨迪纳阶级会供养他们，有年金和月金，而且教士们还有机会插手政治事务。但是拿破仑三世的新制度以及国民制宪议会的建立是要将宗教与政治彻底剥离开，谁要出家或还俗都是个人的事情，与政府无关，政府既不支持也不反对，自然不会受到那些教士们的欢迎。在此之后，教士们还勾结起来成为支持法国萨迪纳势力斗争的一股力量,这种斗争又持续了好几年。

有些国家的中产阶级吸取了这方面的教训,宗教界的态度也发生了变化。这是因为中产阶级为了收买宗教界,将大量金钱投入到宗教事务中,一部分僧侣开始站到中产阶级一边。但另外一部分人仍然固守着旧的道德,坚持对萨迪纳阶级忠诚。在萨迪纳制末期向资本主义过渡时期,宗教界内部的这种对立分化就难以避免了。但即便如此,宗教仍然是保持萨迪纳思想残余最久的地方,因为宗教所讲求的道德大部分都经过了改造,以适于服务全体萨迪纳阶级。

以上内容即萨迪纳制度的一般特征,包括经济、政治和文化方面,仅仅是一个简要的概括总结,作为接下来泰国萨迪纳社会研究的基础。

另外,如果要清楚地理解萨迪纳制以及萨迪纳制在历史上的作用,不理解它的起源是由奴隶制发展而来的这一点,是不可能做到的。因此,接下来我们要简要回顾一下萨迪纳制的起源概况。

萨迪纳制的起源概述

萨迪纳制度(FEUDAL SYSTEM)是继奴隶制度(SLAVE SYSTEM)之后产生的生产制度。

在奴隶制时期,人类是以饲养家畜、狩猎、从事农业生产和手工生产为生的。人类主要的生产资料,首先是奴隶(SLAVE),其次是土地。之所以说奴隶是排在首位的生产资料,是因为奴隶主这个群体是不直接参与生产劳动的。只有奴隶才进行生产劳动,他们才是在土地上劳作的人。不仅如此,整个奴隶都是奴隶主的财产。奴隶和土地以及其他生产资料一样,所有权都归奴隶主。奴隶的地位如同一种用于谋生的工具,或者说是一种会说话的工具(TALKING TOOL)。奴隶没有作为人的地位,而只是作为生产资料而存在,和那些耕犁、耙子或牲畜一样。与萨迪纳时期不同,奴隶并不是通过卖身产生的,而是被掌权者强行划定的,即是说当某个氏族去掠夺另一个氏族并且获胜,所有被掳来的俘虏就被迫成为奴隶,成为胜利者的财产(不再像原始社会末期那样进行杀戮,这是奴隶制进步的标志之一)。这些沦为获胜者的奴隶和谋生工具的俘虏们,再无重获自由的一天,他们的子女也成为奴隶主的财产，和奴隶主饲养的牛犊一样。因此，奴隶主可以任意处置奴隶，不论是卖掉还是杀害。奴隶们作为一个阶级，世世代代无法改变自己的阶级地位。

在生产方面，奴隶们在土地上生产出的全部成果都归奴隶主所有。奴隶主会为奴隶们准备一个饭堂，像饲养牲畜一样每顿喂养他们，或者分给他们仅够果腹的食物。除了能获得保证有力气干活的食物之外，奴隶们就没有其他权利了。同样，他们也不能拥有任何私人财产。

在奴隶制社会，人们分成了两个阶级，即奴隶主阶级（SLAVE MASTER）和奴隶阶级（SLAVE）。奴隶主的世界充满了奢靡浪费、骄奢淫逸，因为他们根本不用做任何事情。奴隶主们终日吟诗作赋，讨论哲学问题。人类在智慧方面的进步是建立在那些当牛做马地劳动的奴隶的痛苦基础上的，这也算是奴隶制为人类社会的进步做出的另一个贡献吧。

在希腊，约公元前600年[①]左右的黄金时代（GOLDEN AGE），一个雅典城（Athens）的男性自由民平均拥有18名为其工作的奴隶。在科林斯（CORINTH）、埃伊纳（AEGINA）以及其他希腊城邦，奴隶的平均占有数量也大体相当。[1]（编者注：此类注释即集·普米萨泰文原文的脚注，具体注释内容放在本章末尾。）如果我们再考虑到，古希腊是由一个大家庭的氏族组成的，假设有10位男性，那么按平均数计算他们就拥有180个奴隶。那么，一个拥有政治权力的希腊氏族可能拥有多达上千的奴隶！公元前的古罗马时期，也拥有大量奴隶。这些奴隶替奴隶主从事所有劳动，从农耕、手工业、家务等工作，到进行跳舞、角斗、斗野牛直至被野牛挑破肚肠，以供奴隶主消遣。一个有官职的奴隶主至少拥有200个奴隶，在出行时不论去哪儿，都会征役这些奴隶跟在左右，前呼后拥形成队伍，为了向其他人炫耀自己的荣耀和威望。[2]那些执政官出行会带着12名侍卫官侍奉左右，这些侍卫官带着象征最高长官权力的束棒，可以鞭笞任何挡路者；一旦出了罗马城，便会在束棒中插上一柄斧头作为最高权力的标志，可以处决任何人。这种束棒叫作"法西斯"（FASCES，这就是第二次世界大战期间墨索里尼［Mussolini］的标志和FASCISM一词的来源）。

由以上内容可见，奴隶制社会的压迫是一种被称作"**绝对剥削**"（**khutrit**

[①] 此处按泰文版，英译本里为公元前100年。——译者注

doi sincheong）的剥削类型，即奴隶本人和奴隶的劳动成果全部都归奴隶主所有，奴隶没有任何私人财产，甚至连人身自由都没有。

当然，奴隶社会的主要矛盾（CONTRADICTION）是奴隶主和奴隶之间的矛盾。

以及，当然……①

萨迪纳制正是在奴隶社会末期的社会矛盾，即奴隶主和奴隶之间不可调和的矛盾（ANTAGONISM）中产生的！

在奴隶社会末期，矛盾冲突不断加剧达到顶峰。奴隶主对奴隶的剥削变本加厉、肆无忌惮。数量巨大的奴隶劳动力被强制征调为极少数奴隶主服务，不仅要为自己的主人服务，还要为身为国家元首的大奴隶主，或换句话说，为作为维护和分配奴隶主利益的委员会主席服务。无论是埃及大大小小的作为大奴隶主（国王）陵墓的金字塔，还是公元前 600 多年前，尼布甲尼撒二世（NEBUCHADNEZZAR）为了讨王妃安美依迪丝（AMYTIS）欢心而在其宏大宫殿的平台上兴建的巴比伦空中花园（THE HANGING GARDEN OF BABYLON），或者是约在公元 12 世纪时兴建的，作为柬埔寨国王苏利耶跋摩二世（Suryavarman II）的陵庙（FUNERAL TEMPLE）或半神庙、半皇陵的吴哥窟（Angkor Wat）石宫，以及其他许多被列入世界奇迹的艺术建筑，都是广大被征役的奴隶们在监工皮鞭抽打之下建造起来的。

"对一个奴隶来说最好的事情就是活着。整个罗马城除了奴隶们的流血流汗和伤痛之外，一无所有。"[3]

不仅如此，在奴隶社会末期，奴隶主之间为了互相争夺奴隶而发生大规模的战争，使奴隶们的境遇愈发凄惨。那些实行部落民主的雅利安（Aryans）游牧民族进攻希腊和巴尔干半岛上的伊比利亚人（IBERIAN）奴隶制政权，进攻波斯和印度的肤色较深的人的政权。取得胜利之后，便将所有深肤色的人都强制作为奴隶。古印度的雅利安人富翁拥有"八万四千"名侍从，其中可能还有女性侍从。实际上这些女性侍从就是奴隶。在奴隶制行将消亡之前，争夺奴隶的战争进行得异常惨烈，正如帝国主义发展到最后阶段，也会通过战争手段来争夺垄断市场。

---

① 原文此处并不完整，可能集·普米萨尚未最终完成这一部分。——译者注

当这种剥削状况发展到极致，平常在一起劳动的奴隶们便为了追求个人的解放，联合起来进行反抗。奴隶们的基本目标是，将自己从"**会说话的工具**"的状况中解放出来，成为一个有权利用自己的工具为自己劳动的"**人**"；将自己从没有私人财产的状况中解放出来，可以拥有私人财产和作为生产资料的土地。

请大家注意，土地在奴隶社会中是居第二位的生产资料，正是土地成为推动社会进入萨迪纳社会的条件，人们获得了自由并拥有土地作为生产资料。如果要进行比较，可与萨迪纳社会的手工业和垄断贸易做比，它是次一级生产，也是进入资本主义制度下的工业和自由主义商业的条件。

这种联合起来对抗奴隶主的情形，预示着奴隶社会的主要矛盾（MAIN CONTRADICTION）已经激化到不可调和（ANTAGONISM）的程度，它也成为奴隶制终结的开始。但尽管如此，奴隶们的反抗必然遭受一次又一次的失败，因为他们缺乏有序的组织和坚定正确的领导，绝大多数奴隶仍然将自己的生命寄托在某个个人身上。

历史上最伟大的一次奴隶阶级的解放运动，是公元前100年左右（大约2000年以前），由伟大的奴隶斯巴达克斯（SPARTACUS）领导的古罗马奴隶起义。斯巴达克斯召集了多达70000名（有的地方说有90000名，有的地方说有100000名）[4]逃走的奴隶，这些奴隶们的目标是："**没有奴隶和奴隶主的新世界，人们和平友爱地共同生活在一起……不需要城墙的城市……没有战争，没有贫困，也不再有苦难。**"[5]他们希望建立一个奉行新道德的社会：对人民有益处的事情是正确的，对人民有危害的事情是错误的。[6]

斯巴达克斯起义很久以前就引起了工人革命领袖的注意。卡尔·马克思在1861年写给弗里德里希·恩格斯的信中说道："**傍晚，我读阿庇安（APPIAN）撰写的古罗马战争史来放松……斯巴达克斯是整个古代中最辉煌的人物，他是一位伟大的统帅（不是'加里波第'[7]），品行高洁，堪称古代无产阶级的真正代表。**"前不久苏联编著的历史百科全书中提到斯巴达克斯起义，说它是一次重要的事件，可参见《古代世界到中世纪的变迁》（*The Transition from the Ancient World to the Middle Ages*）一书中的评论（根据1949年7月版的 VOPROSSY ISTORII）[8]。

另一个导致奴隶制度土崩瓦解的原因是，入侵希腊和印度的游牧雅利安人为当地引入部落民主制取代王制。古罗马人曾在一段时期内也同样实行民主制代替王制,也就是说王制曾经短暂废除过。正是这些希腊、罗马和印度的自由民实行民主制来进行统治,使得奴隶们开始幻想,对自由的渴望愈发强烈,因为在上文提及的这些自由民奴隶主的民主制度之下,奴隶无法获得与奴隶主同等的政治权利。奴隶们便不断想方设法寻求自身的解放。奴隶主与奴隶之间的阶级斗争持久而激烈,迫使奴隶主不得不减轻剥削的程度。之前的生产制度中不允许奴隶拥有私人财产,慢慢变得不那么严格了,奴隶们也开始拥有一些私人财产。

另外一点,奴隶制生产方式已经发展到顶点,最终陷入停滞状态。其原因在于奴隶们并不用心生产或改进生产技术,他们认为改进生产技术的努力是没有任何回报的,能够得到的仍然是流血和苦难。因此奴隶主开始寻求改善这种状况的办法,他们的目标是:

(1)减轻奴隶们的仇恨,哄骗他们忘掉斗争。

(2)促使奴隶们改进生产,使之提高到更高水平,奴隶主由此也可以获得更多的利益。

解决的方法是,开始给予工作表现优异的奴隶以土地及其他生产资料等奖赏,作为奴隶的财产,同时还释放奴隶,使其成为自由民。但是有一个条件:奴隶必须留在这块土地上,不得随意迁徙。他们须向原主人登记,劳动成果虽然归奴隶所有,但他必须向原主人缴税或一定比例的劳动所得作为回报,缴纳比例按照事先约定的标准,可能由40%—80%不等。当奴隶主另有特殊的杂役时,奴隶也必须来帮工。因此,原有的生产关系已经发生了变化,即开始出现自主生产的自由民了,但是要向作为生产资料(即土地)主人的封建领主们上缴税金作为土地的租金。这即是"派"和"列"制度。当土地成为首要的生产资料之后,自由民与奴隶主之间的关系便由土地联系起来,而不再像过去那样通过人身关系。萨迪纳式的生产关系在奴隶制末期也开始孕育成型。当自由民长时间地管理那块土地,直到该土地的所有权不再归奴隶主所有,而归自由民所有(基于某种原因),农民的自由生产体系便开始出现,最终发展成为萨迪纳生产制度。

最后一个导致奴隶制崩溃的原因就是,约公元1000年时,日耳曼人和斯堪的纳维亚人的大规模入侵,即所谓的蛮族入侵。这些人的入侵阻止了奴隶制国家在整个欧洲范围内的扩张，并最终彻底摧毁了奴隶制国家。奴隶主们有的被处死，有的逃走了。奴隶制国家如此轻易地垮台，是因为那些作为统治阶级和战士的奴隶主们养尊处优，贪图享乐，终日沉湎于酒色，过着奢侈糜烂的生活，战斗力大大下降。自由民们很少有人拿起武器去保卫奴隶制国家。⁹奴隶们也不愿意为保卫奴隶主的国家而战斗，因为如果保卫的话，就相当于是在帮助维护压在自己肩头的沉重的剥削与压迫制度。柬埔寨王国可能也是出于同样的情形而覆灭的，它于佛历1895（公元1352）年被泰国军队攻陷。历史学家相信，大吴哥城（Angkor Thom）四面都有长达4公里的高耸石墙环绕，城墙内面积达到16平方公里，它的失陷并非仅仅是因为泰人军队的骁勇，还由于那些受到统治阶级长期剥削、希望获得解放的高棉奴隶和平民们的贡献。当然，泰人军队也使用了心理战，他们宣称"高棉人与泰人亲如手足"，或"泰人国王比高棉国王仁慈"，又或者"泰人前来帮助解放高棉兄弟"之类的话语。这正如我们在印度支那冲突中的所作所为，又如日本在入侵泰国时曾宣称"日本是为了帮助泰国从英国统治下的亚洲解放出来"，诸如此类的说辞。

当奴隶制政权垮台之后，奴隶就变成了可以在自己拥有的土地上耕种的自由民了。这些自由民在借助蛮族的力量推翻奴隶制政权之后，也打算消除这些蛮族带来的影响。正像高棉人那样，当他们借助泰人军队推翻了暴君的统治之后，便开始想方设法清除泰人带来的影响。这可由以下情况佐证，佛历1936（公元1393）年，拉梅萱王（Somdet Phra Ramesvara）率兵攻克大吴哥城，并擒获当副王的高棉王子，这意味着曾经残酷对待高棉人民的高棉贵族统治已经终结。但是泰人派帕耶猜亚纳荣（Phraya Chaiyanarong）来维护他们的利益，高棉人不得不面对新的剥削者并一直等待时机摆脱压迫。当越南人兴兵来犯，高棉人为使自己能从泰人的剥削中脱身出来，便利用泰人和越南人之间的矛盾，同越南人合作。帕耶猜亚纳荣控制不住局势，最终阿瑜陀耶只好下令放弃高棉首都。等到波隆摩罗阇二世（Phra Paramaraja II）在位时，泰王再次出兵攻下大吴哥城（佛历1975［公元1432］年），但是波隆摩罗阇二世的儿子帕因罗阇（Indraraja）①以新的征服者和奴役者的身份前去

---

① 按泰国纪年史籍中记载，波隆摩罗阇是与佛历1974（公元1431）年攻破吴哥王城的，并留下那空因王子统治吴哥。——译者注

统治高棉，据信最终被高棉人秘密谋害了。

欧洲的自由民为了消除或防范蛮族人的影响，并没有选择联合起来建立一个有序的国家或政权，所以他们并没能有效地保护自己。这些自由民的出路是去投奔实力强大又很富庶、拥有坚固堡垒（CHATEAU FORT）的人，因为人们还坚信需要依靠某个个人的力量，还没意识到可以依靠自身的力量团结起来，像资本主义时期的无产阶级那样！

当自由民们纷纷前来寻求拥有城堡的大贵族的恩庇时，一种全新的关系就产生了，那就是自由民必须向贵族缴纳劳动产品和实物税，必须帮贵族修建城堡，以及帮贵族种田耕地（即徭役制度）。这一切都是为了报答贵族保护他们安全的恩情。实际上，贵族们并没有直接保护他们，因为一旦有外敌入侵，贵族们就会征役这些自由民去作战保卫自己。例如昂丹西的村庄遭到入侵，贵族会征调由其庇护的其他村庄的人前去支援昂丹西，作为城堡主人的贵族仅仅是领导而已。只有一点比较特殊，贵族的城堡都很巨大，如果爆发大规模的战争，自由民们可以躲进去避难，仅此而已。这就是萨迪纳时期在战争时让人们迁到城里的惯例。

由于这一特点，在城堡周围土地上耕种的自由民便成为隶属于城堡主人的人，当城堡易主，自由民也随之更换主人。他们需要继续向城堡中的贵族履行缴税的义务，一如既往。他们的状况便发生了变化：他们变成在贵族权力控制之下的土地上劳作的人，即所谓的农奴或者"列"（SERF），必须登记受人管辖，不能脱离这种管辖，也不能离开自谋生路。剥削就成为贵族（即封建领主）对农奴或"列"的剥削。这些称作"列"的平民们尽管承受着沉重的剥削，但仍然是自由之身，领主们无法像奴隶社会时期那样任意买卖、处死或虐待他们。这是一种社会进步的表现，也正是新兴的萨迪纳制的进步特征。不仅如此，"列"与奴隶也有区别，他们有自己谋生用的工具，可以积攒自己的劳动成果，这使得他们追求更高的产量，生产与技术也随之得到提升，正如前文中关于萨迪纳经济制度特征开头部分所说的那样。

封建领主们扩张领土又催生出新的农民类型，即拥有自己的土地，身份自由，并向领主缴纳实物税。封建领主还会拿出一部分土地供人租种，按事先约定好的比例收取租金。萨迪纳生产制度便发展成熟了，有"列"、自耕农（耕种自己的土地）和佃农。除此之外还有一类没有土地的自由民，他们成为专门受雇于人出卖劳力的雇农。

这些领主们就是萨迪纳制下的领主,被称为"FEUDAL LORDS"(封建领主)。有些实力不济的领主必须向更大的领主寻求恩庇,而这一级别的领主又会向实力更强的领主寻求恩庇。他们并不是无缘无故随便寻求庇护的,而是担心一旦没有作为的话,实力更强的领主就会来攻打他们。可以说,他们当中有些是直接遭受到攻击,而有些则在强大的势力逐渐临近之时就因恐惧而屈服了,最终他们都会共同臣服于最大的封建领主,即君主或国王。

起初,封建领主们依然不太安分,不太情愿向君主俯首称臣,因为他们每个人都是大地主。一旦君主的某项举措触动了自己的利益,他们便抗命不遵,甚至挑战权威。最后君主便加强中央集权,将全部土地都收归王有,然后再赏赐给自己的大臣或忠诚可靠的封建领主去管理。于是便产生了一批新的封建领主,他们获得封地,必须无条件地听命并遵从君主的指挥。诺曼底(Normandy)王朝的"征服王"威廉一世(WILLIAM THE CONQUEROR)便是采用此法的一个实例。

君主赐予别人管理的土地称作 FIEF 或 FEUD。这个词的词根来自后期拉丁语 FEODUM[①]一词,意为让其耕种并收取租金的土地。这正是英语中费用"FEE"一词的来源,同时也是英语中称萨迪纳制的术语"FEUDALISM"一词,或法语中的"FÉODALISME"一词的来源。[10]

在欧洲萨迪纳制初期,分封给小封建领主的土地称作 BENEFICE,意为"王家恩赏"或"源自土地的利益"。但到后来当土地成为可以继承的遗产之后,它的称谓就变成了上文提到的 FIEF 或 FEUD,而得到封地的领主则称作 VASSAL,意为封臣,或 FEUDAL LORDS,意为萨迪纳领主。分封土地的大地主称作 SUZERAIN,意为"宗主"(*adhiraja*)。封臣们或 VASSAL 受封得到的土地,一部分留给奴隶制社会残余的奴隶耕种,让他们向自己上交全部的劳动成果,一部分则规定由"列"或"派"们来耕种,让他们向自己缴税。还有部分会让自由民去租种谋生,另有部分会继续赏赐给一些做出过贡献的自由民,这些自由民就成为自耕农。一些自耕农们会因为不堪债务而破产,只得卖身为奴,或者将自己的土地转卖给其他自耕农。最终,收购

[①] 泰文版中拼作 FEODUM,英译版中更正为 FEUDUM,本文维持泰文原版拼写。——译者注

或强制购买土地的自耕农就变成了地主（LANDLORD），地主阶级的数量也随着一部分自耕农的倾家荡产而增加。与此同时，那些封臣们控制的领地也随时会被分解成小块土地和瓜分。在现实中，封臣土地被瓜分和中等地主增加的现象，在 16 世纪的巴西就能见到。当 16 世纪葡萄牙人开始殖民统治之时（1534 年），巴西只被分成 13 个大的封臣领地，每块领地沿着大西洋排列，平均拥有大西洋沿岸 200 英里海岸线。每块领地的统治者都是封建领主，葡萄牙语中称作 DONATARIOS[11]。但是后来这些领地被划分成小块，即便如此，土地的面积依然巨大。每个葡萄牙地主统管的土地面积甚至比葡萄牙本土还要大。到了 18 世纪时，土地已经分化成更小的领地，中等地主或大地主的数量增多，如在该国一个重要的州南里奥格兰德州（RIO GRANDE DO SUL），仅此一州就拥有 539 名地主，每个人都拥有 18000—90000 英亩[12]不等的土地。在法属殖民地加拿大的圣劳伦斯（ST. LAWRENCE）以及其他很多地方，都能举出与之类似、现象相同的例子。[13]

这种土地分化的情况，使得封臣们（VASSAL）后来都沦为小官僚，不再像最初握有权力时那样自负傲慢了，因为他们控制的土地减少了。这些沦为小官僚的封臣被称作 LIEGEMAN，意为"**效忠者**"或"**效劳的部下**"；而被称作 SUZERAIN（宗主）的国王也获得了另一个称呼 LIEGELORD，意为"**君王**"，与之对应。

分封与受封土地有两个仪式。第一个仪式称作 INVESTITURE，意为"**授予控制财富的权利**"，这个仪式是国王为了向封臣们授予土地去采邑而举行的。在仪式上国王承诺会一直保卫他们的安全。而另一个仪式称作 HOMAGE[14]，意为"**向被奉为主上的人表达尊重和敬意**"，这是封臣们（VASSAL）对国王进行的仪式。在这个仪式上，国王会召集自己的侍臣们作见证，即将获得封地的封臣们则要跪在群臣中间，将自己的手搭在国王的手上，之后发誓要一生效忠国王，而国王则会授予封臣们旗帜、权杖和地契，或者用树枝或土块，作为国王授予的表示财富所有权的重要象征。这种仪式与泰国的城主与大臣用誓水宣誓效忠的誓水仪式①本质上是一样的。权杖在泰国、高棉和老挝是

---

① 泰国的誓水仪式非常古老，最早起源于印度，是为了祭拜印度教的天神毗湿奴、湿婆和梵天，后经高棉传入泰国。由于"誓水"仪式宣扬君权神授，强化神王观念，具有稳固君权的功用，因此这个仪式被泰国后世历代王朝所沿用长达六百余年，直至 1932 年泰国爆发民主革命、实行君主立宪制之后方才废止。——译者注

用刀代替的，作为兵符（*phrasen anasiddhi*，曼谷王朝五世王派遣官员去管理地方行省的时候又启用过一次）。古时候，这种授予的刀称作"**帕汕坎采希**"（*phrasen kharrgajayasri*），现在只是国王一人的王恩象征。这个问题将在后文中详述。

国王对封臣的责任还有一项，即当出现争端或封臣间无法达成一致时，便会到国王治下的最高法院（*dika*）来诉讼，国王须对封臣进行公证的裁决。封臣们则无论对内还是对外事务，包括出兵征战，都要尽心为国王服务，有时候甚至还要出钱解决一些特殊的问题，如：

（1）如果国王在战争期间被俘，封臣们必须集资赎回国王。

（2）当国王的长子被任封为骑士（KNIGHT）时，封臣们必须出钱进贡作为贺礼。

（3）当国王的长女结婚时，封臣们也要出钱进贡作为贺礼。

在萨迪纳时期，出现了一种称作骑士精神（CHIVALRY）[15]的新思想，这种思想是要培养忠于国王的强大战士，每一位骑士（KNIGHT）从小就接受训练，使他们勇敢、坚韧、忠诚、纪律严明，并愿意替"**生命之主**"牺牲。在日本，这种骑士精神被称作"**武士道精神**"，日本的骑士被称作"**武士**"[16]。在泰国也有类似的"**战士精神**"（Lathi Khunsuk）或"**虎将**"（Thahan Sua），这个问题在后文关于泰国萨迪纳制的部分再继续探讨。

接下来该谈谈欧洲萨迪纳制下的农奴或"列"与"派"的情况了。正如前文所述，他们在萨迪纳制初期获得了更多的自由权利，但之后的剥削和压迫就不断加重。以法国的农奴为例，他们往往都是萨迪纳阶级的金钱奴隶，即欠下各种名目的债务，经过利滚利，最终无力偿还。此外，他们还要上缴直接税（TAILLE）和间接税（如 GABELLE——盐税），这两种税交给政府，除此之外还要向自己的封建领主缴纳称作 CENS（作为年税的"白食"金）、CHAMPART（部分农产品的分成）的税，以及其他名目繁多的苛捐杂税。接下来还要缴纳土地税（BANALITÉS），以换取主人的碾米房和其他劳动工具的使用权。一旦要转让土地的所有权，就必须缴纳所有权交易费（LODS ET VENTES），此外还要交称作 TAINE 的杂税，最后还要向教会缴纳教区税（称作什一税［TITHES］）。总而言之，可以计算一下，一个农民若获得 100 法郎，要交给政府 53 法郎，交给封建领主 14 法郎，再交给教会 14 法郎，农民的纯收入仅有 19 法郎。

这就是在 1789 年中产阶级民主革命之前，法国的农奴需要向政府、封建领主和教会缴纳的税目！

这还不够，农奴和农民们还要忍受封建领主的猎狗、鸽子和狩猎队对自己耕种的良田的践踏和破坏，使得长势良好的农作物被成片地糟蹋！这些农奴的遭遇是否在全国都是如此？我们可以估算一下，法国全国的土地有三分之二落入封建领主的手中，只有三分之一小块的土地是归自耕农所有，由他们耕种。根据亚瑟·扬（ARTHUR YOUNG）在 1789 年大革命前夕的调查结果，整个法国有三分之二的人民陷入这种水深火热之中，并且情况比之前已经大有改进了，因为在那之前只有极为少数的人能够耕种自己的土地！[17]

这是在欧洲的情况。

在亚洲，农奴的情况亦是如此，没有区别，因为在世界范围内萨迪纳制的状况都是一样的。

再以公元 1600 年左右的日本为例，这是日本萨迪纳制的初期，此时是由权倾朝野的幕府将军向封建领主和侍臣们分封自己的土地。

"这一次，受欺压的国民处境愈加恶化。整个王国属地的土地都成为将军和大名们[18]的财产。农民或乡下人只得去请求租种他们的土地，并拿出大量土地上的收成作为赋税上交。城里的市民、工匠、商人等，情况就更糟糕了。但是不论住在城内还是城外，农民们都不是任何人的奴隶，只是很少能获得利益和公正的对待，而且几乎没有任何自由。"[19]

以上这些有些冗长的叙述可以为我们理解萨迪纳制度是如何产生，基本情况如何，对人们的生产和生活有何推动和促进作用，以及它的停滞和倒退对人类社会的福祉和生产带来怎样的危害等问题的理解提供基本的依据。

在研究萨迪纳制的时候必须清楚认识并牢牢把握以下几点：

（1）在萨迪纳初期，它释放奴隶使之成为自由民，尽管地位最低的人会成为"列"和"派"这样的自由民，但它相比于奴隶制也仍是一种进步。

（2）萨迪纳制最大的进步是其前所未有地推动了生产的发展和进步，推动生产技术更加进步和精细，加强了家庭农业和手工业劳动者的合作，出现了提高社会生产力水平的自主生产制度，同时促进了手工业的发展和商品交换，这是通往资本主义制度的桥梁。

（3）在萨迪纳制末期，生产停滞不前，农业落后，阶级剥削压迫使得人民陷入水深火热之中，痛苦不堪。

牢牢把握这三点，对于萨迪纳制的分析才是完整的。仅考察萨迪纳制的贡献，或仅考察萨迪纳制的缺陷，都不是正确的研究，那样的萨迪纳制研究也绝不会是完备的！

泰国萨迪纳制的起源

泰国的萨迪纳制究竟起源于何时，迄今尚模糊不清，因为我们缺乏比素可泰时期（约佛历1800［公元1257］年）更古老的史籍资料。即使是素可泰时期留存下来的历史证据，关于人民运动的记载也是少之又少。素可泰时期的石碑碑铭多数记载几乎都是关于国王的丰功伟业，或者是关于修建寺庙的内容。

即便如此，有些研究者相信泰国的萨迪纳制在南诏王国（约佛历1200—1400①［公元657—857］年）[20]时期就已经出现了，因为中国的古籍中记载，南诏国王分封给高级官员每人40双[21]授田，次一级官员每人30双，至于其他中下层官员，按照级差依次递减。②生产的一般特征是，政府将土地分给人民，收获之后向国王交回部分稻米作为田赋，税率是每人每年必须向国王上交2斗（相当于泰制的桶）稻米。[22]

这种通过土地来进行剥削的生产关系，正是萨迪纳制的生产关系。

但是！③

有一个值得深思的问题，目前，历史学家和民族学家们普遍质疑南诏王国是否真的是泰族人建立的王国！因为根据新发现的证据，南诏王国是"倮倮"人建立的王国，这是一个使用汉藏语系语言的民族。这个民族

---

① 泰文版为"佛历1200—1400年"，英译版为"佛历1200—1500（公元657—957）年"。——译者注
② 此处集·普米萨意译了中文史籍《蛮书》卷9的部分内容："上官授田四十双……上户三十双……中户下户，各有降差"，在此附上中文原文，以供参考。——译者注
③ 原文如此，为表示强化语气。——译者注

在历史上曾经非常强盛，甚至曾经创制过类似汉字书写系统的象形文字（IDEOGRAPH）（编者注："倮倮族"为旧称，新中国成立后称"彝族"）。这些观点和新发现的证据，现在也得到了泰国历史学界的部分认可。

所以，从南诏王国开始分析泰国社会的生产制度充满了臆测，可以说极具风险。如果南诏王国确实是"倮倮"人建立的，那么以南诏王国为线索去追溯泰国的萨迪纳制度，毫无疑问将会一无所获。因此，在这里分析泰国萨迪纳制的起源问题时将排除南诏时期，只从有确切碑铭记载的素可泰时期开始。

泰国社会与奴隶制

研究泰国萨迪纳制的起源问题，首先必须明确研究的基础，即泰国的萨迪纳制度是在奴隶制度的基础上产生的。简而言之，泰人社会先经历了奴隶制社会，然后才发展到萨迪纳制社会。

这是为什么呢？

之所以必须先明晰这个问题，是因为萨迪纳阶级的历史学家们已经花了长达数十年的时间，竭力证明泰国社会在进入素可泰王朝之前并没有经历过奴隶制。按照他们的理解，泰人从未有过奴隶制度，他们援引民族的名称"**泰**"（Thai）[①]，认为这已证明他们自古以来就是自由的人（*Thay*），在他们的观念中，萨迪纳制度是突然冒出来的，并没有经过奴隶社会阶段！在泰国的萨迪纳时期存在农奴，是因为当泰人来到湄南河流域遇到高棉人之后，觉得他们这个制度不错，便借来一用，仅此而已！[23]"泰国历史学之父"[②]的后辈们继承并发展了他的说法，并在中小学校和大学之中传播这样的观点，即素可泰时期没有奴隶！

萨迪纳制并不是不声不响就突然自己冒出来的，也不是哪位国王突发奇想，认为是个好主意就凭空建立起来的，而是社会生产发展到一定阶段之后才产生的。如果没有生产阶段的演进，萨迪纳制是无法产生的，这是颠扑不破的客观规律。

[①] 泰语中的"泰"（Thai）含有自由之意。——译者注
[②] 泰国历史学之父指的是丹隆拉查努帕亲王，上面的观点即来自他的著作。——译者注

显然，如果没有奴隶社会作为基础，萨迪纳制是绝对不可能产生的。

在原始公社（PRIMITIVE COMMUNE）时期，每一个人都是自由人。他们互帮互助，协作劳动，互依生存。每个氏族部落都有氏族首领领导，一个氏族部落大约有 50—100 人不等，视氏族或宗族的规模而定。这样的氏族部落非常多，可能有成百上千。谁有这个实力能统一所有部落，把他们都踩在脚下，将他们的土地和生产资料都据为己有，然后建立起萨迪纳制，将土地分配给追随自己的人去统治和谋生？难道说是因陀罗神带领成千上万的天兵天将下凡平定各个部落，然后建立了萨迪纳制不成？

一个氏族部落人单势薄，根本不可能像有些人猜测和假想的那样，有能力控制成千上万分布在四处的其他氏族部落的土地，然后建立萨迪纳制，并将其他氏族的人作为治下的"列"和"派"。

只有生产水平的进步才能决定社会生产制度的变化状况。很久以来，原始公社的氏族部落之间为了争夺他们共同劳作所取得的粮食而战争不断。当一个氏族战胜了另一个氏族，会将对方屠戮殆尽、斩草除根。后来逐渐产生了新的想法，将战俘集中利用起来，代替自己从事生产劳动，因此便停止屠杀战俘。战俘们就沦为了奴隶，成为工具或重要的生产资料。奴隶主阶级和奴隶阶级随即产生。奴隶主之间为了争夺食物来源和对方的奴隶又爆发了旷日持久的战争，继而产生了大奴隶主，出现了奴隶主集团和奴隶制政权。正是这些在奴隶制政权统治之下的奴隶们，在奴隶制政权倒台之后变成了萨迪纳制时期的"列"。

如果之前没有奴隶，萨迪纳制下的"列"从何而来？难道是因陀罗神从天堂赏赐来的？

分析人类社会，若不依据赖以为生的生产资料和生产工具，不遵循生产力发展的原则，就会得出萨迪纳制是从各社会体系中凭空产生的结论，正如某些萨迪纳阶级的学者想的那样，毫不奇怪。

以上这些只是向大家指明萨迪纳制必须经历奴隶社会的发展阶段才会产生，完全遵循生产的客观规律。萨迪纳历史学家们也许会质疑，泰国曾经有过奴隶制一说是否有迹可循，哪些材料能够确证在素可泰王朝时期有奴隶。

消除这种质疑并不难，证明我们在素可泰时期有奴隶的证据就是兰甘亨石碑。

在兰甘亨碑铭中有一段内容讲到财产继承的情况，"**庶民**（*phraifa nasai*）**与公子王孙**（*lukchao lukkhun*），**无论何人**"死亡谢世之后，父亲的财产，无论是屋宇、大象、驯象钩、妻孥、粮仓，还是"**仆从**（*phraifa khathai*）、**槟榔林、蒌叶林**"，悉归其子。

请大家特别注意"**仆从**"（*phraifa khathai*）一词。在这里的"*phraifa*"（后音译为"派法"）绝不是我们在现代语言中所理解的"**民众**"（*prachachon*）之意。碑铭中炫耀道，当父亲死后将自己的"**派法**"留给儿子继承，父亲怎么能够把"**民众**"作为自己的财产呢？"派法"在这里指的是那些"**派松**"（*phraisom*）、"**派銮**"（*phrailuang*）或那些被刺字的"**列**"等属于父亲的劳动力。当父亲死后，按规矩"**列**"就要继续属于他的孩子。另外提请大家注意，在碑铭中使用的是"**派法**"这个词，来表示上面这个意思。另一个证据是，碑铭中讲到勐楚国王坤三春与拍坤希因塔拉提交锋，当坤三春前来攻打达城，"**吾父出战坤三春于左（即迂回攻击左翼），坤三春驾来于右。坤三春迫近（即分散兵力形成包围之势），吾父麾下士卒**（*phraifa nasai*）**败逃四散（即溃败逃散）**"。在这里，"*phraifa nasai*"指的就是萨迪纳制中的"派銮"或兵卒，而不是现代泰语中的民众！在阿瑜陀耶时期（佛历1899［公元1356］年）出台的关于拐带人口的法律中，就称他们为"**派法佧銮**"（*phraifa kha luang*）或"**銮的派法和佧**"（*phraifa kha khongluang*）[24]，指的就是那些在手腕上黥字表示是王有的"派"和"列"们，一般情况下都在封建领主的控制之下。

在这里讨论"**派法**"一词的含义，作为语言上的证据，表明素可泰时期的萨迪纳制度。它与萨迪纳历史学家们关心的奴隶证据无关，能证明奴隶存在的是"**佧泰**"（*khathai*）一词。

兰甘亨王炫耀称，父亲死后将"**派法佧泰**"留给儿子，这个"佧泰"指的是谁呢？"**派法**"就是"**天子的庶民**"，那么"**佧泰**"的意思必然就是"**自由人的奴仆**"，也就是"**塔（奴隶）**"（*that*）的意思！"**佧泰**"就是指"**自由民的奴隶**"。

要证明"佧"就是"塔"（奴隶），仅有这些论证是无法让一些萨迪纳阶级的编年史学家满意的，那么我再列举一个证据，即素可泰时期关于盗窃的法律碑铭，据信铭刻于佛历1916（公元1373）年。在该法律中，有一段关于侵吞"佧"的记载，现摘录于下并作讨论。

"若知悉伕于当日近晚时分到其处，不及返还……次日清晨未能及早送回（归还）迦伕处，迦伕主审若知晓，（便跟来）寻找（伕）交予昭伕。如若侵占并扣留伕超过三日者……将被处以每日一万一千贝币（bia）的罚款……"[25]

毫无疑问，在这份法律文件中的"伕"就是指"塔（奴隶）"，"迦伕"（cha kha）就是负责管理奴隶的头目，而"昭伕"（chao kha）就是"昭塔（奴隶的主人）"。这段法律条文涉及侵犯财产的内容，实际上指的就是侵占奴隶。

根据以往的经验，一举出这个证据，那些萨迪纳编年史学家就会反驳道，这个法律是素可泰王朝后期的法律，里面提到的奴隶有可能是借鉴阿瑜陀耶王朝之后才出现的。他们真是这样辩驳的。

一旦遇到这种情况，我们可以再论证一次，证明的材料就是最近新发现的素可泰时期的石碑碑铭，刻写于佛历1935（公元1392）年。碑铭中有一段记载：

"虽然派（phrai）、泰（thai）、象、马、伕（kha）……（铭文不清）……"[26]

这句话虽然不完整，但它仍告诉我们在素可泰时期既有"派"也有"伕"，除此之外还有第三类人，即"泰"（自由民）。"派"和"伕"一定不是同一类人，之前证明过"派"即是"列"，那么"伕"必然就是奴隶，不可能另有所指。的确，这份材料就其本身而言，确实是出自素可泰王朝末期。萨迪纳学者们可以像以往一样提出异议，说这里的"伕"或奴隶制度是素可泰是从阿瑜陀耶那里借鉴来的。但是我们需要向萨迪纳编年史学家们清楚证明的是，在素可泰时期的语言中，"派"和"伕"的意义是截然不同的。在素可泰王朝初期的兰甘亨碑文中既提到了"派"又提到了"伕"，按照当时的释义分别对应的是"列"和奴隶，这是毫无异议的，在兰甘亨王治下的素可泰城中有奴隶也是无可辩驳的。

在萨迪纳学者们骄傲宣称只有自由民的素可泰城中，毫无疑问是存在奴隶的，"伕"就是"塔（奴隶）"，"塔（奴隶）"就是"伕"，"伕"是个泰语词汇，而"塔"是巴利语词汇。现在我们还在使用"伕塔波利攀"（khathat boriphan）①一词。

在泰语的人称代词中也有两个相对应的词，即"伕"（"孤"）和"昭"

---

① 意为对奴仆随从的统称。——译者注

("蒙")。说话人称自己是"仆",将自己谦称为"塔"、奴仆或身份低微的**"低贱的'仆'"**(khikha);同时又称呼与之对话的人为**"昭"**,抬高对方地位,意指他是那些"塔"的主人或上级。见到有人称兄道弟一般称"孤""蒙"会让人感到担心,分辨不清说话人的确切身份;要是确知对方同为奴隶阶级,他们就可以互相以"孤""蒙"相称了,没有问题。而应答语"昭仆"(chaokha)和帕昭仆(phrachaokha)(后来简化成 kha、chaokha 和 pha-ya-kha),也正是主人之意。比如说"不吃了,昭仆",相当于说"我不吃了,尊贵的主人"(I DON'T EAT, MY LORD)。"昭仆"一词出现在有关诱拐的法律(佛历1899[公元1356]年)中,意思与"昭塔"(奴隶的主人)完全一致。

即便在老挝语中也一样,老挝人称"塔(奴隶)"为"考侬"(khoi),比如**"另外,khoi 带着 chao 的东西逃走"**[27]。这里的 khoi 即是奴隶,chao 在这里就是奴隶主。老挝人在说话的时候自称 khoi,称对方为 chao。如果再引用高棉语,高棉人称自己是 khayom,意思也是奴隶。这并不是捕风捉影的说法,高棉人现在还在用这个词称呼奴隶们,即使在上千年之前的高棉奴隶制社会的碑铭中,也都是用这个词来称呼那些奴隶的。

这些提到的社会制度的证据,是语言中残留下来的痕迹。显然,这种口语表达方式是从奴隶制时期一直传承至今的,毋庸置疑。如果泰人没有经历过奴隶制度,那么这样的人称代词可能就不会出现了。

以上这些费力的论证,至少可以彻底推翻萨迪纳历史学家们的借口,并可以说在素可泰时期肯定有奴隶!

除了代词以外,关于泰国社会中的奴隶制度还有其他证据。若我们回顾历史,当我们泰人在大泰(Thai Yai)地区定居下来时,他们建立了大大小小 19 个政权,每个政权的首领都称作**"昭法"**(chaofa),这十九个政权又联合起来成为部落联盟,称作**"十九昭法"**(Sipkao Chaofa)。这个联盟的特点是采用**"奴隶主民主"**的统治形式,它曾经在欧洲地区广泛实行,例如古罗马和希腊,甚至是印度雅利安人的奴隶制政权。在**"十二昭泰"**(Sipsong Chaothai)地区也有这种奴隶主民主制度,拍坤博隆(Phokhun Bulom,或按寺庙中的记载为 borom)是泰人和老挝人的祖先,按编年史中的记载,他将自己的 7 个儿子派往各地去建立王国,即分别建立新的氏族部落去统治那些奴隶们。这是奴隶制时期氏族体制的特点,是从原始公社后期发展而来的。

派男性去新建氏族部落可以说是一种先进的体现，因为这反映了泰族社会飞速发展，完全超越了母权制（MOTHER RIGHT）。在高棉，在奴隶制时期（约佛历15世纪中期，公元10世纪左右）派人去建立氏族部落或扩张氏族部落时，高棉人还会派女性去完成，这种母权制还停留在如动物一般实行群婚制的早期氏族公社时期。[28]

泰国社会中遗存的奴隶制证据还有，在兰甘亨碑铭中有一段记载，"**战敌获俘，无论将卒，不杀不打**"；在芒果林寺碑铭中也这样赞颂卢泰王（Phya Luthai，兰甘亨王的孙子）的宽厚仁慈，"**战敌获俘，无论将卒，不杀不打，抓去蓄养，不使其丧命**"[29]。这里被大肆吹嘘的传统，并不是他们突发奇想创造的，不杀战俘是在原始公社制向奴隶制过渡时期产生的原则。如果我们考虑到各种传统都是人类在生产领域生活经验的传承，我们就必须承认蓄养战俘，而不将其野蛮杀害的传统，正是在泰国的奴隶制社会时期产生的。

以上竭力搜寻关于奴隶问题的冗长的证据，是为了推翻目前泰国学界持有的观念，即沿袭萨迪纳历史学家们的观点，认为素可泰时期没有奴隶，以及泰国没有经历过奴隶制社会。这些观点并不是建立在以社会发展为主要目标的客观规律的基础之上的。

萨迪纳阶级学者的说辞只有一点，认为泰（Thai）意为自由，因此泰人之前未曾经历过奴隶制，直到后来与高棉人交往才开始出现奴隶。但是在上文依次列举的大量历史和语言方面的证据面前，萨迪纳史料学者现在还会再继续固执己见，坚持"独腿兔子"[①]式的观点吗？

从泰国原始公社制到奴隶制

在谈到"派法"一词时曾经分析过，"派法"是指那些"列和派们"，包括"派松""派銮"和登记在案强制劳役的"列"。这是萨迪纳制政治结构的特征之一，因此可以认为萨迪纳制在素可泰时期已经产生了。但当考虑到前文提到的在"十九昭法""十二昭泰"和坤博隆政权中的奴隶制痕迹，可以推断萨迪纳制是在素可泰王朝建立前不久才产生的，因为"十九昭

---

① 喻指坚持站不住脚、明显有违常理的错误观点。——译者注

法""十二昭泰"和坤博隆这几个相继兴起的政权距离素可泰的建立时间并不太久（大约400年时间）。

在分析泰国社会生产体系的扩展变化这个我们正致力调查和了解的问题时，我们如果将目光投向域外其他地域傣泰族群的社会，或许能更清楚地认识它。我们首先来分析在东京（Tonkin）[①]一带的傣泰族群社会，当时越南尚未分裂为两部分，即不过几十年之前。[②]

在居住在东京山区一带的傣泰族群社会中，他们的生产关系如下："**官昭（*kwanchao*）**"[30]**是其所辖地区所有土地的主人。农民对于自己耕种的土地没有所有权，也无权向他人转让土地，如果要搬离村子到其他地方去，必须将土地归还官班（*kwanban*）**[31]**，以便官班将土地分配给其他留下的村民。**"[32] 此外，还有一群称作"**蒙**"（***Muang***）的傣泰族群，居住在东京西南方的山区。他们的生产关系是，作为首领的"**官琅**"（***kwanlang***）或"**托迪**"（***thoti***）"**自认为是辖区内每一块土地的主人，包括被人开垦成田地和园子的土地，以及尚未开发的密林荒地。只有经过首领的恩典，臣民才能进去开发管理**"[33]。身为土地所有权的持有者，"官昭"并不是像萨迪纳制中的地主那样利用持有的土地攫取利益，他只是一位最主要的头目，依据任命的官职大小和权力多寡，将土地分给臣民的分配者。分布在东京山地地区的傣泰族群，作为"官"（*kuan*）的领袖先挑选属于自己的大块土地，然后将小一些的土地（面积仍然不小）向下分配给"**昭空**"（***chaokhong***）[③]或"**特莱**"（***thoe lai***），即地位在"官昭"之下，协助其管理国家的官员。之后，"官昭"还会给每位村长分配土地，每块土地的面积进一步缩小，然后再按照地位和官爵给每位下层官员"**陶**"（***thao***）分配土地。这种特征似乎与萨迪纳制很像，但是二者是不同的，因为这些被称为"官班"的村长们是村寨的首领，又继续向村里的每户家庭分配土地，供其耕种而不收地租。当有村民移居到其他地方，就必须把土地归还给村长（官班），当"官班"收回土地之后，就在留下的村民中再行分配；如果有人新迁入村子，就必须对全村土地重新进行分配。居住在红河流域（位于越南民主共和国——北越境内）的白泰人（Thai Khao）还曾经有过

---

① 位于越南北部的红河三角洲地区。——译者注
② 本书成书时越南还处于南北分治时期。——译者注
③ 英译本中转写作 chao-ong。——译者注

按家庭每三年重新分配土地的传统习俗，每户家庭以家庭成员的人数为基础来计算土地的分配量（这个传统已经取消很久了）。他们分配的方法是将土地划分成小块，每户家庭用抽签的方式决定究竟分得哪块地。三年之后，将土地重新集中到一起，然后再次抽签决定分配。多数情况下，村长会保留一部分土地给那些有管理村寨职责的官员，这是一种特权，用以报偿他们的管理职责，而且这部分分配给官员们的土地，还需要征役其他村民替其耕种。[34] 这种征役村民为村寨管理者耕种的情况与萨迪纳制中的徭役制度很接近，然而二者并不相同，因为管理的官员并不像封建领主那样完全控制着土地的所有权，可以以此牟利，而村民们也不是萨迪纳制中的"列"和"派"。

上述傣泰族群的生产制度，在特征上与原始公社（PRIMITIVE COMMUNE）后期的、被视为原始共产制的氏族农业公社制很接近。原始公社后期的这种氏族制中有氏族长，相当于"官昭"，氏族长会将土地分给每户家庭的家长，供其耕种谋生，但会限定一定的时限，时限过后重新进行分配。起初氏族长自己也参与农耕劳动，但是后来氏族长和那些保卫氏族安全的人就只负责自己的管理职责了，由其他氏族成员替他们劳作。但这一切并不是建立在剥削基础上的，因此不能称其为徭役制，像在萨迪纳社会中那样。作为土地的分配者，氏族长和村社长开始享有优先挑选土地的特权，这和东京（越南）地区的傣泰族群公社的情况一致。这样在分配土地很长一段时间之后，土地的管理逐渐形成惯例，并且变得长期化，最终土地成为可被继承的遗产，并催生了私人财产的所有权。

土地的所有权演变为个人财产阶段的转折，在老挝华潘（Huaphan）地区的傣泰族群社区中依稀可见。该地区仍然采用土地分配方式，但并不像白泰人那样经常设置使用期限，而是视实际情况而定，比如有的家庭成员离开家去建立一个新家庭，或者有人新加入公社之中，抑或有村民申诉分配给自己的土地过于贫瘠、难以耕种等情况时，才会进行分配。也就是说他们能够长期握有土地的所有权，没有限制。前文提到过的"蒙"人则是由"官琅"和"陶"来分配土地，他们拥有优先挑选土地的特权，其余土地才会分到下面各个家庭，面积大小取决于每户家庭的生产能力和需要，而且也没有时间上的限制，这和老挝华潘地区的情形一致。因此，一户家庭只要父亲在世就能够一直管理土地，父亲死后，儿子可以继承家庭分得的土地，即是说规定了个人财产和遗产继承。但即便如此，在家庭成员数量发生变动的情况下，仍然有重新分配土地的可能，而且这种重新分配绝大多数情况下不会把每份土地都集中起来重分，而只是将少部分土地进行重新分配。

通过对上述傣泰族群公社的土地管理特征的调查发现，管理的权力往往持续很久，不会经常性转手。村民才开始逐渐意识到拥有土地的所有权。这里需要注意，那些需要被归还用以重新分配的土地只有农耕用地，用来建房和辟作菜园的用地一般都不在归还重分之列。建房用土地的所有权便成为永久性的，可以传给子孙后代，在有些村子甚至还允许交易。至于野林荒地，首领也握有收归己有的特权，如果有人去开荒，就可以得到那里的管理权利，但必须向首领交税。到最后一个阶段，即使是耕地也很少再分配了，土地分配制度也逐渐废止了。正如白泰人曾经的情况一样，很长时间才进行一次分配，大多数情况是某个家庭的劳动力减少了，耕种全部土地已经力不从心了，或者是整个家庭都消失了，田地就被闲置下来了，于是通过分配将土地分给劳动力（或生产力）多的家庭。在这段时期，影响力大的家族往往趁机将那些空地的所有权控制在自己的手里，并让奴隶去耕种，或者雇人去耕种。[35]

这段时期就是从原始公社向奴隶制社会过渡的时期，傣泰族群的氏族公社的土地分配制度正在衰退，私人财产所有权制度正在兴起，这个特征即宣告作为原始公社最后一个形态的"**农业公社**"正在解体。从这时开始，当氏族或公社之间爆发战争，捉来的俘虏都不杀掉，而是强迫为奴，替各家庭进行农业生产。从此之后，那些通过影响力扩张了地盘的强盛家族又继续扩张，将人们从自己管理的土地上赶走，抢夺他们的土地[36]，或者入侵其他公社的领地，或者让奴隶去开垦荒地，并全部据为己有。

傣泰族群氏族公社具有原始公社末期或原始共产制时期农业公社的特点，这一情况是否属实？在法政大学为研究生讲授泰国法律史课程的罗伯特·林格特博士（R. Lingat）在其著作《泰国法律史》（*A History of Thai Law*）一书中发表过如下见解：

"应该注意到傣泰族群的土地制度的特征与共产主义很接近，即认为用于耕种的土地应该作为全体成员的公共财产，首领不应因私利而介入到分配之中，而应关心如何让土地的分配能够按照规章执行，也就是说土地是归人民共有的。此外，由于农民共同劳动，共用牲畜和工具，一起插秧收割，一些研究民俗的学者就说，傣泰族群公社实行的是社会主义（sosialit）……"

根据对那些还很落后的傣泰族群公社真实情况的研究，我们可以推断，在傣泰族群因受中国影响而分化之时，可能还保持着农业公社的特征，这是分化成大氏族部落的村社制度，带有原始公社末期的家长制（PATRIACHAL FAMILY）统治方式的特点。

那些分化后向西迁移的一支，进入今大泰人地区建立了氏族公社。他们需要和当地的土著居民以及缅族和孟族人的政权斗争，奴隶制便随之诞生了，并表现为奴隶主民主政权形式，称作"**十九昭法**"政权。后来，又有一支从"十九昭法"中分化出来进入阿萨姆（Assam）地区，逐渐变成阿洪姆泰人（Thai Ahom），生产制度也发展成为萨迪纳制，它和阿瑜陀耶时期泰族人的萨迪纳制非常相像。[37]

而向东迁移的一支越过了东京地区，藏身在深山老林之中。他们并未和当地统治者发生冲突，因此没能发展起奴隶制，仍然继续维持自己的农业公社制度，直至在公社内部出现了阶级和剥削，这是向奴隶制转变的条件，正像前文所说的那样。

沿湄公河迁移的一支进入到兰那（Lanna）地区，他们和当地人进行激烈的斗争，与此同时，还要与越过万象向此扩张势力的高棉奴隶制政权交锋。[38] 这些条件为奴隶制度的产生开辟了道路，实行奴隶主民主、被称作"**十二昭泰**"的奴隶制政权才建立起来，后来又逐渐发展，最终成为兰那王国（Lanna Kingdom，希萨纳卡纳胡 [Srisatanaganahuta]）①的萨迪纳制政权。

接下来该说到分化出来后，迁徙到滨河流域的兰那地区和湄南河流域的阿瑜陀耶地区的泰人。沿着这条路线迁移的泰人会遭遇许多当地的民族，如拉侬人，他们和泰人进行了一段时间的激烈交锋，最终被迫逃进深山老林之中。除此之外，泰人还遭遇到南奔（Lamphun）地区的孟人政权（哈利奔猜 [Haribhunjaya]），这些孟人向泰人传授了当时主要的法律模式"**法典**"（thammasa 或 dharmasastra）。除了孟人，我们还要和高棉人的势力进行持续不断、互有胜负的斗争。高棉军队来袭，每次都将大量泰人和孟人掳掠回去

---

① 希萨纳卡纳胡（Srisatanaganahuta）是老挝澜沧王国的前身。这里的兰那王国（Lanna）应该是澜沧王国（Lanchang），据英译者雷诺尔斯推测，此处可能是个印刷错误（typographical error）。——译者注

做奴隶，这是为了建造大大小小的石宫神殿。居住在孟人统治地区并遭受欺压的泰人，很可能又成批地沦为高棉人的战俘奴隶，人数众多，难以计数。关于高棉人四处征战掳掠奴隶去建造石宫神殿一事，并不是凭空杜撰、主观臆断的。建造高棉石宫使用了来自各地的战俘奴隶，数量十分巨大，例如位于吴哥城北方、建于阇耶跋摩七世（Jayavaraman VII）时期（佛历1724—1744 [公元1181—1201] 年之后）的圣剑寺（Prah Khan stone sancturay），有铭文记载阇耶跋摩七世说过，使用了306372名来自占婆（Champa）、越南（Yuan）、蒲甘（Pagan）和孟人国家的男女战俘奴隶。[39] 那些在孟族领地的泰人们可能也在这些被奴役的"**建造者**"（phusangsan）之列。当占婆站稳脚跟之后，也开始从高棉人那里争抢奴隶，这是奴隶制政权之间的争夺奴隶的战争。泰人战俘奴隶们又被驱赶成为奴隶，为占婆建造了一段时间的石宫神庙。这不是出于个人的主观臆测，有可以援引的证据。占婆的石碑碑铭中记载了向占婆寺院（新建好的石宫神庙）奉献为之工作的奴隶的内容，其中明确说有"**暹人**"（Sayam，他们确实使用了这个词）奴隶。[40] 这些占婆获得的"**暹人**"奴隶，除了通过战争抢来的以外，还有一些是来自战俘，因为这些"**暹人**"被高棉人征役入伍，为其作战。这么说也是有证据支持的，如果有人去吴哥窟参观，就会在吴哥窟走廊的围墙（很像泰国的玉佛寺 [Wat Phra Kaeo] 的围墙）上看到很多浮雕画（BASRELIEF），有一段画着下令建造吴哥窟的苏利耶跋摩二世（Suryavarman II，佛历1657—1688 [公元1114—1145] 年）率兵出征的场面，走在队伍最前列的是一群冲锋在前的士卒，他们就是"**暹人**"，在解说浮雕画的文字中有两处清楚地出现这个词。此外，队伍中紧跟着他们的是第二波冲锋的来自"**罗斛**"（Lavo）的士兵，这也配有解说的铭文。[41]

　　泰人为了生存与本地土著居民争夺领地也好，与高棉的奴隶制政权为了争夺奴隶进行战争也好，这些生存状况都是使泰人社会的生产制度向充分发展的奴隶制过渡的条件。战胜原土地主人或战胜其他氏族，使得泰人没有必要再实行原始公社时期的农业公社那样的合作生产形式，因为每户家庭或家族都有战俘奴隶充当劳动力，建立在压榨奴隶劳力基础之上的独立化、有分工的生产得以实现。

　　但即便如此，尽管建立了奴隶制政权，这些泰人从原始公社时期就采用的家长制（PATRIACHAL FAMILY）式的统治方式还并未完全消失，这些泰人仍然称自己的首领为"*pho*"（父亲）。一直到素可泰王朝时期，我们还称呼政权的首领为"**拍坤**"（***phokhun***），相应地，称呼那些为政权服务的奴仆为"**陆坤**"（***lukkhun***）。这是原始公社制度在奴隶制社会遗存的痕迹。最后，当社会完全变成萨迪纳制之后就消失了。在奴隶制时期，"孤""蒙"的人称代词开始遭人嫌弃，开始形成语言的阶级条件，"孤"和"蒙"只在地位相当的人之间使用，或者年长的人对年幼的人使用，如果是奴隶和奴隶主，或者奴仆和主人之间，奴隶们要自称为"伕"，称呼主人为"昭"，在应答的时候要使用"昭伕"，再像过去那样称兄道弟一般应答"呃"是万万不可的了。

通过以上大量的证据以及由此进行的推论，我们可以非常确信泰国社会经过了一个阶段的奴隶制时期，至少有400年时间，泰人的社会是在大约素可泰时期才开始逐渐向萨迪纳制转变，即便比这个时期早也不会早多少年。

泰国由奴隶制到萨迪纳制

泰国究竟从何时起摆脱奴隶制，开始进入萨迪纳制？这个问题我们只能凭借主观推断，因为证据不足。最为可信的猜测是，泰人在素可泰王朝建立之前那段转折时期摆脱了奴隶制并进入萨迪纳制。

在这次转折之前的泰人奴隶制政权，如前所述，是隶属于高棉奴隶制政权的城邦。而且那时泰人奴隶制政权的统治者必然与高棉的奴隶制国家进行了艰苦卓绝的斗争。当高棉王国在佛历1720（公元1177）年遭到占婆入侵之时，泰人奴隶制政权可能又获得了一些自由的权力。那一次，占婆军队彻底摧毁和破坏了高棉的都城，与洗劫无异。高棉的奴隶制政权被瓦解，元气大伤长达十余年之久。在这段时间里，泰人可能都从高棉的束缚中解放出来了。那些泰人奴隶主纷纷聚集起来建立起自己的政权。但是这些泰人奴隶制政权注定都是短命的，十年过后，高棉人从占婆的统治之下成功独立。率领高棉人复国的领袖就是阇耶跋摩七世（佛历1724—1744 [公元1181—1201] 年之后）。他是一位异常强悍的高棉奴隶制国家的君王，他率军攻入占婆的都城，俘获占婆国王并扶植傀儡取而代之。之后，他回过头来征讨各泰人奴隶制政权，他攻下华富里（Lopburi），赶走华富里的泰人奴隶主，然后立自己的儿子为新的奴隶主，他的这个儿子叫作因陀罗跋摩（Indravarman）。[42] 在北方，阇耶跋摩七世一直攻打到素可泰，并派克伦兰庞（Khlon Lamphang）来进行统治。[43] 之后，他又继续向北一直打到蒲甘王国，泰人的奴隶制政权便被清除殆尽了。不仅如此，北方的泰人公社（即远古时陶玛哈婆罗［Thao Mahaphrom］统治的猜亚巴甘国［Chaiyaprakan］）还遭到孟人的入侵而溃散，他们南下来到勐拜（Muang Paep，位于甘烹碧［Kamphaengphet］）。约到佛历1731（公元1188）年，泰人的奴隶制政权已经动荡不堪、土崩瓦解了。

当奴隶主们被高棉人俘虏、处死或替换，奴隶们就获得了自由之身，并在各地聚集起来，正像曾经的欧洲，当蛮族入侵时，那些自由民们纷纷寻找更有实力的人去依附，并聚集在一起。泰国萨迪纳形态的社会关系很可能在这一时期出现了，和最初提到的欧洲的情况完全一致。这些聚集起来的泰人又被高棉人压迫和入侵，强迫他们交税，税额由高棉人随心所欲地制定。那时社会的主要矛盾是高棉奴隶主和在奴隶制中陷入贫困的泰人公社群体之间的矛盾。高棉的奴隶主国王将泰人从旧的奴隶制中解放出来，但紧接下来泰人需要摆脱新的奴隶制枷锁，即高棉奴隶主。

那一时期最著名的泰人解放运动，是由"**乃銮**"（**Nai Ruang**）领导的解放运动，他是华富里的泰人社群首领"**乃空考**"（**Nai Khongkhrao**）的儿子。那时华富里的泰人社群被迫向高棉交纳一种名目奇怪的税——"**水税**"。这种水税并非凭空捏造，而是实有其事。之所以这么说，是因为高棉的大奴隶主们千方百计要把自己立为神明，这种神化的信仰在当时高棉国家中称作"**神王崇拜**"（泰文：*devaraja*，英文：GODKING-CULT），那些中小奴隶主们也都对这种信仰极其狂热。[44] 因此，不论做什么，他们都要像天神一样展现出神圣的特质。例如他们为了洗澡和饮水，要修建一个供洗澡的湖，形制模仿神话中的乳海（Kasiansamut），在湖中央建造一尊蜷身供纳莱王寝卧的纳迦龙王阿南塔的塑像，上面供奉纳莱王（即毗湿奴）的神像。这一切都符合婆罗门教经典的记载，即纳莱王在乳海中央的纳迦背上安寝！此时，要在仪式上浴水，就必须使用圣水，即要使用浸剑湖（Thale Chupson）的湖水，他们相信纳莱王下凡后是在那里举行了浸剑仪式而获得神力。由于浸剑湖在华富里城,大奴隶主就征役全部泰人奴隶每年为他们运送水,这种浴水活动在每年4月进行。[45] 泰人们必须把水装在水缸瓦罐中,用牛车夜以继日地运送到高棉城中,需要走上数月,返程又要花一个多月的时间。也就是说他们遭受到来自高棉奴隶制政权极其残酷的奴役和压迫。

关于运送水税的残酷,也许有人会觉得是小题大做、夸大其词,但实际情况有过之而无不及。在阇耶跋摩七世时期,当他彻底扫清各泰人政权后,就派高棉官员或高棉军官,或者对高棉效忠的泰人奴隶主,来担任治理城邦的奴隶主。为了确保这些新到任的奴隶主的忠诚,阇耶跋摩七世有一个非常特别的手段,他让人制作大量佛像,每尊佛像都长着阇耶跋摩七世的面孔![46] 然后,他将佛像送给各位奴隶主,命其供奉在城中心,到4月份的时候举行浴水仪式,驱走旧岁的晦气(但不迎接新年)。阇耶跋摩七世同时在吴哥城北面的圣剑寺(那时叫那空猜希 [Nakhon Chaisi])举行更为盛大的仪式。这个浴水仪式除了需要征用来自华富里浸剑湖的圣水,还要求那些奴隶主城主们带着怪异的佛像一路游行来到吴哥城,参加那里的浴水仪式。一些城邦路途遥远,像披迈(Phimai)、佛丕(Phetburi)、叻丕(Ratburi)、华富里、素攀(Suphannaphum,乌通 [Uthong])、信武里(Singburi,在今北碧府境内的信城 [Sing muang])等[47],也都必须动用奴隶们带着阇耶跋摩七世的佛像游行到吴哥城去,因为不这样做的话会被罗织意图谋反的罪名。就这样,在湄南河流域一带的泰人被高棉奴隶主残酷征役和虐待,一年到头所有时间几乎都花在带着佛像来回游行上。

高棉人残酷压迫泰人,导致他们之间的矛盾不断加深,最终爆发。泰人社群为了摆脱高棉的统治而联合起来。就在此时,负责运送水税的头领"**乃空考**"的那位聪明机智的儿子"**乃銮**",想出一个办法成功减轻了泰人的负担。他发明了一种用竹子编制的容器,并填涂上达玛树脂。这种容器装水也不会渗漏,在今泰北和东北地区仍在使用,叫作"**克鲁**"(khru)。乃銮发明的这种竹编水桶是有时代意义的新工具,高棉人也从未想过和见过。竹编水桶的成功发明大大减轻了运送水时的负担。

在奴隶制时代发明的这个新工具,在当时可以说是一个非常神奇的现象,因为它标志着人们的生活又向前迈进了一步。人们纷纷传说着乃銮的神奇,说他能催动咒语用竹篓盛水。乃銮发明"克鲁"的事情流传到每一个泰人的社群，那些从奴隶制政权瓦解之后就散居各处的自由民，纷纷投奔到乃銮的麾下。高棉王城里的阁耶跋摩七世之子因陀罗跋摩二世（佛历1744后—1786［公元1201后—1243］年）听闻乃銮发明了"克鲁"以及他召集泰人领主和自由民的消息后大吃一惊[48]，遂出兵镇压。但此时高棉正腹背受敌，还要回过头来征讨占婆人。占婆于佛历1763（公元1220）年重新复国，高棉无力平叛，同时在高棉城中的奴隶们再也无法忍受奴隶主的压迫了。对高棉国王来说，维护高棉国内的稳定要比镇压泰人来得急迫，于是高棉军队被泰人迎头痛击，一溃千里。编年史（彭沙瓦丹）中甚至还记载着乃銮攻入了吴哥城，但不知因陀罗跋摩二世使用了什么妙计，乃銮改变了主意，决定遵从高棉国王，没有处死他。编年史中的这段记载是不可信的，因为编年史是以几乎无一处不夸张而著称的。但是因陀罗跋摩二世确实耍了手腕，这个绝招就是**"政治联姻"**（POLITIQUE DE MARIAGES）。根据已有的证据，阁耶跋摩七世时就已经开始用此政策了[49]，他的儿子因陀罗跋摩二世继承了这一策略并大张旗鼓地使用。这个政策就是将自己的女儿许配给意图谋反的泰人城主。有位泰人城主叫**"拍坤帕蒙"**（Pho Khun Phamuang），是勐叻（Muang Rat）[50]的城主，实力已不容小觑。因陀罗跋摩二世见状便将自己的一个女儿嫁给他，这位公主是否美丽不得而知，但是名字十分动听，叫"帕娘希卡荣玛哈苔薇"（Phranang Sikharamahathewi）。除了许配女儿，他还授予金高脚盘帕耶级别的爵衔，具体的爵名为**"甘玛拉登安希因塔拉波第塔拉提"**（<u>kamrateng'an si intrapodintrathit</u>）①。不仅如此，还赐予他一柄名为**"帕坎采希"**（<u>phrakhan chaisi</u>）②的象征王权的双刃短剑。[51]他希望此举能使拍坤帕蒙沉湎于高棉人的功名利禄，继续自主地压迫泰人[52]，同时也能使拍坤帕蒙成为刚刚团结起来的泰人领主中间的"黑羊"③。但是高棉人失望了，泰族人民已经高度觉醒，高棉人已经无法收买他们了。拍坤帕蒙率领勐叻所有泰人自由民，加入到勐邦央（Muang Bangyang）的泰族人民中，在拍坤邦克朗豪的领导下，两个城邦的人民联合起来挣脱了高棉的沉重枷锁，他们赶走了素可泰的高棉奴隶主，即前文提到的**"克伦兰庞"**。

---

① 英译版按其梵文词源转写作 *kamratenan sri indrapatindraditya*。——译者注
② 英译版按其梵文词源转写作 *phrakharrga jayasri*。——译者注
③ 喻指害群之马。——译者注

泰人的乃銮忽然就销声匿迹了，不知是否中了高棉奴隶主的什么圈套。但是根据老版的编年史，后来乃銮成为素可泰的国王，叫"**帕銮**"或"**帕雅銮**"（**Phaya Ruang**）。泰国的编年史学家们武断地将帕銮和勐邦央的城主拍坤邦克朗豪认定为同一个人，这种说法是否可信令人怀疑。

当勐叻、勐邦央以及素可泰的泰人联合起来，赶走了高棉的奴隶主之后，拍坤帕蒙推举自己的亲密战友为国王，不仅为其举行了加冕仪式，还将自己从高棉国王那里获得的封号授予他。拍坤邦克朗豪便成为国王，王号"**拍坤希因塔拉波迪塔拉提**"（**Phokhun Si Intharabodintharathit**）[①]，后来简称为"**希因塔拉提**"（**Si Intharathit**）[②]。

在素可泰兴起的同时，其他许多地方的泰人也都揭竿而起，驱逐了高棉人的统治，如清迈政权（Chiangmai state，芒莱王[Phya Mengrai]）、帕耀政权（Phayao state，昂孟王[Phya Ngammuang]）、楚政权（Chot state，坤三春）、素攀政权（乌通）、伊占政权（Ichan state，在呵叻府[Nakhon Ratchasima]和素林府[Surin]南面的伊占密林中）[53]等。这些泰人政权都是拥有坚固堡垒的大地主，和欧洲拥有大城堡的领主一样，每个政权都成为聚集自由民和中小领主的中心据点。这种社会特征和萨迪纳制刚刚开始出现时期的欧洲如出一辙。

表明这种情况属实的证据就是兰甘亨石碑，在碑铭中有一段记载：

"不论何人，凡骑象来归，率国来附，则予援济（即指援助、接济、拯救）。若其无象无马、无臣无妇、无金无银，则予资助，助其安居立国。"

这种骑象来归、率国来附的情况，正是指那些领主前来投靠，寻求大地主的庇护；至于资助、施舍象马金银和男女奴仆，帮助他们安居立国，是指大地主一方对前来依附于他的中小领主的帮助。正如文初所讲，欧洲曾经的情况亦是如此。

如果我们通观兰甘亨碑铭全文，会发现另一处线索，足以确证素可泰时期是奴隶制瓦解之后向萨迪纳制过渡的转折时期。这个线索就是，在碑铭中有一段自夸的内容："城中椰林亦多，城中菠萝蜜林亦多，城中芒果亦多，

[①] 英译版按其梵文词源转写作 *Phokhun Sri Indrapatindraditya*。——译者注
[②] 英译版按其梵文词源转写作 *Sri Indraditya*。——译者注

城中酸角亦多，何人建之，归其所有。"碑铭特意夸耀"何人建之，归其所有"，表明此前是另一种情形，即"何人建之，不归其有"。所谓"不归其有"即是说归他人所有——奴隶种植完归奴隶主所有！也就是说，在那之前奴隶们还不允许有私人财产，无论生产什么、得到多少，最后都落入奴隶主的手中。在奴隶制末期向萨迪纳制过渡、奴隶的身份向"列"转变之时，奴隶才逐渐有了私有财产权，开始享有自己的劳动所得。这种所有权的变化可以说是社会的一种巨变，所以碑铭才会迫不及待地拿出来向所有人炫耀。如果只是年代久远的普通小事，又何必大张旗鼓地拿来炫耀一番呢？

我们注意到，素可泰时期的大地主或"**拍坤**"都是新兴的地主，控制的土地面积并不大。[54] 那些中小领主们才得以保留全部权力，并不时抗命，与素可泰争夺领地和利益。下面这次冲突可以说明，素可泰刚刚建立不久，坤三春的楚政权就取道达城进犯素可泰王城，坤章（Khun Chang，未提及何政权）[55] 与陶伊占（Thao Ichan）便来攻打勐叻，但素可泰的大地主全力应战，并将经济权力（即土地）和政治权力都始终控制在手中。素可泰的大地主并不是只会坐等别人前来投靠，还会选择主动出击，以武力争夺他人的土地。兰甘亨在其碑铭中这样炫耀道：**"吾去攻城拔寨，获象获象牙，获男获女，获银获金，吾拿来献予吾父。"** 但即便如此，素可泰也不可能扩张太多领土，因为多数泰人政权的实力都和素可泰旗鼓相当。各政权的大地主便前来与素可泰结成盟友，例如芒莱王的清迈政权、昂孟王的帕耀政权、伊巴王（Phya Yiba）的哈利奔猜政权（南奔）。素可泰领土扩张的脚步到这些国家疆界的时候就马上停住了。

如果我们分析城邦的建制，就会清楚地发现素可泰地主实际控制的土地非常有限。具体而言，素可泰在四方都有重要的边防守城（王子城），都离素可泰王城不远，分别是北方的宋加洛（Sawankhalok，萨差纳莱［Satchanalai］）、东方的彭世洛（Phitsanulok，颂交［Songkhwae］）、南方的披集（Phichit，萨銮［Saluang］）和西方的甘烹碧（察冈饶［Chakangrao］），这四座城池距离素可泰城都只有两天的路程。只有在这四座城圈定的范围内的领土才归素可泰直接统治。在此范围之外的其他城邦都只是它的朝贡国和附属国（VASSAL），仍然保留了相当大的权力，诸如勃固（Hongsaowadi）、琅勃拉邦（Luang Phrabang）、素攀（乌通）、佛丕和洛坤。素可泰还无法完全集中和控制这些政权和城邦的土地权力。实际上，如果因为土地方面的利益产生冲突，这些大小政权往往不惜以武力对抗。众所周知，有一个政权成功并且轻而易举地对抗了中央，它就是乌通王的素攀政权，后来迁到阿瑜陀耶城，并站稳脚跟。

在泰国社会的萨迪纳生产制初期，即在素可泰王国创建之前或创建之初，究竟怎样分配土地，由于缺乏证据，我们还不太清楚。我们只知道在素可泰时期已经开始根据每个人的官爵进行系统的土地分配了，即那些地主们若是国王的子孙后代就会分得多些，如果只是普通的官僚就分得少一些，但是具体分配的比例尚不得而知。在素可泰佛历1916（公元1373）年左右颁布的关于偷盗的法律中提到，罚款要视"**权势地位**"（sak①）[56]情况而定，就是说要根据每个人的萨迪纳位阶来罚款，这与阿瑜陀耶时期的罚款方法一致。阿瑜陀耶时期的罚款计算方法写在"**公玛萨**"（*krommasak*）法②（或称 *phra ayakan phrommasak*）中。

不管怎样，虽然已经开始进行系统的土地分配活动了，但是素可泰时期的萨迪纳制还只停留在初级阶段。之所以敢如此断言，是因为在素可泰初期，那些君主还带有"**拍坤**"（父）的特征，政治上的关系如下，下属官僚为"**陆坤**"（子），大小城主都称"坤"，如坤三春[57]。最大的君主是"格萨"（即国王），他是拍坤，尽管这些拍坤们竭力希望自封为地位更显赫的大帝王，但是农民和市民们依然习惯称其为"**拍坤**"，还无法一下子改变称呼习惯。即便如此，素可泰的萨迪纳制仍旧飞速地发展起来。我们发现，在素可泰时期的国王称拍坤的只有2—3位，如拍坤帕蒙、拍坤希因塔拉提和拍坤兰甘亨；从此往后，国王的称谓就变成"**帕雅**"（*phya*）了，像帕雅昉泰（Phya Luthai）；再后来由帕雅又上升到"**昭帕雅**"（*chaophya*）；之后又插入一个高棉语借词，变成"**颂德昭帕雅**"（*somdet chaophraya*）[58]；到最后才变成"**帕昭片丁**"（*phrachao phaendin*，意为大地之主），正如上文提及《偷盗法》中所用称谓。国王地位的变化表明了素可泰历代国王们致力于巩固对土地的权力，早自拍坤希因塔拉提统治时期开始，在随后的100多年里迅速取

---

① 英译版按照字形转写为 *sakti*。——译者注
② 泰国古代一种根据任职年限来决定处罚的制度。——译者注

得成功。素可泰的国王们成功地巩固了对土地的权力，并按照萨迪纳制的原则将自己升为"**帕昭片丁**"，其土地权力的巩固速度和程度与阿瑜陀耶王国国王们的一般无二。在那之后，素可泰的萨迪纳阶级被阿瑜陀耶的萨迪纳阶级夺走了土地，最后在佛历1981（公元1438）年，素可泰所有的领地都成为阿瑜陀耶的"**帕昭片丁**"的领地，彻底划入阿瑜陀耶的版图。也就是说，素可泰王国的萨迪纳制仅仅独立发展了200年的时间。

接下来该说到南方，即阿瑜陀耶泰人的萨迪纳制了。

阿瑜陀耶王城是佛历1893（公元1350）年才被建为都城的，为了躲避由干旱缺水（因为河道改变了流向）导致的传染病，泰人在乌通王的率领下南迁到这里，安家立业，开荒种稻，逐渐发展起来。

在那之前，泰人已经以乌通城（在素攀）为中心，形成了一个有效组织、统一的整体。乌通地区的泰人公社群体在举家迁到阿瑜陀耶之前，曾经作为朝贡国臣属于素可泰王国一段时间，即兰甘亨碑文中提到的"**素攀纳普**"（Suphannaphum）。

毋庸置疑，素攀纳普或乌通地区泰人的生产体制就已经是很成体系的萨迪纳生产制了。在该地区，国王的地位要比素可泰高，因为他们从高棉引入了国王即"**神明**"（theva）①的观念，乌通王便为自己取了一个类似高棉国王的充满高贵气息的名号"**帕巴颂德帕昭拉玛提波迪希威苏提翁欧卡布里绍东波隆贾格拉帕罗阇提叻迪普瓦纳提贝波隆波丕帕菩塔昭尤霍**"（*phrabatsomdet phrachao ramathibodi siwisuttiwongongkhaburisodom borommachakkraphat rachathirat triphuwanathibet borombophit phraphutthachao*）[59]，它的意思是：帕昭拉玛提波迪，出身显赫，血统高贵，是一位伟大的英雄，是一位转轮圣王（chakraphat），周围的城邦都臣服于他，他是帝王中的帝王，是凌驾于众民头上的佛陀。素攀纳普或乌通地区的统治已经非常系统有序了，有材料即关于解决土地争端的《**综合法**》（Kotmai Laksana Betset）可以证明，这部法律颁布于佛历1886（公元1343）年，比阿瑜陀耶的建立早8年。另一部法律是《**奴隶法**》（Kotmai Laksana That），颁布于佛历1890（公元1347）年，比阿瑜陀耶的建立早4年。[60]

---

① 英译版按照该词梵巴语词源转写作 *deva*。——译者注

尚不清楚国王以何种形式对素攀纳普地区的土地进行控制，但是后来，当他带着子民举家南迁到阿瑜陀耶城之后，关于国王对土地的地位，我们的研究就有资料可查了，即国王"**是王国所有土地的主人**"，这句话见于《综合法》第二部分"土地法"的引言。它是乌通王于佛历 1903（公元 1360）年颁布的，此时阿瑜陀耶已经建立 10 年了。引言中有这样一段话：

"因此国王下达了一个充满王威的圣谕，他谕告下属的官僚和内阁大臣们，在这个天神之城、伟大的阿瑜陀耶城、有九种宝玉存在的宏伟都城和快乐之城①的地域内之土地，皆为国王所有，身为国王奴仆之臣民均可居住于此，但土地不归其所有。"

总而言之，阿瑜陀耶初期国王的地位通过谕令高声昭告天下，无须再忧惧任何人：国王就是土地的主人，国王垂恩将土地赐予臣民耕种谋生。当然，当所有土地都属于国王，人民就必然没有土地的权利了。这么说是因为有确切证据表明，人们只能买卖王都范围内的土地，王都之外的土地所有权都在国王手上，不能随意买卖。证据就在《综合法》第二部分（补充）第一条，其中提到上述内容，具体如下：

"若在王都以外，阿瑜陀耶疆域以内之土地，不为民有，不得买卖……"

这意味着，人民能够享有所有权的土地仅在王都内，居住在王都之外直至阿瑜陀耶王国边境地区的人，连成为一寸土地的地主的机会都没有。这是大地主即国王垄断土地的特征，人民有义务居住在他的土地上，有义务交纳沉重的赋税，以作为栖居在他的土地上的回报。同样的情况也发生在古代老挝的大萨迪纳主身上，布尔莱特神父（Father Buralet）提到在华潘堂侯，"**农民们不知何为土地所有权，王国领土都归琅勃拉邦的生命之主或大地之主所有，人民只是收集者和劳动者。在法国人来统治之前，农民每年上交的土地税看起来似乎都是在偿还居住在生命之主土地上的费用**"[61]。

当所有土地都像这样落入国王一个人手中，绝大多数人民的境遇会变成怎样呢？

人民在阿瑜陀耶初期萨迪纳制中的地位，只是在土地上劳作，向地主上贡纳税。在自己没有所有权的土地上劳作，是导致工作效率不高、生产低于

---

① 这是阿瑜陀耶城的全称含义。——译者注

预期的原因，因为农民积极性不高。作为地主和获益者的国王便出台强制性的法律，王国每处土地"**都不得荒置，命各管区的村级和县级官员，以及税官负责派人前去开垦**"。为了激励人们劳动，在同一个法律中还指出"**此外，在城外荒弃很久的地方，有人将其圈出变成良田或果园，在那里种植树木和各种珍贵的东西（意指可食用的东西），可减轻其一年的赋税，此期限之后赋税尽归国家**"。这即是说通过减少一年税赋来激励那些拓荒的人。

不仅如此，该法律还有一条激励劳动者，即"**丛林由所有者开发，他死后将留给其子孙**"。这和兰甘亨碑铭中炫耀的内容如出一辙，碑铭中称所有的槟榔林和蒌叶林"何人建之，归其所有"，若父亲去世，一切"**皆归其子所有**"。

但先别高兴，阿瑜陀耶的法律中所说的"**他死后将留给其子孙**"，并不意味着他的子孙有土地所有权，而是只有在该土地上出产的产品的所有权。如果这块土地被弃置不管九到十年，法律明文规定，让地方机关安排其他没有土地的人进驻劳作，成为新主人。如果原土地上遗留了树木和其他产品，就留给新主人作为一定的补偿，"**而该处土地不允许交易买卖**"（《综合法》[补充]）。也就是说人民绝对没有自己劳作的土地的所有权，土地仍然是国王的，人民仅仅是在进行生产和与国王分享产品的状况下占有土地。国王对土地有绝对的权利，可以任意处置。这在《综合法》（补充条款第12条）中即有体现，法律明言国王有绝对权利，可将土地分给任何人，即使那块土地上早已有人在管理和耕种了。任何人都不得对获得国王恩赐的人的权利持有异议，如有异议即被视为忤逆圣谕。民众们可以为了管理土地的权利当面对质，但是不允许和国王进行对质。

总而言之，在阿瑜陀耶初期，人与土地的关系如下：

（1）国王是大地主，王国所有土地的绝对所有权都掌握在他一人手中。

（2）大多数的人民没有土地所有权，只得依靠国王的土地生活并向他交纳赋税，这是国王对广大自由民的直接剥削。

（3）个人的土地权利只存在于王都，在这一范围内的土地可以交易，可以租借，可以典当，可以抵押（《综合法》[补充]）。在王都内的剥削便表现为整个地主阶级对依靠土地为生的"派"和租借土地的自由民的压迫。

（4）对有功之臣的土地分配体系规定明确，包括土地、象、马、黄牛、水牛以及所分土地上的人，都归获赏者管理（《综合法》[补充]）。地主阶级，尤其是封建领主对"列"或"派"的剥削非常普遍。

（5）对王都区域外和区域内的土地的控制，是建立在开荒的基础之上的。开荒者有的是自愿前去的，也有的是被村官强迫征役去的。每个人只在土地有实际产出期间有土地的控制权。土地所有权由此基本等同于无。

乌通王高声宣告所有土地都归他一人所有，从实施情况来看，这个宣言只对那些"派"们有效。而在封建领主们那里，这个宣言几乎没有什么分量。乌通王确实将阿瑜陀耶政权所在地区的土地权力集中到手中，但是其他小规模政权的封建领主同时也是大地主，乌通王对他们并没有绝对的控制权力。一个例子就是坤銮帕沃（Khun Luang Pha'ngua）的素攀政权，这个政权相当强大，当乌通王率众南迁之后，坤銮帕沃便取代他控制了这里的土地。当乌通王去世之后，坤銮帕沃便获得了解脱，轻而易举地篡夺了阿瑜陀耶的王位。除了素攀政权，阿瑜陀耶还要面对许多其他封建领主政权的挑战，花了几十年的时间才将其平定。最后，阿瑜陀耶想要将素可泰的土地也纳入自己的版图，经过长期不懈的努力和数次交锋，最后终于战而胜之。但是阿瑜陀耶仍然无法取得素可泰王国土地的所有权，素可泰的实力犹存，它作为朝贡国仍然掌握继续控制自己土地的权力。面对这种情况，阿瑜陀耶的大地主采用了一个重要的策略，称作"分而治之"（DIVIDED AND RULE）[62]。具体方法是煽动素可泰城主的儿子帕雅班勐（兄）和帕雅兰甘亨（弟）相互争执，争权夺势。为了争夺王位，他们之间爆发了内战，造成了大量的人员伤亡。战争结束后，阿瑜陀耶的大地主便介入进来，将素可泰分成东、西两半，分别交给他们统治。帕雅班勐统治东素可泰，将都城定在彭世洛；而帕雅兰甘亨统治西素可泰，将都城定在甘烹碧。[63]这是第一阶段。到了佛历1981（公元1438）年，统治彭世洛的帕雅班勐去世，阿瑜陀耶的大地主便宣布废除素可泰王国，强行没收了帕雅班勐和帕雅兰甘亨拥有的所有土地。素可泰中了分而治之的计谋，此时已经悔之晚矣，不得不向阿瑜陀耶俯首称臣。但是那些作为素可泰旧臣的领主们都想方设法要摆脱阿瑜陀耶的大地主的控制，有些人转而去求助清迈的萨迪纳主陶洛（Thao Lok，帕昭迪洛叻［Lord Tilokkarat］）的力量，请他帮忙将自己从阿瑜陀耶的束缚中解放出来。但是阿瑜陀耶的实力已非比寻常，这些封建领主的努力都失败了，旧日素可泰王朝的所有土地都直接落入阿瑜陀耶的大地主手中。

也就是说，泰国的萨迪纳制是在吞并素可泰的土地之后才真正稳固起来的。

阿瑜陀耶的大地主为了巩固萨迪纳制而推出的最后举措，是在佛历1998（公元1455）年出台的一个名为《**文官及武官职位土地占有法令**》(**Phra Aiyakan Tamnaeng Na Thahan Lae Phonlaruan**）的法律。正是这部法律成为泰国萨迪纳阶级的统治机构能够维持长期统治的重要工具，直到佛历2475（公元1932）年政权被中产阶级的革命所推翻。

本节中关于"**泰国萨迪纳制的起源**"问题的所有探讨，都只是遵循人类社会演进路径而做出的主观推断。请进行研究和参引本节内容的诸位将这一事实牢记在心。

泰国的萨迪纳制

经济特点

1. 生产资料的所有权

泰国萨迪纳社会的生产资料，和其他国家萨迪纳社会的生产资料一样，指的是土地。这种最主要的生产资料被掌握在称作"萨迪纳阶级"的少数群体手中，他们由地主和封建领主组成。

为了将土地的所有权全部集中到本阶级的手中，泰国萨迪纳阶级进行的最大动作，就是佛历1998（公元1455）年由戴莱洛迦纳王（Phra Borommatrailokkanat）领导的运动。

那些阿瑜陀耶的萨迪纳阶级，在同素可泰、素万纳普（Suwannaphum）、北榄坡（Nakhon Sawan）、北柳（Chachoengsao，即编年史上记载的勐汕查劳［Muang Saengchera］）等地区的封建领主们进行了艰苦卓绝的斗争，并将其逐一吞并，取得最终的胜利之后，他们宣布将整个王国的所有土地都归到国王一人名下。当得到全部的土地权力之后，这位阿瑜陀耶的大萨迪纳主便开始进行大规模的土地分封。

这次阿瑜陀耶的大萨迪纳主进行的大规模土地分封，是要将土地赏赐给全国所有的人，这难道是大萨迪纳主的宅心仁厚、悲天悯人之举？非常遗憾，对这个问题的回答是"否"！

大萨迪纳主不得不分封土地的原因如下：

（1）萨迪纳阶级内部的经济矛盾。那些和国王并肩作战、开疆辟壤，并帮助他将土地权力从其他封建领主那里集中到国王手中的封建领主们，每个人都希望能够分享土地的收益，都想得到土地这种主要的生产资料。那些俗语中讲的为国王**"精忠效命，鞠躬尽瘁"**的领主，没有人愿意在无利可图的情况下兑现这句话。如果国王不给封建领主们分封土地令其获益，就会不断爆发暴动、叛乱、政变和王朝更迭。国王约束所有封建领主最好的方法，就是分配土地给他们，让他们获益。这些都是有条件的分封，即一旦分封了土地，获得封地的人必须按照事先约定的条件交纳贡税，以回报王恩庇护的洪恩厚泽。

（2）萨迪纳阶级内部的政治矛盾。实际上有一个不变的法则：封建领主们政治权力的大小取决于其经济权力。占有的生产资料越多，政治权力也就越大。放任封建领主们无限量地占有土地，是在增加他们的政治权力，他们的势力也势必会无限扩大，这种情况必然会威胁到大萨迪纳主统治的稳固。出台法律限制生产资料——土地的面积，是唯一见效的限制封建领主们的基本政治权力的办法。因此，土地分封法律必须与限制每位封建领主应得土地数量的最高比例同步实施。此外，向朝臣赏赐土地，或派新的封建领主取代旧的封建领主，这样可以保证国王得到更为忠于自己的新封建领主。这些举措按部就班推行，是为了有效加强中央集权。

（3）生产制度发展的客观规律。奴隶制时期的生产制度彻底瓦解了。大萨迪纳主拥有的奴隶都变成了**"自由人"**，大萨迪纳主已没有作为他们谋生工具的奴隶了。他所拥有的只有土地，他追逐利益唯一的办法就是将土地分给自由民和封建领主，让他们通过土地获得产品，然后再分出一部分以赋税的形式上交。这便是剥削阶级的剥削制度，要随着社会生产的实际情况的变化而改变。分封土地成为一种必需之举，以及萨迪纳社会剥削阶级的唯一出路，无论在哪个国家都是如此。

由于以上这三条（至少）基本原因，阿瑜陀耶的大萨迪纳主迫于形势，于佛历1998（公元1455）年进行了大规模的土地分封。

那次负责分配和划定土地面积的核心人物是"**昆旺**"(*khun wang*)①,他是负责维护王宫(王族的府邸)治安的长官,也负责审理中央的案件。在这里需要知道,在泰国古代的统治体制中,"**昆旺**"指挥群臣的权力范围最广,有权力立案审理隶属于王宫以及王宫直属各部机构相关人员的案件,他所掌控的"**公**"(krom)②的数量也最多。担任这一职位的人,必须具备比其他部门官员突出的特殊才能。⁶⁴ 基于这一事实,昆旺就成为分封工作的骨干人物,因为他的这种贡献,在分配工作结束之后,昆旺本人也被封爵号"**昭帕耶探玛提波迪希叻达纳孟天班**"(*chaophraya thammathibodi sirattanamonthianban*),被任命为"**宫务大臣**"(**senabodi krommawang**)一职,位列四大臣之一,并获得1万莱的封地,这是大臣们能够得到的最大数量。

这次土地分配和划定土地占有规模的活动,最终推出了《**文官及武官职位土地占有法令**》,是由戴莱洛迦纳王于佛历1998(公元1455)年颁布推行的。

在该法令中,国王即戴莱洛迦纳王充满自豪地宣布,自己是整个王国所有土地的控制者。这个法令称他是"**帕巴颂德帕波隆戴莱洛迦纳,至尊无上之主,王国疆域内所有大地的所有者,等等**"。于是,国王接下来便将土地恩赐给自己的王族血脉和自己的侍臣们,供其维持生计。

土地的分配区域和每块土地划定的限额,在法令中都有明文规定,如下:

---

① 泰国古代行政建制分为政(wiang)、宫(wang)、财(khlang)、田(na)四部,每个部的主管官员称"昆",因此"昆旺"字面上就是宫部的负责官之意。戴莱洛迦纳王时期对行政机构进行了改革,在四部之外又增设了内务部和军务部,分别由政务大臣和军务大臣执掌,原四部的负责官员的爵品也由"昆"变成了"帕耶"。——译者注

② 公(krom)也有意译为"厅",这个词的释义很多,非常容易混淆,主要有三个意思:(1)古代整编庶民力量的组织单位,方便战时动员,迅速应战,负责官多为王族,由国王任命。当王族成年后,可以拥有王爵,便可以组建隶属于自己的"公",开始"掌公",并和自己的爵品结合,称"公玛猛""公玛昆""公玛銮""公玛帕""公玛颂德帕""公玛帕耶"等。(2)古代行政机构级别,相当于"部",以及隶属其下的小部。(3)今天中央行政机构中,比部低一级的机构,可译为厅。为了更有效进行区分,本书涉及古代萨迪纳(封建)分封制中官秩爵衔内容时出现的krom 都是指第一种释义,直接音译为"公";涉及古代行政机构的krom 时译为"部";涉及现代行政机构的krom 时译为"厅"。——译者注

（1）王族或内廷侍臣的封地级别

在宫廷担任副王之位的国王的王弟或王子	分封	100000 莱
已掌"公"的王弟（嫡出）[①]	分封	50000 莱
已掌"公"的王子（嫡出）	分封	40000 莱
未掌"公"的王弟（嫡出）	分封	20000 莱
未掌"公"的王子（嫡出）	分封	15000 莱
已掌"公"的王弟（庶出）	分封	15000 莱
已掌"公"的王子（庶出）	分封	15000 莱
已掌"公"的王孙	分封	15000 莱
已掌"公"的小王孙	分封	11000 莱
未掌"公"的王弟（庶出）	分封	7000 莱
未掌"公"的王子（庶出）	分封	6000 莱
未掌"公"的王孙	分封	6000 莱
未掌"公"的小王孙	分封	4000 莱
庶出王孙	分封	2500 莱 [②]
庶出王孙之子 [③]	分封	500 莱

这里所说的"掌'公'"（song krom）是指那些掌管各个"公"的官员，换句话说，是指达到一定年龄的王族，有能力指挥庶民兵卒，便获许组建属于自己的"公"。在这些组建起来的机构中，有"昭公"（chao krom，即"公"长）、"巴公"（palat krom，即副"公"长）负责指挥和管理，以及"萨姆班其"（samu banchi，即总会计）负责执行具体的工作，他的工作包括巡视检查在该王族封地上的人，并将封地内每个壮丁都登记在案，以备征役之用。登记是指将每个人的名字记录在一张细长纸条上，其外形像长尾风筝的尾带，故称作风筝尾带名册（banchi hangwao）。然后用墨水将壮丁所在的"公"的编组（mu krom kong）号码黥在他的身上，有的黥在手腕上，有的黥在手臂上，以此来替代身份证明，并防止他们逃走。这些黥字登记在案的人

[①] 嫡出的王子泰文称作"昭法"（chaofa），庶出的王子称作"帕翁昭"（phra'ongchao）。——译者注
[②] 英译版记作 1500 莱，与泰文版有出入。——译者注
[③] 庶出王孙泰文称作"蒙昭"（momchao），即帕翁昭之子；庶出王孙之子泰文称作"蒙叻差翁"（momratchawong），即蒙昭之子。——译者注

称作"列"（lekh 或 lek），他们必须轮流替自己依附的封建领主们工作，正如接下来马上要讲到的情况一样。

以上说到的萨迪纳封地的数目，只涉及一部分最重要的王族。还有许多其他获封爵位的王公贵族（称作有爵衔的贵族），以及担任不同职务的大臣们，他们骑马驭象，增耀王威和波罗蜜，并负责保卫国王拥有的水牛群。例如昭丕贴哈叻（Chao Phitheharat）、昭帖瓦提叻（Chao Thewathirat）和昭托萨帖（Chao Thotsathep）等职，按等级分别拥有 1000 莱、800 莱和 500 莱的封地。这样的官僚共有 20 个级别。

接下来该说到国王的妻妾们，即美若天仙的妃嫔们，以及侍奉国王、操持家政的宫女们，她们的封地水平如下：

国王的保姆（陶瓦拉占级别）[①]	分封	1000 莱
四位一等王妃（即陶因塔拉苏林、陶希素达詹[65]、陶因塔拉苔薇和陶希朱拉叻[66]）[②]	分封	1000 莱
育有子嗣的王妃	分封	1000 莱
四位宫女总管（即陶颂萨、陶索帕、陶希萨迦和陶因塔拉素里亚）[③]	分封	1000 莱
普通的妃嫔和宫女	分封	800 莱
制作特殊膳食（即制作御膳）的宫女	分封	600 莱
王弟、大王子和大公主的妃子或保姆	分封	400 莱
其他王子和王孙的妃子或保姆	分封	200 莱
在"公"中服务的侍女	分封	100 莱

除了这些列举出来的之外，还有其他许多不同的等级和职位。总之，在宫廷服务的女性，不管是否嫁入宫中，只要入宫都可以获得一定数量的封地。

（2）在京城与京外城邦供职的官僚的封地级别

官僚中能够获得的最高的封地数量只有 1 万莱，但这个数目已经相当高

[①] 陶瓦拉占（Thao Warachan）。——译者注
[②] 陶因塔拉苏林（Thao Intrarasuren）、陶希素达詹（Thao Sisudachan）、陶因塔拉苔薇（Thao Intrarathewi）、陶希朱拉叻（Thao Sichulalak）。——译者注
[③] 陶颂萨（Thao Somsak）、陶索帕（Thao Sopha）、陶希萨迦（Thao Sisatcha）和陶因塔拉素里亚（Thao Intharasuriya）。——译者注

了，因为即使是那些王族，有些人的封地还达不到 1 万莱。那些能够获得万莱封地的大臣，每个人都有帕耶级别的爵位，所以他们也被称为"**万莱田帕耶**"（phraya na mun）。

万莱萨迪纳封地大臣的等级如下：

A. 特殊官职：

昭帕耶玛哈乌巴拉（Chaophraya Maha Upparat）：王家顾问，副王

B. 文官官职：

昭帕耶却克里希欧卡拉（Chaophraya Chakri Siongkharak）：宰相，内务大臣首领（samuhanayok，统管文官事务）

帕耶庸玛叻（Phraya Yommarat）：帕纳空班部（Krom Phranakhonban，四部①之政务部）大臣

帕耶探玛提波迪（Phraya Thammathibodi）：帕探玛提功部（Krom Phrathammathikon，四部之宫务部）大臣

帕耶希探玛提叻（Phraya Sithammathirat）：帕哥萨提波迪部（Krom Phrakosathibodi，四部之财务部）大臣

帕耶帕拉帖（Phraya Phalathep）：帕格塞达提波迪部（Krom Phrakasetrathibodi，四部之田务部）大臣

帕玛哈拉查库帕库玛希吞（Phra Maharatchakhru Phrakhru Mahithon）：负责主持王家仪式（星相师婆罗门祭司）

帕玛哈拉查库帕拉查库布洛希达詹（Phra Maharatchakhru Phraratchakhru Purohitachan）：作为仪礼律规顾问（司礼婆罗门祭司），以上二者也主管法院

帕耶帕萨蒂苏林塔拉提波迪（Phraya Phrasadetsurentharathibodi）：主管宗教事务（宗教事务部）

---

① 旧制中的四部（chatusadom）一词是丹隆亲王用来指称阿瑜陀耶初期中央政权统治方式的，chatu 是四的意思，sadom 来自梵语，意为主要的，合起来的意思即主要的四部，或四要务部，包括政务、宫务、财务和田务四部。——译者注

C. 武官官职：

昭帕耶玛哈赛纳波迪（Chaophraya Mahasenabodi）：大将军，军务大臣之首（统管武官事务）

帕耶希哈叻德丘采（Phraya Siharatdechochai）：驻守京城

帕耶邰南（Phraya Thainam）：驻守京城

昭帕耶素拉希（Chaophraya Surasi）：采邑彭世洛城，一级城

昭帕耶希探玛叻（Chaophraya Sithammarat）：采邑洛坤城，一级城

帕耶格赛颂堪（Phraya Kasetsongkhram）：采邑宋加洛城，二级城

帕耶兰伦纳荣（Phraya Ramronnarong）：采邑甘烹碧城，二级城

帕耶希探玛索格叻（Phraya Sithammasokkarat）：采邑素可泰城，二级城

帕耶沛查叻达纳颂堪（Phraya Phetcharatattanasongkhram）：采邑碧差汶城，二级城

帕耶甘亨颂堪（Phraya Kamhaengsongkhram）：采邑呵叻城，二级城

帕耶猜亚提波迪（Phraya Chaiyathibodi）：采邑丹那沙林城，二级城

每一位万莱田帕耶手下都有数量可观的较低级别职务的官僚，他们的封地由最低 50 莱到最高 5000 莱不等。如果是驻守一级城、二级城的重要帕耶，另有协助其工作的副手（*palat*，类似于京都的副王一职），有作为其私人顾问的检察官（*yokkrabat*，类似于都城的昭帕耶玛哈乌巴拉），有负责征役兵卒的兵役官（*satsadi*，类似于都城的军务大臣），有负责文官事务的内政官（*mahatthai*，类似于都城的内务大臣）。此外还设有政务部、宫务部、财务部和农务部，格局和京都的行政机构设置完全一致。有些帕耶势力庞大，并以王族后裔自居，如洛坤的城主，还设有侍卫部、星相部、警备部等，甚至还有文牍部和公主部[67]，每个城邦还有隶属于自己的小城。这些官员每人都享有限定面积的萨迪纳封地。

除了万莱田帕耶被派遣采邑以上 8 座城，还有许多帕耶、帕和銮级别的官员被派遣去采邑三级、四级城，他们的封地从 5000 莱开始逐级减少，但要把这些封田级别全部摘选展示出来也并无必要。

至于这些帕耶、帕和銮的妻妾们，也都得到了一定的封地，如下：

国王御赐的妻子或正妻，可得到丈夫封地数的一半。

所有的妾，皆可得到正妻封地数的一半。

婢妾如有生子，可得与妾同样数量的封地。

(3) 僧侣及出家人的封地级别

能够得到分地和规定数量土地的，不仅仅是王族成员以及侍臣官僚这些未脱离欲望的俗众，连那些得道高僧和出家修行的人也能够分得土地的收益，具体数量如下：

已证法[①]的教授师[②]	等同封田级别	2400 莱
未证法的教授师	等同封田级别	1000 莱
已证法的比丘	等同封田级别	600 莱
未证法的比丘	等同封田级别	400 莱
已证法的沙弥	等同封田级别	300 莱
未证法的沙弥	等同封田级别	200 莱
精通经典典籍的婆罗门	等同封田级别	400 莱
中级婆罗门	等同封田级别	200 莱
已证道的白袍苦行者	等同封田级别	200 莱
未证道的白袍苦行者	等同封田级别	100 莱

(4) "派"或民众的封地级别

早在乌通王拉玛提波迪一世时期（佛历 1903 [公元 1360] 年）颁布的《综合法》（补充）中就明文规定：**"在这个天神之城、伟大的阿瑜陀耶城、有九种宝玉存在的宏伟都城和快乐之城的地域内之土地，皆为国王所有，身为国王奴仆之臣民均可居住于此，但土地不归其所有。"** 因此，这些栖居在国王土地之上、身为国王奴仆的臣民们，除了辛酸地接受如下限定的份地之外，没有任何权利，也无处诉苦。

[①] 证法（ru tham）指通过了佛学级别考证。——译者注
[②] 教授师（phrakhru）是第三等级僧衔，低于僧长（phrarachakhana）和大僧长（somdet phrarachakhana）。——译者注

"派活安"	有封地	25莱
"派米阔"	有封地	20莱
"派拉"	有封地	15莱
"派流"	有封地	10莱
"雅交"（赤贫民）	有封地	5莱
"瓦尼坡"（卖艺乞丐）	有封地	5莱
奴隶与奴隶之子	有封地	5莱

"派活安"（*phrai hua ngan*）是指在为国王和封建领主们服徭役时出任工头的庶民。

"派米阔"（*phrai mi khrua*）是指带着他控制的家庭迁来此处的庶民。

"派拉"（*phrai rap*）是指最普通的庶民，包括所有从事一般工作的国民。

"派流"（*phrai lew*）是指底层庶民，是服侍别人的人，在地位上只是比奴隶强在有人身自由；只比饔飧不继的卖艺"雅交"（*yachok*，赤贫民）强在有主人养着；只比"瓦尼坡"（*waniphok*，卖艺乞丐）强在不用靠向别人乞讨维生。

这就是所有"派"的真实境况。萨迪纳编年史学家们经常曲解引用这些材料，说普通人可以得到25莱的田地，例如颂素加利·纳瓦拉（M. R. W.Songsutcharit Nawarat）《暹罗革命政权》一书的第一部分，和丹隆拉查努帕的《古代暹罗的统治特征》一书。但是在佛历1998（公元1455）年颁布的《文官及武官职位土地占有法令》中记载的证据却是，普通人事实上最多只能得到15莱的田地，即"派拉"的分地标准，而占大多数的赤贫民只能得到5莱，和奴隶的标准一样，最好的情况是自愿做领主的"流"（*lew*，侍从），也只不过能得到区区10莱！

还有一点萨迪纳阶级的编年史学家们全都极力歪曲解释的是，萨迪纳在古代的意思并不是指官员们按照爵衔等级获得国王御赐田地的数量，而是指允许购买的田地的数量[68]；或者宣称最初制订分封名录有一个很动听的理由，"最初的原因可能只是希望避免人们保有超出自己生产能力所限的土地"。[69]这种解释毫无疑问是一种对历史的歪曲，是为了掩盖萨迪纳阶级的剥削事实。但不管他们再怎么竭力歪曲事实，也无法掩盖这样一个事实：萨迪纳阶级是特权阶级，控制的土地数量比所有"派"的土地加起来还要多得多。

"派"们被萨迪纳阶级逼迫着，不断交出自己保有的土地，以换取个人的利益，直至每个人都沦为"**派流**""**列**"或"**奴隶**"，这在全国比比皆是。

如果我们回过头来看看外国的历史，会清楚地发现，不论欧洲还是亚洲，在萨迪纳时期土地分封制度的制定，都不是漫不经心、随便走个过场，而是严肃认真、目的明确的，而且很有必要性。这种必要性的原因如下：一是萨迪纳阶级内部的经济矛盾；二是萨迪纳阶级内部的政治矛盾；三是生产制度发展的客观规律。正如本章开头所述。但不管怎样，我想强调这种土地分配制度，戴莱洛迦纳王必然要认真执行，以便用土地的利益笼络为其效力、与其并肩作战的属下臣子的人心。一方面是为了防止叛乱、暴动和改朝换代的发生；另一方面也为了从他认为诚实可靠、忠心耿耿的侍臣中扶植一批新的封建领主。这样是为了清除那些自恃强大、以大地主自居的旧封建领主的权力，同时还能够严格限制这些新确立的封建领主的土地，以从根本上限制他们的政治权力。也就是说，要通过控制经济权力来限制政治权力。还有一个重要的核心原因，戴莱洛迦纳王不像奴隶制社会的国王那样，有数量巨大的奴隶可供其驱使劳作，为了能从土地上获益，只能将土地分给自由民和属下的臣子们进行生产，然后将部分产品作为贡品和赋税收上来。除此之外，萨迪纳社会的国王没有别的办法从土地上获得哪怕一点收益……因为国王本人是不种地的！

如果萨迪纳阶级仍然坚称，分封的法律不过是一纸空文，土地并未真正进行过分配。那么我们不妨再回应一下，戴莱洛迦纳王有钱花、有饭吃，是因为有大量奴隶为其在土地上劳作，那他就是个奴隶制时期的国王，然后为了安抚奴隶而出台一个装装样子的土地分封法律。对于这种解释，萨迪纳阶级估计又该高声抗议了，因为这种说法更让他们厌恶。当我们说戴莱洛迦纳王是个大萨迪纳主，为了获取利益而分封土地，他们不承认；那么让戴莱洛迦纳王退一步，成为一个大奴隶主，他们同样予以拒绝。难道只有说戴莱洛迦纳王是一位"**民主**"的国王才能够让萨迪纳阶级满意吗？

萨迪纳阶级之所以争辩说分封法律并无实效，土地分封从未真正进行过，是因为到了后来出现土地继承的问题。获得国王赏赐的土地的人如果不在宫廷供职或者去世，不必将土地归还国王再向别人重新分配，个人拥有的土地数量就大幅增加，范围也不断扩大。通过开荒获得的新地面积也不断减少，一旦发现新地，国王就先控制起来或将其分给自己的子孙后代，大臣们便只能获得了官位和爵衔以及领用的土地配额，至于具体是哪块土地则需要他们自己去寻找。一旦具体土地需要自行解决，这些官僚便动用手中的权力去剥削压迫"派"们。由于受到地主和政府的剥削，"派銮""派拉"和"派流"们日益穷困潦倒，有人便开始借债和典当土地。最后，土地就落入有钱有势的封建领主们的手中。在欧洲和亚洲其他国家，土地的继承和对土地的鲸吞情况如出一辙。因此，尽管后来分封法律并不真正向获得官爵的人分配土地，但它控制着大量属于"派"们的土地，这为封建领主们随心所欲地压榨和支配土地大开方便之门。

尽管后来的贵族官僚们不再获得御赐的土地了，但他们绝大多数都有继承的土地作为本金，因为他们多数人都有贵族血统，一出生就进入了萨迪纳阶级。这是因为只有他们才有机会接受教育并献身仕官，而那些"派"们最多是在寺庙学校中学习，或为了学习而剃度出家。但他们还俗后却难入宫廷的法眼。这是必然的，萨迪纳社会当然要维护萨迪纳阶级的利益，并由萨迪纳阶级主导，毫无疑问。宫廷中的官职全部都是为萨迪纳贵族家庭的后代预留着的，那些"派"和出身寺庙的人，能够攀上高位的少之又少。尽管他们可能"比那些因为出身而当官的贵族对行政事务更加纯熟，但是他们极少有人可以获得国王颁赐的委任状做上官"[70]。他们也只有在萨迪纳阶级遭遇艰难时势、跌入低谷之时，才有个别人能够晋升仕官。关于萨迪纳贵族垄断官爵一事的证明，可参见曼谷王朝四世王（1851—1868年在位）于佛历2397（公元1854）年颁布的《**关于僧侣还俗进官供职的法令**》，其中有一段是这么说的：

"目前，一些僧长、教授师、拥有高僧阶和高佛学学历的人心存贪欲（天生的贪欲——编者），心中一味贪慕敬奉官爵，到处逢迎，投靠贵族官僚。他们广为结交在内务部、军务部、港务部中的人士，认为这些有福分的大人会帮助他们向国王申禀，以便他们还俗之后能进入官僚阶层，在内务部、军务部或港务部中的某个部门谋得一官半职。无论哪位高学历、高僧衔的僧长，凡有此想法者都不会达成所愿，切勿多想，徒劳无益。因为能够让国王满意的，只有那些在内务部、军务部和港务部供职的具有贵族血统的官员子女，根本不需要寺庙还俗之人到内务部等部门来做帕耶、銮、昆和猛等官爵。"[71]

事实上，这一点可以确保萨迪纳阶级的剥削能够稳固和持久。拥有土地作为本金，他们不必为不能真正获得分配法令所规定的土地而感到焦虑。还有一点，萨迪纳阶级就算后来并不真正拥有土地，但也拥有其他许多特权，如计算年金、罚款的数额，以及可以在法庭上找人为自己辩护（400莱以上封田级别可以雇用辩护律师）[72]，等等。因此，尽管戴莱洛迦纳王时期的分封法律，像后来的萨迪纳阶级声称的那样，只是空洞无效的法律，但萨迪纳阶级并未受到影响。相比于将土地归还，在改朝换代之后再重新分配，他们看起来似乎对这种状况还更满意一些。

尽管如此，每个朝代的国王都牢牢掌控着所有土地的权力，有权圈定土地，可以随心所欲地向任何人转授土地，这些均可见于曼谷王朝四世王于佛历2404（公元1861）年颁布的《关于御赐王子的王家手谕》，具体内容如下：

> 颂德帕波拉门塔拉玛哈蒙固，暹罗国之最高首脑，本朝第四世国王，特此昭告所有应知晓本谕令之人，新开凿的由暖武里（Muang Nonburi）的邦匡（Bang Khwang）到那空猜希的班优（Bang Ngiew）的河道两岸的土地，过去一片荒芜，并无地主。当河道修讫，吾命掌管国库并负责监修河道的昭帕耶拉维翁萨玛哈格萨提波迪（Chaophraya Rawiwongsa Maha Kosathibodi）将这些荒地建成良田。在暖武里的河道北岸的面积有1620莱，在那空猜希的河道北岸的面积有9396莱，南岸有5184莱，总面积达到16200莱。田地可以划分成50块，每块面积324莱，长10泰里（<u>sen</u>），宽5泰里8泰丈（<u>wa</u>）①。这些土地因之前无主，遂为吾所圈占，吾将其赐予吾子，每人一块或两块地，可交由奴仆庶民耕种或由其他人租种。
>
> 由本印发文件认证之土地，吾将……授予……（王子姓名）……。谨以本印发文件作为认证，责令帕耶拉维翁萨玛哈格萨提波迪带专员去测量土地，并依国家土地规定颁发红契②以示证明。[73]

那些萨迪纳阶级说他们并没有圈地并在本阶级内部任意分配，这个证据

---

① 泰里（sen）和泰丈（wa）都是泰国古代的长度单位，1泰里约合20泰丈或40米。——译者注
② 旧时发过的一种地契。——译者注

将让他们无法辩驳。这次分配萨迪纳阶级做得十分巧妙，他们说是自己在开凿河道的时候发现的荒地，才将其据为己有。实际情况是知道那里是荒地，这才派人到那里去开挖河道，他们修建河道的目的并非是为了向其他务农的人们运送灌溉用水，而是为了灌溉那些荒地，使其增值并成为农田。待河道修建完成，还未等"派"们去占据，萨迪纳阶级就已经迅速圈划分配完毕了！每一项举措都是为萨迪纳阶级，尤其是为王公贵胄们服务的！

最后的结果是有灌溉水源的良田全都落入萨迪纳阶级的手中，平民百姓则分毫都得不到。

此外，在同一份谕令中还说道，赐给王子的田地属于新圈定的土地，不在征税的田地之列。如果此后土地仍归王子所有，并未将其变卖，那么**"作为田地所有者的……（王子姓名），免交田税"**，只有当这块地被转手卖给他人，制作了新的红契（地契）之后，才会征收这块地的租税！！①

在泰国历史上，规模最大的一次为了让属下臣子获益而进行的土地分配，就是在佛历2337（公元1784）年曼谷王朝一世王（1782—1809年在位）时期，将边境地区的马德望（Phrabong［Battambang］）和暹粒（Siamrat［Siemreap］）赐予昭帕耶阿派普贝（板）（Chaophraya Aphaiphubet［Baen］）！

> 其时，国王认为昭帕耶阿派普贝（板）已在柬埔寨国代行统治很长时间，与新任的柬埔寨统治者纳欧恩（Nak Ong'eng）不同，应论功行赏，便下达圣谕将边疆地区的马德望和暹粒赏赐给昭帕耶阿派普贝（板），让其代表国王统治马德望，直接隶属于曼谷。纳欧恩也欣然从命（？？）并遵王意献出领地。昭帕耶阿派普贝（板）便成为马德望的摄政王，并成为继任马德望摄政王的昭帕耶阿派普贝（春）（Chaophraya Aphaiphubet［Chum］）家族的先祖。[74]

这仅仅是从我们的零碎的档案材料中能够找到的部分证据，又因为留存下来的资料数量如此有限，因此我们难以明确某一段历史时期土地转让的真

---

① 泰文原文为了表示强调，使用了两个感叹号。——译者注

实数量，有时甚至连如何进行的土地转让也不甚了了。但是，如果我们回过头来看看那些资料保存完备的外国历史，就会观察到一个清晰的土地分配体系，如西班牙殖民扩张时期（公元16世纪）南美洲诸国的土地分配。

在那个时候，西班牙人入侵美洲印第安人的领地，并控制了大片南美洲土地后，作为宗主（SUZERAIN）的西班牙国王将这些土地分给那些功绩卓著的下属，让他们去统治，并将部分所获利益返回来。科尔特斯（CORTES）得到了22座城，面积约有2500平方英里，其治下的印第安人多达115000人。这只是其中一个附属国（VASSAL）。皮萨罗（PIZARRO）获得了同样面积的土地，而且还被授予MARQUES DE LA CONQUISTA的萨迪纳爵衔，其治下的"列"有100000人左右。其他西班牙CONQUISTADORS（征服者）[75]也都获得了封地和爵衔，分得的土地平均数量介于每人5000—10000平方英里之间，封地上的"列"和奴隶也同时归他们管理。拉普拉塔河（RÍO DE LA PLATA）流域，即今天的阿根廷、乌拉圭、巴拉圭和巴西南部地区，被分给了64位大地主，他们从中牟取暴利。[76]

泰国在阿瑜陀耶初期的情况也和那时的西班牙一样，即正在积极扩张领土，夺走高棉人自古以来占领的土地。高棉人被迫将大量东北地区的高棉城邦弃之不顾，如披迈、帕侬荣（Phanomrung）、勐当（Mung Tam）、勐伊占（在素林和呵叻南部的伊占密林之中）、勐碧差汶等，其原因自然是遭受到泰人领主的攻击，而表彰这些领主功绩的奖赏无疑就是土地了。当然，这些原住民也被迫沦为每个封建领主的奴隶，为他们修建土木工程，或成为他们的奴仆。这些封建领主在过去依据各自屠戮原住民的能力，可能占有大量的土地，直到戴莱洛迦纳王时期，他意识到不受约束的土地权力具有危险，便出台分封赏赐土地的法令以示恩典，同时在另一方面这也是限制那些领主权力的手段。

也许有人会产生疑问，根据记录，国王要授予的土地数量十分巨大，他要到哪里去找这么多可供分配的土地呢？

要回答这个疑问，我们必须回过头来看看人口和土地数量的实际情况。戴莱洛迦纳王时期的人口究竟有多少并无统计数字，但我们可以通过比较来分析一下。只要我们回溯到100年前，即佛历2393（公元1850）年，那时泰国的国土面积相比戴莱洛迦纳王时期已经大幅扩张，但人口仅有几百万。根据约翰·鲍林爵士（Sir John Bowring）可信的估算数字，当时人口只有450万到500万人①，如果采信帕里果瓦主教（Pallegoix）的估算数字，最多也不过600万人，其中还有约150万是华人。即使到佛历2454（公元1911）年曼谷王朝五世王统治结束，人口也只达到800多万（8300000）[77]。到更晚近的佛历2475（公元1932）年，我们的人口也只增长到1100多万[78]。通过以上事实，我们可以大致了解戴莱洛迦纳王时期的人口可能仅有几百万，泰国全国的耕地总量只有数千万莱。受压迫的"派"们每人只有15莱、10莱或5莱的土地，有的甚至1莱土地也没有，因为已经沦为破产的"列"了。这样一来，大量的土地都被分给萨迪纳阶级，数量由上千、上万到十万莱不等。戴莱洛迦纳王遇到的问题不在于没有可供赏赐的土地，而是缺少耕种的劳力，许多田地都被荒弃了！他忧虑的是自己只有土地却没有足够的人手耕种，这样就大大影响了自己的收益。这个事实可参见佛历1997（公元1454）年颁布的《叛乱法》，其中有如下内容：

> 此外，密林荒地亟须人力居住开发，如有人能引导百姓前去居住劳作，并向国库缴纳贡税，将给予适当的奖励（即给予微薄的奖励）。

可见，他竭力向人们宣传，希望有人能到那里去种地，甚至还对引导人去那里谋生的人给予奖励。如果我们再来看乌通王时期的《综合法》，会发现当时有大片的荒地，法律要求村一级的官员要组织安排人力去开荒拓产，这表明当时随时都有足够的土地可供分配给每一个人。在萨迪纳战争时期，每次战斗都是以将敌方的民众家庭成批驱赶掳走收场。被掳走的人并不是像奴隶社会那样全部沦为奴隶，而是被掳去做劳动力。因此，一旦掳掠来成批的人口，往往赐予他们多处土地以安置他们。在北榄坡、巴真武里、北标（Saraburi）、那空那育（Nakhon Nayok），以及南方主城地区，都可以用来安置掳掠来的移民人口。在编年史中总是这样记载：不是高棉人就是缅甸人，经常偷偷来强行掳走泰人家庭，这实际上就是寻找和争夺劳动力的表现。这些家庭能使土地实现产出，部分产品必须送交国库，因此国王对这些家庭格外珍视。

---

① 英译版仅译作450万人，此处数字以泰文版为准。——译者注

这些理由和证据已经足以驳斥那些萨迪纳编年史学家的歪曲解释。戴莱洛迦纳王颁布萨迪纳分封法令并非是出于一时兴起、随便颁布的，而是认真地执行法令和授予土地。大臣们不仅获得了土地，还得到了自己封地上的人力。不管是哪里的土地，只要有人耕种就必须向贵族交出部分成果；不管是哪里的土地，若是荒地就征役人前去开荒。按照法律规定，组织人力开荒还是一项受表彰的功绩！

就算之后再没有进行过真正的土地分封，分封仍然是萨迪纳阶级用来限制"派"的土地规模和数量的一种工具，也是他们合理合法地聚敛土地所有权的一种方式。他们成为**"奴仆成群，骄奢淫逸"**的大地主。不管怎样，这个法令绝不是毫无意义的一纸空文。

正因为分封的法令并不空洞，在曼谷王朝五世王时期才会大规模地重置萨迪纳等级制度，于佛历2423（公元1880）年颁布了称作《关于萨迪纳王族官职的法令》（Phraratchakamnot Tamnaeng Sakdina Boromwongsanuwong）的法律。这次把土地的权力集中起来作为国王亲友的特权，远超阿瑜陀耶时期数倍。五世王时期的新萨迪纳等级具体规定如下：

> 具至高"颂德"级的王储（Somdet Phraborom Orasatirat）[①]，萨迪纳级别为100000；具至高"颂德"级的王曾祖父（Somdet Phrachao Paiyakathoe）与王祖父（Somdet Phra Aiyakathoe）、具至高"颂德"级的直系王族（Somdet Phrachao Boromawongthoe）与王弟（Somdet Phrachao Nongyathoe），为"昭法"王爵者，若已掌"公"，萨迪纳级别为50000，若未掌"公"则为30000；具至高"颂德"级的王子（Somdet Phrachao Lukyathoe），若已掌"公"，萨迪纳级别为40000，若未掌"公"则为20000；直系王族（Phrachao Boromawongthoe）中的王弟（Phrachao Nongyathoe）与王子（Phrachao Lukyathoe），为"昭法"王爵者，若已掌"公"，萨迪纳级别为30000，若未掌"公"则为15000；王曾祖父（Phrachao Paiyakathoe）、王祖父（Phrachao Aiyakathoe），直系王族、先

[①] 本段引文中出现的泰文转写均为冠在王族成员名前的冠号，用以说明其与现任国王的亲属关系。王族名前冠号是泰国古代的宫廷礼仪，一般的王亲多以phrachao起首，等级尊贵的王亲则在冠号前加上"颂德"（somdet），以示至高级别。——译者注

王子嗣（Phrachao Ratchawongthoe）①、王弟（Phrachao Nongyathoe）、王曾祖母（Phrachao Aiyikatheo）和国王的直系女性亲属（Phra Rachawirawongthoe）、王妹（Phrachao Nongnangthoe），若已掌"公"，萨迪纳级别为 15000，若未掌"公"则为 7000；国王之女（Phrachao Lukthoe），若已掌"公"，萨迪纳级别为 15000，若未掌"公"则为 6000；国王之妻（Phra Akk-hrachayathoe），若已掌"公"，萨迪纳级别为 20000，若未掌"公"则为 15000；具至高"颂德"级的王孙（Somdet Phrachao Lanthoe），为"昭法"王爵者，若已掌"公"，萨迪纳级别为 15000，若未掌"公"则为 6000；王孙（Phrachao Lanthoe）、直系王族中的先王之孙（Phra Warawongthoe），若已掌"公"，萨迪纳级别为 11000，若未掌"公"则为 4000；第三王之子（Phra Samphanthawongthoe）②、王弟之子（Phra Praphanthawongthoe）③和同级别先王之孙，若已掌"公"，萨迪纳级别为 11000，若未掌"公"则为 3000；更低一级的先王之孙，萨迪纳级别为 2000。至于其他大小官员仍然维持原来的最低 25 莱到最高 5000 莱的级别。[79]

土地分配和土地集中的特权只在萨迪纳阶级内部进行的证据和事实，使得一些萨迪纳阶级的思想家意识到，再掩盖这一事实是徒劳无益的，便欣然承认存在土地的分配和垄断，但之后又振振有词地歪曲解释分封的特点，以挽回颜面并诱骗人们误信萨迪纳阶级是宽宏大量、慷慨无私的。以下就是一位现代萨迪纳思想家对萨迪纳制度准则的解释。

　　所有土地都归国王所有。

---

① "帕昭拉查翁特"（Phrachao Ratchawongthoe）是一个特殊的王族名前冠号。按照曼谷王朝传统，新王登基后，先王子嗣的名前冠号、王爵以及相应的萨迪纳等级都会随之变化，一般都会降一级。拉玛四世是拉玛三世的弟弟，且拉玛三世的子嗣无人有"昭法"王爵，他们应顺降一级，拉玛四世便为他们新创"帕昭拉查翁特"名前冠号，允其保持萨迪纳等级不变，与四世王的王子持平。——译者注
② 拉玛一世为第三王的子女创制的冠称。除了国王和副王，古代宫廷有时还设有第三王。副王宫殿位于王宫前面，也称前宫（wang na）；第三王宫殿则在王宫后面，也称后宫（wang lang）。此"后宫"并不是指帝王的宫闱之所。——译者注
③ 拉玛五世朱拉隆功在位时为王弟公玛猛玛达亚丕塔的子女创制的临时冠称。——译者注

每个人成年之后都将得到用以维持生计的土地。

人们得到国王的恩准去使用土地，同时也受到国王的保护。为了回报这一特权，每个管理土地的人都必须向国王进献钱财或产品作为赋税或贡品，或者为国王领导的政权服劳役。

每个人管理的土地数量由他们向政府承担的职责决定。[80]

这位现代萨迪纳思想家的解释，读后让人不由得要对国王感恩戴德，国王担心人民会忍饥挨饿，于是便尽力向每个成年的人民分发土地。但是这也留下一丝疑问，如果认为每个人都应该得到土地谋生，为何穷人每人只能分得 5 莱，这根本无法满足温饱（这是参照了卡塞包博士［Dr. Khatsebao］在佛历 2495［公元 1952］年的统计数据，它表明农民的种田面积若少于 6 莱，就不得不去另寻其他收入贴补才能满足日常支出[81]）。可笑的是，他在解释中称，人民使用土地谋生是一种"特权"，还必须向国王交税以回报这一"特权"！这是萨迪纳阶级眼中的特权，若真有特权也应是萨迪纳阶级强取豪夺大片土地的特权；而贫苦大众的特权是忍饥挨饿、穷困潦倒的特权。另一个可笑之处是，他解释说一个人所获土地的大小取决于承担了多少政府职责。要真是这样，人民就应该得到成千上万莱的土地，而不是那些万莱田帕耶们。这些萨迪纳阶级最擅长骑在耕田劳作的"派"们的头上作威作福，他们整天安卧，悠闲地抖着脚吃喝玩乐！好吧，就算他们认为在朝为官比耕田种地更重要，大臣们比"派"对国家的责任更重，所以应该分得更多的封田，但令人疑惑的是，宫中那些成百上千的妃嫔！国王的后宫佳丽们究竟承担什么国家重任呢？官僚们的妻妾又对国家有什么责任？她们每个人所获的封地都远远多于那些"派"。我们知道如果没有"派"，社会就会陷入崩溃，因为没有生产者，整个国家都无饭可吃了。但是没有这些后宫佳丽或妻妾，国家非但不受冲击，反而能减少糜烂的生活，更好地发展！因此，萨迪纳阶级学者关于持有土地数量归根结底取决于承担多少国家责任的论断，看起来是根本站不住脚的。正确的说法是：谁能获得更多的土地，取决于谁能更贴身地服侍国王、更能让国王称心满意！

寺庙与教士——大地主

萨迪纳阶级的生产资料分配，除了在王族和官僚阶层中进行分配之外，还有一个群体获得的土地份额极多，他们就是宗教界人士。在遍及全国的寺庙中，有些是在国王御赐的土地上兴建的，寺庙周围的土地是供养寺庙和僧侣的产品来源。在《土地占有法令》中可以发现，僧侣和出家人并不是直接耕种土地，而是获得与官僚在同等面积封田上收获的产品数量相当的实物，因此使用"**等同封田级别**"（samoena）的字样。如已证法的教授师相当于 2400 莱① 的封田级别。这些产品称作"**长期斋食**"（nitchaphat）②，意即定期奉上鱼米斋食。这些鱼米来自哪里？答案就是来自国王御赐给寺院的土地。寺庙中的僧侣和所有出家人都要依靠这些土地为生，他们能分得多少封地产品，都由宫廷按照相应分封级别决定并授予他们。

将土地作为寺庙的财产，或交由寺庙负责监管，在世界各国都是很正常的事。最著名的例子要属古代的法国，那个时候修士或教堂控制着大量的土地，向租住在这些教区土地上的人征收租金，获取收益，这个租金被称为 TITHE（什一税）。在英国同样存在数以万计的这种修士所属的土地。法国和英国的国王和教会及主教无休无止地争吵，正是因为他们在土地相关利益上存在着冲突。例如英国的亨利八世（Henry VIII）与罗马天主教廷的领袖梵蒂冈教皇之间的争吵，那次争吵是公元 16 世纪上半叶的著名历史事件。国王宣布废除教皇，教皇也宣布废除国王，引发了轩然大波。据历史记载，他们争吵的原因仅仅是教皇不允许亨利八世离婚再娶，但真正的原因在于他们之间土地上的利益冲突。亨利八世只是为了争夺教会控制的大量土地以及土地之上的财富，使之回到英国萨迪纳阶级手中而寻求借口；而这位教皇之所以要把亨利八世放逐或驱逐出教会，不是别的原因，正是因为他的利益严重受损！

向寺院奉献土地和"列"的风俗源自奴隶社会时期，那时几乎每一位王都向寺院奉献大量土地和奴隶。在高棉，几乎每一位国王都奉献过奴隶或"**僧奴**"（khaphra），让他们进行劳动生产，将获得的鱼米献给寺院，维持寺院的整洁，并没日没夜地为他们唱歌跳舞，吹奏鼓乐。大多数人被安排

---

① 英译本记作 2500 莱。——译者注
② 英译本按字形转写为 niccabhatra。——译者注

去饲养猪、黄牛、水牛、象、马等牲畜，为了宰杀做成食物敬献给僧侣，或用来骑乘或运载货物。当高棉的国王们在吴哥通城（Angkor Thom）站稳脚跟（即指吴哥王朝时期，佛历1445—1975［公元902—1432］年）之后，便巡视四方，向全国的寺院敬献土地和奴隶。华富里的帕甘庙（San Phrakan）过去就曾经拥有过土地和役使的奴隶。[82] 在高棉人的城中，这种风俗在那些富庶的官僚中间也十分盛行，他们互相攀比，竞相向寺院捐献大量的土地和奴隶，然后会进行冗长的自我夸耀，将每一个捐献出的奴隶的名字都刻写下来，奴隶的名单会长达数行。关于捐献土地和奴隶作为寺院的财富和获益工具最明显的一个例子，是我们曾提到的阇耶跋摩七世（佛历1724—1744［公元1181—1201］年之后）进行的专献仪式。这位国王十分热衷建寺造塔，他广修庙宇，建造的寺塔庙山多达514座。对于这些兴建的寺院，他将寺院周边8176个村落所获得的收成都作为寺院的利益，同时还敬献奴隶做"**僧奴**"来看护寺院、从事生产以供养僧侣。奴隶数量多达208532人，其中还包括向僧侣和神像献舞娱乐的舞蹈奴隶1622人！[83] 这种敬献土地、人力、利益的行为就叫作"**甘拉巴纳**"（*phra kanlapana*，意为专献），泰国的"甘拉巴纳"（专献）仪式正是来源于此。

现在，我们来看泰国的"甘拉巴纳"仪式或奉献"甘拉巴纳"活动，这种仪式我们从奴隶制时期就引入了。最初是将奴隶献给寺院，便称他们为"**佧帕**"（*khaphra*，意为僧奴），即"服侍僧人的奴隶"。后来到萨迪纳时期又从奴隶变成"列"了，便称他们为"**列瓦**"（*lekwat*，意为寺役），但也有很多人还像原来一样叫他们佧帕。

将土地和利益赐予寺院的一个例子，是在佩德罗阁王（Phra Phetracha）时期（佛历2242［公元1699］年）的博他仑（Phatthalung）及其附属城。那次赐予寺院的土地总量的具体面积不详，但知道有多达290座寺院得到了赏赐。除了奉献土地之外，所有居住在那一带的"派"，以及被驱赶迁移到南部的北方民众，都被献给寺院，所有获得的收益都落入寺院之手，以用来供养僧侣和修缮寺院。这些归寺院所有的人称作"列瓦"，因为他们和为封建领主服役的"列"的情况是一样的，有时也叫"佧帕"或"**庸宋**"（*yomsong*，意为服侍僧伽的俗人），或者合称为"**佧帕庸宋**"（*khaphra yomsong*）。因为这些人的劳动产品都被用于供养寺院，所以也得到了优待，不需要交任何的赋税。[84]

泰国另一个著名的向寺院赏赐土地、"列"和收益的事件，是在颂昙王（Songtham）时期（佛历2163—2171［公元1620—1638］年）北标地区的帕菩陀巴（意为佛足印）。当时一位叫达潘汶的有福之人发现了佛陀的足印。颂昙王便在佛印之上修建了一座寺庙和曼杜普[①]：

> 敬献佛足印周围1由旬（yot[②]，相当于16公里。——编者注）土地以供养佛陀，所有获于其上的王家专献，皆献予维护佛足印处佛塔之用，生于所献土地一带的壮丁不用再服其他徭役，只需作为专门的侍从昆科伦（khun khlon）护卫佛足印。敬献出来的那个区域被命名为勐布兰达巴（Muang Prantapa），但它一般俗称叫勐帕菩陀巴（Phra Phutthabat，意为佛足印城）。[85]

这些"昆科伦"即是那些"佧帕"或"佛足印的'列'"，他们还有4个负责管理他们的头目，分别是猛婆荣（Mun Phrom）、攀托（Phan Thot）、攀通（Phan Thong）和攀康（Phan Kham）。这四个人的职责是"负责监督'佧帕庸宋'们为雨安居期间在帕菩陀巴府山上守夏的僧人碾米、舂米，准备斋食，每位僧人需准备30泰升（thanan）[③]"[86]。在帕菩陀巴的僧奴们的人数相当可观，当波隆摩谷王（Borommakot）与阿派王子（Aphai）发生内战时，在"昆科伦"带领下的僧奴中有100人去支援作战。当战事结束之后，他们获得了相当丰厚的奖赏，国王为他们付清赎金送到帕菩陀巴去，不会沦为其他城中的奴隶。因此，在帕菩陀巴的僧奴数量又增加了，仅壮丁就有600户（佛历2327［公元1784］年的统计数字）[87]。

在帕菩陀巴一带的僧奴们，除了作为"被献予僧侣的耕王田的'佧帕'"之外，还需要向寺院缴纳赋税（和欧洲什一税的形式一样），帕菩陀巴寺的

---

① 曼杜普殿建筑源自古印度神庙，在印度神庙中是一种两边排列整齐的柱子支起的门廊，通往神殿的大门，或者围成一个凉亭，可以用于进行宗教舞蹈、奏乐等宗教活动。泰国的曼杜普是个呈四方形的大殿，由高耸的柱子支撑，屋顶是个有方形底座的金字塔形高耸尖顶，主要用于供奉佛像、佛印或重要的经文等佛教神圣事物。——译者注
② 英译本按照词源转写作 *yojana*。——译者注
③ 泰升（thanan），泰国旧时容量单位，相当于1个椰壳的容量。——译者注

税率如下：

　　田税是根据耕牛数量来征收，一对耕牛征收 10 士冷（salung）①；甘蔗地每莱 1 铢；橡胶税每年 2 士冷；用砍刀劈成小捆、可用肩挑的木头，税率为每年 1 泰分（fuang）②；砍伐大型圆木每年 2 士冷；那些制作藤条，即"将竹篾撕开制成可以编织任意器具的绳子"的人，男性每年交 1 士冷，女性每年交 1 泰分；市场税每个店铺 2 士冷，沿街叫卖者每担 1 泰分。（"昆科伦关于帕菩陀巴的口述"，见《史籍汇编》第 7 卷，第 64 页）③

　　在埃迦陀沙罗王（Phra Ethathotsarot）时期（阿瑜陀耶王朝中期）又出现了一次大规模的把土地和人力作为财富和利益，即"甘拉巴纳"敬献给寺院的情况，但是具体详情已经无据可考了。相信国王的寺院专献活动还有很多，可能每一任国王都进行过，史籍并没有将所有情况都实实在在地记录下来。这些可从萨迪纳阶级颁布的法律中窥见端倪，我认为从阿瑜陀耶建立之初就开始进行"甘拉巴纳"活动了。在阿瑜陀耶王朝的开国国王乌通王拉玛提波迪一世（佛历 19—20 世纪［公元 14 世纪下半叶］）时期颁布的《王家刑事法》（Kotmai Laksana Ayaluang）中，即有禁止买卖"甘拉巴纳"中的土地和人力的条款，如下：

　　"第一条，不管是为王家服役的'派銮'，还是奉献'甘拉巴纳'成为'佧帕'的'派'，抑或是属于僧侣份地的田园苗圃，禁止一切买卖行为。若有人发现'派銮'或奉献的'派'遭受任何痛苦，或有牵涉到僧侣所属田园苗圃之事宜，必须向国王禀告，国王方能垂恩援护。若发现有人向他人交易'派銮'、奉献的'派'和僧侣所属的田园，任何牵涉赎买之人皆为非法。'派銮'、作为'甘拉巴纳'奉献的'派'和僧侣所属的田园维持国有，而赎买的财富移归王库。"（《王家刑事法》，第 138 条）

　　请注意，将土地作为"甘拉巴纳"赏赐给寺院有两种方式。方式一是绝对赏赐，不同于对个人的赏赐，后者可以要求归还。在纳莱王大帝（Narai）时期，曾经将在华富里王宫里的土地作为献给寺院的"甘拉巴纳"，这是为了让那些在纳莱王去世后，可能会被佩德罗阇和帕昭瑟（Phrachaosua）诱

---

① 士冷（salung），泰国货币单位，相当于 25 士丹或 1/4 铢。——译者注
② 泰分（fuang），泰国古代的货币单位，1 泰分相当于 12 士丹，或 8 阿特（at）。——译者注
③ 泰文版首版时引注不太规范，一般采用尾注形式，个别会出现在正文中。——译者注

捕处死的官员出家。曼谷王朝四世王想要将王宫收回供己休养，只能另找一块土地来交换，参见"关于华富里城佛寺地界范围变更的王家公告"，发布于小历1224年、尾数四年、狗年①、泰历十二月黑分初十三②、水曜日③（佛历2405年［公元1862年11月18—19日］）④，具体如下：

> 特此发布圣旨命农务部的负责官员购置一处比该王宫更大，以及比昭帕耶威察因（Chaophraya Wichayen）府邸面积更大的土地，因为发现昭帕耶威察因的府邸有一段时间曾有僧侣进驻，将其作为寺庙……所购土地便被国王献出作为四方僧伽的圣所，将王宫和昭帕耶威察因的府邸交换出来，收归王国所有……（《四世王时期公告汇编》第6卷，第58页）

四世王购置的用来敬献"甘拉巴纳"交换王宫的那块土地，管理的僧侣让人民去租种，每年征收一定产品作为岁入。在同一份公告中继续说道：

> 听闻租金为每年10泰两（*tamleng*）⑤2铢2士冷（42铢50士丹），华富里的僧伽每年就用这些钱来填满饭钵……田税也不必上交国库……

田税不用上交国库的意思是，国王全部交给寺庙，不再向寺庙征收土地税。寺院的土地是完全独立的，不受国王的权力控制，如同自由漂浮一般。"御赐献出作为佛寺地界的一块土地，并不属于国王的王有土地。"（《四世王时期公告汇编》第6卷，第55页）由此，寺院所获的一切产品，寺院都有百分之百的所有权，不像欧洲那样还要分出一部分作为土地税交给政府。该公告还解释道：

---

① 此处英文版译作鸡年。——译者注
② 古印度历法，白分指阴历每月的上弦半月，下弦半月则称黑分。玄奘《大唐西域记·印度总述》曰："月盈至满，谓之白分，月亏至晦，谓之黑分。"——译者注
③ 此处英文版译作火曜日。——译者注
④ 泰国古代独特的纪年方式，使用经柬埔寨传入的十二生肖，结合巴利语1—10的数序循环相配，合成以六十年为一个周期的生肖纪年法。年份个位数使用巴利语的数序作为标记方式，如小历1224年末位数是四，即称尾数四年份，小历1125年就是尾数五年份。有学者以干支纪年法翻译，如1224年，狗年，译作泰式丁戌年，本书为求直观，采取直译方式。——译者注
⑤ 泰两（*tamleng*），泰国货币和重量单位，4铢等于1泰两。——译者注

国王捐给僧侣土地，使僧侣成为土地的主人，并享用田税作为"甘拉巴纳"。正如一位平民租种其他人的田地，必须向地主交纳地租，并替地主交纳田税一样，在僧侣的土地上种地的人，须交纳一部分地租和一部分田税，二者皆归僧侣所有。

以上这些，是特殊敬献的"甘拉巴纳"，完全归僧侣所有，政府不向僧侣们征收任何土地税。这是其中一种情况。还有一种情况是普通的土地捐献，这种方式寺院只收地租，而国王征收田税，佃户需要向寺院交地租，同时向国王交田税。综合两种情况，佃户都需要交两种费用，区别只在于交付对象不同。

至于寺院中的比丘僧侣，一旦收到土地上产出的收益，便将它们分成三部分。第一部分用于供奉佛祖，即购置鲜花、香烛和油等用于礼拜佛祖、修缮佛像或佛殿之物。但这一部分花费不多，如礼拜佛祖所用的灯油，若是王家寺庙，国王会提供（《四世王时期公告汇编》）。第二部分用于护持佛法，即用于制作三藏经书、佛经注疏的抄本，制作收纳佛经的柜子等。第三部分用于供养僧侣，按照等级进行分配。

在《文官及武官职位土地占有法令》中规定出家人的封田等级，从2400莱到100莱不等。法令中称这种出家人的封田等级为**"等同封田级别"**，如未证法的教授师等同封田级别为1000莱，意思是说未证法的教授师可以分配到利益，他的级别等同于拥有1000莱封地级别的官僚。之所以要这么规定，是因为国王并不是将土地分配僧侣或出家人本人，而是分配给寺院，由寺院经营产生收益之后，再根据僧衔级别在僧侣中间进行分配。

这样一来，大多数佛寺便摇身一变成为**"大地主"**，而萨迪纳统治阶级则需要负责服务管理那些"列瓦"（寺役）或"佧帕"（僧奴）们，此事由文牍厅来负责，这是一个封地等级很高的大部门，但是后来又变成"宫务部"的职责。根据已有的事实材料，他们的数量就已很可观了。最开始有12座寺院拥有"佧帕"，后来各地的寺庙都开始出现"佧帕"，他们都由宫务部负责管理。[88]

并不是只有国王个人的仪式才有向寺院敬献"甘拉巴纳"土地的风俗，那些统管大城市的强大富庶的昭帕耶们也都这么做，例如在洛坤过去的城邦管理体系中也有**"佧帕部"**。[89]

尽管这种古老的向寺院敬献"甘拉巴纳"的风俗今天已经废止了，但是仍然存在着相似的活动，即仍然有御赐土地给许多寺院作为建寺之用，这些寺院在上面建造佛殿和讲经堂，并将其中一部分租给人们收取费用维持寺院，而那些品级高、精通佛法的僧人会领到月薪作为长期斋费（kha nittayaphat）（伙食费），取代了过去从"列瓦"们那里获取鱼米等食物。

根据公共关系厅佛历2497（公元1954）年的统计数据，全国共有多达20944座佛寺，其中究竟有几座得到了御赐的建寺土地还无据可查（仅限本书写作之时）。能够查到的是，佛历2489（公元1946）年时有过一次御赐土地建寺，那一次共有195座寺院得到了赐赏，御赐的建寺土地总量大约有108218640平方米（约合67637多莱）[90]。这个数据已经足够提供一个粗略的印象，全国寺庙控制的用以牟利的土地数量是多么巨大。

除了佛教寺庙之外，那些法国教士的天主教教堂也得到了国王的批准，可以购买土地，以便进行种植，获得的利润作为传教的资金。这是遵照泰国萨迪纳政府和法国帝国主义政府之间签署的《友好通商航海条约》（Treaty of Trade Relations and Maritime Transport），条约签署于佛历2399年（四世王时期）、龙年、泰历九月白分初十四、金曜日，即公历1856年8月15日。

允许法国教堂或传教士用来牟利的土地，按照规定每个城市最多不得超过三千莱，其中教堂的占地面积未计算在内。但是这个占地比例在一些地方也有例外的情况，如春武里城（Muang Chonburi）允许达到14000莱，叻丕城有13000莱，北柳城有9000莱。

在颁布关于传教的法令那天，公布的城市名录和法国教堂拥有的土地数量如下：

（1）曼谷省区

曼谷	402莱
纳空肯堪（帕巴登）	35莱
北榄	40莱
探耶武里①	100莱
民武里	500莱
总计	1077莱

---

① 此处泰文版中为探耶武里（Thanyaburi），英译本中误译作吞武里（Thonburi）。——译者注

（2）巴真武里省区

北柳	1775 莱（后来增加到 9000 莱）
巴真武里	1325 莱
那空那育	295 莱
春武里	12377 莱（后来增加到 14000 莱）
总计	22772 莱

（3）那空猜希省区

那空猜希	1970 莱
素攀武里	350 莱①
龙仔厝	150 莱
总计	2470 莱

（4）阿瑜陀耶省区

阿瑜陀耶	1299 莱
北标	160 莱
信武里	164 莱
总计	1623 莱

（5）吻丕省区

吻丕	11617 莱（后来增加到 13000 莱）
北碧	50 莱
夜功	834 莱
总计	12501 莱

（6）北榄坡省区

北榄坡	12 莱

（7）尖竹汶省区

尖竹汶	215 莱

---

① 此处英译本中为 370 莱。——译者注

全部共计40670莱。

可以对这一部分内容做一个总结，在泰国萨迪纳制中生产资料（土地）的所有者是：

（1）国王及其亲族，包括其子女和妻子；

（2）贵族官僚和侍臣，以及一般的地主阶级；

（3）佛教及其他宗教的寺院。

也就是说，这三类人群是泰国社会萨迪纳时期的大地主。

"派"与土地的所有权

下面我们该谈到"派"（庶民）了，这些"派"对土地拥有何种所有权呢？

在帕波隆戴莱洛迦纳王时期，在大规模分封土地之时，那些"派"全部都获得了封地。一般情况下他们每人仅能得到5莱，这是因为这些人大部分都是刚刚获得自由之身的奴隶，还立足未稳，多数都穷困潦倒，或被征召入伍，或被归入赤贫民、卖艺乞丐、奴隶和奴隶之子的级别。

那些服侍王族的"派"称作"派流"，如果谁能委身成为封建领主的"**流**"，那么他们就可称得上有福分了，能够成为王公贵族的奴仆，每人可获封地10莱。

接下来的级别是"**派拉**"，他们是高级别的"派"，地位比"派流"要高，有人身自由，无须向人乞讨或依附何人，这些人每人能得到15莱。这是他们作为暹罗王国的臣民或作为国王领地内的奴仆，每个人能够得到的最高的份额。

再往上还有两个级别，即：

20莱[①]封田级别的是"派米阔"。所谓"派米阔"并不是指有家室的"派"[②]，而是指率领移民家庭从外地迁来的"派"。例如提多带领着一些老挝家庭从万象来，这一组老挝人可能有20—30甚至50人，因此提多就成为"派米阔"，获得20莱封地，以表彰他劝请外乡人前来为国王种田的功绩。

---

① 英译本此处译为30莱。——译者注
② 派米阔（Phrai Mikhrua）里的mi是"有"的意思，khrua是"家庭"之意，派米阔按字面意思理解就是有家庭的庶民。——译者注

25莱封田级别的是"派活安",即指每一区被任命为工头的人。那位带着众多家庭南来的提多,若成为土木工程的工头去修筑王宫及其周边的道路,他必须负责管理和加快工程进度,监视他们防止有人逃跑等,他就可以分得25莱封田作为特殊奖赏。

最好的情况,若提多被任命为"**哈希**"(hua sip)①,即指10户人家的头目,他就可以获得额外5莱封田,达到30莱。这种情况下,他就已经成为国家官僚了,不再是普通的平民了。

萨迪纳制初期,是个大规模解放奴隶的时代,这些奴隶每个人也都分得或曰"**获得御赐**"的土地,每人得到5莱,和那些"雅交"(赤贫民)和"瓦尼坡"(卖艺乞丐)同等待遇。获得御赐土地的这些奴隶和赤贫民、乞丐,并没有获得土地的全部所有权,而是只有在土地上劳作生计的权利,正如前文所述。我们可以假想一下,若现在有奴隶、奴隶子女、乞丐和赤贫民300人,管理着汕荣(Samrong)地区②总共1500莱(5×300)的土地,他们就成为彻底的自由民了吗?

且慢断言!

与此同时,政务部大臣帕耶庸玛叻获得一万莱封地,在这一万莱土地中包括那些新自由民的1500莱土地。于是那300个在自己获得的每人5莱土地上劳作的人,便成为隶属于帕耶庸玛叻的人了。帕耶庸玛叻便出台管理自己管区的强制性法令,让那些属民也帮自己种田,并向自己交税,具体税率根据协商而有所不同。到年底时,帕耶庸玛叻便检查人数登记在案,并用墨汁在他们的手腕或前臂上黥上数字。每个被黥字的人必须终生为主人效劳,想逃也逃不掉,因为黑墨水难以消去,只好到死为止都沦为封建领主的奴仆,想要找时间耕种自己的田是难上加难。

这下这些只有5莱土地,或确切一点只有5莱土地耕种权利的"派",很快就会意识到仅靠5莱土地,日子是难以为继的。如果想要扩张土地却没有钱,等有了钱又有法律禁止买卖京城外的土地,或者就算法律上允许购买他们也买不了,因为萨迪纳阶级的法律只允许他们在5莱土地上耕种谋生。当

---

① 哈希(ha sip)意为"五十",英译本此处根据后文译作hua sip,意为"十个人头"。——译者注
② 在今北榄府直辖市。——译者注

遭遇食不果腹的问题时，他们就只好去借债，利息为每个月 37.50%（对 1 泰两来说是每个月 1 泰分），或者典卖土地（法律允许的范围内），一旦无力偿还债务，债主就按照法律收走土地，土地就从他们手中消失了。有些人失去土地之后仍然负债，就只好继续卖身为奴，被债主使唤去犁田耕地，而债主就轻松自在了。

这下对于领主的奴隶一方而言，实际上当戴莱洛迦纳王分给他们每人仅 5 莱土地，他们并不是马上赶到自己的田地中去耕耘，他们还想着向封建领主赎身。一方面自己有了土地，另一方面仍然是奴隶之身（这是萨迪纳社会的奴隶的特点，他们可以拥有私有财产）。什么时候有钱赎身获得自由之身之后，才能到自己的封田中去劳作；只要一踏进自己的封田，又沦为管理那片区域土地的人的"列"。绝大多数情况下，那些积极挣扎取得自由身的奴隶，最终都难逃萨迪纳阶级的圈套，又通过卖身重新成为奴隶，或者将自己的妻儿卖为奴隶，几乎没有例外。

这就是占社会绝大多数的"派"占有生产资料的特征。

2. 萨迪纳阶级的剥削，或从生产资料中获利

萨迪纳阶级对全体"派"的剥削有多种形式和方法，包括来自土地的赋税、地租、利息和垄断税收等。下面就简要解释一下，看看它们的基本特点，具体如下。

地租和利息

（1）地租。关于古代萨迪纳时期地主的地租剥削并未留下什么确凿的证据，我们很难知道他们是如何设定土地租金比率的，但根据沿用下来的关于租地的规矩，一般是按总产量的 30% 左右收取地租。即使到后来，甚至是最近，按此实践的情况仍比比皆是。1 莱田地，最高产的田地可收获 30—40 桶，这些产品需要交出大约 10 桶作为地租，再宅心仁厚的地主也要收 6 桶。即使在佛历 2493（公元 1950）年 10 月 12 日[①]颁布实施的《佛历 2493 年地租管理条例》中，也规定了地租的比率，如下：

---

① 此处泰文版为 10 月 12 日，英译本译作 10 月 13 日。——译者注

1）年收获稻谷每莱 40 桶以上的田地，收取不超过每莱 10 桶；
2）年收获稻谷每莱 30 桶以上的田地，收取不超过每莱 6 桶；
3）年收获稻谷每莱 20 桶以上的田地，收取不超过每莱 3 桶；
4）年收获稻谷每莱 20 桶以下的田地，收取不超过每莱 1 桶。

这还是在资本主义时期，萨迪纳阶级已经式微之后的地租比率。

但是实行最广的地租比率是总产量的 50%，即所谓"**种田缴半**"，这个比率在其他很多萨迪纳国家的地租体系中也很普遍，例如新中国成立之前的中国。

萨迪纳时期让人民分租土地，是萨迪纳阶级一个重要的收入来源，因为萨迪纳阶级几乎把所有最肥沃的土地，特别是湄南河流域中部地区的土地都握在手中。一旦萨迪纳阶级挖好了灌溉水渠，往往就将这一带几乎所有土地都收购兼并过来。

> 在广阔的兰实（Rangsit）地区……绝大多数田地并不归务农者所有。农民必须租地来种，他们租种自己力所能及的面积的土地，因为如果坚持要租种超出自己能力的面积，也必须要按莱交地租，不管你耕不耕种都要向地主交所有面积的地租，没有例外……这是因为兰实地区的田地大多数都不属于农民。来自兰实地区的某些府，如巴吞他尼府（Pathumthani）的农民，平均有 72.51% 的人没有自己的土地。这些农民大多数人连 1 莱私人土地都没有，每 1 平方英寸都要向别人租种……[91]

在萨迪纳时期，法律有效地维护和保障了地主阶级的利益。因为如果佃户未能按照合同要求交纳地租，法律规定要拘捕他并处以两倍地租的罚金。这两倍地租的罚金，其中真正的地租部分交给地主，剩下的部分一半交给政府作为手续费（称作 *ngoen phinai*），另一半作为罚款（称作 *sinmai*）交给地主。（《综合法》［补充］，第 7 条）

在萨迪纳时期，一般是在年末结清地租。如果地主觉得原佃户的作物看起来长势不佳，他也无力耕种，到年底也交不出地租给自己，在这种情况下，地主就有权力马上将那块田地重复承租给别人。地主只有在佃户提前交纳地租的情况下才不能这样做。（《综合法》［补充］，第 6 条）

不管怎样，萨迪纳时期的佃户农民时刻面临着倾家荡产、破产后卖身为奴的风险。如今的情形依旧，社会还有半萨迪纳的一面，即农民还要面对破产的风险，破产后沦为劳工奴隶蜂拥进入京城出卖劳动力。

（2）利息。农民要承受沉重的剥削，使得几乎每户人家都背上了债务。即使是今天，农民的处境依旧。在萨迪纳制的后期，或换个说法，在萨迪纳阶级掌握政治权力时代的末期，有人做过泰国农民的债务调查。

在佛历 2473—2474（公元 1930—1931）年，农民的平均债务水平如下：
中部地区：平均每户家庭 190 铢债务
东北部地区：平均每户家庭 14 铢债务
北部地区：平均每户家庭 30 铢债务
南部地区：平均每户家庭 10 铢债务

佛历 2473—2474（公元 1930—1931）年间，萨迪纳时期的泰国的务农者须向债主支付的债务利率如下：
中部地区：利率最低 4%，最高 120%
东北部地区：利率最低 13%，最高 50%
北部地区：利率最低 2%，最高 38%
南部地区：利率最低 12%，最高 240%

被迫举债的务农者的平均数如下：
中部地区：每 100 位农民中有 49.17% 借债
东北部地区：每 100 位农民中有 10.75% 借债
北部地区：每 100 位农民中有 17.83% 借债
南部地区：每 100 位农民中有 18.25% 借债
（以上数据来自萨翁·恭通康博士［Dr. Sawaeng Kunthongkham］的文章，见《经济评论》［*Setthasan*］第 2 年第 9 期，总第 23 期，第一部分，1954 年 5 月 1 日）

正如《借贷法》第九条所示，直到曼谷王朝五世王时期之前，萨迪纳时期的利率具体如下：

1 泰两的利率为每个月 1 泰分。

即是说借4铢的话，每个月的利息是12士丹，以百分比来表示是37.5%！

拉鲁贝（La Loubère）曾讲过，在纳莱王时期，没有禁止高于利率收取利息行为的法律，那些债主们便纷纷收取超高利息而不受任何约束！

对于这一点，在《借贷法》第六十八条中宣称，如果商议的利率高于正常的利率，那么该利率只能使用1个月，过了这段时间，必须降低到每泰两1泰分的利率水平，这和拉鲁贝的说法有出入。拉鲁贝记载的大部分内容的可信度都很高，是可靠的历史证据，因此存在以下可能，也许关于禁止征收过高利率的第六十八条条文是在纳莱王之后才颁布的，或者也有可能这一条文已经停用或并未被严格遵守。实际上，后来我们发现，直到曼谷王朝时期，即第六十八条仍然有法律效力的时候，债主们也并未遵守，时常收取高于法律明文规定的利率……由于利率居高不下，未能按时偿还利息的借债人就陷入悲惨境地，利滚利很快就让他们债台高筑，直到无力偿还，走投无路，只剩委身为奴一条路了。[92]

曼谷王朝五世王登基第一年就出台法律想要对那些债务奴隶们施予援手（佛历 2411［公元 1869］年 2 月 3 日、泰历三月黑分初七、水曜日颁布）。但是这个法律有些怪异，起初帮助债务奴隶们，让他们只需还清本金就行，不用交利息，但是过去若干年的应计利息还是需要偿还的。该法律还宣称，如果债务奴隶无力偿还未清偿的利息，债主可以用鞭打来代替利息，比率是 3 鞭抵 1 泰两！这简直就是对刑事罪犯的惩罚！

"法律规定的每月 37.50% 的利率究竟沿用了多久尚未可知，但根据已有的证据，到曼谷王朝四世王时期，公开借贷的利率已大幅下降，降到只剩下每年15%了[93]，并持续减少。到曼谷王朝五世王时期是每泰斤（chang）① 1 铢，但那些债主经常耍诈将利率提到每泰斤 5 铢。"（R. 林格特）

不管利息和租金的利率是高是低，利息和租金本身就一直是剥削制度的基础，构成了那个时期全体萨迪纳阶级对"派"们的剥削。特别是利息成为地主阶级的重要工具，用来将"派"的财产、土地甚至他们的妻女都据为己

---

① 泰斤（chang），古代重量和货币单位，1 泰斤 = 80 铢，约合 1200 克。——译者注

有："将其子女、奴仆、象、马、黄牛、水牛、房屋、果园、田地、土地交予债主以冲抵债务……"(《借贷法》，第 50 条)这是其一。还有一点，利息成为将人变为奴隶的工具，即将自己卖身为奴，所卖身价用于还债："若自由身时借债，经年累月，陷入穷境，成为奴隶，主人找来债主议定身价，将全部奴隶身价都付给债权人。"(《借贷法》，第 15 条)

这就是萨迪纳时期高利剥削的狠毒之处，即使是半萨迪纳的今天，它的毒性也未见太多减少。

赋税

萨迪纳阶级特别是那些萨迪纳统治阶级上层，在赋税方面的收益，可分为四种类型，分别是：

(1)"随"税

(2)"叻查"税

(3)"占告"税

(4)"阿功"税

为了揭示萨迪纳阶级的剥削特征，我们下面将挑选最必要和重要的内容，依次进行简要说明。

(1)"随"税

"随"税（*suai*），是指萨迪纳政府强制向人民或归其管理的人们征收的金钱或物品，征收的"随"税并不是根据生产的产品或收入计算扣除的，而是另外强行收取的。谁在我的土地上居住，呼吸着我这里的空气，喝我河里的水，就必须向我交纳我所要求的钱财或物品作为回报。说得更直白一些，"随"税就是租用国王的土地、天空和空气或地火水风的费用，换句话说，就是人们的白食金①。

"随"税还可分为 4 个类别，即：

a. 贡品（khruang ratchabannakan），是指朝贡国的国主或封臣（VASSALS）必须定期进献上来的"随"税，有时一年一贡，有时三年一贡。作为"随"税或贡物进献来的物品，往往都是在泰国萨迪纳宫廷中难得一见的地方特产，例如越国（指越南）就有上等的绸缎，而老挝则有珍贵的林产品，等

---

① 指租用时交给主人的额外的费用。——译者注

等。但是有一样东西是不可或缺的，即金树和银树各一株，一同送来，对王都中的最高统治者的恩庇表示敬意。这些征来的捐税贡物是萨迪纳阶级之间的剥削，当然也是建立在对人民的剥削基础之上的。

b. 帕塔亚（phatthaya）①，是指国王将人们的私人财产没收充公。拉鲁贝曾记载，纳莱王时期曾有没收死者的部分遗产的现象，萨迪纳政府认为它超出了继承者的封田级别，这些财产称作被"**帕塔亚**"了。帕塔亚一词的字面意思是处死、杀害，所以帕塔亚的财产并不仅仅指超出遗产继承者封田级别的遗产，还包括所有萨迪纳政府罚没的死刑犯人的财产。如果我们去翻看阿瑜陀耶和曼谷王朝五世王以前的法律，会发现几乎在每一部的条款中都有斩首、没收房屋、王谕罚没等字样。那些被斩首罚没房屋的人即是被"帕塔亚"的人，只要他的脑袋和身子分了家，他的房屋田园就都被没收成为帕塔亚，全部转交给国王所有。如果是王谕罚没的情况，是指包括他的妻子、子女、奴仆在内的所有人都被没收，全部登记在案归国王所有。这简直和强盗明抢一般，并无二致，只不过他们是利用自己制定的、维护自己公平正义的法律作为工具去抢劫财富。因此，斩首收房或王谕罚没的惩罚成为普遍采用的处罚，特别是在《王家刑事法》中，几乎在每一个条款中都会出现，有些条款中的处罚十分可笑，例如：

第一条：一个内心贪婪的人，往往不切实际地追求超出封田级别，行为举止逾越了国王封赐给他的爵品，忽视国王的态度（即指不注意国王对其的好恶），在皇语②中加入不适宜的言辞（指用错了皇语，夹杂着庶民的语词），佩戴了不适宜的饰品（等同于王！），这类人傲慢自大、胆大妄为，将被处以以下8种处罚：斩首并没收房产；用干硬的老椰子塞嘴；处以王谕罚没之后，罚其至象厩做象夫；交纳四倍金额（罚金）之后逐出官僚体系；处以两倍罚金；用皮条鞭打50下，或鞭打25下后投入监狱；关押一段时间后贬为庶民；处以缓刑。以上总共8条。(《王家刑事法》，佛历1895［公元1352］年颁布，曼谷王朝一世王时期修订，

---

① 英译本按词源转写作 *Badhya*。——译者注
② 皇语是泰国宫廷王族之间使用的一套专门的词汇，平民对王族说话或涉及王族的内容也要使用皇语的词汇，以示尊敬。——译者注

第一条）

除了以上这些，还有通过战争劫掠和抢夺敌人的财富，或将俘获的百姓及其财产一并带回，这些都属于"帕塔亚"之列，即财富全都是通过杀戮行为掠夺来的。

被罚帕塔亚的一个例子就是昆平（Khun Phaen）的父亲**"昆格莱蓬派"**（Khun Kraiphonphai，以下简称昆格莱［Khun Krai］），他来自一部基于真实故事改编的文学作品①，他不仅被砍了头，房产和妻儿仆从也都被没为官有。当时，昆格莱正指挥军队将水牛赶入王家的牛群中，结果牛群受惊开始顶撞伤人，昆格莱认为人命重于水牛，便用长矛刺死多头水牛，受惊的牛群纷纷逃入密林之中。帕潘瓦萨国王（Somdet Phraphanwasa）大怒，相比于人命他更痛惜水牛，便要治他的罪，吩咐手下官员道：

速速唤来刀斧手，斩下首级不值恤。
首级置于断头台，速抄家产及仆役。

遭此飞来横祸，昆格莱身首异处，他的妻儿以泪洗面，苦不堪言。昆格莱的妻子娘通巴喜（Nang Thongprasi）不仅失去了心爱的丈夫，甚至"**自己也要被罚没为官奴**"。[94]

这就是萨迪纳阶级的公正，这就是萨迪纳阶级的帕塔亚！

c. 均摊征役（*kenchalia*），即不定期地强制征用金钱或劳力以满足国王的各项活动需求，如国王喜欢向寺院捐献椰油，以点燃供灯礼佛，便下令发出均摊征役的征召书征集椰子或直接从种植园主那里征集椰油。如果城中接待国宾，便发出均摊征役向人们征集所需的金银和食物。有时候还会征役劳力去修建堡垒和王宫的城墙，或征役"派"们去围猎大象等。这种征役没有严格的时限，完全取决于国王不时的需要，即是说如果国王有何需求或要做什么，往往立即去征役人民，让他们均摊贡献钱财和劳力。

---

① 即泰国著名的古典文学作品《昆昌与昆平》。——译者注

d. 代役"随"税（suai thaenraeng）[①]，是指国王向那些不去服萨迪纳政权徭役的人们收取的代替徭役的钱或物。我们应从一开始就知道，在萨迪纳时期，32个身体部分都健全的男性都被视为壮丁，必须应征为国家服役。所谓为国家服役是指通过出力劳动服侍萨迪纳阶级，承担的工作包括犁地、插秧、土木工程等，视需求而定。规定每年有6个月的役期，称作"轮值"（khao wen）（名副其实的受罪[②]！），服役年龄从18岁到60岁。征用的人需要挑选身体强健的人，或者不强壮也可以，但必须满足所要求的数量（和征兵役一样）。剩下不需要的劳力，允许他们回去谋生，但必须交钱给国王；或者被征役但不想服侍他们的人，也可以交钱给官府雇别人代替他去服役，当然这个钱同样要交到60岁。这笔钱就叫作**"代役'随'税"**，交纳的税率为每年12铢（纳莱王时期的税率）。收上来的这12铢，官方解释是用来雇人替那些劳力干活的，报酬为每月1铢，6个月就是6铢，此外每个月还有1铢的伙食补助，加起来总共12铢。但其实并未雇用什么人，王家只是悄悄将钱都收入国库之中。

关于雇用人代替服役或交钱作为代役"随"税的费用比率，根据佛历2291（公元1748）年（阿瑜陀耶王朝末期）颁布的旧谕令第四十八条的记载，比率并不固定，有时每个月3铢，有时候每个月4铢（每年18—24铢）。如果被征役去围猎大象、抓捕海盗或强盗，不去服役的人要交的税率为每月5、6或7铢，有时甚至达到每月8铢。"如果估算一下，雇用一队'派'的花费，有的每年需要4泰两2铢（18铢），有的达到每年6—7泰两（24—28铢）。"

有一点，是关于之前说到的壮丁必须来服徭役，很多人并不清楚或理解有误，需要在此插入几句稍加说明。在阿瑜陀耶王朝中期，政府对现金开支的需求多于服徭役的劳力，便允许不想来服徭役的"派"们交**"公务费"**（kha rachakan），相当于雇人来代替自己。到了曼谷王朝一世王时期，公务费每年需要交18铢，人们自愿选择交公务费来代替服役

[①] 类似于中国封建时期的更赋。——译者注
[②] 泰语中的wen既有值班、轮班之意，也有罪孽、罪业的意思，作者这里一语双关。——译者注

已很平常。[95]

这个"**公务费**"一直收到五世王时期,当《征兵条例》颁布之后又出台了《曼谷王朝历 120 年公务费收取条例》(佛历 2444［公元 1901］年),对"公务费"进行了调整。这次收费调整试图将原来"**代役费**"的称谓变更为"**公务费**",并制定新的费率,即向每个没有服兵役的人每年收取 6 铢,收费年龄从 18 岁一直到 60 岁。

后来,到佛历 2462(公元 1919)年(六世王时期)时,国王认为《曼谷王朝历 120 年公务费收取条例》的收费是根据过去的"随"税的征收原则执行的,因此有很多其他类别的人不在征收范围之内,应该调整让所有壮丁都必须交钱,要一视同仁,并制定细致的检查规范,便颁布了《**佛历 2462 年勤王费征收条例**》……[96]

由于担心人民中有人不像其他人一样交钱或准确地说是"**献上公务费**",佛历 2462(公元 1919)年又出台了新的关于收费的条例。这一回将费用的名目换成"**勤王费**"(**rachupakan**)①,意思是"**扶助国家**"或"**扶助国王**",在该条例中给它下了如下定义:

"所谓'勤王费'应该理解为人们按照本条例的规定向王权献上的所有钱财。"

这回规定的征收费率仍旧维持原来的水平,即每年向年龄在 18 至 60 岁的人收取 6 铢,不同之处在于减少了可以不交这笔费用的例外人群,只剩下以下人群不用交费:1)出家人(只有个别规定的宗派,并且具备一定的条件);2)非国王委任级别的军人、警察,第一类预备役部队;3)区长、村长、警署署长、区属医生;4)残障人士;5)特定地区的特定豁免人群。

调整勤王费,以"**平等**"的名义要求人们交钱,这让很多萨迪纳阶级人士钦佩不已,甚至有作者这样赞颂六世王(1910—1925 年在位):

"到最后连他本人也很想像其他人那样,缴纳每年 6 铢的勤王费。"[97]

---

① 泰文 Rachupakan 是由帝王(Racha)和扶助(upakan)合成的,勤王费是其意译。——译者注

真是让人哭笑不得，因为就算他从自己的钱包中取出上百万铢，也仍旧是花给自己（扶助国王）的钱！

勤王费到佛历 2468（公元 1925）年（七世王时期）又进行了调整，将起征的最低年龄由 18 岁提高到 20 岁，费率保持不变，依旧要交到 60 岁。此后再未发生变化，直到佛历 2475（公元 1932）年中产阶级的民主革命之后才最后取消。

接下来的问题是，如果有人拿不出交勤王费的钱该怎么办？根据《佛历 2468（公元 1925）年勤王费条例》第十条规定，发出拘捕令将他带回进行调查，之后用他相当于未缴纳的勤王费金额的资产作担保，要求他在 15 天时间内必须缴清，否则的话就根据第十条第三款的规定执行，具体如下：

"依照《曼谷王朝历 127（公元 1908）年民事案件诉讼条例》，将欠缴勤王费之人的资产在市场上公开拍卖，所得用于缴纳勤王费、手续费及其他花销。"

如果该步骤无法操作，就得进入下一步程序，即依照第四款（分款——修订增补于佛历 2473［公元 1930］年），具体如下：

"赋予县长权力，按照欠缴的勤王费数额安排他从事国家的土木工程工作，欠缴一年工作 15 天，但不超过 30 天。在劳作期间，欠缴勤王费的人必须接受负责官员的管理，并被关押在某处，由内务部大臣确定具体地点。他们的伙食费用要自付，中央财政不支持。"

不能不提到的一点是，负责检查收费的官员可以从收取的费用里得到不超过 5% 额度的提成！（《佛历 2462 年勤王费征收条例》，第十三条）

至于在泰国的外国人，大部分是华人，他们同样也要付出劳力或缴纳"随"税，规定每 3 年交一次"随"税。大部分华人都愿意交"随"税，交完之后会得到一块火漆小牌系在手腕上作为证明，因此也被称作系牌费，收取方法如下：

"那些没有黥字，也不在登记司的风筝尾带名册中的华人，每人都被要求在京都服一个月的公共工程徭役；如果不做，就按每人 1 泰两的标准交钱，每个人还要交 1 士冷的传唤费。如果那个华人没有在手腕上系火漆小牌，就会被传唤去交半泰两的公务费和 2 士冷的传唤费。"[98]

这就意味着，一个华人一般每三年就必须交 4.25 铢的"随"税钱，如果他不想在手腕上系挂着火漆小牌，要交的钱就涨到 6.50 铢，这个数额比二世王（1809—1824 年在位）时期要高。根据约翰·克劳福德（John Crawfurd）的记载，在二世王时期，每个华人要求每年交 50 士丹，相当于那些劳工奴隶的水平。每三年征收一次，共收 1.50 铢。

后来，当颁布《勤王费征收条例》之后，那些在泰国的外国人，每个人都必须交勤王费，和泰人一样，不再有任何让步了。

在本书写作之时能够找到的勤王费的统计，是在六世王时期，征收多达 7749233 铢。（佛历 2464 ［公元 1921］ 年）

上面讲到的"随"税的类型是货币形式。

另一种"随"税是实物形式，是国王政府的必需物品。"派"们被要求献上这些物品作为"随"税，可以代替他们的劳务徭役。这一类的"随"税往往来自遥远的属城，如王都下属的帕耶城（Muang Phraya Mahanakhon）①。在这些城邦中，"**在平时，不需要太多'派'们前来例行服役，像在王都那样，政府便想到用交'随'税的办法代替轮值服役。因为这些属城都有密林和深山，拥有或出产国家公务所需的物资**"⁹⁹。

> 举例来说，正如允许在帕耶发密林（即现在的帕雅因密林 [dong phayayen]）边定居的国民去收集蝙蝠粪便，它们分布在这片密林深处的山洞里，然后通过加工制成硝石，再送到中央制作火药。又如让塔朗城（Thalang）的国民收集该岛（普吉岛）上储量丰富的锡矿，送到中央制作子弹，以此来替代徭役，等等。"随"税要求的额度要和雇人替他去服役的价格相当。¹⁰⁰

按照每年要求的额度送到中央的实物"随"税，如果"派"们收集不到就必须交钱补偿中央的损失；如果一点都交不出来，就必须交全额的现金。举个例子，巴通猜城（Pak Thong Chai，即现在呵叻府的巴通猜县）在三世王（1824—1851 年在位）时期，那些"列"或"派"们被征役去做

---

① 戴莱洛迦纳王时期进行了行政改革，取缔了之前由王族食邑的王子城，将控制范围内的城邦分成 3 个级别，最外围的是向它称臣纳贡的附属国，内围的则是由王都任命管理的城邦，城主具有帕耶级别的爵品，也被称为帕耶城。——译者注

缴纳黄金"随"税的"列",每个人必须淘得 2 士冷的黄金[101]。但是现实情况是难以达到征役的要求,只能交钱来代替。在佛历 2384(公元 1841)年①,从巴通猜城收来的黄金"随"税(包括逾期拖欠的"随"税)为 3 泰斤 8 泰两 3 铢(合 41.25 公斤),同时有 10 泰斤 7 泰两 3 铢是交来的补偿现金。[102]

再说到塔朗城(普吉)的锡矿"随"税,如果送不来锡,即必须每人交 10 铢钱作为替代,如果是"派流"(卑奴)则为每人 5 铢;苏木"随"税,如果交不上来苏木,就必须每人交来 7.50 铢来代替,如果是"派流"(卑奴)则为 3.75 铢;象草"随"税(负责割草喂象的一组"派"),如果没能割来草喂养御象,必须每人交 9 铢。(《旧谕令》,第 48 条)

我们还要在这里说明一下。萨迪纳阶级的编年史学家经常努力辩解,说"随"税是称那些代替劳力的公务必需品,如制作火药的硝石,制作子弹的锡矿[103]。其实那是非常表面和片面的事实。从另一个方面来讲,"随"税是国王迫切需求的、为了装到帆船上和外国进行贸易的物品。由港务司负责的商船或帆船贸易,自古以来就是由国王垄断的贸易,交易品都是"随"税物品。如果"随"税物品供应不足才去购买,相比于买来的货物,国王更喜欢"随"税物品,因为它无须投资![104]

萨迪纳政府通过这种"随"税获得的收入,利润十分巨大。根据帕里果瓦主教的记载,在四世王时期,国王通过"随"税获得的收入情况如下:

代替徭役的劳务费(每年)	12000000 铢
华人火漆小牌费用(三年一收)	2000000 铢
邦达潘地区金矿开采特许权	10000 铢
北方属城进献的收益	50000 铢
南方属城进献的收益	40000 铢
总计	14100000 铢

这些还不包括每年通过帆船运来的大量的"随"税物资。

---

① 英文版记作佛历 2385(公元 1842)年。——译者注

一般情况下，诸属城经常不能在规定的时间内交来"随"税，一旦国王发怒催促，官员们便又急着惩罚"派"和"列"们。**"催收是很平常的，必须强制那些债务人来交钱，有时甚至要将他们关押起来，或多或少让他们吃点苦头。"**[105]但实际上，几乎每个人都吃尽了苦头。至于欠缴的税金，不管封建领主或官员们如何残酷地催收，"派"都咬牙忍受折磨以请求宽限时日，因为他们都穷困潦倒。到了五世王时期，过期欠缴的税金堆积如山，坏账难以理清。五世王便在军务部和内务部各设立一个"随"税厅，专门负责催收各地方的"随"税上交王家金库。但那些萨迪纳阶级都心知肚明，不管怎么催促都不会收到钱，而且还会激起愤恨和仇视。他们便想出一个减税的花招，如果谁能缴清欠款便免除一半金额。欠税的人觉得这是一个摆脱债务和坐牢惩罚的好机会，便纷纷前来交税。仅在北方的属城，通过免除一半税金的方法就收得 200000 铢。**"那时还未开始使用纸币，只有硬币，我只好用一条船装运着钱送到公玛帕纳拉（Kromma Phra Nara，当时的财政大臣。——编者注）那里，他非常高兴。"**（丹隆亲王：《地方长官》，第 89 页。）

在后来的曼谷王朝几任国王在位期间，代役费或经过润饰后的称呼——公务费或国家扶助费（勤王费）的金额减少了，只有 6 铢，但仍然是仅次于田税的收入来源。在佛历 2464（公元 1921）年，萨迪纳政府征收的田税超过七百万铢，与此同时，收到的勤王费达到 7749233 铢。如果和当年萨迪纳政府财政的总收入 85595842 铢比较一下，会发现勤王费几乎占到萨迪纳阶级利益维护机构总收入的 9%。在四世王时期，该项比重更大。根据帕里果瓦主教的记载，四世王的总收入平均每年达到 26964100 铢，其中有 14000000 铢是代役费和系牌费（还未计算其他"随"税），用百分比表示，这种额外榨取的钱占到总收入的 56%！

（2）"叻查"税

"叻查"税（rucha），是指向人民征收的与政府活动有关的各种名目的手续费，如法院的手续费。当有诉讼案件，败诉一方要向胜诉一方交纳罚金，政府以官方罚金名义从中抽取一半作为手续费。如果该案件是国王下旨让法官彻查实情，原告方还要交琐碎繁多的手续费，如谕令费、担保费、取证费、检验费、补助费、抄票费等，共计 23 铢。被告方要交 19 铢（谕令费少收 4 铢）。一旦被告有罪要收监关押，就必须再交更多的手续费以消灾避

118　祸，"狱卒向他们收取开镣费 1 铢、油费 2 士冷、锁链费 2 士冷、取链费 1 铢 2 士冷、检查费 2 士冷，共计 1 泰两"（《四世王时期公告汇编》第 1 卷）。

　　萨迪纳时期的手续费名目繁多，夸张点说只要动一下就可能要交手续费。例如那些去为国王服徭役的人，当徭役期满之后，会收到他的个人文件，证明已服过徭役了，不用像其他人一样再交代役费和其他赋税了。这份文件叫作"**免税役证书**"（Traphumi Khumham），但它并不是无偿的，而是要交以下的杂费：

纸张费	25 士丹
印刷费	12 士丹
文牍费	6 士丹
军务部印章费[①]	6 士丹
内务部印章费[②]	6 士丹
王家金库印章费	6 士丹
首长检查费	6 士丹
交给内务部	6 士丹
交给军务部	6 士丹
交给侍卫厅（理由不明）	6 士丹
首长的风筝尾带名录费	25 士丹
文牍费（第二次了）	25 士丹
给军务部文书	25 士丹
给内务部大臣	25 士丹
给王家金库文书	25 士丹
给侍卫厅宫廷侍卫长官	25 士丹 [106]

　　全加起来，还没拿到证书就先搭进去"九士冷一泰分"（合 2.35 铢），再加上服徭役的"派"无偿为封建领主工作，没有月薪，食物还要自行解决，来为封建领主做一个月的工，再回自己家种一个月地，如此交替着干一年，一直要干到 60 岁。现在还要向国王交上九士冷一泰分，为了向他们证明

[①]　军务部印章带有一象鼻狮身兽形象，是神话中的动物，也可译为象鼻狮身印。——译者注
[②]　内务部印章为带有一狮子形象，也可译为狮子印。——译者注

我已经为国王做完工作了，真是咄咄怪事！以上说到的这些还只是国王吩咐收取的手续费。一般情况下，**"地方官员和领主们征收的手续费要更多"**（见同一份公告）。

萨迪纳政府的手续费或曰"叻查"税数不胜数，想要一一尽数难以做到，因为它遍布于每一个角落，即使是那些萨迪纳阶级自己也承受着名目繁多的手续费的重压。例如有人被任命为城主之后就要交 96 铢印章费，此外任命副手，建立军队，建立政、宫、财、田四厅，建立城中的内务厅和兵役职官厅都要交印章费。国王任命一位新的城主及其手下官员，总共要收取 15 泰斤（1200 铢）！[107]

之所以会有这么多巧立名目的手续费，是因为五世王之前的萨迪纳统治阶级没有工资。国王将收上来的赋税全部收入王家金库，然后分出一部分给前宫的金库，以及那些有权有势的王公贵戚，其余则不声不响地据为己有。其余官僚大臣们则需自己想办法，从人民那里榨取手续费。没有工资，意味着谁善使诡计诱骗或依靠权势强征的手续费越多，可支配的利益就越多，能过上吃着热饭、迟睡晚起、妻妾成群的日子。如此放任官僚横征暴敛手续费，逐渐催生大量官员利用职权贪污的现象，但这种贪污是人民无法察觉的。因为每个人都这么做，最后倒变成了合法行为。不仅如此，那些担任各种职务的贵族官僚，做事快还是慢、好还是坏，取决于榨取手续费的门路，按今天的说法，就是茶水费！例如在司法部门任职的贵族，即那些陪审员们有各式各样拖延官司的伎俩，如果不给他们手续费，官司就无法进行。"**主持该部工作的长官们，如果得不到什么值得付出辛苦的利益回报，很少有人会尽心尽力地处理厅里的诉讼，还不如坐在那儿靠着赋税。**"[108] 此外，这个部的油水比其他部都少，"**这里几乎没什么好人，只有那些捞不到其他好处，只好转到这里来碰运气的人**"。

至于那些碰巧在负责进出口贸易事务的港务司工作的人，他们犹如掉进粮仓中的老鼠，不费吹灰之力就坐享各种手续费，收受贿赂，贪污舞弊。那些在财务司供职的人也一样，收取投标的手续费，收受奢靡贵重的礼物。这些都是司空见惯的事情（第 40—41 页）。

田务部也是躺着收钱，出具田地和种植园的地契和预约单都需要交手续费。这还不够，"还有两件事会尽心去做，即收粮入仓和向所有公职人员分粮，这也是攫取小利小惠的机会。任命钦差大臣下去征收田税。说是征收田税，但他们并不对税金是否收齐收好进行监督和检查，只是将收来的钱送到金库而已，比负责征收赋税的官员容易，因为他们无需对钱财负责，税金的多寡早就规定好了。钦差大臣不像其他税务官员一样负责投标，田务部几乎可以说无须对本部的任何工作负责，工作也很轻松，大家的收益比其他所有部都要好"（第12页）。

轮到倒霉的政务部了，手续费很少，但也要"**竭尽全力和其他部竞争去追逐利益**"。这很正常，但"**要是直接索要不能让自己满意，便会想方设法、不择手段，走上腐败堕落之路**"（第9—10页）。

萨迪纳阶级常常自夸说在萨迪纳时期没有腐败情况，但实际上多得一塌糊涂，只不过这些贪腐行为都是合法的，仅此而已。

总而言之，在萨迪纳体制中，"叻查"税费或手续费是继各种赋税和平白没收的钱财之后，萨迪纳阶级对"派"的另一层剥削，可以说是第二或第三层剥削。

在"叻查"税这一级的剥削上，国王和贵族官僚有着共同利益，即征收这个手续费，一部分收入国库，如纸张费、印刷费等；但另一部分都落入贵族们的钱包中。萨迪纳时代的人，除了极少数萨迪纳阶级外，几乎都穷困潦倒。

根据已找到的统计数据，萨迪纳政府在"叻查"税方面的收入，在四世王时期，仅在案件手续费一项上每年就达到15000铢。还有其他花样百出的手续费，不知道其中有多少进入王家金库，又有几倍于它的金钱进到萨迪纳贵族的腰包！

（3）"占告"税

"占告"税（*Changkop*）即当运送货物进口或出口，或进行交易时，按照商品总价比率抽税。简言之，就是商品税，和"阿功"税的区别在于"阿功"税是直接征自生产出来的产品。"占告"税征税范围既有陆路也有水路，不管是赶着水牛群去贩卖还是进行帆船贸易都需缴税。"占告"税的征税特征是"**十分抽一**"，即十分之一或10%的税率。《王家刑事法》对此解释道："还要对大大小小的帆船商船征收'占告'税，将商品卸到陆路，装进牛车运送至内陆的海关。按照货物单位进行清点，若点数到十，便抽取一份作为

'占告'税；若点数不到十，便不征收'占告'税。"

还有一种征收"占告"税的办法，与征收商品"占告"税结合起来，即根据装载货物的交通工具的大小，按照税率来收钱。例如在纳莱王时期，按照商船的大小征收"占告"税，即测量船身长度，每泰丈一铢，之后又补充条款，如果商船的甲板宽6泰尺（sok）[①]，即使船长不到6泰丈也要征收6铢"占告"税。也就是说，商人要交两次钱，船舱中的商品要交税，船甲板也要交税。

无论是进口还是出口的商品，包括在国内交易的商品，一律征收"占告"税。进出口商品的"占告"税率并不相同，而且税率也一直变动不居，如在《故都人口述》（第261页）中说道，若是商贸往来频繁的友好邦国，按照商品总价的3%征税，宽度超过4泰丈以上的商船，按每泰丈12铢征收甲板税；如果是其他国家的商品，商品税率是5%，甲板税为每泰丈20铢，没有任何让步。如果进口的商品正是国王想要的，就不必缴纳商品的进口税，只需缴纳甲板税即可。

当政府设立官方的贸易机构，自己从事贸易活动，政府选购的进口商品便不用交进口关税了（《史籍汇编》，第40卷，第33页）。而政府交易的出口商品，同理也不用交税了。（帕耶阿奴曼拉查东：《关税历史》，第51页）

在三世王时期，据约翰·克劳福德记载，进口商品关税税率为进口商品总价的8%，甲板税则各不相同，取决于是哪个国家的商船，以及开往何方。据鲍林记载，海船按照每泰丈8—40铢不等征收，大帆船按照每泰丈80—200铢不等来征收。

当佛历2399（公元1856）年和英国签订贸易条约之后，根据条约的规定，对于三桅帆船按照船体宽度，每泰丈征收80铢，如果是双桅帆船则税率减半。进口商品关税按照8%计算，出口商品则根据货物的种类而采用不

[①] 泰尺（sok）是泰国长度单位，指尖到肘关节的长度，1泰尺约合半公尺。——译者注

同的固定税率，如糖的税率为每担（hap，即 60 公斤）2 士冷，等等。①

此外在三世王时期，征税方式也进行了调整，只看船的大小，即如果船上装载着商品入关，每泰丈征收 1700 铢，如果是空船入关来购物，每泰丈收取 1500 铢，不再收取其他的"占告"税。而对那些来和英国进行贸易的商船，从一开始就不收取任何手续费。

萨迪纳政府来自"'**占告**'**税**"的收入（或关税）有漫长的历史，并且和萨迪纳垄断贸易体系关系紧密，将留待讲到萨迪纳垄断贸易体系时再举例细说。在此暂且简单概括一下，"占告"税是向国内大大小小的普通商贩，及进出口货物征收的关税。

下面来说说人民是怎样遭受盘剥的。来自萨迪纳政府的剥削如下，当一个人爬上自家的椰子树，就已经被征收了椰子的"阿功"税，作为土地税，即是说种植园的"阿功"税已经先缴纳过了。当他要熬椰油的时候，必须去向椰油包税人（chao phasi）②报告，说现在我要熬椰油了，请给我开一份许可。包税人便给他开具一份许可，并按规矩收取手续费（"叻查"税），数量多少完全取决于前来申请许可的人的外貌，如果看上去很蠢笨会收得非常贵。得到许可证之后就回来熬椰油，熬完之后就装到船上，吱吱呀呀地摇船到税关前，税关的负责人征收十分取一的"占告"税。而发给他许可的椰油包税人也等在税关，等到货船经过的时候按照该商品的征税标准再收一次税，然后才能去出售。如果包税人离得很远，必须先去支着税务篷的码头，不然的话会被指控逃税而被重罚，蒙受巨大的经济损失。征收"占告"税的地方称作"佧侬"(khanon)或"旦"(dan)③，既有陆路的也有水路的，设在城外来往出入的必经之路上，至于包税人所在的收税点叫税务篷。大多数包税人都是垄断买办资本家，或独自强制收购所有他所经营包税的那类商品，

---

① 集·普米萨在这一段提到的《鲍林条约》的内容和真实的条约条款并不一致，条约中规定进口英国商品只收取商品价格 3% 的进口税，并取消一切甲板税。另外，在当时签订的任何条约中都找不到关于双桅船和三桅船的收费内容。约翰·克劳福德的传教活动（前一段内容）发生在二世王末期，尽管他的记载是 1828 年三世王时期出版的。下面一段讨论的税率问题，是基于 1826 年的《伯尼条约》（*Burney Treaty*），正是三世王刚刚开始执政不久。——英译版注

② 包税是一种确保中央能够将税收征收上来的手段，包税人通过投标获得包税权，以高于国家的税率向人民征税，扣除上缴国库的税款，其余中饱私囊。大部分包税人都是华人中标出任的，后文将有详细介绍。——译者注

③ 佧侬（khanon）和旦（dan）均指古代的关、关卡或稽查站。——译者注

不管是谁都要卖给他，之后包税人才拿出来出售，但是要获得令自己满意的利润。这一点，在接下来谈到"阿功"税和税务垄断部分内容之时再继续。

(4) "阿功"税

"阿功"税（akon）意为从人民通过种水田（na）、种旱田（rai）、种植园等多种形式的劳动生产得来的收益中，抽取一部分作为税收，这是一种方式；还有一种方式是将某种专营垄断权交给人民，然后向他们收取垄断的"阿功"税，如收集林产品、捕鱼（水产"阿功"税）、酿酒、开赌场（赌博）、开妓院等。征收"阿功"税的特点如下：

田产"阿功"税（akon khana），这种税是直接从农民那里收取的。租种地主土地的农民要损失两次收益，第一次损失是交给地主的地租，第二次是向中央（即国王）缴纳的田产"阿功"税。这种向中央缴纳的田产"阿功"税，可以说是替地主交的地租，即是说土地的主人不用向国王缴纳土地税，农民或"派"已经替他交过税了。四世王曾经提及这一事实："**臣民租种其他人的土地，必须向地主交地租，还必须替地主交田税。**"[109] 至于地主征役家臣和"派""列"们耕种自己的土地，也需要缴纳田产"阿功"税，但只需交一次钱，不需支付家臣、"派"和"列"的工钱。不仅如此，"列"和"派"们甚至还要带着自己的耕犁、耙子和耕牛来替封建领主们耕地。萨迪纳时期的地主们贪婪地侵吞着所有利益。

这个田产"阿功"税起初只是征收稻谷，人们每年要给中央粮仓交来稻谷，收来的稻米被称作"**初等稻米**"（hang khao）。收在中央粮仓的初等稻米，人们要用自己的工具和人力运送过去，而负责粮仓的官员只是待在那里"**坐着抖着脚，并登记下送来的初等稻米**"。不仅如此，他们还仗着手中的权力专横跋扈，欺凌百姓，这体现了萨迪纳文化里蔑视人民的一贯作风。接收人们运送来的初等稻米的中央粮仓，既有在京城的，也有设在地方属城的，谁要送到哪一个粮仓，并没有明确的规定，完全取决于那些监管员个人的喜好。人民遭受的痛苦都有文字记录的证据，在四世王时期的公告中写道："**臣民必须按照管理官员的要求送到京城的粮仓或属城的粮仓。臣民遇到的困难不尽相同，有些人多一些，有些人少一些。遇到困难的人会诉苦控告那些钦差大臣和负责的官员们，时常需要仲裁人去处理这些诉状。**"（佛历2407 [公元1864] 年，鼠年公告）

最初征收的初等稻米"阿功"税究竟每莱收取几桶，还未找到相关记载，但是后来开始改收货币代替稻米。在纳莱王时期，所有土地都是按每莱25士丹来征收，没有例外。

起初，田产"阿功"税或初等稻米"阿功"税只是针对那些有产出的田地征收，没有耕种的土地则无须交税。但不征收未耕种的土地的税对于"派"们或人民来说毫无意义，因为普通人民或"派"们都只有5莱、10莱或15莱的土地，并且都是亲自动手耕种。他们不可能去抢占土地，去侵吞超过自己封田等级的土地所有权。只有那些拥有大量封田的地主们，才会从这种只对耕种的土地征税方法中受益。那些封建领主们控制着大量的土地，而自己的奴隶劳力数量较少，那些被强制征役来的"派"劳动力也不能保证每年都能耕种所有的土地，有的年份能够种满，而有的年份只能种一部分，但都要按照地契中的土地数量给每一莱土地交税，他们就觉得受不了了。国王愿意减少他们的田产"阿功"税，是建立在萨迪纳阶级内部的利益冲突的基础之上的。如果是"派"或人民从减税中获益，属于意外受惠，少之又少。

由于有这种给地主们减税的方式，国王不得不派出钦差去"**巡田**"，即前去检查，以便登记清楚哪位封建领主有几莱田地，实际上耕了多少面积。这种巡田有多种叫法，有的称"**测量田地**"，有的则叫"**评估田地**"。田务部的官员每年在征收田产"阿功"税之前，前去检查或巡视田地，但后来引发了很多矛盾，便只在一任国王期间检查一次或两次。封建领主们得到的收益比之前还令他们满意，因为他们在没有检查期间新开垦和兼并的田地，不用向国王缴纳"阿功"税，可以舒舒服服地享用全部收益。

到纳莱王时期，这位国王模仿他的亲密朋友法国的路易十四国王奢靡浮华的宫廷生活，甚至模仿他建造的凡尔赛宫的样式，将华富里城修建成一座夏宫。因此，宫里的财政状况非常拮据，便将初等稻米"阿功"税改为征收货币的形式，每莱收1士冷，既包括耕种的土地，也包括未耕种的土地，将所有持有的土地面积都纳入征税范围。每莱1士冷的税率若以当时稻米价格进行换算，约为每牛车（*kwian*）10—12铢，每桶稻米的价格便为10—12士丹，纳莱王按每莱25士丹征收的"阿功"税，换成稻米来计算的话约为每莱2桶，和沿用至曼谷王朝的税率持平（每莱土地能生产20—30桶，最多达到40桶）。

纳莱王每莱 1 士冷的税率，相比过去剥削并没有加重，但是征收办法非常严格，即对所有耕种和未耕种的土地征税。谁拥有的田产越多缴税越多。给出的理由是为了激励地主努力种上所有的面积。但绝大多数地主都不同意，也很不满，因此只是在国内个别地区，即仅限于纳莱王拥有绝对控制权的城邦才如此征收。（拉鲁贝，DU ROYAUME DE SIAM）

萨迪纳阶级内部爆发了一次大规模的冲突，一部分同样被迫缴纳收成的"派"们也加入其中，迫使国王不得不重新调整田产"阿功"税的征收办法。新出台的田产"阿功"税有两个征收形式，分别称作"**双牛田**"（na khukho）和"**薄收田**"（na fangloi）或"**雨水薄收田**"（na namfon fangloi）。

"双牛田"是指国王根据拥有所有权的土地面积大小征收"阿功"税。但是要根据拥有的土地数量征税，会招致那些手握大量土地的封建领主们的不满，于是就改变做法，最终双方达成一致，即清点耕地的黄牛或水牛的数量，然后估算一对耕牛每年在田里耕种能有多少产出，然后以黄牛或水牛为单位计算"阿功"税。地主们勉强接受这种方法，因为在实际耕种时，那些被征役来的"列"和"派"们需要带着自己的耕牛来劳动，他们的劳动所得都是不需要缴"阿功"税的额外产品，地主们每年都可以轻而易举地获取不少利润。这一类的田地，钦差大臣来巡田检查之后，会出具一个证明缴纳过"阿功"税的盖着朱红色印章的凭证，称作"**红章**"（tradaeng）或"**红章地契**"（chanot tradaeng）。

这里提到的"**地契**"，需要补充说明一下，过去所谓的地契并不是指表示土地所有权的文件，而是指标明土地数量以及根据土地面积需要缴纳的"阿功"税数量的证明。田务部的钦差将这个证明拿给耕种者，作为来收取"阿功"税的时候要求出示这个证明，然后按照上面的记录征税。如果哪块地没有标明土地和"阿功"税数量的证明，土地的管理者就会被指控任意开垦土地而不向国王汇报，有故意逃税使国家利益受损之嫌，必须严惩。想要开垦新地的农民必须事先去向官员说明："我要在这里种地，请给我开具标明土地面积和需缴纳的'阿功'税的证明。当钦差来巡田检查的时候，我就可以给他出示证明的文件，表示我准备好了交税，没想过要逃税。"这里我们要知道，更早的时候人民种地是不需要任何证明文件的。农民们只管种地，封建领主就盘剥他们。后来，人们实在承受不了这样的剥削了，便想办法逃税,借口说这块地是刚刚开荒一两年的地,法律规定对开荒的人免征"阿功"税。(《综合法》,阿瑜陀耶王朝刚刚建立不久时颁布)不管钦差到哪里去征收田产"阿功"税,都会听到这样的借口,遇到争议而无法征税。后来的国王波隆摩罗阁提功二世(Phra Paramarajadhiraja II)便于佛历1976(公元1433)①年出台法规,强制要求开垦新田之人,带着标明土地和"阿功"税数量的地契来向钦差说明。如果谁没有地契证明,就会被指控为逃避和隐瞒"阿功"税,会被重罚,具体如下:

陛下着命6种惩处。蒙王恩渥,谕令不伤性命,将扣缴的"阿功"税悬于脖颈,示众三日,并处四倍罚金(4倍于"阿功"税的罚金)。(《王家刑事法》,第四十七条)

这里所说的6种惩处形式多样,包括:斩首并没收房屋;关进监牢,在王谕罚没后罚去割象草(即罚去割草喂养御象,这是最低贱的工作,因为不但会被草割伤、遭蛇咬,还要忍受大象粪便的骚臭味等);用皮条鞭打50下;监禁一个月后贬为庶民;四倍罚款;以及双倍罚款。国王可以从这6种处罚中任意选择。(《王家刑事法》,第二十七条)

如此治罪和惩处强盗(没收房屋、王谕罚没)或对付叛乱(斩首)一样严重,使得人们不得不急急忙忙地来求地契证明。"**因此,可以清楚地看到,开具地契证明的举措是为了防止逃税,并没有任何让主人展示自己权利的证据的目的。所以,出具地契证明是为了国库的利益,并非为了土地主人的利益。**"[110]

在阿瑜陀耶后期波隆摩谷王时期,又在各地加紧检查,颁发这种地契。[111]这种作为缴税证明的地契一直沿用到曼谷王朝时期,直到佛历2445(公元1902)年9月15日(五世王时期),新式的地契才开始出现。[112]

那时刚开始使用新式地契,分为三个步骤实施:

1)任命农业钦差大臣到各个地区去调查讯问土地所有者们的证据;

---

① 泰文原文此处时间为佛历1796年,即公元1253年,应为印刷错误。波隆摩罗阁提功二世1424—1448年在位。雷诺尔斯英译版纠正为佛历1976年,即公元1433年,与其在位时间一致。中译本此处按英译本翻译。——译者注

2）设立登记处，专门存放新地契；

3）废除所有旧的证明文件，并用新文件替换。

到了佛历2451（公元1908）年，推出了《**曼谷王朝历127年土地地契颁发条例**》（1908年3月6日），从那以后，人民才开始拥有土地的所有权。

"薄收田"，这一类田地是在丘陵上的田地，洪水也淹不到，灌溉只能依靠雨水，如果不下雨，田就旱掉了，无法耕种。它不像双牛田那样条件优越的水田，可以蓄水，用水车戽水灌溉，种田不需等天下雨。这些丘陵上的田地便被称为雨水田，钦差来评估田地的时候，只是来确认一下该田地有多少能够实际耕种，通过观察稻梗等状况判断，然后根据情况测量征"阿功"税的面积。这一类的田地大多数都是"派"的田，有时候有点收成，也有时候绝收。国王的田务部只是不时为他们开具一份"**预订单**"，如果连续三年歉收，田务部就指责耕种者懒惰，将田地收归王有。作为这些薄收地所有者的"派"的命运，便随着雨水的多寡而起伏不定。

由于生活和雨水直接相关，便在各地种田的"派"们中间催生了游猫求雨的风俗。国王一方只负责检查"派"们有没有收成，如果没有便武断地认定他们偷懒，将田没收。萨迪纳阶级们对农民们的最大帮助，就只有引导他们进行祈雨仪式。国王为展现他的洪恩厚泽，送一尊叫作"帕坎塔叻"（<u>phra khantharat</u>）① 的祈雨佛像到各个属城中去，专门用于称作"皮伦萨仪式"（<u>phithi phirunsat</u>）的祈雨仪式之中。如果哪年少雨干旱，无法耕种，往往责怪说是因为人民没有普遍地进行皮伦萨仪式，雨神才不肯降雨，不能怪罪于国王没有留心修渠蓄水、引水灌溉。人民才会上当，把自己的命运都交给神仙，听天由命。如果天不下雨，意味着天地之神不允，因为自己的福分不够，不能怪罪他人！

"这个国家的风俗是，如果什么时候缺雨少雨，地方上便会请出坎塔叻佛像供奉起来，搭建起用于念诵巴利文祈雨经文仪式的亭子。并不是王国境内的每一个府都能够举行这个仪式，因为大部分府的首府城市还没有用于祈雨仪式的坎塔叻佛像。在今年（佛历2468［公元1925］年——编者注），国

---

① 帕坎塔叻佛又被称为求雨佛，是泰国一尊非常重要的佛像，现供奉于曼谷玉佛寺之中。该词英译版按词源转写为 <u>Gandhararatha</u>。——译者注

王批准铸造80尊高33厘米的坎塔叻佛像,送至各个府的首府城市,以便在遇到干旱少雨的时候,可以在那里进行皮伦萨仪式。"[113]

这就是萨迪纳阶级仅有的对人民施与的经常性援助。

这种求雨仪式或皮伦萨仪式从素可泰时期就出现了,五世王曾经提到素可泰时期的仪式,说它"**是蠢笨不堪、粗鲁野蛮的**"[114]。这个仪式每年都举行得十分盛大,不仅有佛教仪式、婆罗门教仪式,还进行唱诵求雨祭词的典礼,人们相信"如果不下雨便取出祭词念诵,雨就会下来,因此,这份祭词……很可能是波隆摩谷王时期(公元1732—1758年)产生的,因为从颂昙王时期(公元1620—1628年)开始,那些有破坏性的念咒作法祈愿的迷信活动激增,而且越到后来越棘手。"[115]

尽管认为这是蠢笨不堪和粗鲁野蛮的,并且是具有破坏性的念咒作法活动,但是萨迪纳阶级仍然将仪式保留了下来,因为这是唯一可以麻痹人民,并且巧妙地推卸自己失误责任的方法。

根据现有的记载,国王很少向人民伸出援手,但只要出现一次,便会长时间不遗余力地标榜自己的功绩。下面举一个四世王时期的例子,佛历2407(公元1864)年,时逢干旱:

"此外,在当年的11月份,陛下北上旧都(指阿瑜陀耶)检视供水情况,认为水源匮乏,便下旨命官员们去关水(即筑坝拦水,避免水流失——编者注)。之后从王室财产中拨出钱款和大米,奖励做工者每人1铢钱,分给每人10泰升的储粮。此外,为了不误工期,国王除下令伐木外,还补充购置了工程用木材。总共耗费王室财产50多泰斤,国王体恤民情,尽其所能去帮助旧都、华富里和红统(Angthong)一带民众的农事,这是他对民众的浩荡洪恩,民众需对圣恩谨记于心,切莫惹生事端。"[116]

这是四世王亲手拟就的公告。所谓"对圣恩谨记于心,切莫惹生事端"的意思是,国王征收初等稻米"阿功"税时遇到的困难。由于缺水无法耕种,土地歉收,人民叫苦连天,抱怨田产"阿功"税过高,难以承受。

说到出资筑堤蓄水的工程,花费了多达50多泰斤(4000多铢)的"**王室财产**",乍看似乎数额不小,确实值得夸耀一番。但要是和获得的收益比较一下,会发现在帮忙蓄水的旧都、华富里和红统一带,"共计有320000多莱田地……这320000莱的田租,若按每莱1士冷1泰分征收,每年可得

1500 泰斤，若按每莱 1 士冷收取，每年也可得 1000 泰斤"（来自同一份公告）。几十年来，每年都能收入 1000—1500 泰斤（80000—120000 铢）。好不容易出一次钱筑坝蓄水，就咕哝抱怨个不停，显示自己的恩惠，尽管那次蓄水，萨迪纳阶级也从中直接受益。如果能生产出稻米，他们就能得到初等稻米，另外投资建坝只花了 4000 铢，也都是从人民那里征来的每莱 1 士冷或 1 士冷 1 泰分的田产"阿功"税中支出的。

这笔钱出自收来的"阿功"税，大萨迪纳主们对此心知肚明。当王族侵吞了应该送至中央的税金，或为了壮大下属队伍，利用个人影响给他们发不必缴税的特权证之时，四世王就抱怨道，收上来的钱还不够分配给王族的年金，必须要减少年金，并且解释道：

"我每年赏赐分发给官员们的钱，并不是来自国外的其他城邦，正是来自'阿功'税的收入。"

但面对那些"派"和农民们的时候，却反过来声称这笔钱是"**王室财产**"，说"**总共耗费王室财产 50 多泰斤，国王体恤民情，尽其所能……这是他对民众的浩荡洪恩，民众需对圣恩谨记于心，切莫惹生事端（在征收'阿功'税的时候）！**"

这就是那些萨迪纳阶级要求铭记他们恩情的习惯做法。究竟是谁对谁有恩，这非常令人深思。

正是因为国王不怎么关心和帮助广大人民，只是心疼这点王室财产，才使得整个萨迪纳时期的田地要么干旱，要么被毁。所说的"**米珠薪桂**"的情况才会经常出现。如果我们查阅一下过去的大事记，就会发现经常出现"**米贵**"的字样。例如：

虎年，小历 1120 年（佛历 2301 [公元 1758] 年），这一年米贵，每车 12 泰两（一般稻米价格为每车 3、5 或 6 泰两）；

蛇年，小历 1147 年（佛历 2328 [公元 1785] 年），雨多，米贵，每车 1 泰斤；

蛇年，小历 1183 年（佛历 2364 [公元 1821] 年），稻米每车 7 泰两，糙米每桶 3 士冷 1 泰分，这一年很多人被水蛇咬死；

马年，小历 1184 年（佛历 2365 [公元 1822] 年），稻米每车 11 泰两；

兔年，小历 1193 年（佛历 2374 [公元 1831] 年），这一年发洪水，米贵，每车 8 泰两；

蛇年，小历 1195 年（佛历 2376 [公元 1833] 年），第八月少雨干旱，米贵，每车 7 泰两 2 铢；

兔年，小历 1205 年（佛历 2386 [公元 1843] 年），这一年米贵，从第十二月到第四月，糙米每桶 1 铢，许多人高烧致死，雨水稀少，无法耕种。（摘自《史籍汇编》第 8 卷）

我们回来继续讨论田产"阿功"税的内容。

萨迪纳阶级的剥削，除了没有给予任何帮助或回报地无偿征收每莱 2 桶的初等稻米税之外，还要按照国家制定的收购价格每桶 6 士丹，每莱再强制收购 2 桶稻米。这种强买强卖的行为，"派"们的损失最大，因为市场售价普遍为每桶 10—12 士丹，国家的强制收购价仅为其一半。那些租地生产的"派"们要承受三道损失：1）向中央（国王）缴纳田产"阿功"税；2）向地主缴纳地租；3）在强制收购中吃亏！而那些提供土地的地主们一点也不痛苦，还和过去一样坐收利润。而那些让自己的家奴或征役"列"来为其免费服务的人，只需缴纳一点点的初等稻米，也没有什么痛苦。可以说，那些地主和封建领主们整年都只有获利的大门敞开着。

按每莱 2 桶征收初等稻米入中央粮仓，之后又以每桶 6 士丹的价格强制收购 2 桶，这个规定一直沿用到三世王时期，但是所得收益依然不足以支付**公务费用**，意即国王的开销。[117] 三世王时期的战争政策使得"打仗需要比过去更多的公务费用"[118]，三世王便调整了"阿功"税的征收办法，即征收田产"阿功"税时改收货币代替初等稻米，税率为每莱 1 士冷。这样征税，人们就不用将稻米运送到中央粮仓了……先别以为人们境况得到了改善，因为虽然不用再运送粮食，但是运往中央粮仓的运粮费依旧照收不误，费率为每莱 1 泰分，总共为 1 士冷 1 泰分，或 37 士丹。这比纳莱王时期还要重，而且也不区分双牛田还是薄收田，一律收税。各地耕种薄收田的"派"们都痛苦不堪，叫苦不迭；那些耕种双牛田的人也苦不堪言，因为他们必须按照土地总数交税，不是只征收已耕种的部分，没有例外。"做桨手的'派銮'及其他同性质的'派銮'在给曼谷的请愿状上签名……有时候，国王会给来船队服务的桨手免除或减税，有时候只收取已耕种的田地的税，有时候减少他们的税率，一整年都按照每莱 1 泰分来收取。"（四世王时期的公告，同上引）如此一来，就出现了一些特权，那些做桨手的"派銮"从重压之中脱身出来，而那些"派拉""派流""雅交"们，只能低着头继续忍受着残酷的剥削。

到了四世王时期，按每莱 1 士冷 1 泰分对全部土地征税的原则，让所有双牛田耕种者不满，他们又一次诉苦，说自己比薄收田耕种者吃亏，因为他们闲置不种的土地也需要交"阿功"税，而薄收田每年只需交耕种的部分。双牛田耕种者们的呼声震耳欲聋，并得到了地主们的背后支持，因为这也触及他们的利益。可以说，双牛田耕种者掀起的运动被地主们所利用，以轻松地达到他们自己的目的。佛历 2398（公元 1855）年时，四世王抵挡不住人民和地主们的联合力量，便同意减少双牛田耕种者的地租，降到每莱 1 士冷。

后来到佛历 2407（公元 1864）年，也就是十年之后，又发生了少雨干旱的情况，双牛田所有者又诉苦承受不了"阿功"税。四世王便发公告反驳他们，他已经竭力将税率降至每莱 1 士冷了。在旧都、红统、华富里、素攀武里一带的田地，共计有 320000 多莱，每莱少收 1 方，一年就是 500 泰斤（40000 铢）。老百姓试想一下，竭力降了十年税，国王少收入了 5000 泰斤（400000 铢）。"**臣民已经从国王处获利达九、十年之久了。**"因此，"**今年缺雨干旱，仍旧按惯例每莱收 1 士冷难道不行吗？**"此外，他还提议"**若还有人觉得田租过高，不堪重负，可以将田归还田务部，使之重新归为王有**"。那些地主们挨了当头一棒，便都默不作声了；而遭受打击的"派"们失望溢于言表，只能继续逆来顺受。

这还没完，还有其他征收田产"阿功"税的花招。如果遇到少雨之年（如佛历 2407［公元 1864］年），有些贫困的人请求放宽缴清田产"阿功"税的要求，只缴纳已经耕种收割的田地，一般会得到应允。但是这并不意味着那些未耕种的田地可以免税，而是作为债务留待来年偿还。到第二年，要偿还本金每莱 1 士冷，再加上利息 1 泰分（12 士丹），合计共每莱 1 士冷 1 泰分。也就是说想要延期交田税的人，每年需要交 48% 或 50% 的利息！（1 士冷本金要 1 泰分的利息）

此外，请留意在丘陵山地上的雨水薄收田的耕种者，看起来他们似乎很安静，不像低地地区优质农田双牛田的耕种者那样大吵大闹。这是因为这些在山地种着每人 5 莱、10 莱田地的贫苦农民，就算去哭诉，也不会有任何回应，就像对牛弹琴一样。之所以会这样，是因为封建领主和大地主们是没有那样贫瘠的土地的，农民们的呼声才会被压制和遗忘。而在低地的田地（双牛田），几乎每个大地主都拥有大片这样的土地，当穷苦农民向上反映诉苦，他们就装作农民，利用农民们的活动攫取自己的利益。而在穷苦的农民一方，他们仍习惯于依附某个大人物，都相信有封建领主们在背后支持，有强大的力量保护他们，便都不太害怕，掀起声势浩大的请愿运动。这些运动的模式是农民们高估自己的力量，以为国王会屈服让步，因为他们有内线，有王公贵族在背后支持，因此便任由地主和封建领主们攫取他们的巨大力量为己所用！

田产"阿功"税是萨迪纳阶级最重要的税收来源，相当于他们生命的主动脉，因此备受呵护和密切关注，税率经常增加，征税方法也经常调整。直到六世王时期，田产"阿功"税的税率如下：

双牛田

一等田	每莱 1 铢
二等田	每莱 0.8 铢
三等田	每莱 0.6 铢
四等田	每莱 0.4 铢
五等田	每莱 0.3 铢

薄收田

一等田	每莱 1.2 铢
二等田	每莱 1.0 铢
三等田	每莱 0.8 铢
四等田	每莱 0.6 铢
五等田	每莱 0.4 铢

四世王时期萨迪纳政府征收的田产"阿功"税收入据统计达到 200 万铢，六世王时期增长到 700 万铢。仅在六世王时期，所有土地税加起来总数就达到了 9700000 多铢。（佛历 2464 [公元 1921] 年统计数据）

"园产'阿功'税"（akon suan），这种园产"阿功"税一般被称作大种植园（意指果园）"阿功"税，是另一种土地的"阿功"税，和初等稻米

"阿功"税并列。

这种园产"阿功"税的征收方法和田产"阿功"税一样，即国王派钦差官员去巡查各个种植园，叫作**"巡园"**（和"巡田"一样），这属于种植园财务司的职权范围。去巡园之前，要进行繁复神圣的巫术仪式，祭拜各种天神，如罗摩（Phra Rama）和迦梨女神（Mother Kali）等。和巡田工作一样，钦差们要去检查测量土地面积，并出具地契（征收"阿功"税的凭据）。与此同时，他们还要登记各种需要缴税的树木，作为证据。如果在巡园的时候，园主没有在检察人员前露面，而是在别处忙于诸如参加长辈亲戚的葬礼一类的事情，便认定该园为无人管理的弃园，收归中央管理，负责官员有绝对的权力将其出售或交给他人管理。巡园只在国王登基之初进行一次，在该国王在位期间沿用此巡查结果，其间有树木死亡或种下新树都与此无关。但有的国王在位期间，会进行2—3次巡园，如在五世王时期。园产"阿功"税是按照树种来征收的。在纳莱王时期，拉鲁贝记载道，榴莲"阿功"税每棵树2士冷，蒌叶每架1铢，槟榔树每棵3粒槟榔果，椰子树每棵2士冷，橙子、芒果、山竹和辣椒都是每棵1铢。

关于巡园调查可征税的果树的记载非常难找，根据已发现的三世王时期的证据材料，在佛历2372（公元1829）年和佛历2375（公元1832）年分别进行过一次巡园。到四世王时期，于佛历2396（公元1853）年进行过一次巡园，专门成立了调查队，每一队由8人组成，其中包括来自王宫的官员6人，加上来自前宫的官员2人。这是因为"阿功"税要分成两部分，分别交给王宫和前宫。那一次建立了3队调查队，一队负责北方的种植园，一队负责南方的种植园，第三队则负责调查佛丕、叻丕、夜功（Samutsongkhram）、那空猜希、沙空武里（Sakhonburi，龙仔厝［Samutsakhon］）地区的种植园。

征收的税率如下：

槟榔

一等槟榔树，高3—4泰丈，每棵50贝币，每100棵为3士冷200贝币。

二等槟榔树，高5—6泰丈，每棵40贝币，每100棵为2士冷1泰分[①]。

---

① 英文版此处为2士冷1泰分600贝币。——译者注

三等槟榔树，高 7—8 泰丈，每棵 30 贝币，每 100 棵为 1 士冷 1 泰分 600 贝币。

刚开花的槟榔树（花开得还很稀疏）[119]，每棵 40 贝币，每 100 棵 2 士冷 1 泰分①。

格洛（karok）②槟榔树，每棵 11 个果实。

椰子

至少高 1 泰尺以上的小椰子树，每棵 50 贝币。

高 8 泰尺以上的大椰子树，每棵 100 贝币，每 8 棵 1 泰分，若以此树果实制椰油，需献上一部分。

蒙拉希椰子、那立甲椰子、霍希巴椰子，都是要敬献给国王的品种，便不需要征税！

萎叶

刺桐架萎叶（萎叶架使用刺桐木制成的），高 7—8 泰尺以上，每 4 架 1 泰分，每 100 架 3 铢 1 泰分。

榴莲与芒果

从树根量起高 3 泰尺，在直立齐眼的高度，环抱树干有 1 抱加 3 个拳头宽，可被视为大树。榴莲树每棵 1 铢，芒果树每棵 1 泰分。

山竹与兰撒

从树根量起高 1 泰尺 1 拃（khup）③，在蹲坐齐眼的高度，环抱树干有 1 抱加 2 个拳头宽，每棵树 1 泰分。

缅甸波漆果

从树根量起高 3 泰尺，在直立齐眼的高度，环抱树干有 1 抱加 3 个拳头宽，

---

① 英文版此处为 2 士冷 1 泰分 600 贝币。——译者注
② 一种槟榔树种。——译者注
③ 拃（khup）为长度单位，即半泰尺，指张开手从大拇指指尖到中指指尖之间的距离，1 拃相当于 25 厘米。——译者注

每棵树2泰分。如果树的高度低于标准,免征1年的"阿功"税,下一年继续收。

除了要交果树的"阿功"税,种植园主还有许许多多琐碎的花费,如必须出资举行仪式,准备祭祀土地神的吉祥饭、盛放祭品的容器,这些都是强制要求做到的。具体花费如下:

猪头	1对	1.25铢
软席	1张	0.12铢
白布	1块	0.37铢
盛放测量绳的碗和制作洒在园中的圣水		0.12铢
播撒在园中的圣水的费用		0.12铢
首席测量师费用		0.25铢
其余测量师费用		0.12铢
总计		2.35铢

当种植园主过来看到人们杂七杂八地准备举行仪式,便以为仁慈的国王派人来准备洒园的圣水,以获取好的收成,就非常高兴,而忘记了这些人是来收"阿功"税的。这些钦差们就是国王的代表,是来征收"阿功"税的,同时不忘歌颂国王的恩德。

还有一项需要种植园主掏钱。如果某个种植园接受了5次巡园,还要向钦差们再交一笔钱,每个园子1士冷1泰分,还要给他们补助,每个园子2士冷。也就是说,一个园子又白白地多交了3士冷1泰分。

还有一项种植园主们必须交钱,即当钦差出来巡园时,需要园主拿出旧的地契来核实确认,然后得到新的地契。这个过程中,种植园主需要交地契费,每张1铢2士冷。

最后,是垄断三类树木心材的统购权,分别是:乌木,是一种黑色心材的树;人心果木,是一种红色心材的树,木质细腻;檀香木,是一种白色心材的树,木质细腻。园主要砍伐这些树木,必须向钦差报告,并将木材呈给国王。砍伐一棵树之后,按照规定必须再新种一棵。

园产"阿功"税还有一种征收方法,即以莱为单位测量面积,例如按照每莱1泰分征收"阿功"税的种植园。对于这类的种植园,同样有官员不定期地来检查土地面积。总之，在四世王时期，每年征收的园产"阿功"税有5545000铢。

"水产'阿功'税"（akon khanam），是指对在河流、水渠、沼泽、湖泊和海洋中捕鱼征收的"阿功"税，包括淡水"阿功"税和咸水"阿功"税两种。水产"阿功"税的征收办法，往往是交给包税人去收税。由国王出台法令，根据谋生工具的不同，分别制定"阿功"税的税率作为参照标准，如淡水的捕鱼栅每个12铢，节网渔船每艘10铢，蒙网渔船每艘6铢，撒网渔船每艘1铢。不管使用哪种捕鱼工具都在长长的征税名单之中，包括使用捕虾和捕鱼的抄网，每人收12士丹；使用三股鱼叉，每人收12士丹；使用延绳钓，每人收50士丹；使用普通钓钩，每100竿收50士丹。那些想要得到包税权的人要交一大笔钱投标，谁出的钱多，包税的垄断权就归谁。如在四世王时期，帕希采班（Phra Sichaiban）想要得到曼谷以及37个属城与8个区的包税权，他出的投标价为每年370泰斤（29600铢），他出的这370泰斤投标费，是许诺付给各位封建领主的钱，具体如下：

（1）献与王家金库	314泰斤
（2）献与旧金库（私人）	20泰斤
（3）献与前宫	30泰斤
（4）献与公玛颂德帕德查迪孙①	1泰斤10泰两
（5）献与公玛帕皮皮塔坡普本②	1泰斤
（6）献与公玛帕皮塔特维③	1泰斤
（7）献与公玛銮普瓦内那林塔拉立④	10泰两
（8）献与公玛銮翁萨提叻萨尼⑤	1泰斤
（9）献与公玛昆散帕信布里查⑥	10泰两
（10）献与帕翁昭纳帕翁⑦王子	10泰两
总计	370泰斤

（后来，水产"阿功"税提升到70000铢。）

当交完投标金，并且给萨迪纳阶级群体内最重要的人物都送上献金之后，那些有相关利益的人，以及掌握着土地权力的人便在一起商议，最后决定：

"通过共同商议……国民们通过邪命①之道靠杀生来获利谋生，却不需要缴纳水产'阿功'税这件事，我们认为这就如同是在说我们欢迎这种不适宜的杀生行为。帕希采班主动申请说要去征收水产'阿功'税，我们深感欣慰……"[120]

就是说人民钓鱼来吃是违反教义中第一戒②，即不杀生戒，如果不对他们征税，就会沦为那些邪命之道的罪孽之人，所以必须征税让他们记取教训！这就是为什么萨迪纳阶级要引入宗教的原因，是要将其作为他们的剥削工具！

征收水产"阿功"税简直如同儿戏。在三世王时期曾经通过垄断的方式征收水产"阿功"税，每年有700多泰斤（56000铢）的收入，后来又增加了其他许多税种，便减少了水产"阿功"税，只有400泰斤（32000铢）了，再后来就完全取缔了。取缔的原因不是为了减轻国民肩头的税收重担，而是因为三世王个人的宗教虔诚，他认为捕鱼是邪命的杀生行为才停止征税的。到了四世王时期，因为之前提到的原因不得不减少田产"阿功"税，必须积极寻找新的税收来源，最后又选定了水产"阿功"税。据估计每年征收400多泰斤，但根据帕里果瓦主教的调查，在四世王时期水产"阿功"税的实际收入达到70000铢。要是执意下旨强收，他们又担心手段不够高明，人们会指责他们说就知道收税，却没见人民得到一丁点好处。四世王便又推出公告进行辩解，虽然三世王废除了水产"阿功"税，但即使停征了，"**那些动物们也并没有像三世王期望的那样获得什么恩泽，而且佛教也并未因（取缔）'阿功'税而得到任何助益和推动，对国家的事务也没有作用**"（《四世王时期公告汇编》第3卷，佛历2399 [公元1856] 年公告）。之后又继续说："**那些通过捕鱼获益却不交那份他们本应缴纳的每年700多泰斤税金的人……心中并不知恩感恩，没有为了回报国王的恩德而去为国效力，以彰显他们是为了这个原因在付出。**"因此，"经过商议，我们认为三世王颂德帕南诰昭尤霍宣布取消的水产'阿功'税，并没有给动物们带来什么益处，也并未给佛教带来事实上的帮助……"如果"还是"不征税，就会成为放任那些带有杀生邪见行为的负罪之人。所以需要在这个国家重新征收水产税，正是因为这个

---

① 邪命是佛教词汇，指从事不正当的事业来维持生活。——译者注
② 佛教中的五戒是一不杀生，二不偷盗，三不邪淫，四不妄语，五不饮酒。这五戒是佛门弟子的基本戒规，不论出家在家皆须遵守。——译者注

原因，才任命帕希采班为包税人！

这回，得到收税垄断权的称作"**包税人**"的人，就有权任命自己的手下做"'**阿功**'**税代理**"，到分派给他们的各个地区去向渔民们征收"阿功"税。这些代理人迅速下到各处去征税，有时会动用武力胁迫，有时候会超出税率标准征税。那些以捕鱼为生的人们又开始像以前一样受苦了，而萨迪纳阶级们只需坐收渔利，悠然自得地享用那些邪命之人交来的"阿功"税。

"**酒'阿功'税**"（akon sura）。除了初等稻米"阿功"税、大种植园"阿功"税、水产"阿功"税这三种最主要的"阿功"税种之外，还有许多其他种类的"阿功"税，如酒"阿功"税。自古以来通过征收这个税种获得的收入一直都很高。在纳莱王时期，每坛酒收1铢。如果哪座城没有垄断税收的酿酒窖，城里的人们必须主动自行酿酒，国王会按人头（壮丁）挨个征收酒"阿功"税，每人一次性收1铢。从酒"阿功"税中得到的收入究竟有多高？在四世王时期，根据帕里果瓦主教的调查，酒税高达500000铢。后来，到佛历2475（公元1932）年中产阶级革命之前的萨迪纳时期，这一类"阿功"税的收入达到上千万铢（佛历2467［公元1924］年达到11929551铢62士丹）。

"**妓女'阿功'税**"（akon sopheni）。另一个值得关注的税种，是拉鲁贝记载的始征于纳莱王时期的妓女"阿功"税，纳莱王允许奥雅本（Okya Baen）为妓女们建立了一家妓院。这些妓女存在已久，但是国王认为她们收入不错，生意又好，遂决定建立妓院作为另一个垄断经营的收入来源。在过去的大事记中谈到阿瑜陀耶城的地理情况时写道，那些妓女们所在的地区叫作"**三聘**"（Sampheng）[121]。当后来迁都到曼谷之后，很长一段时间内仍旧借用三聘这个名字称妓女所在的地区。（因此，三聘在那个时候的含义并不好，有父母们会骂孩子"**你这个三聘婊**"，正是出自那里生活状况的真实写照。）

萨迪纳时代的妓女职业和资本主义时代的特点一样，即有许多姑娘无法再忍受食不果腹、穷困潦倒的日子，不得不卖身。特别是那些欧洲人到京城来进行贸易的时候，他们出手阔绰大方，也吸引了不少在生活上走投无路的女性转而投身这一职业。在阿瑜陀耶末期，咬牙闭眼卖身给外国人的不幸女人越来越多，导致声名狼藉。而萨迪纳阶级并未想任何办法去解决这一问题，因为他们视这一切都出自女性自己的淫荡"**本性**"，依旧只是等着收税。

一些不堪税负的女人不时偷偷接客，萨迪纳政府觉得这会影响自己的收益，便于佛历2306（公元1763）年颁布法规，其中规定："从今往后，禁止泰族人、孟族人和老族人与那些凯人（Khaek）①、法国人、英国人、掸族人、马来人等持邪见之人（指不信仰佛教）偷偷性交鬼混，保护民众不堕入毁灭的渊薮……如有人罔顾禁令，仍偷偷与具邪见之人性交鬼混，她将被拘捕审讯，并加以处罚甚至处决。其父母兄弟及远近亲族，未能叮嘱禁止其行为，也一并治罪。"（《旧御令》，第55条）

也就是说，如果妓女向泰族人卖淫是极其正确的事情，不认为这是违反教义的邪见，因为他们都是佛教徒！

萨迪纳政府从妓女"阿功"税中获得的收益，每年的数额都不小。根据帕里果瓦主教的记载，在四世王时期，从妓女那里收来的税收达到每年50000铢。

"鸦片'阿功'税"（akon fin）。这种鸦片"阿功"税是佛历2394（公元1851）年才出现的新税种。通过包税人垄断收来的税收每年能达到2000泰斤（160000铢），如果是闰年（一年有13个月，有两个八月），又会增加166泰斤13泰两1铢税金。根据帕里果瓦主教的调查，四世王时期的鸦片税最高达到每年400000铢，真是巨额的"阿功"税。（"部分'阿功'税历史"，《风俗传统》，第16辑）

鸦片"阿功"税非常可笑。过去在泰国绝对禁止吸食鸦片，二世王时期，在小历1173年、尾数三年、羊年、泰历九月白分初十四、土曜日（佛历2354［公元1811］年8月3日），还曾经颁布过一次禁止吸食鸦片的公告。如果有人吸食鸦片将会被拘捕，"审查他的诚实程度，并进行处罚：鞭刑三次，在陆路游街示众三天，在船上示众三天，处以王谕罚没，妻子、子女和财产全部充公，他本人罚去割草喂象。有知情不报者将被处以60下鞭刑"。不仅如此，还新造了一层地狱概念——鸦片地狱出来，威吓人民："死后堕入极热地狱（Mahadap Narok）的人，乃尼利亚班（Nai Niriyaban，即阎魔）会处以极其痛苦、难以忍受的残酷刑罚，当从极热地狱中解脱之后会沦为饿

---

① 凯人是一个对来自泰国西边一些亚洲国家的人的统称，主要包括印度人、阿富汗人、波斯人和阿拉伯人等，其中大部分都是穆斯林。——译者注

鬼，从口鼻中一刻不断地喷出烟与火。"[122]

但到了四世王时期，正值缺钱之际，因为他有数量众多的后宫佳丽及子女，需要为他们建造和准备大量的宫殿寺庙和田园土地，于是财政吃紧。他便装作对之前说过的什么地狱饿鬼之类的说法毫不知情，批准设立了由包税人垄断的鸦片税。最后到六世王时期，将其纳入到设立的行政管理部门中，由萨迪纳政府亲自管理。

"赌场'阿功'税"（akon bonbia）。这一税种的历史十分悠久，它的特点是通过投标在各属城和地区设立赌场，人们可以自由出入进行赌博（和二战之后的宽·阿派旺［Khuang Abhaivongse］政府提议的卡西诺赌场形式一样）。垄断承包开设赌场的包税人，每个人都得到昆帕塔纳颂巴（Khun Phattanasombat）的爵衔以及400莱的封田级别。赌场里面的赌博种类有三种：摊赌（thua）、无庄家的摊赌（kamtat）和芝麻牌（phainga），后来变成摊赌、押点（pokam）和押宝（popan）。

征收赌场"阿功"税的所得，关乎萨迪纳政府的生命，因为它忽视农业的生产发展，放任农业的退步，从事农业生产的人们收入减少，以至于无法养活自己，许多人只好卖身为奴，其后果就是政府的收入急剧下降。萨迪纳政府为解决财政问题的一个方法就是开设赌场，以剥削那些无家可归、颠沛流离的人们，让他们进来赌博。赌博让政府预算不足的问题得到一段时间的缓解，但根本上的经济问题仍未好转。可是萨迪纳政府满足于这种推卸责任、敷衍了事的做法，把赌场开遍全国，剥削便变本加厉，无所不在。根据统计，在佛历2431（公元1888）年，在曼谷有多达403家赌场，其中大型赌场126家，小型赌场277家，分布在城内各个区中。

佛历2441（公元1898）年的统计，在各属城中的赌场数量如下：

旧都（阿瑜陀耶）省区	71家
那空猜希省区	18家
北榄坡省区	26家
彭世洛省区	15家
巴真省区	33家
呵叻省区	11家
尖竹汶省区	26家

洛坤省区、春蓬省区（Chumphon）、叻丕省区、普吉省区、布拉帕省区（Burapha，高棉人聚居）和乌隆省区（Udon）没找到统计数据。

从阿瑜陀耶王朝时起，赌场"阿功"税的收入就可达到几十万铢，因为仅在叻丕、夜功和北榄三地，申请包税的人在佛历2299（公元1756）年这一年就能征收到29680铢。

曼谷王朝时期征收的赌场"阿功"税，根据英国使节约翰·克劳福德的记载，在佛历2365（公元1822）年有260000铢。

赌场"阿功"税在三世王时期猛增到400000铢，到四世王时期又涨到约500000铢。到五世王时期，赌场"阿功"税就成为收入最高的税种之一了。可就在那段时期，五世王建立了国家税务局（ho ratsadakonphiphat）（佛历2418[公元1875]年），改进了"阿功"税的征收办法，使之更加规范，并能得到最大化的利益。他便开始想办法取消赌场"阿功"税，因为他意识到人们沉湎于赌博会使国家其他方面的利益大幅受损。在那一时期，赌场逐步被取缔，最后在曼谷只剩下5个区有赌场。但就这仅剩的5家赌场，每年还能收到6755276铢（佛历2459[公元1916]年），直到佛历2460（公元1917）年才最终被彻底取缔。

花会"阿功"税（akon huai）。花会①"阿功"税起征于佛历2378（公元1835）年三世王时期。人们开始玩花会的起因，是源于连续两年自然灾害造成的饥荒。佛历2374（公元1831）年雨水过多，粮食减产，而佛历2375（公元1832）年，雨水又过少，粮食长势不好。萨迪纳阶级又是进行赶雨仪式（退水），又是进行皮伦萨仪式（求雨），仍然没有效果。不管是佛教仪式还是婆罗门教仪式，都以惨败收场。最后的结果是："**米价高昂，必须从国外进口稻米出售，人们手里也没有钱买米，只好去做雇工，希望能用稻米做工钱。包税人们也交不上钱，只好交来等价的商品，到最后连系火漆小牌的华人也拿不出钱了，只好到京城里来服役做工。**"（选自四世王的御著）面对这种情况，萨迪纳政府非常焦急，怎么都想不通为何人们没有钱，为什么国库会收不上钱来，开始奇怪"**印着莲花、大鹏金翅鸟和宫殿的货币也发行了很多，全都消失不见了**"。萨迪纳政府不会想到，一般农民种地，将稻

---

① 花会即旧时的一种彩票。——译者注

米卖出换取生活一整年所需的钱，有时或大部分时候都不够用。他们要种不出粮食，哪里还会有钱去买米吃？只有一条路，就是丢下土地到京城里来做雇工。每个人来的时候都是两手空空，只带着一个等待填饱的肚子。他们在受雇期间要求用稻米支付工钱，不需要付钱，因为稻米很紧缺，价格高又难买。要是不走运拿到的是钱，钱又没有什么价值，买不到米，即使能买到也价格昂贵，买到的米也不够吃。消失的钱一部分跑到那些买进稻米囤积居奇的米商那里；另一部分则流向国外，用于购买他们食用的大米。那么，让人民到哪里去找钱呢？

政府忧心没有钱入国库，但他们非但不去帮助农民生产出有价值的作物（指稻米）来，以使农民和他们自己都有钱可用，反倒想方设法要周转资金，挖空心思琢磨怎么做才能从那些富庶的商人手中把钱都夺过来。萨迪纳政府根本想不到钱其实都在两三个商人手中周转着，反而认为"**大量的钱都被国民藏匿到地里，不肯拿出来使用**"。也就是说，他们认为人们爱钱，把钱埋起来，不愿挖出来买米吃，因为心疼钱而宁愿饿死！

因为有这种想法，就创立了花会，第一年就收到20000铢的"阿功"税。那些身处水深火热之中的人们都去求问高人指点花会，期望着能陡然而富。他们每天都用上1泰分或1士冷去赌花会，但是越赌越穷，而包税人和政府却越来越富。一些寡廉鲜耻的僧人也借机念咒作法预测花会，以此来蒙骗敛财，使得人民纷纷陷入绝境。赌花会迅速扩散，甚至于"每到泰历十一月白分初十四、初十五，成千上万的人们涌入曼谷，有坐火车来的，也有坐船来的。到入夜时分，从三耀花会篷一直到石龙军路的大街上，每年都挤满了人"[123]。这么多人都是为了赌花会而来，因为只有曼谷省区才有花会，总共有38个地区设点。（曾在佛丕和阿瑜陀耶设过花会，使得这两个城里的人民一贫如洗，后来不得不取缔。）

萨迪纳政府每年都能从花会"阿功"税中获得大量收入。四世王时期每年约有200000铢，五世王时期的花会税和赌场税每年合计有9170635铢。后来尽管大量赌场都被关闭，但这两个税种加起来还有6600000铢（佛历2458［公元1915］年），单算花会"阿功"税，在其被取缔的前一年还达到3420000铢。（花会于佛历2459［公元1916］年被取缔。）

除了以上提到的"阿功"税，还有其他大大小小几十个"阿功"税种，名单很长，例如锅税、柴火税、泰椒税、水牛角税等。总而言之，在三世王时期新增了 38 个税种，到四世王时期新增税种高达 52 个。（对此感兴趣的读者请参详丹隆拉查努帕亲王的"部分'阿功'税历史"，《风俗传统》，第 16 辑。）

税收的垄断

不管是征收各种"阿功"税，还是征收商品的"占告"税，后来都开始出现垄断，通过**"垄断对外贸易的萨迪纳阶级"**与**"垄断国内贸易的中产阶级（正在发展壮大）"**之间的合作来实现。剥削就从单一的萨迪纳阶级的税收剥削，变成萨迪纳阶级和中产阶级联合起来的双重剥削。

这种税收垄断让人民叫苦不迭，因为它花样百出，不仅限于某一两种税种。从三世王时期开始，各种垄断税收大量涌现。三世王时期正在致力于广修庙宇，急缺大量资金，便同意中产阶级提出的垄断承包税收的提议和条件，双方皆大欢喜。那些中产阶级或垄断者伺机而动，当见到某类物品可以作为商品来进行买卖，就纷纷行动起来，疏通关系，里里外外打点一番，请求承包该物品的税收，设定一个价格，保证上缴这些税金。不仅如此，这些为承包权跑关系的人必须找准门路，清楚谁正在位掌权，谁又是幕后的隐名获益人。当一切情况都调查清楚之后，便分出部分利益，满足背后的每一位大人物的要求，具体数额则视他们的影响力大小而定（如前文水产"阿功"税部分所述）。当萨迪纳阶级一方同意了他的利益条件，包税人便开始任命"阿功"税代理人去征税。"至于一些已经开始征收的税种，必须通过竞标才能获得，向中央政府交了一大笔钱，包税人就想办法征收高于规定税率的税金，并强制人民交纳罚款，引发了无尽的纠纷争执，甚至拳脚相向，经常闹到法院打官司。如承包了水产'阿功'税，就派人去挨家挨户收税，要是见到有捕鱼用的工具就要对其征税。如果只是这样还情有可原，因为这是在授权规定的范围内；但是对没有捕鱼工具的家庭，他们便会处心积虑地问，就算没有抓过水里的动物，那有没有喝过河里的水？要是回答有，就说河道是属于国家的，喝了里面的水就必须交水费。人们也搞不清楚他们口中的所谓'**水费**'，只好乖乖交钱。"[124]

这些垄断承包的买办们还有很多剥削的花招和伎俩，如承包香蕉税，说是按簇来收税，但是实际征收的时候，却不管三七二十一全部征税，甚至包括那些单棵的还未发芽结果的香蕉树。一旦香蕉树的主人大声抗议，他们就拿出授权书的条款读给他们听，说这上面要求按照棵数来征税。要是遇到识文断字的人就麻烦了，包税人就自认倒霉，免收他的"阿功"税作为封口费，让他保持沉默。

这种垄断税收后来通过授权变成了一种组织有序的牟利生意。也就是说："包税人获得税收特许权之后，又将其按照地区，如按南方和北方的属城区域，分片转卖给其他人。购得特许权的人并不是按照官方文件的标准税率征税，而是调高税率，占百姓们的便宜。老百姓并不清楚官方文件规定的标准，只好依照这些从包税人手中获得分包权的人定下的标准交钱。"（《四世王时期公告汇编》第 7 卷，第 92 页）有了如是言论之后，萨迪纳政府便大量印制征税标准四处分发，以杜绝包税人及其代理人超税率征税。他们可能忽视了问题的根本症结是在税收的垄断体制上。但不管怎样，印发征税标准一事，萨迪纳阶级认为这是彰显国王洪恩厚泽的绝好机会。但不会有多少人相信他们，因为还有另外一种事实，即：

包税人在征税的时候都想要获取更多的利润，会利用权力随心所欲地羁押人，经常和那些头脑聪明、识破他们诡计的人，或穷得根本拿不出钱的人发生争执、对簿公堂。当遇到官司，包税人和代理们也必须跑去法院，为自己进行辩护。因为在过去，普通人是不能指定律师为自己辩护的，只有 400 莱以上封田级别的"昆"级爵位贵族才可以雇用辩护律师。萨迪纳阶级和这些垄断买办们沆瀣一气，帮助维护他们的利益，因为二者利益一致。谁垄断承包了税收，就会获得"昆"级爵位，享有 400 莱封田级别[125]，就有雇用辩护律师替自己辩护的特权，不会耽误他们外出征税的时间。这向我们证实了，萨迪纳阶级必然会动用他们所有的权利和特权，永远为了本阶级服务。

包税人变成了依靠萨迪纳阶级的权力，剥削人民、牟取暴利的"**垄断买办资本家**"（MONOPOLY-COMPRADOR CAPITALIST）。我们通过下面这个椰油税的例子来看一下。

一般情况下，椰子的价格大约为每 100 个 50 士丹（2 士冷），或便宜一点的有 37 士丹（1 士冷 1 泰分）。包税人想一个人垄断收购所有的椰子，他来到种植园，出价每百个 62 士丹（2 士冷 1 泰分）。听起来似乎对椰子园主很有好处，因为收购的价格很不错。但是事情并未如预期那样发展。当包税人真正来种植园收购的时候，出的收购价却低得多，还不到向国王保证过的价格，不仅如此还要求每一百个椰子再多送 20—30 个。要是人们拒绝出售，就会忤逆包税人的权威，包税人就会"**来抓捕、罚款，从人们那里取走钱财，有的有事实依据，有的则完全是无中生有。人民尝尽了各种苦头**"（《四世王时期公告汇编》第 3 卷）。

包税人作为大垄断买办的作用是，当他们高调宣称以每百个 62 士丹的价格收购椰子（实际上根本没有这么高）后，再将它卖给制椰油的人获得双倍的利润，即按每百个 1.25 铢（5 士冷）的价格卖给他们。那些椰油商人也愿意收购，因为如果不从垄断的包税人那里买，就找不到卖家了。之所以愿意接受高昂的价格，是因为"椰油是销往国外、利润巨大的重要商品"（《四世王时期公告汇编》第 3 卷，和上一条引注出自同一份公告）。接下来，轮到那些需要买椰油自用的百姓们了，他们也得花费高昂的价格，因为包税人已提高了椰子的价格，是种植园收购时候的 2 倍。对于这些抱怨，有人会说他们活该，太懒惰，他们完全可以自己种椰子，自己做椰油来用。如果他们不顾禁令自己熬制椰油，会被包税人罚款 500 铢之多！至于国王，他有特权保留部分作为"随"税交上来的椰油，用于官方活动，如点燃玉佛寺的佛灯，或将椰油分给各个寺庙等。他一点也不会感到痛苦，真正痛苦的照旧是平民百姓，他们不能自己制椰油，只能一辈子花高价去购买。

由于椰子一事带来的苦难愈演愈烈，逐渐扩展到全国，最后四世王不得不在佛历 2399（公元 1856）年，废除了椰子税的垄断承包，改以每三棵椰子树收 1 士冷。一棵椰子树能结的椰子数从约 30 个（低产的）到最多 80 个（高产的）不等，通过计算，平均下来种植园主要交的税率为 25%！

在四世王统治末期，他新设了 14 种"阿功"税之后，便彻底废除了椰子税，以清除这个过去曾让人民感觉压抑透不过气来的污点。

以资本家垄断商品为形式的税收垄断，应用在各个税种，甚至连空心菜税也不例外。它虽然非常可笑，但又值得了解一下，下面稍微插入一下关于它的内容。

"空心菜税"（phasi phakbung）是阿瑜陀耶末期厄伽陀王（Ekathat）时期开始征收的税种。在厄伽陀王的统治之下，国势衰微，大厦将倾，萨迪纳阶级们却只会"从早到晚弹琴享乐，沉迷酒色肉欲"。厄伽陀王本人就嗜酒如命，常喝得烂醉如泥，不仅如此，他还去逛妓院，找一大堆妓女寻欢作乐，最后染上了性病，为此瞎了一只眼睛。要维持奢靡腐烂的生活需要金钱，自然要多征税，最后他选中了空心菜，因为穷苦的人们只能靠吃空心菜过活。这个税是由来自库占（Khu Cham）的农民、宫廷侍卫官乃桑（Nai Sang）来包收。这位乃桑是深得宠爱的妃子昭宗发（Chaochom Fak）的哥哥，此外，他还有一位叫班（Pan）的姐姐也是国王的妃子。有这两位做王妃的姐妹保驾护航，乃桑一个人垄断收购所有的空心菜，谁有空心菜必须卖给包税人乃桑，如果偷偷卖给别人要处以 20 铢的罚金。乃桑将收购价压到最低，然后拿到市场上高价出售。人们受到垄断买办资本家这样的压榨，都觉得无法忍受了，因为之前日子已经很苦了，只能拿空心菜充饥，现在总不能被逼着去像黄牛水牛那样去吃草吧。他们一起去向大贵族诉苦求助，但贵族们都担心自己的项上人头，都将此事搁置起来。

　　直到有一天，厄伽陀王接连几日失眠，精神不振，便命人去找人来表演洛坤剧以消闲解闷。在洛坤剧团中加入进来两位普通百姓演员，即表演滑稽戏（cham uat）的"乃天"（Nai Thaen）和"乃米"（Nai Mi）。这两个人一个扮演女性，一个扮演男性角色，表演被捆绑起来催缴劳役费的情节（每年 18 铢的附加费用）。扮演女性丑角的乃米佯作大吼道：**"能到哪儿去找钱去？穷得要死，就连卖个空心菜也要交税！"** 如此大吼了三遍。厄伽陀王听到这里羞愧难当，因为这是在大庭广众之下的表演。他便要控告处决乃桑，但转念想到乃桑那两位做贵妃的姐妹才平息怒火，吩咐取消空心菜税，并将乃桑压榨来的钱归还主人。[126]

　　不管是在阿瑜陀耶王朝还是曼谷王朝时期的税收垄断，垄断承包者几乎都是华人。当他们获得垄断权，就被授予猛[①]或昆等享有 400 莱封田级别的爵衔，还可获得找代理律师的特权，和那些想不通为什么要交税的"派"们打官司。在称呼这些包税人的时候，往往在前面加上"津"（chin）[②]的字样，如垄断赌场"阿功"税收的津昆帕塔纳颂巴（Chin Khun Phatanasombat）、垄

---

① 猛（mun）这里是泰国封建官僚的一个品级，相当于万户。——译者注
② 即华人、中国人之意，用以表明他们的华人身份。——译者注

断水产"阿功"税的津帕希采班（Chin Phra Sichaiban）、垄断锥形糖块税的津猛玛图拉萨瓦尼（Chin Mun Mathurasawanit）、垄断杂税（收自帆船上的货物——这是一个新进展，即开始垄断"占告"税）的津昆希颂巴（Chin Khun Sisombat）等。

实质上，这些垄断税收的华人就是萨迪纳阶级的"买办"，为萨迪纳阶级追逐利益，并替萨迪纳阶级去进行剥削，同时也通过"**垄断**"为自己谋求个人利益。这些华人的状态就变成"**萨迪纳阶级的垄断买办资本家**"或"**垄断官僚资本家**"，他们的职能特征和那些"买办资本家"（COMPRADOR CAPITALIST）或"**官僚买办资本家**"（BUREAUCRAT COMPRADOR CAPITALIST）很接近，是今天的"**帝国主义资本家**"的代理人或走卒。

萨迪纳阶级沉重的剥削让萨迪纳阶级自己都开始觉得有些惊惧，有一天人民会发现真相，即真正的剥削者或剥削的根源正是他们。这种畏惧促使萨迪纳阶级开始想方设法转移人民的视线，那就是不断推出公告关心人民，不断提醒人民要小心：不要交超出规定的税金，那些包税的杰佬（chek）[①]阴险狡猾，占国王的臣民们的便宜，提请百姓保持警惕。接下来就按照官方版本印制正确的征税标准分发下去，请大家仔细阅读并牢记，就不会再吃那些留着辫子的杰佬们的亏了。或者很少见地推出一个公告，说现在有个杰佬要包收另一种税——蒌叶税，国王认为臣民会因此受苦便拒绝了他的要求，这些家伙只会利用征税来剥削和侵占人民。因此，今后坚决禁止一切申请包收蒌叶税的行为。（四世王时期的"禁止申请包收蒌叶税的公告"）

人民遭受着"阿功"税、"占告"税、"随"税和"叻查"税的摧残，他们心中充满了愤恨，忍受了这么久不公的命运。现在，有了可以供他们诅咒和发泄怨气的对象，马上就接受了。这也确实符合实情，这些杰佬的确剥削他们。前一天告他没钱交税，第二天他就会带着传票来抓人。这帮家伙真是残酷。每个人开始都这么想，直到后来形成了一种普遍的偏见：杰佬就是泰人的剥削者。每个人都愤恨、厌弃他们。萨迪纳时期的人民都被萨迪纳阶级蒙蔽了，看不到被他们骂娘的"**杰佬们**"实际上只是萨迪纳阶级的"**买办**"而已。"**真正的罪魁祸首其实是萨迪纳阶级！**"

[①] 杰佬是当时对华人的蔑称，也可译作中国佬。——译者注

从古代起，萨迪纳阶级就诱导泰人憎恨"**杰佬**"，那些宫廷诗人们也跟着蔑视华人，甚至写下如下诗句：

> 包税人账前锣声响，将身安坐灯烛旁。
> 华人外来自异邦，垂辫拥妻脂肤婷。
> 不识书文少教养，巧取钻营身腾达。
> 但见唯擅卖猪脚，泰人念此怒火烧。
> 未曾摊赌却交税，挨饿苦命何时了？
>
> （玛哈利［Maharik］：《帕巴统尼拉诗》［Nirat Phrapathom］）

泰人的爱国情绪已热血沸腾。这是萨迪纳时期的爱国热血，在后来逐渐演变成了"资产阶级民族主义"（BOURGEOIS NATIONALISM）。

萨迪纳阶级憎恨华人的宣传愈演愈烈，这是为了蒙蔽广大人民群众，将视线焦点从自己身上移开。这些人只会挑动泰国人民对华人的憎恶情绪：你们自己看吧，他们控制了所有的贸易，而我们只能一天天忍饥挨饿。但除了诱使人民整天骂他们"杰佬"之外，也不见萨迪纳阶级有什么作为。

五世王曾经这样表达过他的愠怒之情：

"若细想一下泰人们谈论的事情，和琅勃拉邦的老挝人如出一辙。杰佬在那里就是叫卡佬（kha），要是不依靠卡佬，老挝人就无法过活。只要卡佬闹将起来，老挝人就非常惊恐。他们的畏惧怯懦助长了杰佬们的气焰……这真让人恼火！"[127]

到六世王时期，当民主的气息日渐浓厚，六世王加紧了发动人民群众仇视华人的举措，引导人们认为他们今天过着艰苦日子的根源，是在泰国的华人而不是萨迪纳制度。解决问题的方法不在于把萨迪纳制度变成民主制度，而是要齐心协力打击华人。于是每个人都躺在床上一边抖着脚一边恨着华人！六世王在转移视线和愚弄人民的斗争中的作用，是通过他用"**阿萨瓦帕虎**"（Asawaphahu）的笔名创作的《**东方的犹太人**》（Jews of the East）和《**觉醒吧，泰国**》（Wake up, Muang Thai）这两篇文章体现的。

不管怎样，我们要钦佩萨迪纳阶级的奇思妙想。他们的诡计如施咒一般灵验奏效了，取得了令人满意的成效。很长一段时间内，人民都转过来憎恨

"杰佬"。这种萨迪纳阶级强加的思想残余,在后来第二次世界大战时期法西斯军人发动的运动中再度重现。

但即使如此,仍然有相当一批人民群众思想坚定,具有远见卓识,能够透过迷雾看清本质。他们认识到包税人只是在背后教唆一切的萨迪纳阶级的买办和代理,泰国的苦难并不是来自华人,而是萨迪纳阶级和垄断买办资本家的联手合作!

即使人民能够将垄断税收的华人一个不剩地全部赶出泰国,也不意味着每个泰国人能从垄断方式的税收剥削中解脱出来。只要萨迪纳阶级的税收垄断体系还存在,这种剥削方式就会继续存在下去。即使没有华人来垄断承包,泰人也可以进行垄断。萨迪纳阶级自己也会采用垄断形式,如在宋卡城（Muang Songkhla）,燕窝、干虾的"阿功"税就是由帕耶宋卡（Phraya Songkhla）本人承包的,在洛坤城是由帕耶纳空（Phraya Nakhon）承包的。在有的城,"阿功"税是直接由政府征收的,如在班武里城（Muang Pranburi）,政务厅直接征收棉花籽税和轧棉税入库,然后从中获得部分回扣,通过这种方式垄断税收。即便垄断税收的是泰人、老挝人、孟人、高棉人,或者是蓝眼睛的白种洋人,人民依旧要受苦受难。苦难并不是因为"**华人**",华人也都是普通人,不像眼镜蛇那样身体带着毒,有毒的是萨迪纳阶级的税收垄断体系!这难道不正是萨迪纳阶级试图去掩盖的真相吗?

这就是萨迪纳阶级将人民的视线由憎恨他们的生产体系转移到憎恨其他民族的诡计。

"**剥削**"——或换句话说,是萨迪纳阶级通过独占生产资料所有权来谋取利益,如前所述,都集中在赋税方面。人们可能会感到疑惑,在所有的国家,包括社会主义国家,都要征税,为何单单说萨迪纳社会的赋税是剥削呢?这个疑问,只要思考一下谁是生产资料的所有者这个根本问题就可以解决了。在萨迪纳体制内,萨迪纳阶级是生产资料（即土地）的所有者,一旦得到所有权之后就有了足够的实力控制政治的权力,可以随心所欲地征收土地税。土地税是一个大类的统称,它包括田税、种植园税、果园税、盐田税、店铺税（市场"阿功"税）和其他杂税等很多税种。在土地税之后还有"随"税或勤王费,是萨迪纳阶级额外征收的。除此之外,还征收其他的杂税,包括酒税、水产"阿功"税等。因为萨迪纳阶级是所有税收的征收者,所得收入必然为供养和侍候萨迪纳阶级所用，而人民则依旧在痛苦的命运中挣扎。在这种情况下，萨迪纳阶级征税就成为最为重要的严酷剥削的手段（尤其是通过土地）。在资本主义社会的税收，也同样是资产阶级用来进行剥削的方式。只有在人民是生产资料的共同所有者的社会主义社会的税收，才不是一种剥削。因为人民是生产资料的共同所有者，他们必然共同享有政治权力。可以肯定的是，各种税收的收入必然会成为每个人的幸福和愉悦的保证，使他们获得丰富多彩的充实人生！……

附编辑手记

　　本书尚未最终完成。余下的萨迪纳制度的经济特点还有徭役制度、贸易垄断等。其后紧接着还有政治、社会和文化的特征，它将带我们进入半封建、半殖民地的时代，即当泰国遭遇帝国主义（在外部）和资本主义（在内部）的时期。之后，我们就该讲到今天的萨迪纳制在经济、政治和文化方面所扮演的角色，在最后提出一个人民可以将自己从半封建、半殖民地的境况中解放出来的方法，以此来结束全书。

　　由于时间和资金已经耗尽，目前只能先出版这些内容。

　　此外，作者还请编辑转告读者们，本研究一直在和出版的时间赛跑。一部分手稿刚刚写好就付梓了，因此很可能还有不少错误和瑕疵。作者对来自每一位读者的批评和建议致以诚挚的谢意。

尾　注

　　1. William Z. Foster, Outline Political History of the Americas, International Publisher, New York, p.39.

　　2. 丹隆拉查努帕亲王（Krom Phraya Damrong Rajanubhab）：《奴隶论》（That Katha），《瓦栖拉延特刊》（*Wachirayan Wiset*）第 5 期，小历 109 年（公元 1890 年）。

　　3. 选自霍华德·法斯特（Howard Fast）的历史小说《斯巴达克斯》（*Spartacus*）。

4. An Epic Revolt by Doxey A. Wilkerson，发表于月刊 Masses and Mainstream, March, 1952。

5. Spartacus by Howard Fast.

6. Spartacus by Howard Fast.

7. 加里波第（Garibaldi）是意大利的伟大英雄，在多个国家领导民族解放运动，最终与加富尔（Cavour）一起解放了西西里岛，于19世纪实现了意大利王国的统一。

8. An Epic Revolt by Doxey A. Wilkerson，发表于月刊 Masses and Mainstream, March, 1952。

9. 这里需要指出，在像古罗马这样的奴隶制政权的社会中，只有自由民市民才能拿起武器、穿上盔甲，并且也只有在外敌入侵之时才能如此。在和平时期是禁止拿武器的。自由民士兵是一个特殊的阶层，每个人都可以拥有并耕种8英亩的土地。

10. 严格来说，Feudalism 或 Féodalisme 都来自拉丁语中的 Feodalis 一词，它又是 Feodum 派生出来的形容词。

11. Donatarios 一词源自拉丁语中的 Donatarius 一词，意为"承授者"，即是说封建领主是接受国王赋予的土地的人（donare 的词根为给予之意，在法语中是变成 donner，在英语中则是 donate）。

12. 1英亩（acre）相当于公制中4840平方码。

13. William Z. Foster, Outline Political History of the Americas, International Publisher, New York, 1951, p. 63.

14. Homage 一词源自 Homme 一词，意为"人"（与英语中的 Human 同义）。对主上进行 Homage 仪式即是在表达自己认识主上其人，并认可他是自己的主上。

15. Chivalery 一词源自法语中的 Cheval 一词，意为"马"，这是因为骑士都是骑马作战的。法语中还称骑士为 Checalier，意为"骑马之人"。在英语中的骑士一词 Knight，源自德语和荷兰语中的 Knecht 一词，意为"战士"。泰语中的骑士一词"Asawin"意思也是"骑马之人"，它的词根"Asawa"来自梵语，意为"马"。

16. 日本称骑士为"武士"（Samurai），因为日本的骑士使用一种特殊打造的刀作战，这种刀称作"武士刀"（Samurai），因此擅长使刀的刀客就被称作 Samurai，同理，泰国吞武里时期的帕耶披差达哈（Phraya Phichai Daphak，意为"断刀帕耶"）也是因此得名。日本的武士精神与日本的萨迪纳制同时产生，时间大约在公元1600年。

17. 关于法国农奴情况的内容，编选自 A. E. Ecclestone 的《现代欧洲（1789—1933年）》，巴色·冷萨恭（Prasert Ruangsakun）翻译并编辑，发表于《科学导师》（Withayachan），总第54年第4期，

1955年8月，第755页。

18. 大名（Daimyo）是指那些地主或封建领主。

19. 选自斋藤斐章（Hisho Saito）的《日本史》，"朱庇特"（Yupitoe）由伊丽莎白·李（Elizabeth Lee）的英文版 A History of Japan 译成泰语，由在暹罗华人刊物印刷厂（Rongphim Chinnaisayamw-arasap）印制，1916年，第2期，第174页。

20. 参见素帕·素堪塔皮隆（Suphat Sukhanthaphirom）的《社会的发展》（Phathanakan Khong Sangkhom），见《巴查萨周刊》（Prachasak），总第2年第34期，1957年5月7日。

21. 1双相当于10000平方英尺，约等于中国单位5亩。

22. 对南诏萨迪纳制感兴趣的读者请见帕耶阿奴曼拉查东（Phraya Anuman Rajadhon）著的《关于泰族》（Ruang Khong Chat Thai），已多次印刷。

23. 参见丹隆拉查努帕：《古代暹罗的统治特征》（Laksana Kanpok-khrong Prathet SayamTaeBoran），索蓬皮潘塔纳功印刷厂（Rongphim Sophonphiphatthanakon）印制版，1927年，第16—21页。

24. 参见《三印法典》（Kotmai Tra Sam Duang）中关于拐带人口的法律，第20条。

25. 《关于偷盗的法律碑铭》（Charuk Kotmai Laksana Chon），强·通康万（Cham Thongkhamwan）解读，《艺术家》（Sinlapakon），1955年第3期。

26. 强·通康万：《泰语碑铭释读》（Kham An Charuk Phasa Thai），《艺术家》，1954年第3期。

27. 《泰国古代法律汇编》（Prachum Kotmai Thai Bora），第一卷，Mahamakut Rachawithaya 出版社，1939年，第66页。（出版的法律是来自东北地区的法律）

28. 参见集·普米萨：《Kralahom》，选自《追忆文字》（Aksonranuson）迎新生专刊，1954年，因全书未刊印页码，页码不详。

29. 《暹罗碑铭汇编》（Prachum Charuk Sayam），第一辑，月亮出版社（Rongphim Phrachan），1934年，第81页。

30. "官昭"一词中的"官"意为主人，它在老挝北部的语言中也有使用。官昭的意思就是大头领。

31. "官班"即指村长，是仅次于官昭的职位。在泰国的古典文学作品《阮国之败》（Lilit Yuan Phai）中也曾称泰西北地区的村长为官班。

32. E. Diguet, Etude de la langue Tai（意即台语族语言研究）。

33. Ch. Robequain, Le Than Hoa.

34. E. Lunet de la Jonquiere, Ethnographie du Tonkin septentrional（东京北部的民族人类学）。

35. 关于傣泰族群的材料来自罗伯

特·林格特（Robert Lingat）的《泰国法律史》中的"土地法"部分，法政大学印制，1948 年，第 6—11 页。

36. 在印度支那地区的各傣泰族群的领袖，有足够的权力将臣民从土地上赶走，并将土地据为己有，或交给新的家庭。同上书，第 10 页。

37. 从大泰人（Shan）中分化出来的阿洪姆泰人（Thai Ahom）来到阿萨姆邦（Assam）。他们从 1228 年起进入阿萨姆地区，直到 1655 年，阿洪姆泰人的国王转而信仰婆罗门教，最后整个族群都被印度文化同化。在佛历 23 世纪中叶（阿瑜陀耶中期），阿洪姆泰人政权逐渐衰落，最终沦为缅甸的保护国。阿洪姆泰人的萨迪纳制度参见罗伯特·林格特的《泰国法律史》一书的"土地法"部分，第 6—7 页。

38. 古代高棉王国曾经扩张到澜沧王国（Lan Chang）地区，现存证据即吴哥国王阇耶跋摩七世（1181—1201 年之后）宣布在万象南面，湄公河边与今泰国廊开府万库村隔河相望的赛封村建立医院的碑铭。参见集·普米萨的《Kralahom》，《追忆文字》迎新生专刊，1954 年。

39. La Stele du Prah Khan d'Angkor, G. Coedes, Bulletin de l'Ecole Francaise d'Extreme-Orient, 第 41 册, 第 295 页。

40. Le Royaume de Combodge par Maspero.

41. 那些从未去过或尚未打算去吴哥窟，抑或曾经去过但是读不懂浮雕画的解说词，因为里面使用的是古高棉语，但又希望见到确凿证据的人，请参见 G. Coedes 的 "Les Bas-relief d'Angkor-Vat", 刊于 Bulletin de la commission archeologique de l'Indochine, 1911 年。

42. Collection de texts et documents sur l'Indochine III, Inscriptions duc cambodge, Vol.II par G. Coedes, Hanoi 1942, p.176.

43. 在《暹罗碑铭汇编》（第一辑）中第 2 号石碑的泰语碑铭中，这位"克伦兰庞"或"兰庞"是指一类官职，后来传入泰国变成"功帕兰庞"（Kron Phra Lamphang）（高棉人称 Phra Lamphang, 素可泰人记作 Lanphang）。

44. 详见 Pour mieux comprendre Angkor, par G. Coedes, Paris, 1947.

45. 见集·普米萨：《碑铭中的披迈》（Phimai Nai Dan Charuk），《文学界》（Wong Wannakhadi），1953 年 2 月。

46. 在曼谷的国家博物馆中就有一尊文中提到的佛像，用一块比真人稍大的石头做成，面孔有高棉人特征，按照婆罗门教的教义留着辫子。这尊佛像来自披迈，农民们都称其为陶婆罗塔，可以说泰国的农民并不傻，尽管阇耶跋摩哄骗他们说这是一尊佛像。

47. 详见 La Stele du Prah Khan d'Angkor,

G. Coedes, Bulletin de I'Ecole Francaise d'Extreme-Orient, Tome XLI, 1941, pp. 255-301.

48. 这位因陀罗跋摩二世就是泰国人在故事中称作帕昭巴通素利亚翁（Phra-hao Prathumsuriyawong）的那位国王。

49. 出现在帕堪（Phra Khan）碑铭中, La Stele du Prah Khan d'Angkor, BEFEO, XLI, 1941, p.256.

50. 关于勐叻（Muang Rat）的位置, 有人认为在碧差汶, 有人认为在华富里, 也有人认为在呵叻府已废弃的呵叻城。

51. 详见《暹罗碑铭汇编》（第一辑）中的诗春寺（Wat Sichum）泰文碑铭。

52. 同样的政策高棉人在接下来100年的时间里仍长期施行, 琅勃拉邦的国王陶法恩（Thao Fa'ngum）就娶了一位名叫"Yot Kaew"（意为宝石之冠）的公主。

53. 关于伊占政权的记载出现在诗春寺的石碑碑铭中, 见《暹罗碑铭汇编》（第一辑）, 后来伊占与勐叻政权之间发生了争执, 甚至兵戈相向, 大战一场。

54. 编年史学家经常推测说素可泰王国的疆界一直达到柔佛（Johore）！这绝对夸大了事实。事实上, 只有洛坤的帕耶是臣服于素可泰的。根据石碑碑铭的记载, 王国的疆界越过洛坤之后达到的"海洋", 指的是宋卡的咸水湖。

55. 详见《暹罗碑铭汇编》（第一辑）中的诗春寺泰文碑铭。

56.《关于偷盗的法律碑铭》, 强·通康万解读,《艺术家》, 1955年第3期, 第102页。

57. 坤三春是勐楚的城主, 勐楚是在达府夜宿县的另一个势力较大的泰人社群, 后来被素可泰吞并。

58. 关于国王的地位由拍坤发展到帕雅、昭帕雅和颂德昭帕雅, 再到帕昭片丁的过程, 来自对素可泰时期的石碑碑铭研究, 既包括以前发现的（见《暹罗碑铭汇编》[第一辑]）, 也有新近发现的（陆续发表在《艺术家》期刊上）。

59. 在阿瑜陀耶建成前8年颁布的《综合法》中, 见《曼谷王朝一世王时期法律汇集》（第二册）, 法政大学印制, 第200页。

60. 见塔尼·尤坡（Dhanit Yupho）:《历法推算报告》,《艺术家》, 第5年第3册（1951年十月号）, 第59页。这两项法律都曾被丹隆亲王误认为是在阿瑜陀耶末期！

61. A Bourlet : Socialisme dans les Hua Phan, 节选自罗伯特·林格特的《泰国法律史》中的"土地法"部分, 第8页。

62. 这个计策人类从奴隶制社会就开始使用了, 而并非如某些人认为的是帝国主义才有的策略。

63. 帕雅班勐和帕雅兰甘亨二人, 并不是人们熟知的拍坤班勐和拍坤兰甘亨,二人是拍坤兰甘亨的孙子。他们之所以取名叫班勐和兰甘亨，只是按照传统以祖先的名字来为子孙命名。两人于公元1419年打响内战，当时介入的阿瑜陀耶的大地主是颂德帕纳空因陀罗提叻。

64.《帕尊宗诰昭尤霍（朱拉隆功）关于进行政治改革的说明圣谕》，曼谷王朝七世王下令印制版，索蓬皮潘塔纳功印刷厂印制，1927年，第10—11页。

65. 即与昆瓦拉翁萨提叻（Khun Worawongsathirat）的情人希素达詹（Chaomae Sisudachan）是同一等级。

66. 即让希巴拉为之迷恋，并导致其被流放的那位王妃所在的等级。

67. 见丹隆拉查努帕亲王的《曼谷王朝王家编年史》（Phraratcha Phongsaowadan Krung Rattanakosin），二世王时期，第270页。

68. 丹隆拉查努帕亲王：《关于御批版王家编年史的说明》（Kham'athibai Ruang Phraratcha Phongsaowadan Chabap Phraratchahatthalekha），第463页。

69. 丹隆拉查努帕亲王：《古代暹罗的统治特征》，第33页。

70. 丹隆拉查努帕亲王：《地方长官》（Thesaphiban），Khlang Witthaya 出版社，1922年，第25页。

71. 瓦栖拉延图书馆版《四世王时期公告汇编》第2卷，索蓬皮潘塔纳功印刷厂，1952年，第2—3页。

72. 丹隆拉查努帕亲王：《古代暹罗的统治特征》，第43页；《地方长官》，第51—52页。

73.《四世王时期公告汇编》第5卷，索蓬皮潘塔纳功印刷厂，1923年，第135—136页。

74. 丹隆拉查努帕亲王：《曼谷王朝王家编年史》，二世王时期，艺术厅印制版本，1955年，第119—120页。

75. Conquistadors 是西班牙语，意为征服者，用来称呼公元16世纪在墨西哥和秘鲁掠夺侵占印第安人土地的西班牙征服者。

76. William Z. Foster, Outline Political History of the Americas, p. 26.

77. Economic Change in Thailand Since 1850, James C. Ingram, Stanford Universiy Press, Califonia, 1954, p. 7.

78. 銮巴迪玛努探（Luang Pradit Manutham）：《经济计划》（Khaokhrong Setthakit），S. 辛拉巴暖出版社（S. Sinlapanon），1948年，第18页。

79. 选自《五世王时期王家编年史》。

80. M. R. W. Khukrit Pramot, The Social Order of Ancient Thailand (rabiap sangkhom khong thai nai samai boran), Thought and Word, Vol. 1, No. 2, February 1995, pp. 12-13.

81.《佛历2497（公元1954）年府尹会议报告》第3册，第113页。

82.《暹罗碑铭汇编》(第二辑), 乔治·赛代斯（George Coedes）教授编辑并翻译。

83. 数字来自柬埔寨吴哥通城北方的圣剑寺神庙里的石碑。详细情况参见赛代斯的"La Stele du Prah Khan d'Angkor", *Journal of the French Society in the Far East* (BEFEO[Bulletin de l'Ecole Francaise d'Extreme Orient]), Vol. 41, A. D. 1941, pp. 255-301；以及塔尼尼瓦王子（Phra'ongchao Thaniniwat）的《阇耶跋摩七世与"纳空猜希"名字的由来》一文, 载《泰国研究学会学刊》（*Journal of the Thailand Research Society*）泰文版第二册, 1942年5月, 第109页。

84. 详见《历史资料：关于佛历2242（公元1699）年博他仑府寺庙的甘拉巴纳》（Ekasan Prawatisat Ruang Phrakanlapana Wat Changwat Phatlung B. E. 2242）, 强·通康万从古文字释读, 载《艺术家》, 第7年第5—6期, 以及第8年第2、3、4、5期。

85. 选自格赛信（Krasaesin）的《塔赛的纳迦》（Phranak Tharai）, 载《天堂树》（*Parichat*）双周刊, 第2年第1期, 1950年1月上半月刊, 第9页。

86.《昆科伦关于帕菩陀巴的口述》, 见《史籍汇编》第7卷, 第58页。

87. 同上书, 第66页。

88.《五世王朱拉隆功关于政治改革的解释的圣谕》, 七世王授命印制, 索蓬皮潘塔纳功印刷厂, 1927年, 第24、36页。

89. 丹隆拉查努帕亲王：《曼谷王朝王家编年史》, 二世王时期, 第270页。

90. 数字计算得自《佛历2489（公元1946）年御赐建寺土地公告》, 见《编年法律材料汇编》（*Prachum Kotmai Prachamsok*）第59卷, 第63页。

91. 萨翁·恭通康博士：《泰国农业经济地位的调查结果》, 见《经济评论》总第20期, 第2年第6期下半月刊, 1954年3月16日。

92. 罗伯特·林格特《泰国法律史》中的"合约"部分, 法政大学印制, 第25—26页。

93.《曼谷王朝四世王御书》（*Phra-rachahatlekha Nai Phrabat Somdet Phra-chomklaochaoyuhua*）, 第二版, 泰印刷厂, 1921年, 第90页。

94. 在五世王时期, 人民的英雄帕耀勐圹（Phra Yot Muang Khuang）, 因在康门城反抗法国人而被告上法庭,（法方）要求判处其斩首并没收房产。

95. 丹隆拉查努帕亲王：《古代暹罗的统治特征》, 第30页。

96. 选自《功帕占塔武里（任财务部大臣之时）》一书, 第236页。

97. 丹隆拉查努帕亲王：《古代暹罗的统治特征》, 第31页。

98.《四世王时期公告汇编》第 4 卷，第 6 页。

99. 丹隆拉查努帕亲王：《古代暹罗的统治特征》，第 32 页。

100. 丹隆拉查努帕亲王：《风俗传统》（Latthi Thammaniam Tangtang），第 16 辑，第 2 页。

101.《呵叻城官方通告》，《呵叻城编年史》，1954 年出版，第 36 页。

102.《呵叻城关于缴纳黄金随税的官方通告》，《呵叻城编年史》，1954 年出版，第 34 页。

103. 见丹隆拉查努帕亲王：《风俗传统》第 16 辑，第 2 页。

104.《五世王朱拉隆功的圣谕》，同前引书（注 88），第 38—39 页。

105. 丹隆拉查努帕亲王：《地方长官》，第 86 页。

106.《四世王时期公告汇编》第 4 卷，第 24 页。

107.《旧御令》，第 33 条。

108.《五世王朱拉隆功关于政治改革的解释的圣谕》，第 33 页。

109.《四世王时期公告汇编》第 6 卷，第 49 页。

110. 罗伯特·林格特：《泰国法律史》中的"土地法"部分，第 36 页。

111. 见《旧御令》第 44 条，颁布于小历 1110 年，尾数十年，龙年，泰历七月黑分初十一，金曜日，即公元 1748 年 6 月 21 日。

112. 罗伯特·林格特：《泰国法律史》中的"土地法"部分，第 45 页。

113. 丹隆拉查努帕亲王：《关于王家春耕仪式的公告》（Prakat Phrara-chaphithi Phutmongkhon Lae Charotphranangkhan）序言部分，索蓬皮潘塔纳功印刷厂，1925 年。

114. 曼谷王朝五世王御著：《十二个月的王家仪式》（Phrarachaphithi 12 duan），第 543 页。

115. 曼谷王朝五世王：《十二个月的王家仪式》，第 557 页。

116. 见《四世王时期公告汇编》第 6 卷，第 201—208 页，颁布于小历 1226 年，尾数六年，鼠年，泰历二月白分初一，水曜日，即公元 1864 年 12 月 28 日。

117. 丹隆拉查努帕亲王：《古代暹罗的统治特征》，第 28 页。

118. 丹隆拉查努帕亲王：《部分"阿功"税历史》，《风俗传统》第 16 辑，第 11 页。

119. 刚开花的槟榔树（Mak Phakarai）一词，Phakarai 是高棉语，意为花开得很稀疏。

120. 小历 1214 年（佛历 2395 [公元 1852] 年）尾数四年、鼠年、泰历十一月黑分初十一、土曜日颁布的公告，见丹隆拉查努帕亲王：《部分"阿功"税历史》，《风俗传统》第 16 辑，第 12 页。

121. 三聘（Sampheng）是一个高棉

语词汇，意为妓女。

122. 丹隆拉查努帕亲王：《曼谷王朝王家编年史》，二世王时期，第 83 页。

123. 丹隆拉查努帕亲王：《赌场及花会取缔历史》，《史籍汇编》第 17 卷，第 76 页。

124. 帕耶阿奴曼拉查东：《关税历史》（*Tamnan Sunlakakon*），第 42—43 页。

125. 丹隆拉查努帕亲王：《地方长官》，第 51—52 页。

126. 对丹隆亲王《洛坤剧〈伊瑙〉的历史》（*Tamnan Ruang Lakhon Inao*）里面有关叙述的新解，泰印刷厂出版，1921 年，第 96—97 页。

127. 写给昭帕耶庸玛叻（Chaophraya Yommarat）的书信，写于曼谷王朝历 129 年（公元 1910 年）6 月 1 日。

第三章　泰国过去的封建制

集·普米萨的历史著作尚未完成对前现代税收制度的分析就完结了。随着集在1958年10月被捕入狱，在接下来的15年或更长一段时间里，政府禁止了这一类书籍的出版，集对萨迪纳制度的分析计划也不得不悬置起来。在编辑手记中提到的对萨迪纳制度的其他经济特征，以及政治、社会和文化等方面特点做进一步研究的设想一直未能实现，直到1973年"十月十四日"事件爆发之后，新一代经济史学家才继续对泰国社会的过去和现在进行社会分析。即使是泰国共产党也因沙立1958年发动政变而转入地下，比1952年"和平反叛"时更坚决，他们为了自身目的利用作品进行动员的能力受到了限制。编辑手记中提到的"半封建、半殖民地"的社会形态实际上是泰国共产党对泰国社会的分析，但是在《真面目》一书的正文中却并未提及"半封建、半殖民地"。作为一个叛逆的知识分子，集不断靠近共产党，但又时常保持一定的距离，或者凭借自己强烈的独立自主的思考而独善其身。不管《真面目》在20世纪70年代的青年运动和大学学者中间获得了多少激进的认可，它从未被泰国共产党接受和认可为党对泰国历史的解释。

虽然我们能够找到许多对集的分析进行修正或补充的泰文著作，但是这些文本还没有以任何有意义的方式进入欧洲语言，特别是英文的论述之中。个别所谓的具有激进精神的英文研究引用了《真面目》，但却是以一种离题和肤浅的方式，使其从未在有关泰国的英文史学著作中占据一席之地（Anderson 1978; Turton et al. 1978）。最近有一项研究正视了这本书的价值，但将讨论湮没在一个冗长的脚注之中（Girling 1981:271-72）。在最近的泰国通史著作中，很明显没有修正对泰国过去的研究方法，都完全忽视了这部著作（Terwiel 1983），或将其视为"有些幼稚的马克思主义批判"而丢在一边

（Wyatt 1984:271）。

这是西方对大多数亚洲社会进行研究时的一个特点，即拒绝将"封建"作为一个有用的分析范畴，泰国的情况也不例外（Reynolds 1985; Takashi 1980:111; Jacobs 1971:chap. 1）。乔治·孔多米纳（Georges Condominas）对泰国进行的研究是为数不多的一个例外，他通过封建这一概念来研究泰国早期的政权形态（Condominas 1978）。近年来一位学者发现了该术语的不足之处，说道："作为一个分析的概念，它往往模糊了那些需要区分开的东西。"（Han ten Brummelhuis 1983）另外，"封建"（feudal）似乎并不是泰国的术语萨迪纳（saktina）的准确翻译（Batson 1984:25 n. 46），但事实上，泰语母语学者将泰语中的萨迪纳等同于欧洲的封建，而且也是这样翻译的！但是在阅读集的作品时，如果因为封建这一修辞的不精确性和时代局限性，或因在马克思主义分析上的武断性，而拒绝接受其适用性的话，那么人们将无法体悟到《真面目》一书写作时的环境，无法比较它与它所抨击的史学，也不会考虑到重新发现它并重申其适用性的 1973—1976 年那个历史性时刻。

《真面目》一书标志着语义符号方面的巨变，泰国社会由此在泰国和欧洲的史学范畴中均可得到理解。它帮助我们重新描述泰国社会的特征，并动摇了泰国的统治根基。在一个合法性持续来自君主政体和佛教僧侣的国度，"萨迪纳＝封建"的符号在某种情况下将被视为是一种危险。现在，我将要展现"封建"一词是如何获得了这些严肃和煽动性的含义。

隐喻与正统意符

从 20 世纪 40 年代末开始，萨迪纳这个表示封建主义的泰语术语在激进话语中已很常见，用来描述过去的社会及其在现代的残余，泰国共产党和城市知识分子也都加入这一讨论之中。一个非常有趣的例子是，一部以《却克里王朝的九任国王》（Nine Reigns of the Chakkri Dynasty）①命名的非共产主义激进论著于 1982 年面世，这一年也是曼谷王朝建立 200 周年（Raktham

---

① 曼谷王朝是中文中习惯译法，泰文中称作"拉达纳哥信王朝"，又因一世王曾为却克里将军，因此也称作"却克里王朝"，有华人按潮汕方言音译作"节基王朝"。——译者注

n.d.)。该书按照历任君主在位顺序,将从 1782 年到当时(时任国王为九世王)的重大事件列举出来,这种历史的表述形式效仿了"正统的"历史,但事实上这本书是反历史的,并反对在 1982 年大肆庆祝却克里王朝的成就。它充斥着对却克里王朝宣称和取得的成就的驳斥,并直言不讳地谈论现代泰国历史上的一个禁忌话题,即 1946 年八世王之死,集在该事件发生次年的日记中对此有生动描述。

官方当局对 1982 年这部反历史作品做出了反应。政治警察去国家档案馆核实曾经查阅过该书所引用文献的读者身份之后,以冒犯君主的罪名逮捕了一些可能参与该书出版活动的相关人士(*Nation review*)。书中的第一句话就蔑视了王家成就,它将泰国的君主制置于封建的历史之中:"泰国被萨迪纳制统治了长达数个世纪。萨迪纳领主们统治着土地,将自己确立为所有土地的主人,但他本人从未在土地上付出过一点劳动。"(Raktham n.d.: 7)并不是因为提到萨迪纳就引来了警察的拘捕,而是因为它在行文中阐述了萨迪纳这个术语,旨在通过这种讨论来颠覆像君主制和佛教僧侣这样的合法制度的正统意符。那些渴望正统权力地位的人,必须小心翼翼地通过公开渠道表示,他们将继续赋予这些制度同样的正统意符,否则他们的行为就可能带有叛乱的意味了。正如企图发动政变的泰国叛军的坦克驶过曼谷的街道时,他们的装甲板上装饰着王室成员的画像——这是一种保证,实际上,他们与当局的争论仅限在武装力量上,对君主在泰国社会中的位置没有任何质疑。

在 1982 年这部反历史著作的封面贴着一张邮票,宣称希望该书能被国家图书馆考古部门下面的美术部批准为泰国历史研究,但实际上并不存在这样一个部门;在封底内页还印着曼谷王朝二百周年纪念的官方标识。这些符号通过以不尊重的口气叙述充满丑闻的历史而呈现出与官方认可的文本截然不同的一面,以此取消了绝对权威固定、合法和恰当的意符。通过隐喻,这些符号制造了一个不当类比,隐含着改革和变化的可能性,质疑合法权威和正统意符的绝对性,因而也质疑了法律的绝对性。用迈克尔·瑞恩(Michael Ryan)的话来说:"隐喻会将人引入歧途……隐喻通过激发感受来唤起激情,它无法与政治机构那种要求有明确词语定义的理性接受兼容。"(Ryan 1982: 4)未经认可的词义转移与对抗君主权威之间有着直接关联,瑞恩继续说明隐喻是如何"通过变形、转化、关联、移位、置换、出格、含混、复数、不得体或不占有等方式来表征"与煽动联系起来的。

瑞恩说道，非正统意符是一种物质力量。诸如小说家、诗人和散文家等作家们经常给威权政府带来麻烦，因为他们会去摆弄那些正统意符：所谓煽动性就是作家们从他们所理解的世界中所诠释出来的意符。下文我想通过对萨迪纳的正统意符争论的梳理，特别是通过《当今泰国萨迪纳制的真面目》一书，以及在它出版后几年里出现的其他著作来追溯欧洲的封建主义被翻译成泰文的萨迪纳的过程。在 1958 年之后，针对"萨迪纳＝封建主义"这一等式，出现了截然不同的反应，它暗示着一个关于政治权威本质的冲突。这种反应构成了一场"解释大战"，但它不是一场学术争论，而是一场政治战争，他们争夺的是那些术语，而现实正是被这些术语定义甚至建构起来的（Ryan 1982:49）。它不像《真面目》中的历史唯物主义分析那样让当局烦躁不安，而是一种隐喻的错误解释，也就是说，可能会失去对正在完善的正统意符的控制，尤其是在 1958 年沙立上台之后，并贯穿整个 60 年代。

萨迪纳术语的历史

虽然萨迪纳一词在过去十几年的泰国历史研究中已被普遍使用，在受教育人群的讲话中也时有言及，但不一定带有激进或反王室的意涵。我曾经听到过一位银行家和他的客户之间的对话，他们在描述另一位不在场的女士，说她带有"萨迪纳的做派"，意思是说她有一种傲慢的贵族习气。它在泰语的口语和书面语中的语义包括：陈腐的观念和反动的思想；苟延残喘的陈旧制度（君主制和佛教）；庇护制下的特权和腐败；以及在官僚机构中的贪污腐败。对那些未受过教育、低收入的泰语母语者而言，萨迪纳可能带有一种阶级差别的感觉：他们（享有财富、权力和等级的萨迪纳阶级）相对于我们（贫穷、无权、地位低下）。这种贬低的、轻蔑的内涵不超过三十或四十年时间。事实上，这个术语曾经带有吉利含义。一位生于 1954 年的泰国青年历史学家，他的父亲出于一番美意，以萨迪纳为他取名，他沮丧地告诉我，他可能是泰国最后一个叫这个名字的人了。他成了大学好友们的取笑对象，那些人从小到大讲到这个术语的时候都是带着讽刺意味的。

《萨迪纳·拉玛》(Saktina Rama)是一部出版于1980年的诙谐小说，作者是曼谷拉玛提波迪医院的一位医生，它对医生和病患的徇私和地位升迁极尽嘲讽之能。(Phunpit 1980)。甚至连小说中医院的名字"Ramathipatai"（"拉玛"和泰语中用来表述民主的术语"主权"构成的合成词）也是一种双关语，讽刺小说中人物的自命不凡。一位麻醉医师发现他的贵族等级提升了，因为在他的协助下成功地医治了一头王家白象，这个吉祥的动物本身就拥有贵族等级。如果这位麻醉医师在治疗穷人的时候也展现出同样的技术，将不会有任何值得庆祝的事情发生。这里有些好笑的是，君主授予贵族等级的权力在1932年终结君主专制政体的政变中就被废除了。小说中萨迪纳/封建指代的对象，不仅仅是王家认定和有特权的人，还有源自阶级差别的不公正和不平等。

在当今的学术话语中，萨迪纳指涉的是一种社会形态，萨迪纳制度：过去大约五百年泰国社会所独具的政治、经济、社会和文化的秩序。并非所有历史学家和社会科学家都用"萨迪纳制度"去标识过去的泰国社会。一些人强调主仆庇护关系（patron-client relations）、徭役制度和君主制，而将萨迪纳留给更古老的、技术性的含义：根据土地或劳动力来量化等级。但对于使用萨迪纳术语的历史学家们来说，它是话语的一部分，始终与当今的秩序保持着至关重要的关系，甚至可能打算取而代之，特别是君主制和佛教僧侣等萨迪纳残余。

如上所述，萨迪纳的现代含义来自一个古典的泰文术语 *sakdina*，该词见于15世纪泰国的民事与行政法典。这个术语指涉在以经济关系为基础的社会政治等级体系中所处的地位。地位是通过分配土地的数量来划分的，例如分配到100000个单位的是最高等级的王子，到分配到10000个单位的贵族，低至分配到25个单位的平民百姓以及分配到5个单位的奴隶。这个古典的泰文术语是一个梵语和泰语的混合词：梵语的 *sakti*（权力、神的权力）加上泰语的 *na*（稻田）。在20世纪，关于分配的单位指的是像采邑这样实际的土地，还是指人力资源的单位（如1个单位=1个人力），引发了持续不断的争论。一些历史学家认为社会制度是从最初依据土地数量来确定权力，发展到后来以人为单位来确定权力。尽管这两个术语在泰文的拼写和发音上都一模一样，在英语中我将古典的泰文术语记作斜体的 *sakdina*，现代泰文术语则记作正体的 saktina，以示区别，并强调在过去三十或四十年时间里所创造出的新含义。

据我所知，直到 20 世纪之前，没有任何证据显示有人把前现代暹罗的社会制度称作是封建/萨迪纳的，例如在 1935 年它最初出现的时候，该修辞只是个简单的外来词（*fiwdalit*），用来表示某种"分散的权力中心体系"（Nakkharin 1982:24）。将过去的社会具体化为萨迪纳社会或萨迪纳制度，似乎是在二战之后才发展起来的。直到 1942—1943 年，用来指代封建的泰文词汇还是一个源自梵语的新词帕迪纳（*phakdina*），该作者仔细思考了术语对等的问题，最后得出结论，"我们从来未曾有过欧洲人理解的那种封建制度，因此我们没有一个确切的词来表述它"（Wanwaithayakon 1951:129-30）。这句话也许可以颠倒下次序："由于我们没有一个确切的词表述它，我们就从未经历过封建制度。"

有一些材料表明，在二战结束之前，在左派圈子的谈话中已开始使用带有现代、讽刺意义的萨迪纳术语。一位早期的工会组织者留下了一份生动的记录，是在他工作的出版社的一次午餐上的谈话。当时杰出的社会主义作家古腊·赛巴立斜靠在桌子上开玩笑地称沙功王子（Prince Sakon）是萨迪纳，沙功王子因为对社会主义抱有同情，而被认为是王室家族中的红色王子（Red Prince）。红色王子也借此机会解释这个术语是用来描绘不同阶层所拥有的剥削权（Sangkhommasat 1982:225-26）。红色王子认为，20 世纪 40 年代中期存在的这种剥削，是直接源自传统的萨迪纳阶级行使的剥削权。

即使"封建＝萨迪纳"这一等式已经进入到泰语之中，许多泰语母语者和作家仍拒绝把封建主义视为一个对泰国历史具有意义的术语。1952 年，就在军政府针对批评他们的左翼人士采取措施的"和平反叛"发生前夕，一位接受过西方教育的外交家、曾在战后比里内阁中出任外交部长的迪列·猜亚南（Direk Chayanam）撰文，详细阐述了欧洲的封建制度是欧洲社会的一个重要的发展阶段。他并没有表示这种发展阶段可能适用于泰国，而且他使用的是英文术语在泰文中的外来语借词转写 *fiwdan*，仿佛在强调封建制度对国人来说是陌生的（Direk 1974:151-55）。当然，如今很多泰语母语者仍然不承认这个术语在泰国社会的适用性。

但是在二战结束后十年左右时间里，古典的术语 *sakdina* 逐渐成为欧洲的封建一词的固定译名。泰国共产党的刊物《大众》继续推动这种语义的转化，将马克思-列宁文集中的"feudalism"译作"saktina"；1947—1948年的这些文章旨在教育泰国读者关于社会形态的概念。那时，泰国共产党关于社会形态的分析遵循着一条严格的直线发展模式，源自盛行于中苏两国的理论。这种社会形态的单线演进序列——原始公社、奴隶社会、封建社会、资本主义、社会主义——忽视了这样一种形态，即马克思和恩格斯多次提及、用来将非西方社会纳入他们的通史之中的形态：亚细亚生产方式（Asiatic mode of production）或"东方社会"（Oriental Society）。在苏联，亚细亚生产方式在20世纪20年代末和30年代初的激烈辩论之后被从模式中删去。斯大林主义史学确立了主导地位，这对减少俄国社会中的"亚细亚"特征，以及否认马克思的亚细亚模式所暗示的、基于西方资本主义在亚细亚社会之外的演进中所起的关键作用都有重要影响。正因如此，战后的泰国思想家们对于亚细亚生产方式一无所知。直到很久之后，他们才接触到马克思未出版的手稿《政治经济学批判大纲》（Grundrisse）。此时，中国尚未脱开俄国革命的模式，因为中苏之间的争端直到20世纪50年代末才出现。在这种情况下，斯大林正统史学模式对泰共的影响更是日益强大（Reynolds and Hong 1983：79-80）。正如他们的中国同行在20世纪20和30年代所写的那样，他们在解释泰国如何由封建主义向资本主义转变上遇到了极大的困难，对于这一点，《真面目》在分析中也含糊其辞（Dirlik 1978）。

　　1950年，有一部著作稍微偏离了1938年被斯大林确立为正统观点的直线进化模式，直到20世纪70年代，它一直是泰国共产党的核心著作。一位泰共历史学家沿用1939年毛泽东在《中国革命和中国共产党》中的提法，将泰国社会形态标示为"半殖民地、半封建"（Udom 1979）。乌冬·希素万就是这本1950年著作的作者，他是一位记者和文学批评家，后来在1958年沙立政变之后，和集一起被投进监狱。乌冬将1855年之前的泰国定性为一个封建社会，其特征是自给自足的农业经济，其对外贸易受制于萨迪纳制下的垄断和征收的关税。萨迪纳社会的统治阶级包括国王、王族和贵族，所有的土地都归君主或国王（Kshatriya）所有。被统治阶级由派（农奴）构成，他们分别归属于统治阶级中的成员，可以被任意买卖，并被强迫为自己的主人每年劳动3到6个月，替他们耕种土地。"Serf"被译为"农奴"（that *kasikon*），并被等同于泰国的派（*phrai*）。派们不能够自由迁移离开其土地持有者们；他们没有任何政治、经济、文化和国家的权利；他们和萨迪纳阶层的矛盾导致的冲突对抗最终总是以遭到残酷镇压收场，因为他们缺少正确而强有力的领导。在19世纪，当欧洲的帝国主义者主张他们在亚洲的利益时，萨迪纳阶级抵挡不住压力，被迫满足他们，尤其是英国的要求，保障其贸易权和治外法权（Udom 1979: 27-28, 53-55）。

从1855年与英国签订条约开始，外国资本的侵入改变了生产关系，泰国沦为了半殖民地。与此同时，萨迪纳制"过去曾经是独立的，在帝国主义的影响下被迫转变成半萨迪纳制"（Udom 1979: 94）。现在有两种不同的剥削类型：一种是地主和高利贷者对农民的萨迪纳式剥削；另一种是富农对雇用农工，或地主阶级、富农和资本家对广大贫苦农民的半萨迪纳式剥削（Udom 1979: 96）。曼谷王朝五世王的改革在一定程度上改善了人民的生活条件，但是改革并没有为本土的资本主义发展创造条件。事实上，国王不得不依赖外债来进行改革计划中的金融资本密集型项目，从而进一步将国家推向帝国主义的魔爪之中（Udom 1979: 99-103）。

根据乌冬的分析，1932年之所以能够成功推翻君主专制制度，是因为一些策略上的因素，并不是因为得到了大众的支持。"统治权落入小资产阶级、中层资产阶级和地主阶级的手中"，地主阶级曾经独自掌权（Udom 1979: 124）。政变领导人对摧毁萨迪纳阶级犹豫不决，因此后者保留了巨大的经济影响，但其政治权利受到了限制。在1932年政治制度改变之后，帝国主义的经济结构同样原封不动地保留了下来（Udom 1979: 133）。当谈到二战之后的时期，乌冬转向国际形势：通过战争，苏联的力量不断增强；美国的商业不断扩张，进入了之前由轴心国所支配的市场；世界分化成两大阵营。战后国际关系的解释建立在安德烈·日丹诺夫（Andrei Zhdanov）1947年的讲话稿《国际形势》（The International Situation）基础上，它概述了苏联外交政策的新立场，并发表了关于"两大阵营"学说，号召东方世界揭竿而起，建立"人民民主国家"（Udom 1979: chap. 5）。由此，乌冬将他的泰国历史延伸至他所处的时代，在泰国共产党的协助下，他将自己定位为国家新未来的缔造者，面对超级大国的现实：泰国将会成为新的人民民主国家的一员。

这种对泰国社会历史特征的描述——萨迪纳，紧接着是半萨迪纳、半殖民地——不能仅仅和泰国共产党的宣传联系起来。乌冬只是当时为数众多的知识分子中的一员，他们有些人接近泰国共产党，而另一些人则不是，他们试图纠正依据传统史学对泰国过去进行的历史分期。有一位作者在《真面目》一书出版的同一年也推出一本书，指出"萨迪纳"这一术语指的并不是简单的授予等级（澳大利亚的骑手可以成为受封领主或爵士，俄国共产主义者则是赢得奖章），而是指那些"陶醉于权力"（mao amnat）的人的自大和傲慢（Luan 1957: 53-55）。实际上，在二战后的十年里，政变集团的成员自己就使用这一术语来诋毁贵族政治。据说警察总监炮·希亚依用"萨迪纳"来攻击宽·阿派旺等对手，而且他还是率先使用这一新符号的人，当时他企图推翻君主立宪制度！（Tuan 1957: 58; Seni 1969: 178）

社会形态的单线发展序列作为一个主题——几乎像一个识别特征——在当时的作品中反复出现。通常情况下，各种材料中的社会形态顺序都是鹦鹉学舌的公式化表述，以大纲的形式呈现，明显缺乏任何能够将其与泰国的状况联系在一起的细节或数据。下面就是一例，1956年，即《真面目》一书面世的前一年，法政大学发表了一篇文章（Nitisat 1956）。其大纲看上去似乎是在邀请一位作者填上泰国的内容。因此，乌冬的分析和集的《真面目》一书，与该文以及所有写于它们之前或之后的关于泰国社会形态的其他分析都存在着互文性（intertextually）。事实上，集·普米萨的《真面目》可能会被解读为是为超越乌冬的分析所做的一种尝试，去填补普遍存在的大纲中的空白，在为古典泰文 sakdina 创造新的意义上，它做得比其他任何文本都要成功，包括乌冬的著作在内。

当今泰国萨迪纳制的真实面目

乌冬的《作为半殖民地的泰国》（Thailand, A Semicolony）只是粗略地处理了前现代泰国社会的情况。他的分析侧重于西方帝国主义和20世纪国际经济状况对泰国社会的冲击，而非1855年之前的前资本主义社会形态，后者内容仅占55页篇幅。在前言中，乌冬承认"尽管泰国的萨迪纳制至少有着悠久的历史，但始终未能确切地证实这个制度是在素可泰时期还是在阿瑜陀耶时期首次出现的"。在乌冬写作的时候，萨迪纳/封建更像一个空壳，还未装入泰国的内容。集·普米萨在《真面目》一书中所研究的正是这种早期的历史，即萨迪纳制度的起源及其直到19世纪中期的内部变化。此外，这两部著作互为补充、相辅相成。鉴于乌冬的视野"向外"，展示萨迪纳和半萨迪纳社会是如何被外来经济利益支配的，集·普米萨的视野则在空间上"向内"，在时间上"向后"，要说明萨迪纳生产方式是何时以及如何在泰国社会占据主导地位的。留给今天的问题是在意识中的"萨迪纳残余"：君主制和佛教被认为在泰国认同中至关重要，对合法掌权来说必不可少。

《真面目》利用了多种来源的材料，为了方便讨论，我将它们划分成三个组：法国东方学家关于傣泰人（T'ai peoples）和柬埔寨社会早期历史的研究；泰文语言材料，包括皇家编年史、法典、碑铭，以及由宫廷历史学家记录的前现代泰国社会情况；其他社会主义和共产主义作家杂七杂八的文字，包括长期担任美国共产党（CPUSA）领导人的威廉·Z. 福斯特（William Z. Foster）和美国小说家霍华德·法斯特的作品，后者曾经获得过1954年斯大林国际和平奖（Stalin International Peace Prize），受到美国众议院非美活动调查委员会（House Un-American Activities Committee）追查，但后来他在赫鲁晓夫（Khruschchev）全盘否定斯大林之后声明断绝与共产主义的关系（Charnvit 1979a: 135）。在这些材料中很明显缺少一类材料，书中没有承认但是却和它们有互文关系，这即是所有用泰语写就的"进步"文字，例如乌冬的《作为半殖民地的泰国》，也是在二战后十年内推出的著作。这些著作同样用集的研究中标志性的社会形态发展序列来构建历史。

在许多情况下，被引用的作品与其说是来源，不如说是地图上的坐标，标记《真面目》一书所涉内容的地点。在第一个关于威廉·Z. 福斯特的《美洲政治史纲要》（*Outline Political History of the Americas*，1951年）脚注的页码索引中，确实有关于古希腊奴隶制的信息，但是章节的标题却是"美洲的印第安人民"，而该信息则埋藏在小字注里面。福斯特的《美洲政治史纲要》一书远非关于奴隶社会的权威论著。更确切地说，它昭示了《真面目》一书的指向：法国的东方学；泰文的语言证据；社会主义者的历史学作品。福斯特还写过《美国共产党史》（*History of the Communist Party of the United State*），该书开头的一段话很容易让我们想起《真面目》开头的调子：

美国共产党的历史是美国工人阶级先锋政党的历史。这是一个新型工人阶级政党的诞生、成长和发展的故事和分析，它的存在是新型时代的要求，也是资本主义的最后发展阶段帝国主义时代的产物，是伴随着新的社会制度——社会主义的出现而产生的。（Foster 1968:15）

与福斯特的关于美国共产党历史的著作形成鲜明对照的是，集的历史著作绝对不是关于泰共党史的；尽管后来泰国共产党也想要利用它，但其写作并未得到泰国共产党的认可，而且集在著作中没有引用乌冬的《作为半殖民地的泰国》这部泰国共产党的核心理论著述。与之形成对比的是，他又很醒目地引用了福斯特的《美洲政治史纲要》一书：在《真面目》一书中都能够看到这些作品的影子，同时它又和其中任何一部作品都截然不同。另一个未被引用但是在集的内容中占有重要地位的是丹吉（S. A. Dange）的《印度：从原始共产主义到奴隶制》（*India: From Primitive Communism to Slavery*）。集尽管未在此处引用，但是在一篇文学批评文章中引用了它。这是一部研究印度社会形态的著作，同样在其祖国遭到严厉的批评，但其与集的作品在泰国被接受的情形大不相同。（Dange 1949）

有一份泰文的材料介于前两种资料之间，是一位研究古典印度和东南亚法律的法国学者罗伯特·林格特（Robert Lingat）的著作，他多年来一直担任泰国官方法制和司法改革顾问。林格特编辑了现代版本的前现代泰国法典，其《泰国法律史》（*History of Thai Law*）是20世纪30年代为法政大学法学院课程而准备的，也成为集·普米萨撰写有关傣泰族群早期社会组织参考的主要权威材料之一。《真面目》仅有几处引用了林格特的《泰国法律史》，这掩盖了这本书对集的著作的重要性，并且集很可能是通过林格特的引用而熟知布尔莱特（Bourlet）、迪盖（Diguet）和罗勃肯（Robequain）等法国学者的研究的。在关于土地法的章节，林格特提出泰国人民是以一种原始公社的形式共同持有土地的（Lingat 1983, I: 303）。集在他研究一开始就讨论了这种早期的社会组织形式。

从处理的方式来看，《真面目》对一类材料特别感兴趣，即来自宫廷的泰语材料，既包括原始材料，如编年史和法律条文，也包括宫廷历史学家，如丹隆和朱拉隆功的二手作品。在迄今为止关于确立集在泰国史学中地位的最重要的一篇文章中，禅威·格塞希利强调泰国历史写作有一条发展脉络（Charnvit 1979）。禅威的这篇文章是在 1976 年 10 月 6 日政变之前构思并完成草稿的，它带着青年运动重估泰国史学的印记，又是一份对"集·普米萨"的建构做出贡献的文献。根据禅威的论述，泰国的历史写作从最初主要关心宗教问题，逐渐演化到 17 世纪中期被王朝断代史所取代。以王朝史的写作为主流的状况，一直持续到 19 世纪下半叶才开始逐渐衰落，一种被禅威称作"现代历史写作"的风潮兴起，从宫廷写作（丹隆）到民族主义写作（威集·瓦塔干），再到马克思主义的历史（集·普米萨），相继发展出来。

这种历史写作的发展序列只是在大致框架下进行的概略叙述，它隐蔽了其中的复杂程度，每种范式在各自谱系中都带有其他范式的痕迹。集的马克思主义历史文本对官方史学具有颠覆性，却在树立一个意欲取而代之的对立面他者这一点上，又与宫廷史学关联密切。换言之，宫廷史学反对分裂力量，其自身却又包含着取代其主导地位的因素。同样，只要仔细阅读《真面目》一书，就有必要留意官方史学在集的文本中的嵌入方式，以及集的文本又是如何突破那些既有的史学范式的：包括宗教的、王朝的、宫廷和民族主义的。无论是对曼谷王朝的五世王朱拉隆功，还是其儿子[①]、泰国君主制下所谓的历史学家丹隆，《真面目》中的言语主体都不带有谴责意味。事实上，他们尝试改变旧秩序的现代主义偏见对集非常有利，他们在著作中对前现代社会的描述很具批判性。宫廷的王家编年史和档案材料披露了一些不可或缺的信息，关于税收制度以及在一个经济体中雇用劳动力的情况，当时的经济状况已经被 1855 年的贸易条约所改变，而宫廷也在 19 世纪下半叶不懈地谋取自身的利益。

在泰国奴隶制这个重要的主题上，《真面目》与宫廷历史学家对证据的解释意见相左。丹隆为了否认奴隶制是泰国社会体制的组成部分，将它理解为从柬埔寨那里学来的"风俗传统"（phrapheni）[②]，一种高棉的糟粕（Damrong 1975）。集根据语言和碑铭证据，提出素可泰社会就有奴隶存在，不遗余力地证明泰国社会经历过奴隶制阶段。正是关于奴隶制的问题，让他

[①] 此处系作者有误，丹隆亲王是五世王朱拉隆功的弟弟，并非他的儿子。——译者注
[②] 此处原文转写有误，应为 *prapheni*。——译者注

在注释中参引了霍华德·法斯特 1952 年的小说《斯巴达克斯》(Spartacus)。

泰国的奴隶制问题经常引发争论。Thai（自由民）和 That（奴隶）在泰语中的发音头韵相同，只需转转舌头即可转换，但关于泰国历史上奴隶制普遍性的争论最终却影响着自由和殖民主义等现代泰国的概念。鉴于这种情况，问题不太可能得到解决，因为争论的核心在于泰国社会（以及泰国政府）应该被理解为是充满剥削和冲突的，还是充满温情和善于整合的。1971年一份重要的素可泰碑铭被译成英文，当时关于泰文中的奴隶/家臣/侍从等术语翻译的准确性就曾引发争议。有趣的是，正是卡宗·素卡帕尼作为争论的一方，明显遗漏了集的名字及其关于泰国奴隶制的深入分析。而他此前曾在掷地事件中袖手旁观，这让比尔·格德尼（Bill Gedney）[①]深感震惊（见第一章）。他现在采取了更为批判性的立场，认为格里斯沃尔德-巴色（Griswold-Prasert）的翻译已经弱化和遮掩了素可泰时期奴隶制的证据（Khachorn 1971）。

集·普米萨还以其人之道还治其人之身，用宫廷学者自身的著述来反驳他们，重新组织他们所用的材料对泰国社会形态进行分析。他采用了这些著述中有关税收体系的四点标准纲要，如丹隆对于前现代税收的描述（Damrong 1963），及其在《古代暹罗的统治特征》中所进行的简要概述（Damrong 1975）。民族主义史学家銮威集瓦塔干关于税收制度的广泛讨论（大约在 1950 年）中也采用了同样的纲要，但和乌冬著作相同，《真面目》并未引用（Wichit 1962）。本质上，集在对泰国社会形态进行分析时，重构了税收体制的论述，这种形式的论述可以被任何派别的历史学家们接受，不管是君主主义者、民族主义者还是马克思主义者。迄今为止，关于 19 世纪泰国经济最全面的研究，无疑也采用了同样的架构（Chai 1979）。集利用了泰文的原始材料中的一词多义现象，并重新调整经济数据，以揭露前现代泰国社会形态剥削的一面。

自 20 世纪 70 年代中期以来，泰国政治经济学家们对泰国社会形态的考察已经远远超出了集的分析，但是这部 1957 年的著作依旧影响力十足，不仅仅因为它重述了税收体系，还因为这种重述有助于萨迪纳/封建概念的意识

[①] 根据第一章所述，此处应为威廉·格德尼。——译者注

构建。这部著作超越了同时期的其他作品，它为古代泰文中的*sakdina*创造了新的意义，这种赋义的行为都展现在文本之中。文本解释了这个术语是如何以及为何意味着"落后的农业秩序""专制统治"和"剥削的生产关系"，用当代意识改造这一古典的泰文术语。通过替换和取代的过程，古代泰文中的*sakdina*成为现代泰语中的saktina，一个不太恰当的词义转换，带有煽动性的含义。《真面目》一书成为诸多带有反叛意识的标志之一，它令政府当局感到恐慌，致使集被捕入狱，从1958年开始了长达六年的铁窗生涯。

该书的前半部分，对萨迪纳给出如下定义：

> "萨迪纳"按字面意思可解释为"管辖田地的权力"，如果解释得更为详尽具体一些，萨迪纳的意思是指"管辖作为当时以农耕为谋生手段的人民的重要生产资料的土地的权力"。通过以上对词义的解释，我们可以从总体上认识到，萨迪纳生产制度是一种与"土地"密切相关的生产制度。

这个定义出现在全书前三分之一的部分，论述普遍演进模式、社会秩序的结构，以及推动社会发展的社会经济转型的章节中。在本书稍前的部分，这个术语并不带有等级制度中的级别（*sakdina*）的含义。它意味着权力。泰文中表示权力一词的是*amnat*或*kamlang*，意为身体的力量、掌控的权力，一种推动力量，它隐藏在光、热、仪礼、华服，以及王家仪式中使用的那些晦涩难懂的梵文术语当中（集在其他一些作品中也会提到它们）。

该书一方面用古代的文本固定这个术语，同时又给它松绑，使其摆脱固有含义的束缚。有许多办法可以完成这个术语的松绑，例如断言存在一个落后的农业秩序，并命名这个秩序为萨迪纳制度，一个建立在土地权力基础上的社会制度。萨迪纳是一个地主（*chaothidin*）阶级，他们是土地的主人，掌握着政治、司法和文化的权力，并不是简单地收取租金而已。书中将这种落后的农业秩序的特征，和与之对应的马克思主义词汇并置起来，后者列举的是英文，并用大写拉丁字体显示。这些特征便被"挂靠"在马克思主义有关的词汇上，将*sakdina*这个词从原有的古典含义中连根拔起。

该书还颠覆了泰语的使用，拒绝使用皇语，这是一种标准化的泰语（换言之，得体的话语）专为国王及其直系亲属使用。文本试图避免使用皇语，国王的名字使用简写形式和通用术语，如刹帝利或委员会主席。统治者专用的合乎体统的泰语将其隔绝孤立，并将他归入一个范畴，这个范畴中（几乎）只有一个人：他自己。统治者不能被普通的语言触碰，由此保持其纯洁和神圣。集的文本挑战用语习俗，拒绝使用皇语，从而能够将"国王"重塑成保护萨迪纳阶级利益的"委员会主席"。

该书嘲笑了萨迪纳阶级的举止和嗜好，并认为这是个懒散的阶级，激励他们行动的不是要创造美好或提高文化，而是要满足自己的欲望。现代泰国统治者对权力、财富或感官享受的欲望必须以适当的话语来调节和抑制。在这本书里，他们的真相被揭露，最终大白天下。该书力争达到的效果，和另一个对专制统治的控诉文本如出一辙，即加西亚·马尔克斯（Gabriel Garcia Marquez）的《族长的没落》（The Autumn of the Patriarch），文中的权威被描绘成是变态、好色和堕落的，以及专制和野蛮的。

最后将萨迪纳制度与欧洲的封建制紧密相连，这种语言的运用对古典泰文词汇 sakdina 的重构尤为重要。古典的泰文术语被从古代的语境中抽离出来，通过配对与欧洲的封建主义等同起来："萨迪纳制度（FEUDAL SYSTEM）是在奴隶制（SLAVE SYSTEM）社会的基础上发展而来的生产制度。"乍看起来，这种将泰国社会和欧洲或古代或南美社会等同起来的做法似乎是荒谬可笑的。但是该书通过一直强调一个外国的所指（foreign signified），力争使萨迪纳能等同于封建，并将泰国社会的演化纳入到一个社会形态发展序列中，这个社会形态发展序列超越地球上任何地方的任何一个社会的个体经验。外国的能指和萨迪纳配对使得萨迪纳成为人类社会普遍演进的关键阶段，不仅仅局限于泰国社会。

泰国的术语和事例与外国的术语封建（FEUDAL）相关联，并将封建（FEUDAL）一词应用到语言之中。同时，外国的术语紧扣泰国的术语，并将其从传统的古典意义中抽离出来。这种文本为萨迪纳和封建主义创造新的所指能力，并体现在下面的叙述中："这是英语中称萨迪纳制的术语 FEUDALISM 一词，或法语中的 FÉODALISME 一词的来源。"集这句话的表述方式指出了这样一个问题，只有语言才能让 saktina 和 FEUDALISM 之间有区别。然而，这两种符号之间的差异并没有被忽略，也没有强调对等，排版的格式实际上加剧了这一对术语之间固有的疏离感。不仅如此，FEUDALISM 在字面的意义是"英语中称萨迪纳制的术语"，它是将"萨迪纳是称泰国封建制的术语"颠倒过来说的，这样可能符合我们的预期。这种用语措辞强化了泰国，而不是欧洲，成为具有主权的自我，并使欧洲成为他者。

文化借鉴的实质是标签化、命名和重命名，但是在表象上却正相反，这种标签化的行为并没有创造出语义上的认同。尽管本书中这成对的萨迪纳（封建主义）通过相互置换给人一种二者同一的印象，但萨迪纳和封建之间的真正关系是隐喻性的（metaphoric），而非同一性的（identity）。随着泰文的所指时常侵扰并在泰文术语和欧洲术语之间楔入隔阂，为隐喻的发挥创造了一个空间，并产生了更多的隐喻。尽管作为写作主体的叙述者竭尽全力，希望能控制并固定这些意义，但通过交替对 FEUDALISM（封建主义）和 saktina（萨迪纳）二词进行深度解读，创造了一个差异的游戏，从而否定了二者的固定意义。

凭借这种隐喻式的游戏，萨迪纳跃出古典文本的囹圄束缚，获得了一种机动性。因为 sakdina 和 saktina 二词音韵相同，其被赋予的新意义深植于泰国历史之中。古典泰文的 sakdina 现在不过是一个残存的元素，是现代泰语的 saktina 的诸多表现形式中的一种，是落后的农业秩序，是延续到现在的遗存。换言之，该书将超自然的因素从 sakti（神权）中取出，并意识到该术语真正的经济内容。

该书通过赋予君主巨大的经济权力而设置了一个中央集权的主题，这与离心的、分裂的倾向相矛盾，而这种倾向通常被理解为封建国家的典型特征，而传统史学也认为这种倾向更准确地反映了泰国前现代时期的史实。事实上，西方史学同样如此，后者对封建制特征的概括与中央集权和向心性特征并行不悖，两者不过是封建制的众多特征中彼此对立的两个，这就为该术语的使用造成了困扰（Ward 1985:44-45）。在《真面目》中，君主、刹帝利、大地主的形象是"对王国所有土地拥有绝对所有权的个人"，他采取措施"旨在将权力有效地集中到中央"。这些措施如此强力而且不断强化，正如马克思所认为的那样，它接近资产阶级的普遍化和集中化的特征，因此西方的封建主义的定义就出现了矛盾，既分裂又集中。马克思将集中、积累和强化等修辞应用于资产阶级身上（"它聚集人口，集中生产资料，并将财富集中到少数人手中"），集中体现在他的《共产党宣言》中，当然也包括他的其他著作。《真面目》将马克思描述资产阶级的修辞应用到前现代社会的泰国君主身上，这是另外一种去除 sakdina 古典含义的方式，并赋予 saktina 新的含义。从西方历史的视角来看，这种概括是非历史的；在集的书中，这种概括是为了打破泰国主流的史学范式。

集·普米萨在 1957 年的这些文字本身并没有创造出新的萨迪纳符号。许多学者此前都曾提及萨迪纳社会，乌冬也于 1950 年推出著作《作为半殖民地的泰国》，通过对大量泰国历史的分析，大大促进了为古典泰文术语 sakdina 配置新的所指。对于集的文本，我所主张的是，创造新符号的机制（如果我可以这样表述的话）是显而易见的：写作中的术语"游戏"，冷嘲热讽的智慧，对官方话语规范的违反，对经济内容的发现和归因，对马克思主义术语的应用和误用，以及将 sakdina 从古典泰文所指中的剥离，都清晰可见。适用于神圣王权的高级语言被普通的俗语和讽刺性的旁白所颠覆。通过替代和置换将正统话语推到一边。

书中在 sakdina 和 saktina 之间创造的隐喻游戏，标志着认识论的断裂和在语义符号上的转换。这种变化牵涉的正是由集及其同仁们所构建的新社会学，这种新的分类知识和銮威集瓦塔干（1898—1962）等人所持观点相左。銮威集瓦塔干长期主管泰国艺术厅事务，同时又是个多产的散文作家和历史学家。銮威集推广的分类知识给在 1932 年政体变革中保留下来的君主，以及以銮威集本人为代表的"新人"提供了立足之地。銮威集是华商子弟，少年学生时期当过寺童，他从外事机构中起步，逐渐成为两届军人政府的重要顾问（Thak 1979: 179-86）。和集一样，銮威集既是历史学家，还是社会学家和经济学家（见 Wichit 1962）。他提出的分类知识与一种特定的史学齐头并进。这种史学是对泰国历史的特殊建构，也是《真面目》一书抨击的目标之一。直到进步历史学家们的著作在二战后开始左右语义符号，这种分类知识和支撑它的史学的汇合仍然没有受到审查。甚至到今天，二者相互依存的关系仍然未在英文世界的泰国历史著作中得到论述，最近的两部历史著作充分说明了这一点。二者都未意识到自身是用英语在时间和地点上的一种建构；二者也都未曾探究形塑泰国的历史与赞同泰国社会的社会学之间的密切关系（Terwiel 1983; Wyatt 1984）。

威集在解释终结君主专制的1932年政变一事上发挥了作用。威集基于曼谷王朝六世王瓦栖拉兀（1910—1925年在位）不断确认王朝与民族认同的著作，将王朝的情节和民族国家（nation-state）的情节交织在一起叙述，赋予了1932年事件我们今天所熟知的正统意符（Reynolds 1984）。为实现这一目标，他采取的方式是从阿瑜陀耶的历史中探究泰国政权更坚韧、更强悍和更专制的主题，并大肆歌颂从外族统治者手里解放家园（ku banmuang）或抵御外敌入侵的英雄国王。这个主题无所不在，甚至连素可泰的国王兰甘亨也被纳入民族解放的英雄行列，但从早期泰国碑铭材料中得来的证据非常有限（Wichit 1930: 60, 72）。对威集来说，他一直努力要实现某种泰国的"比例均衡"，即他的国家必须像其他国家一样有同样类型的历史：通过一个黑格尔式争取自我实现（self-realization）的历史进程而创建的民族国家。威集的著述将泰国推上了世界历史的舞台，鼓舞了几代泰国读者，尤其是一批在成年之后成为社会主义者和共产主义者的年轻读者。乌冬·希素万就是其中之一，他10岁时就读过威集的首版《世界历史》（World History），对当时受到的冲击一直记忆犹新（Udom interview 1984）。黑格尔式斗争进程在威集的著述中以"革命"和"解放"的字眼出现，这是一个从未沦为殖民地国家的反殖民话语！或许应该把威集，而不是丹隆，尊为泰国历史之父。因为是他著作中的情节，而不是来自很少提及1932年事件的丹隆的著作，支撑着当今政治权威的合法性，同时也成为现代泰国史学必须挑战的目标。

《真面目》一书就其社会学和历史学的重构性而言，是对威集、丹隆和瓦栖拉兀的著作的一种重写（rewriting）。解放的主题在全书的最后部分尤为显著，这对集和威集的作品来说都是不可避免的。正是诸如反殖民主义话语这种常量，使集的作品与威集的作品之间建立起互文关系，这与它同宫廷以及泰国共产党的史学作品之间建立互文关系如出一辙。《真面目》的雄心是将当时居于支配地位的分类知识和占据主导的史学取而代之，是一种可以在20世纪50年代断续的开明政治所创造的空间里繁荣发展的抱负。

但是集在书中借助隐喻的游戏方式对正统意符的攻击，带有煽动性的意味。绝对权威正是通过对正统意符的主张发挥作用，像集的作品这样用非正统意符提出挑战，也成为1958年陆军元帅沙立·他那叻的政变理由。正如瑞恩所说，非正统意符对正统意符的置换是一种物质力量，它也会遭遇物质力量：监禁。集·普米萨和其他作家摆弄正统意符，并主张新的社会学和历史学，他们都被关进了监狱，20世纪50年代的多元主义就此走到终点。

史学新范式占据主流

《真面目》于1957年出版，正值战后的一段历史时期接近尾声，鉴于与此后时期的对比，我将这段时期称作开明时期。事后来看，贯穿整个50年代建立起来的美泰同盟是不可避免的：美国的技术和经济援助开始于1950年，"东南亚条约组织"的条约签订于1954年。1947—1958年的披汶政府见机行事，左右逢源，不仅与美国联系密切，还与刚建立的新中国政府进行交往。泰国学生和作家代表团最近于20世纪50年代末还曾访问过俄国和中国（Reynolds and Hong 1983：78）。

通过集·普米萨及其他文学新闻界人士的作品，泰国知识界的一些成员想要发出声音，营造一种受俄国革命和中国革命，尤其是1949年中国共产党的胜利所激励出来的国际主义氛围。集在书中对萨迪纳的处理方式（即将萨迪纳与封建挂钩）就是这种国际主义雄心的一个标志。因此，我才将"萨迪纳=封建"这个等式与一场运动、一种意识形态和一种对解放和乌托邦的强烈向往联系在一起。沙立及其继任者压制了这场运动，他们的政策引导人们接受一种新的史学范式。然而，这种范式带有它试图取代的那种范式的标记。集的文字作为那个时代的象征，以一种曲折和扭曲的形式出现在反对他的史学作品中。

当沙立于1958年上台之后，将军事和行政大权揽于一身，并提出一种政治哲学，强调本土价值和制度，削弱外国模式和意识形态（Thak 1979: 152-71）。一种新的范式与沙立的政治哲学高度契合，占据了泰国研究的主流。该范式将欧洲的封建制和前资本主义、前现代的泰国社会做出了泾渭分明的区分。该范式强调政治权力的基础是人力而非土地，认为泰国社会关系的决定因素是庇护关系而非阶级关系。这个范式出现在泰文和英文的著作中，它包含这样一种观念，即泰国是独一无二的：因此，历史发展阶段性理论是不适用于泰国社会的。

很多泰文和英文的重要作品在其泰国研究中都举例说明了这个新范式。有一部与集 1957 年著作有关的著作特别令人关注，它就是克立·巴莫的《西方的萨迪纳》（*Farang saktina*，欧洲的封建制），从 1957 年年末到 1958 年以分期连载的形式出现（Khukrit 1961）。这部作品嘲笑了将泰国社会总结为萨迪纳制的观点。他在前言中写道：

> 我为本书取名为《西方的萨迪纳》，只是为了方便表述，并不是因为欧洲的封建制和泰国的萨迪纳制的意义相同，或者因为它们是同一种现象。它们之间唯一可比的是，它们都是在同一个时期产生的。泰国古代的社会体制是泰式的，而古代欧洲的社会体制是欧洲式的。它们之间彼此没有任何联系。

如果没看过隐藏在每句话背后的集以及其他进步作家们的作品，是很难读懂这段话的，尽管克立从不会放低身段将自己的矛头对准左翼人士。作为一位经验丰富的辩论家，克立以手中的笔为长矛，猛刺对手，使其落马。书中充满了骑士比武、纹章和中世纪的男爵接受他的忠实家臣等内容的漫画。该书表面上解释了用罗曼大写字体印刷的术语：封臣（VASSAL）、逐出教会（EXCOMMUNICATION）、征服者威廉（WILLIAM THE CONQUEROR）（这些我们都耳熟能详），加上一大堆来自纹章学和通俗拉丁语中的晦涩术语。但就克立的才干和智慧来说，全书的解释却显得凌乱不堪。对于一个泰国读者来说，搞明白 QUAS VULGAS ELEGERITILES QUIELS LA COMMUNAUTE DE VOSTRE ROIAUME 这些有什么用呢？确实，管他呢！克立将欧洲的封建制以异国情调展示，配上漫画，再进行卡米洛特和好莱坞式的包装，尽其所能使封建制与萨迪纳疏离开来。他拒绝承认这个由集的著作帮助创造的符号。

克立这样做，也否定了社会经济进程在人类社会演化的过程中起着根本作用，这也是为什么他的想法具有旧式社会学的特征，仍然带有前现代宫廷史学的印记。但是克立是一个多才多艺和高产的天才，他的成就正面展示了现任的九世王及他自己的王室祖先，此外他还是一位教师和学者。在对萨迪纳竭尽讽刺之后，他还对这个新符号进行了至少两次科学理性的反驳：其一是一篇叫作《泰国的萨迪纳制度》(The Saktina System in Thailand)（Khukrit 1964）的文章；其二是他在 1957 年做的一次关于阿瑜陀耶社会（1350—1767 年）的演讲，这一时期也被大多数历史学家视为泰国前现代国家的形成时期（Khukrit et al. 1975）。克立参与复兴以"恩主-仆从"庇护制为主而非以阶级为主的泰国社会关系的研究范式，这表明他是一个真正的萨迪纳知识分子，是集在《真面目》中嘲讽的众多"萨迪纳学者"或"萨迪纳历史学家"中的一位。

另一部反对集的分析但是却不让集出场的作品，是卡宗·素卡帕尼的《派的地位》(The Status of Phrai)，初版刊载在 1959 年 12 月份的《朱拉文汇》(Chumnum Chula) 刊物中，正值沙立刚刚开始掌权的时期。这篇文章同样认为，人力而非土地才是泰国政治权力的基础。有的段落看起来是对集的论文的明确反驳。卡宗甚至附上一个直接针对这个问题的说明，列举关于古典泰语中 *sakdina* 的正统意符的"证据"（Khachorn 1975）。他将古典泰语 *sakdina* 放回它原来的位置，可以说，在古代泰国的法典中，其意义是等级分级，并根据假定的土地分配来进行量化。他同样拒绝承认新的 saktina 符号。对这种否定做的进一步说明，隐含在克立和卡宗（而不是集）出版的大学教材的副标题中：《泰国文明基础读本》。换句话说，学生们要学习泰国社会过去究竟是怎样运行的。

关于泰国社会最重要的一篇英文分析，是阿金·叻丕帕（Akin Rabibhadana）的《曼谷王朝初期的泰国社会组织》(The Organization of Thai Society in the Early Bangkok Period，1969 年)，同样出现在 1958 年沙立政变之后。尽管题目中对研究的时期做了界定，但是历史学家和人类学家们都认为，阿金对泰国社会的表述涵盖了 14 世纪到 19 世纪上半叶这段时间。阿金假定前现代东南亚大陆地区的国家人烟稀少，这个假设非常明确，但是并未在其阐述中加以论证。这个人口学假设对前现代泰国社会的统治性质有两大暗含之义。一是，由于拥有丰富的土地和稀少的人口，统治者获取权力的关键是他通过强迫或奖励措施等手段获得劳动力的能力。权力就是人力。二是，劳动力的稀缺对暴政是一种威慑，那些受压迫的人经常会逃离一个不公的统治者，由于土地资源十分丰富，他们可以在一块无主土地上重新定居，开始新的生活。

这种暗含之意主导着当今英文研究中对前现代泰国社会的描述，有效地终结了关于前现代泰国经济中的权力基础的争论，但最近的研究已经开始对其发起挑战了。友杉孝（Takashi Tomosugi）在阿瑜陀耶时期的材料中发现了证据，关于土地出售、系统化的土地交易、占有土地的地契（*chanot*）和抵押土地等，债权人用土地来代替收取的利息（Tomosugi 1980:chap. 4）。这种对土地占有的经济因素的强调表明，如果一定要使用人力的范式，需要重新思考并和更复杂的经济生活模型联系起来。除了这种在泰国个案中会起到有益的纠偏作用的经济主义之外，另一理论方向，即欧洲的新马克思主义，可能会让我们驻足反思，回溯历史，看看权力是怎样对葛兰西式的非经济术语施加影响的（Turton 1984）。

阿金基于人力视角对泰国社会组织的理解，可以追溯到西方和泰国的先辈。一方面，他在康奈尔大学学习社会和文化人类学，并于20世纪60年代中期获得了硕士学位。他的结构-功能主义和系统-维护模型很大程度上要归因于他选修的一门非洲研究课程，尽管这种理论模型从未在自身的研究中得到过清晰阐释。他在这门课里发现了对劳动力、庇护关系纽带和裂变分支亲属关系的重视，以及非洲学者们关于土地和人力孰重孰轻的争论（Akin 1984）。另一方面，阿金书中最核心的泰文材料是卡宗的研究，阿金对其进行了重写和扩充。阿金也同样拒绝新的萨迪纳符号，想方设法恢复其正统意符："*Sakdina*（尊严的标志）制度是一种手段，充当全体人民不同地位状况的最准确的指南。"（Akin 1969:98）在主张将正统意符嵌入到古典泰文 *sakdina* 这一点上，阿金是追随卡宗和克立的。

阿金对前现代泰国社会的分析实现了主流的泰国史学与美国人类学的接轨。美国人类学家对阿金的"恩主-仆从"庇护模式（patron-client model）赞赏有加。这种模式在某些陈述中将所有社会秩序都纳入一个整体，因为在发展一门适合这个未被殖民过的第三世界国家的社会科学时，它似乎是一个比阶级分析更易理解的选择（Kemp 1982:146）。换句话说，"恩主-仆从"庇护模式支持关于泰国的独特性的命题，并"进一步支持对泰国传统社会有些玫瑰色调、知足常乐特征的观点"。这种观点一直盛行，直至20世纪70年代泰国的政治、经济和社会都发生了变化，才开始产生困扰（Kemp 1982:148）。直到那时，西方的著作（现在有很多例子，例如 Anderson 1978）

才开始挑战被英文世界，尤其是被美国学者形塑的泰国史学的概念定式。然而，尽管阿金的"恩主-仆从"庇护模式与1958年后沙立时代的泰国史学范式一致，甚至连包括坎普（Kemp）在内的对"恩主-仆从"庇护模式最为尖锐的批评，也未曾留意过阿金泰国研究的泰文著述里的思想根源。

正是阿金在分析中用来解释"恩主-仆从"庇护制的这些范畴，包括宗教、国家、法律、传统、亲属关系、价值观、规范，构成了前资本主义社会形态下的生产方式的结构。这些范畴是额外的经济制约，在这种制约之下生产方式才得以运行。阿金虽然曾经用具有说服力的细节描述过这些制约因素，但是他仍然未将其与生产基础相联系。研究中所缺失的就是这些制约与经济运行方式之间的联系。没有任何迹象表明依附者/农奴（*phrai*）送给他们的庇护人/主人（*nai*）的"礼物"属于经济范畴里的过剩产品。阿金忽视的正是集在他的论述中的核心内容：土地和劳动力作为经济权力的基础。通读完阿金整个研究，人们可能都不会意识到，在前现代时期泰国的大多数人口是种植稻米的农民。

由于忽视了经济问题，阿金的研究非常接近一位作家称之为经济研究的"宗教-结构"方法（Hong 1984:3-4）；另有人称之为"仁慈的专制模式"（Trocki 1981:64）。采用这种方法的学者们，在他们的社会研究中并不太注重经济因素，他们假定，当泰国的君主统治清明，资源就会自然顺畅地从依附者流向庇护者。依附者会心甘情愿地配合庇护者将社会带向理想的佛教国家。在这种模式中，农民们从不会对施加在他们身上的经济压榨表示不满，尽管阿金的研究中允许冲突的存在和依附者对征役的不满，但是他所揭露的冲突从来都和经济无关。他强调依附者和庇护者之间的关系是自愿结成的，是"二元的和契约性的"（Akin 89）。与集以及1947—1958年间的其他作家形成对照的是，阿金、克立与卡宗在1958年后十年左右的时间里，贬低经济的重要性，强调规范、价值观和人们应对国王/地主/庇护者的暴政时的个人选择。阿金对前现代泰国社会的解释，使他与后来20世纪70年代中期的泰国政治经济学学者们产生了分歧（Reynolds 1979）。

此外，构成集等一批人同1958年之后的阿金、克立和卡宗等人之间的根本差别的，是关于政治权力性质的争论。对集来说，君主专制主义，即封建/萨迪纳时期的政治制度是剥削性的，是它制造了阶级对立。对于后者来说，绝对的王权在前现代时期保证了"制度"的顺利运作。但是我认为，后1958年范式必须与沙立的军人政权联系起来看。沙立政权复兴了君主制，将其从1932年政变后威望扫地的命运中解救出来。沙立推动君主制由泰国政治中的被动客体变成如今的能动主体。这个由君主作为国家元首的泰国独特社会体制的范式，担负起支撑调节的重任，使得军人的统治方式合法化，并诠释其主导地位。

克立、卡宗和阿金在自己的书中拒绝了新符号，否定萨迪纳与封建之间具有隐喻关系。卡宗在他关于派的研究中直言不讳地反驳了这个等式，不点名地将正在服刑的集视为泰国社会封建制的雄辩鼓吹者（Khachorn 1975）。这两个术语再也不能互相支持了。克立会说，这两个术语彼此之间毫无联系，它们是毫不相关的。他声称萨迪纳和封建之间的差别根本不是共性和同一性的问题。他力图否定新符号，并恢复古典泰语 *sakdina* 的正统意符，即在等级制度中量化确定的层级。现代泰语中的 *saktina* 失去了其能动性，并被限制了创新内涵的范围。实际上，古典泰语 *sakdina* 隐喻的可能性已被宣布是不合法的。用瑞恩的话来说，它们现在被视为是一次未经认可的意义转换。

萨迪纳的回归

1973—1976年期间极具戏剧性的系列事件，有时还有暴力性事件，促使泰语史学研究出现井喷式发展，现代泰语中的 *saktina* 重新回归，建构前现代泰国社会。集的《真面目》一书在那三年里被重印了无数次，成为运动的一面旗帜。第一次读到这本书的学生和教师，在其中发现了一种关于过去社会的话语，它表达了被1973年10月的大规模抗议所唤醒的政治意识。命名前现代社会为萨迪纳，过去曾经是、现在仍然是摆脱那个社会的一种方式，使其具体化并与现在的意识保持距离。

虽然每个人都说1973年10月14日是泰国历史和史学的一个转折点，但在此之前，在泰文杂志《社会科学评论》（*Social Science Review*）的字里行间，以及在1972年重印集的文学批评（Jit 1972）这件事上，修正主义社会史学的萌生已经非常明显了。在1971年的一次大学研讨会上，作家和学者们齐聚一堂讨论意识形态和泰国社会的问题。阿努·阿帕皮荣（Anut Aphaphirom）是一位编辑和儿童文学作家，后来在 1976 年 10 月 6 日之后加入了游击队。他根据社会价值观和社会经济状况将前现代泰国社会形态描述为"部分萨迪纳、部分资本主义和部分殖民地"，推动萨迪纳形态的再度重提（Chatthip 1972：6-12）。萨迪纳被用在描述 1932 年之前的社会，意味着人类是不平等的，社会结构是基于阶级的，社会秩序是由聚集在王宫的所谓警察和军队力量、辅以外籍雇用兵来维持的。阿努强调在那个社会重要的价值观包括："保全脸面""给予恩惠的义务""接受命运""顺从尊长"，诸如此类；不同于阿金和克立等 1958 年后的作者，阿努对这些都给予了负面的评价：这些通过宗教灌输和确保的价值观阻碍了充满怀疑精神的调查、理性和科学的发展。当西方，即资本主义高举着人类平等和科学、尊重个人的旗帜以及冒险使用资本的观念到来之后，它就与萨迪纳社会发生了冲突。

就在 1973 年 10 月 14 日之后不久，经济史学家查提·纳塔素帕（Chatthip Nartsupha）撰写了一篇短文，预言伴随着议会制民主的完整回归，氛围会更加开明，政治经济学研究将会复兴（Reynolds and Hong 1983：87-88）。尽管文章没有脚注，也没有参考乌冬或集的分析，但它称泰国社会形态为"夹杂着资本主义的萨迪纳制"，作为一个假设指引新的研究，尽管不太严密，但这种构想最终浮出水面。随着修正主义史学发展势头强劲，"萨迪纳制度"也逐渐被用来表示前资本主义社会。经济研究成为焦点，学者们试图去理解泰国社会结构改变的缓慢速率，以及探究本土工业化资本积累一直停留在一个较低水平上的原因。为了深入进行新史学研究，查提和其他历史学家们转向早期的经济分析，由于政府的审查制度，它们差不多已经被人遗忘了。这其中最重要的是帕耶苏利亚努瓦（Phraya Suriyanuwa）于 1911 年的论述，它在六十年前被瓦栖拉兀所禁止，另外还有集的《真面目》一书，1958 年之后被军政府禁掉了。

《真面目》的大受欢迎激起了一场关于它对整个泰国历史的解释是否详尽充分的争论。这在学生中引起强烈反响，所以也激励那些三四十岁的泰国年轻教师们去评估这本书，他们中的很多人明显没有受过马克思主义的训练，质疑社会形态的单线发展序列，并提出各种多重线性模型更适用于亚洲的社会。这种批评性的评价在 1975 年 12 月的一次研讨会上达到了顶峰，当时猜阿南·萨姆塔瓦尼（Chai-anan Samudavanija），一位具有美国教育背景的政治学家，第一次公开对集的历史著述进行连篇累牍的评价。猜阿南冗长的论文最初的题目是"泰国萨迪纳制的真面目"（以有些冒犯的方式引用集的著作），后来在出版的时候改为"萨迪纳与泰国社会的发展"（*Saktina and the Development of Thai Society*），附有一篇查提的评论（Chai-anan 1976）。猜阿南质疑了集的社会形态说，他认为虽然集阐述了素可泰时期的社会存在奴隶，但奴隶制生产方式的观点完全没有说服力。通过探讨泰国社会如果真像欧洲或日本那样是萨迪纳/封建的话，为何经历了这么长时间才到达资本主义阶段，猜阿南质疑泰国社会是否真的是马克思意义上的那种萨迪纳/封建。他给出的解决泰国社会形态界定问题的方法是水利社会（hydraulic society）说，这是卡尔·魏特夫（Karl Wittfogel）从马克思的亚细亚生产方式中引申出来的（Reynolds and Hong 1983: 88-89）。

正如许多学者试图将中国和马克思从魏特夫的理论中拯救出来一样，也有大批泰国评论家在评论猜阿南的研究时试图将泰国、马克思和集从魏特夫和猜阿南的理论中拯救出来。另一位1975年12月研讨会上的发言者阿努·阿帕皮荣，指责猜阿南利用马克思主义去破坏集，又利用集去破坏马克思主义。这是一个严厉的批评，反映了单线发展模式的持续影响，以及激进主义者一方在面对理论的精细区分时的急躁（Muang Boyang et al. 1980: 228）。猜阿南还批评了另一位新马克思主义者"昂纳·尤塔威瓦"（Amnat Yutthawiwat）的著作（Phin 1975），他在1969年被政府军俘获之前一直与泰国共产党在一起。昂纳的分析尽管比集的粗略，也没有《真面目》那样丰富的史料，但是得到了泰国共产党的认可，因此猜阿南实际上是在公开批评党的理论。关于魏特夫版本的亚细亚生产方式适用性的争论持续了一段时间，但是历史学家们最终在理论和实证层面都拒绝了它（Reynolds and Hong 1983: 89-90）。

尽管猜阿南的《萨迪纳与泰国社会的发展》现在只是一部有时代局限的文献，并让位给那些主流研究和更宏大的复杂性理论，但它在三个具体问题上是有助益的。首先，猜阿南不遗余力地说明泰国和欧洲社会的历史经验是不同的，而且还说明存在一个可以分析泰国个案、不同于西方封建制的独立的马克思主义范畴。这是一个对于先前的历史研究范式的有效回答，正如前文所述，该范式是试图通过强调庇护制关系和泰国社会的独特性来诋毁马克思主义的分析。其次，猜阿南的研究鼓励泰国学者超越马克思-恩格斯文集，将目光投向欧洲马克思主义知识分子和依附论理论学者。对泰国社会形态的分析，现在已经变得日益精细和复杂了。最后，由这位泰国最高产的政治学家对集的著作进行批评，客观上帮助《真面目》一书进入泰国史学的主流，很大程度上有助于对作为一名历史学家和政治经济学家的"集·普米萨"的建构。在大学的研讨会上讨论《真面目》，在削弱其颠覆性方面起到了推动作用。

1976年10月6日政变以及接下来12个月的右翼政权统治，暂时平息了这场政治经济学的争论。在被政府禁掉的书中，有乌冬和集的历史著作，迫使一批有胆识的泰国人于1977年在美国出版了泰文版的《真面目》一书。但是随着继任者采取和解政策（包括对那些在10月6日事件之后躲入深山老林的人们实行大赦），政府严密的维稳措施也大大放松了，政治经济学的争论于1977年底和1978年重新开启（Reynolds and Hong 1983: 90-91）。许多泰国学者，不管是马克思主义者还是非马克思主义者，现在都接受了"萨迪纳制度"是一种表示前资本主义时期泰国社会的社会形态；与此同时，人们也意识到这个制度并不是欧洲意义上的"封建制"（没有分权，没有采邑制，等等），它类似于亚细亚生产方式（AMP）。因此，集的分析面临两难困境：萨迪纳等同于封建，但有些东西在泰语中又变得不同；在今天试图去定义国家的社会形态的社会分析中仍然存在。如何能够在描述泰国的社会形态（过去、现在、未来）的过程中，使泰国的特殊性能在普遍的渐进演化模式中既保持个性鲜明又完好无损呢？

在他们寻求答案的过程中，在开明社会写作的泰国历史学家们有时会发现，他们与被官方取缔的泰国共产党产生分歧，泰共多年来一直坚持半殖民地、半封建的形态说。对泰国共产党提出的"半殖民地、半封建"混合说法提出尤为严厉批评的，是1981年由一位使用"颂猜·纳惹拉"（Songchai na Yala）的笔名、具有法国教育背景、加入政治经济学论争的新人发表的，他认为泰国社会至少在1910年时基本上还是萨迪纳的，即前资本主义的。只是到被颂猜视为分水岭的1932年"政府更迭"之后，才导致生产关系发生变化，成为一种他称之为"有依附性和欠发达的"资本主义模式（Reynolds and Hong

1983:93-94）。泰国共产党多年来一直以毛泽东1939年的文章《中国革命和中国共产党》为理论基础，通过许多场合对这种针对它的分析发起的挑战做出回应。10月6日之后转入地下的年轻泰共党员，同样质疑党的标准分析，并在1982—1983年发行了一部文集《泰国社会之路》（*The Path of Thai Society*），文集的题目模仿了乌冬在1979年再版的著作（Klumwichai 1983; Panya 1983）。这一分析进一步证明政党理论正从毛泽东思想的约束中解放出来。关于社会形态之争的有趣之处在于，它在多大程度上是共享的：学者、城市思想家、丛林归来者，以及仍在坚持丛林武装反抗的革命者等都参与其中。

面对作为前现代社会隐喻的萨迪纳概念在1973年10月之后的回归，一些作者仍然坚持否定萨迪纳和封建之间的等式，特别是在卡宗、克立和阿金的模式中。一位著名的小说家和散文家于1975年撰文反对这种新的政治意识，声援对萨迪纳的"正统"定义：已确定的权利和义务所反映出的地位。和阿努对这些权利和义务的负面评价认定不同，她赋予它们极高的德性，坚决反对将1932年之后的现代社会的特征概括为部分萨迪纳或包含萨迪纳因素。她争辩道，这些都通过立法消除了（Bunlua 1975）。她对于萨迪纳的正统意符的辩护（某种接近古代法典中的*sakdina*的回归）是因学生和年轻讲师对泰国古典文学的攻击而起。他们说，这是萨迪纳文学。

更为突出的一个事例，关于"萨迪纳＝封建"的论争如何继续代表对泰国社会现状和未来前景的两极化解读，是一篇由陆军上校希哈德·汶纳于1980年在泰国陆军学院提交的论文《来自敌对方的"萨迪纳"与颠覆》（*"Sakdina" and Subversion by the Opposing Side*）。希哈德上校认为，尽管萨迪纳制度已经消失很久了，"敌对方"（即泰国共产党）仍利用对萨迪纳的特征描述来攻击泰国的合法机构："萨迪纳对于敌对方仍有重要意义。在萨迪纳一事上的攻击对我们的最高机构和现政府的工作是有影响的。"（Sihadet 1980:iii）这位军官担忧学生们在讲话中使用萨迪纳，以及这个术语在流行歌曲的歌词中频繁出现，会进入时下年轻人的脑子里，并使他们对前辈历史产生扭曲的思想（Sihadet 1980: 56-57）。希哈德上校担心这个术语在泰语中的大量使用，以及因冒犯君主而被禁止的对封建残余的调查研究，会真正瓦解当局赖以立足的正统意符。他发现"萨迪纳＝封建"这一新符号，主要受马克思-列宁主义指导，并由泰国共产党进行传播；他在论文中反对这个新符号，反对潜在的对正统意符的拆解。他重申 sakdina 的正统意符，他引述并赞同卡宗和克立，以及对古典泰文术语"权利和义务"的解释，同时抵制集在作品中对土地是萨迪纳权力的基础的强调（Sihadet 1980: 37-38）。在这篇论文中，时间仿佛退回到 1953 年，希哈德上校在大学时代作为工学院的学生代表，在因批评集编辑年刊而引发的掷地事件中推波助澜，他本人就是参与将集抛摔到地上的其中一员（"Muang Boyang" 1981）。

萨迪纳与煽动性

对于英文读者来说，"半殖民地""半封建""半殖民地的资本主义"和"依附性的资本主义与欠发达"等概念，如同风扇上转动的叶片一样，其分析范围越来越弱，以它们为标准进行有意义的时期划分也饱受争议；但是在泰语中，这些术语是标明地图不同位置的关键坐标。人们可能会说，除非将这些社会形态进行相互比较，即关系比较，否则它们本身毫无意义。它们之间存在着辩证的关系，因此只能从关系的角度来理解它们。我在本章探寻的关于封建/萨迪纳关系的非常独特的解释，可以说，提供了一条路径，通往各具特色的心态，以及关于泰语母语者如何看待自己与自己的统治者、自己与世界其他地区的关系，以及权力应该如何在泰国分享等观念。正如最近召开的关于比较封建制度的研讨会上一位发言人所说，他把这种封建制和其他东南亚邻国本土的封建制都称为"民间"封建制（"folk" feudalism），是把实际发生的事情变得无足轻重，是对亚洲他者的东方主义建构的延续，这就必然会从属于欧洲的主导之下（Leach et al. 1985: 9-10）。

在这些"本土术语＝封建"的所指符号中，君主制和佛教僧伽在今天被视为萨迪纳的残余，是一种落后的农业秩序的遗存。因此，关于社会形态的争论，关于"萨迪纳＝封建"关系的确切表现方式，在某种情况下触怒了这些合法化的机构，"萨迪纳＝封建"的符号也被认为是种危险。在希哈德上校的论文和《却克里王朝的九任国王》这两种泾渭分明的作品中，saktina 作为古典泰文 sakdina 的转化产物是与煽动叛乱直接联系在一起的，因为古典泰文 sakdina 被转化了。萨迪纳是意义的不恰当转移。

主张前现代泰国社会形态与前现代欧洲社会形态之间具有同一性或相似性，即是宣称泰国社会具有可比性。这种可比性进一步指出，包括当下形态在内的泰国每一个社会形态，尤其是目前所处的社会形态是历史的、偶然的、有时间限制的。如果像君主和佛教僧伽这样的制度也是历史的和偶然的，那么他们的权力和威望会逐步下降：或许要到下个世纪，或许是十年以后，又或许就在明天。同样地，还有对这种可比性的否定（正如1958年之后的十五年左右的时间里，主流史学所提倡的那样），将君主制和佛教僧伽视为与泰国性（Thainess）不可分割的永恒制度。这种主张是泰国官方民族主义的一种陈词滥调。正是出于这些原因，萨迪纳这一术语的使用进入了一种激进的、有时候是被压制的话语之中，即关于谁应该或者不应该掌握权力。这远非一句口号那么简单，"萨迪纳＝封建"这个符号以及关于其真实性的争论，会令人们沿着某些既定的思路去思考，最终会按着那些思想去行动。这种用法带有某种被泰语母语者所说的轻蔑的或贬损的意思（*Khwammai lop, salawng hu*），这种意思仅仅有40多年的历史。从未有人曾经因为这样写到或者说到萨迪纳而被捕，但是该术语存在于一种带有颠覆性和煽动性意图的话语之中。隐喻具有物质力量。

第四章 结论

在大多数，甚至可能是所有在史学方面与西方史学有关联的亚洲国家的语言中，都有一个与欧洲语言中的"封建"等同的本土术语：孟加拉语中的 *samantatantra* 与 *Samantabad* 交替使用；缅甸语中的 *padei-tha-ya-za*（当前使用）和 *ahmu-dan-sa-myei*（在 1940—1960 年间使用）；泰语中的 *sakdina*；印尼语中的 *feodal*；他加禄语中的 *piyudal*；中文中的封建；日语中的 *hoken*；越南语中的 *phong kien*。这些亚洲语言中表述封建制的术语，用来论述过去和现在的社会，给每一位用英文写作的人都带来了麻烦。人类学家、文学家、历史学家或语言学家们如何处理这诸多的封建制概念？为何这些亚洲语言母语者把他们自己的社会称作"feudal"（此处的 feudal= 任何一种语言中所对应的术语），以及他们如何去使用这个术语？一般来说，西方的作者都不考虑这些亚洲语言中的封建制，因为太受文化局限而难以用于客观历史的写作之中。由此可能会产生争议，这种用法在亚洲社会内部关于谁应该（或不应该）掌握权力的争论中过于根深蒂固。"封建制"是一个社会演进的范畴，符合革命者或官方民族主义者的利益。为了这些利益如此歪曲用法，以至于这个术语无法告诉旁观者任何关于特定社会的政治经济方面的信息。

西方学院派历史学家都或多或少同意，亚洲社会制度的运行虽然也和奴役、附属甚至臣属联系在一起，但是缺少分割性主权（parcelized sovereignty），没有采邑制以及其他各种对欧洲封建制来说至关重要的因素，都使得亚洲社会不具备使用这个术语的资格，该术语对西方社会的演进以及对资本主义经济制度的产生都至关重要。此外，对大多数亚洲学生来说，在亚洲社会应用封建这一术语违反了文化相对主义（cultural relativism）的原则，因为它将亚洲社会同化到西方的进化模式之中，从而否认了那些社会的独特性和自主性。稍微换种说法，我怀疑大多数在西方大学中关于菲律宾、泰国、中国、越南或缅甸历史的论文的导师，都想要将封建制这个词从最初的草稿中删去。这个术语太富争议，并且回避了太多的问题。然而，许多用本国语言写作的亚洲历史学家恰恰坚持使用这一术语，因为它能将亚洲的发展与一种历史主义或普遍性的演进序列挂钩。

这种普遍化也存在一些例外情况，特别是日本和印度。许多历史学家提出日本社会经历过一个封建时期，这意味着日本社会在某个时期与西方封建社会相似，相似度足以使该术语成为一个范畴。这并非巧合，日本的例外也是一个亚洲社会寻求在工业化、经济增长、商业和商业组织的霸权等方面与西方国家"平起平坐"的个案。这种平起平坐甚至延伸到西方特有的文化上，如演奏贝多芬的音乐，制作"苏格兰"威士忌酒，收藏伦勃朗的名画。事实上，日本过去的封建因素被认为有助于日本在经济、工业和文化上取得非凡成就，并成功实现了现代化。

封建制在印度史学中稍有不同，因为许多印度历史是用英文写就的，因此印度历史学家模糊了印度历史中的 feudalism（英语）和中世纪时欧洲的 feudalism（用英语、法语、荷兰语，诸如此类的语言）之间的区别。我想指出这两个 feudalism（封建制）的所指是迥然不同的，其证据可以在西方历史学家和社会科学家们的偏好中发现，他们不太热衷于印度历史上有过封建制的观念，而倾向用其他术语，如裂变分支国家（segmentary state），来描述前现代印度社会的特征。对于中世纪南部印度各种各样的政治秩序，伯顿·斯坦（Burton Stein）说道："'中央集权''官僚机构化'或'封建的'等术语都被滥用了。"（Stein 1977:5）但是同样需要回想一下，在 1857—1858 年叛乱之后半个多世纪里，封建主义在建构一种印度社会的理论方面发挥了一定的作用，英国人在他们的殖民史学中用它来回答一个重要的问题："我们怎样才能保住印度？"（Cohn 1977）印度社会的封建理论作为一种社会学理论为英国人效力，在这个分级制度中，英国的君主和印度的"天生领袖"之间的关系被置于主导和附属的关系中。在这种话语中，封建等级用"义务""权利"和"责任"等法律用语来铭刻统治关系。此外，这种分级还将本土社会及其掌权者贴上反动和过时的标签，从而为以进步为名干涉他们铺平了道路。其他西方殖民势力也用类似的方式使用封建等级。当独立运动如火如荼地进行，年轻的民族主义者们拾起这种分级，作为一种支持现代意识、"削弱"传统领导和高文化的便利方式。

在今天由印度历史学家用英语撰写的印度史学作品中，封建制这个术语非常接近亚洲本土语言中的封建制：对它的使用陷入关于殖民地历史以及现今社会的性质和方向的争论。在这里，"封建"指的是在马克思主义史学模式中的一种特定的社会形态（如夏尔马［R. S. Sharma］的著作），或泛指前殖民地、殖民地和后殖民地时期的统治关系（如拉纳吉特·古哈［Ranajit Guha］和庶民研究小组［Subaltern Studies group］的著作）。

亚洲本土语言中的封建制绝不是种强压式（tyrannize）的建构，而是种本质化的建构。它会按照来自社会主义国家（中国、越南、缅甸）的集权主义史学的政党思想家们的描述，被用来命名一个时期或社会形态，也可以作为激进的、被边缘化或被剥夺权利的群体（在印度尼西亚、马来西亚、菲律宾、泰国）发出的煽动性话语中的统治关系的名称。在政党的话语中，该词的正面意思被用来讨论颠覆的问题。因此，军事精英（缅甸）可能试图通过将过去的社会具象化为封建的，并强调他自己是现代、非保皇主义和反殖民地政策的，以此来解释自己的角色；而与此同时，激进的城市知识分子（马来西亚）则抨击主流意识形态的封建性，这种主流意识形态通过呼吁对苏丹的忠诚来保留君主主义政治制度的残余。

绝大多数情况下，这些本土语言的术语（印尼语和他加禄语除外，因为它们直接借用了欧洲语言的术语）通过借用非常古老的术语来翻译欧洲的封建制，从而深入过去。例如，1962年之后缅甸的官方历史重译了这个术语，沿着时间回溯词源，将封建主义更进一步深植于缅甸的语言和历史之中。其动力是要将封建制牢牢种植在亚洲的土壤之中。但是对于亚洲封建制（中国、越南、泰国、缅甸，等等）的分析还包括探索与发现，并不只是简单的翻译。封建制早就已经"在那里"了，等着被发现、发掘，通过古老的词汇在现代语言中重新解释。我在本书试图展示和讨论的，正是这种行为和发现的经过。

除了希望将亚洲社会归于独特的、自主的、非欧洲式的演化之外，西方自由主义史学还拒绝了"封建主义"的特征描述，因为它唤起了某种特定的、马克思主义的社会学或分类知识，许多历史学家都对其敬而远之。我在本书已讨论过，历史写作方式与其所依存的社会学和价值观之间存在着清晰的、明显的关联。每一种史学背后都有它所支持的社会学。以泰国为例，人类学家们在寻找非马克思主义社会学的过程中，发展出了"恩主-仆从"庇护制范式。人类学家们使这种范式愈趋成熟和普及，历史学家们则对其欣然接纳。这种范式的流行掩盖了大部分的泰国历史，用泰语写作的历史学家们直到 20 世纪 70 年代中期才开始在书中揭露并重现这些内容。

这种分类知识和历史书写方式之间的关联，并不是泰国独有的。在印度尼西亚研究中也有一场关于"恩主-仆从"庇护制范式的论争，有些作者将爪哇的文化视角放在首位，尤其是垂直的、个人化的"恩主-仆从"庇护结构（Robison 1981:8）。社会科学研究中的互惠原则，掩盖了穷人遭受他们的富裕邻居剥削的状况（Mortimer 1984:94）。这种范式招致众多批评，因为它隐瞒了新秩序下的社会经济关系，反过来又影响了对苏哈托治下的印度尼西亚政治史的阐释。类似的"恩主-仆从"庇护制研究和史学研究之间的关系，在同时期的菲律宾学术著述中间同样存在，这是另一个受美国学术研究主流思潮影响最大的东南亚国家。

《真面目》一书的主题是：真正的社会经济关系被"效忠"和"依附"这样的字眼掩盖了。就其历史唯物主义和关注"证据"的科学主义而言，它是一部在葛兰西之前的葛兰西式的研究，试图去理解霸权是如何运作的。它试图去理解对王权和僧侣的效忠是如何有助于维持农民和劳动阶级的附属地位的。为了理解社会冲突中的社会和经济结构，要剥去宗教和文化的表皮，就像剥除层层包裹的洋葱一样，这就要求揭开当局强加其意志的方式。集的泰国历史著作中的冲动，不亚于另一位研究封建制的学者乔治·杜比（Georges Duby）：为了理解封建制的结构，就要揭开其权力运行的神秘面纱（Duby 1980:1-9）。

这种披露式的隐喻已经展现在《当今泰国萨迪纳制的真面目》的标题中，以及显露出关注掩饰和揭露现实迹象的类似标题中：《撕下泰国社会的面具》（*Tearing off the Mask of Thai Society*）（Klumsuksa-itsara 1981）、《脱下泰国社会的面具》（*The Unmasking of Thai Society*）（Sulak 1984, 1985）、《撕去泰国封建阶级的面具》（*Tearing off the Masks of the Thai Feudalists*）（*Chik nakak* n. d.），最后一份文献是在美国出版的，它的作者（们）肯定会被以冒犯君主的罪名送进监狱。这些标题难道都是受集在1957年的著作的启发？在一个将文字游戏作为重要的政治工具的社会，这是有可能的，即使唤起的"面具"隐喻并非出于对其的直接模仿。事实上，"面具"的隐喻将一个非法政党和煽动性文字联系得如此紧密，以至于它充当了反对派政治的签名——很像20世纪50年代的马克思主义社会形态论那样——带有近乎反叛的意味。《脱下泰国社会的面具》的作者素拉·希瓦拉（Sulak Siwarak）是一位备受尊敬的作家和出版家，和集一样，他高超的文字能力令人敬佩，他在1984年下半年以企图冒犯君主的罪名被捕审判，罪证就是他的《脱下泰国社会的面具》一书。当局在逮捕他的同时也抓捕了一些泰共成员，似乎要把他与非法的泰国共产党联系在一起，尽管他在漫长的职业生涯中始终与泰共保持着距离（FEER 1984）。正是通过这样捕风捉影的方式，当局将冒犯君主、反叛与写作联系起来，他们在竭力维持正统意符。沿着这一思路，我们可能理解为何泰国的东南亚邻国之一的新加坡政府，会不厌其烦地为一块墓碑上的内容而起诉一个39岁的养鱼人。他违反了《国内安全法》，因为他在他弟弟的墓志铭里用中文赞扬他是一个共产主义的烈士，从而使得墓碑也带有了煽动意味（AWSJ 1983）[①]。

对于面具与面孔、隐藏与揭露的关注，又回到了集·普米萨的思想源头，在1958年之前那个复杂的时刻，当时君主的威望很低，军人和警察正与百家争鸣的左翼对手们进行斗争，而这些百家争鸣的思想也曾经是他们自己所鼓励的。另有一个术语与"面具"的隐喻有些许关联，也是集这一代人中的激进民族主义者经常使用的。这个术语就是 thatsana，是源自梵语的新术语，表示观念、观点、视角和见解，出现于20世纪50年代以来作家和记者们的文学与采访中。古腊·赛巴立在1957年写了一篇名为"透过清晰的眼镜看法政大学的学生们"的文章，以及一部名为"画中情思"[②]的小说，在小说中叙述者将一幅画背后的人生打开并展现出来（Rungwit 1979）。萨玛·布拉瓦发表在《大众观点》（*The Vantage Point of the Masses*）里的文章，题目就叫"观点"（thatsana）。在文章中，萨玛向大学生们说明，thatsana 不仅

[①] 指1983年马来亚民族解放阵线的区委陈书华被绞死后，其兄陈书文为其立碑一事。见《联合早报》1983年5月31日。——译者注

[②] 该书直译为"画的背后"，中译本译作《画中情思》，译者为栾文华、邢慧如。——译者注

仅意味着要观察世界，同时还要去思考它、推理它（Samak 1974:15）。这里还有一段掌故，素帕·希利玛诺讲述了 20 世纪 50 年代初年轻的克立·巴莫和阿萨尼·蓬拉占（"Nai Phi"）①两人的相遇，后者是一位才华横溢的文学学者，后来转入地下并将一生都献给了泰国共产党的事业。在一次聚集了当时许多知名作家的文学聚会中，两个人就 thatsana 一词的意义和词源展开了激烈的争论（Supha interviews 1979）。据素帕说，阿萨尼在这场文学和语言智慧的交锋中打败了克立，克立后来再也没有回来参加过作家们的聚会。我将 thatsana 一词的中心状态视为当时的一个符号，并不是因为它意味着相对主义，这一立场本来意味着放弃做出价值判断的权利，因为没有固定的视角；而是因为它表示一种关系主义，意味着存在一个固定的视角，观察者可以由此来判断各种关系。

20 世纪 50 年代初素帕的杂志《文学评论》的徽标（也可以说是他视野的徽标）描绘了一个穿着凉鞋的男人坐在一张躺椅上，拿着一个小望远镜观察一个地球仪。地球仪上画着的地图不是泰国，而是整个东南亚。这个徽标似乎在表明，退一步可以让人更近距离地观察事物。在泰国的大学体系发展成今天这种庞然大物之前的那个时代，像古腊、素帕、萨玛等知识分子，都是那个时代的教育家，教育他们的读者和听众去后退一步，以便更近距离地观察事物。他们在实践一种批判哲学。通过尝试看清面具背后，并思考他们在那里找到了什么；他们实际上是在反对将君主制和佛教僧伽描绘成超越时间和偶然性事件的真理。正如我在上一章中所述，正是萨迪纳形态暴露了这些制度在时间和空间上的偶然性，从而威胁到这些制度作为永恒结构的正统意符。

集·普米萨的《当今泰国萨迪纳制的真面目》是一本洞悉面具背后的力作。他在东南亚的马克思主义者中理论素养最高，但与他们不同的是，集的著作从来没有为一个政党或某个特定的民族主义纲领服务过。当十月十四事件之后，随着他的声望与日俱增，泰国共产党不得不急忙出来认可他，在那之前，他的生平和著作与党的官方历史毫无瓜葛。在这一点上，他与印度尼西亚马克思主义者陈马六甲（Tan Malaka）高度相似，有别于党的官方理论家，他的科学和人文精神深植于其出生地米南加保（Min-angkabau）的世界。

---

① "乃丕"（Nai Phi）是阿萨尼·蓬拉占的笔名。——译者注

陈马六甲的哲学体系马迪洛（Madilog）（由唯物主义-辩证法-逻辑这三个词的开头几个字母 ma-di-log 的缩写合成），和集·普米萨的萨迪纳类似，同样都来自他们各自的东南亚文化，但借助外来语所指来表达革命的意义。正如在陈马六甲的体系中，"马迪洛唯物主义和辩证法并不直接等同，而二者在西方文化中有相同的名字"（Mrazek 1972:20），所以在集的萨迪纳／封建制中，存在着泰国概念中的因素，抗拒并排斥欧洲的指示对象。

总的来说，如果可以在结语中加以概括的话，亚洲的马克思主义者承受着同样的压力，这种压力一方面来自他们受自身理性驱使的不信仰，另一方面来自他们在理性上拒绝但又被要求牢记的来自祖先传统的数百年来的旧习惯。我不禁想起胡志明在中国南方坐牢的时候用古汉语写下的诗。我还想到"印度科学史之父"高善必（A. Kosambi），他是另一位博学之人，喜欢探究物质文化、科技和日常生活的细节。在他的晚年，高善必总是在他家附近的山中徘徊，寻找旧钱币和碎片、地里面的垃圾等能够提供有关印度社会经济的过去的坚不可摧的线索。集·普米萨也同样对古典的过去着迷。诗歌、文献以及王室艺术，都成为另外一种历史的素材，而不是国王和宫廷的历史材料。通过这样的比较，作为理论家的集·普米萨的生平／著作的地位都得到了提升，他被立为高耸的浮雕，超越泰国社会、政治和知识景观中的一切本土化因素。

在过去这十五年里，集的生平和著作对泰国的政治思想产生了持久的影响，当泰国政治再次需要他的时候，他就会和那些持不同政见的先驱们一起出现——K. S. R. 古腊、T. W. S. 万纳坡（T. W. S. Wannapho）、提·素卡扬，甚至还有比里·帕侬荣。他使用过的许多形容词性的笔名创造出多重性、人格分裂的效果，在个体生活的分裂性中可以读出国家生活的分裂性（不仅仅是其地区、种族和宗教的分裂，还有支配和附属的阶级分化），但却被当局创造出的正统意符勉强拧在一起。甚至在泰国共产党内，集·普米萨在生前逝后也都引发了内部的分裂；他去世后，其声望促使年轻的激进分子们从党内高层领导中分化出来。他特立独行的天性将永远从这种与分裂的国家生活的联系中汲取力量。他属于这样一种人，永远没有个人的终极真相，只有对他迥然不同的描述，有无数的见证人和评价，各种各样的艺术家都描绘过他，但人们仍在翘首以盼更多关于他的事情能够披露于世。

参考文献

集·普米萨的作品

  集·普米萨出版的著作数量众多，对它的罗列将会和多产的官方历史学家丹隆拉查努帕的著作一样杂乱和重复，在个别情况下还更神秘。将目录按照首次出版的日期进行排列或许会有所帮助，但是许多文章最初都刊登在不同的期刊和杂志上，这个目录将会无比复杂。为方便读者查阅，我将目录按照1972年以来每部著作的再版顺序进行排列，同时附上注解提供更多的出版细节。集所有的诗歌、散文和书籍最初都是在曼谷出版的。其笔名将放在作者后面的方括号之中。

Jit. 1963. Phasa lahu ru musoe [The Lahu or Muser Language]. "Mahawitthayalai 1Latyao." Bangkok. Unpublished manuscript. See Jit 1981a: 25-31.

Jit [Thipakon]. 1972. Sinlapa phua chiwit sinlapa phua prachachon(Art for Life, Art for the People). Nangsu Press. First published in 1957 by Thewet Press. Reprinted in 1974 by Kamon Kamontrakun and in 1978 by Tonmakham.

Jit [Thipakon, Sinlapa Phithakchon, Kawi Sisayam, Somchai Prichacharoen]. 1974a. Botwikhro wannakam yuk sakdina [Analytic Essays on Literary Art of the Saktina Age]. Chomrom Nangsu Saengtawan. Lengthy essays on women, poetry, and the Thai oath of allegiance, three of which are reprinted in Jit 1980a. Two essays are dated 1957.

Jit [Sinlapa Phithakchon]. 1974b. Botwiphak waduai sinlapa watthanatham [Essays on Culture and the Arts]. Fai Sinlapa Watthanatham. Selections from the column "Literary Review" that Jit wrote in Pituphum newspaper, 1956-1957. Reprinted in 1978 by Dokya.

Jit [Somsamai Sisuttharaphan]. 1974c. Chomna sakdina thai [The Real Face of Thai Feudalism]. First published as Chomna khong sakdina thai nai patchuban [The Real Face of Thai Feudalism Today] in 1957 in Nitisat. Reprinted several times in 1974 by Chomrom Nangsu Saengtawan and in 1979 by Saengngoen. Saengngoen was the name of Jit's mother, but this last was a pirated edition. Reprinted in 1977 in the U.S.

Jit [Kawikanmuang]. 1974d. Ruam botkawi lae ngan wichan sinlapa wannakhadi khong kawikanmuang [Collected Poemsand Literary Reviews by "Political-Poet"]. Naew Ruam Naksuksa Chiangmai. Chiangmai. Most of the poems written by "Political-Poet," were smuggled out of prison, and printed in Prachatipatai newspaper in 1964. The reviews were written by "Somchai Prichacharoen" in the "Life and Art" column of Sanseri newspaper in 1957-1958. Reprinted as Chiwit lae Sinlapa [Life and Art] under the "Somchai" pen name in 1980 by Maengsap. Missing from this second reprinting are graphics, poetry, cartoons, and a preface to the 1974 edition by "Yotha."

Jit, et al. 1974e. Ruambotkawi thi san laew [Collected Poems], by "Kawi prachachon [People's Poets]." Klum Wannakam Thammast. A selection of Jit's poems and songs. Included in the volume are poems by Pluang Wannasi, Atsani Phonlachan ("Nai Phi"), "Utcheni," Thawip Woradilok ("Thawipwon"), and others.

Jit, trans, 1975a. Khan mak prawatyo [Karl Marx, Biography]. Maharat. Translated during prison years, 1958-1964, from the biography by E. Stepanova. English ed. trans. by J. Gibbons. Moscow, Foreign Languages Publishing House, 1960.

Jit. 1975b. "Khon phrachao lae sawan khong koki [Man, God, and Heaven in Gorky]." In Maeksim Koki, Phleng phya yiaw [The Song of the Stormy Petrel], 7-13. Chomrom Dom Thaksin (Thammast University). First appeared in Nitisat, 6:4(1956).

Jit [Sithi Sisayam]. 1975c. Nirat nongkhai wannakhadi thi thuk sang phao

[Nirat Nongkhai: Literature that was Ordered to be Burned]. Ramkhamhaeng University Student Council. Printed twice in 1975 and again in 1980(see Jit 1980a). Completed on 6 April 1961 while in prison.

Jit, trans. 1976a. Duai luat lae chiwit ruangsan thi san laew khong songkhram totan wiatnam [With Blood and Lives: Short Stories Selected from the Vietnamese Resistance Struggle]. Chomrom Nangsu Saengtawan. Translated during prison years, 1958-1964, from The One-eyed Elephant and the Elephant Genie. Hanoi: Foreign Languages Publishing House, 1959.

Jit. 1976b. Khwampenma khong kham sayam thai lao lae khom lae laksana thangsangkhom khong chu chonchat [Etymology of the terms Siam, Thai, Lao, and Khom, and the Social Characteristics of Nationalities]. Social Sciences Association of Thland. Reprinted 1981. Written during prison years, 1958-1964.

Jit, trans. 1976c. Khwamriang wa duai satsana. Chomrom Nangsu Saengtawan. Translation of George Thomson's "An Essay on Religion" (1954 ed.) completed during prison years, 1958-1964. Reprinted in 1980 by Dokrak.

Jit. 1978a. "Khamhaikan khong chit phumisak [Evidence Given by Jit Poumisak]." Athit, 1:46(16 May), 8-18. First circulated in mimeograph during 1974, this is the record of Jit's 1958 interrogation by the political police; details of his life to date, particularly the 1953 university incident that led to a year's suspension. Reprinted in Kong Bannathikan 1979.

Jit, trans. 1978b. Khothan [Godan]. Dokya. Translation of Premchand's novel; attributed to prison years, 1958-1964.

Jit, trans. 1978c. Mae [Mother]. Koetmai. Maxim Gorky's novel translated during prison years, 1958-1964.

Jit. 1978d. Phrachao kamnoet kha ma seriruam botkawi san laew [The God Gives Birth to My Freedom]. Chomrom Nangsu Tonkla. Collected poems from university and prison, including a fragment of the "Mother" poem that was to appear in the 1953 Chulalongkorn yearbook.

Jit [Sinakon]. 1978e. Siang phleng haeng totan [The Sounds of Resistance]. Essays and translations attributed to prison period, 1958-1964; essay on Moravia attributed to 1955.

Jit [Somchai Prichacharoen]. 1979a. "Adit patchuban lae anakhot khong satri thai [The Past, Present, and Future of Thai Women]," pp. 83-161, in Kulap Saipradit et al., Prawattisat satri thai [History of Thai Women]. Chomrom Nangsu Saengdao. Reprint of 1976 ed. by Chomrom Nangsu Saengdao. First published in 1957. Jit used this pen name when he wrote for Sanseri.

Jit. 1979b. "Banthuk prachamwan nai waiyao khong chit phumisak [Diary of Jit Poumisak's Youth]." Lok Nangsu, 2: 8, 43-63.

Jit. 1979c. Phasa lae nirukkatisat [Linguistics and Etymology]. Duang kamol. Essays from early university years (1950-1954) and one from prison years (1962); also, a hitherto unpublished fragment of Khwampenma (Jit 1976).

Jit [Thipakon, Sisayam]. 1980a. Botwikhro moradok wannakhadi thai [Analytic Essays on the Heritage of Thai Literature]. Sattawat. Reprint of some essays from Jit 1975a on literature and the oath of allegiance; also, reprint of 1975c. "Chiwit lae ngan khong pikatso [The Life and Work of Picasso]," original publication date not given, is reprinted first time.

Jit, trans. 1980b. Waduai ngan sinlapawannakhadi [On Art and Literature]. Klum Lamthan. A speech given by Zhou Yang in Peking, 1959, translated in 1962 while in prison.

Jit. 1981a. Khwamfaifan saengngam [A Beautifal Dream]. Dokya. The most complete collection to date of Jit's poems and songs.

Jit. 1981b. Ongkan chaengnam lae khokhitmai nai prawattisat thai lumnam chaophraya [The Oath of Allegiance and New Thoughts on Thai History in the Chaophraya Basin]. Duang Kamol. Attributed to 1962, this full study of the oath was unpublished until 1981.

Jit [Nakhon That]. 1981c. Phi tong luang [Spirits of the Yellow Leaves]. Lok Nangsu, 4: 12, 40-52. An essay on religion, this is one of the works that caused the *yongbok* incicent in 1953.

Jit. 1982a. Khwam op-un an onwan [A Sweet Warmth]. Mai-ngam. Ed. "Muang

Boyang." Essays, poetry, and letters from University years, 1950-1954. The authorship of the first piece was later retracted by the editor and attributed to Thawip Woradilok; see Lok Nangsu, 6:4(Jan. 1983), 53.

Jit. 1982b. Khothetching waduai chonchat khom [Facts about the Khom People]. Mai-ngam. The preface suggests that Jit wrote these essays as companions to Khwampenma (Jit 1976b) after his release from prison, 1964-1965, before he went underground.

Jit. 1982c. Prawattisat sonthana tamnan haeng nakhonwat [Tales of Angkor Wat]. Mai-ngam. The editor suggests that this work was written before prison years, possibly during last year at university when Jit was a guide for foreign visitors to Angkor. Internal evidence indicates parts were written no earlier than 1958.

Jit. 1983. Sangkhom thai lum maenam chaophraya kon samai si-ayutthaya [Thai Society in the Chaophraya River Basin before the Ayutthaya Period]. Mai-ngam. Attributed by the editor as a companion work to Khwampenma [Jit 1976b] to the end of the prison period, 1964.

其他参考文献

Akin Rabibhadana. 1969. The Social Organization of Thai Society in the Early Bangkok Period, 1782-1873. Southeast Asia Program Data Paper No. 74. Ithaca: Cornell University, Department of Asian Studies.

——. 1984. Conversation with Akin Rabibhadana, 27 January 1984, Bangkok.

Anderson, Benedict. 1978. "Studies of the Thai State: The State of Thai Studies." In The Study of Thailand: Analyses of Knowledge, Approaches, and Prospects in Anthropology, Art History, Economics, History and Political Science, ed. Eliezer B. Ayal, 193-247. Papers in International Studies, Southeast Asian Series, No. 54. Athens, Ohio: Ohio Universiry, Center for International Studies.

——. 1985. In the Mirror: Literature and Politics in Siam in the American Era. Bangkok: Duang Kamol.

AWSJ. 1983. Asian Wall Street Journal, 8 June.

Batson, Benjamin A. 1984. The End of the Absolute Monarchy in Siam. Asian Studies Association of Australia, Southeast Asia Publications Series, No. 10. Singapore, Oxford, New York: Oxford University Press.

Bernatzik, Hugo Adolf. 1958. The Spirits of the Yellow Leaves. Trans. E. W. Dickes. London: Robert Hale Ltd.

Bunlua Thepphayasuwan. 1975. "Sakdina kap khwammai khong kham nai phasathai [Sakdina and the Meaning of the Word in Thai]," pp. 19-24 in her Chumthang phasathai [Thai Language at the Crossroads]. Bangkok: Krungthep.

Chai Ruangsin. 1979. Prawattisat thai samai ph. s. 2352-2453 dan setthakit [Economic Aspects of Thai History, 1809-1910]. Bangkok: Thai Watthanaphanit.

Chai-anan Samudavanija. 1976. Sakdina kap phatthanakan khong sangkhom thai [Feudalism and the Develooment of Thai Society]. Bangkok: Nam Akson Kanphim.

――. 1979. Thianwan lae ko so ro kulap [Thianwan and K. S. R. Kulap]. Bangkok: Thiranan.

Chamroen Saengduangkhae. 1977. "Wikhro wannakam khong chit phumisak [An Analysis of Jit Poumisak's Works]." Master Thesis, Sinakharinwirot University.

Charnvit Kasetsiri. 1974. "Kantikhwam prawattisat khong chi phumisak [Understanding Jit Poumisak's Sense of Thai History]." In Suchat 1974, 2-17.

――. 1979a. Letter to the editor in Lok Nangsu, 2:6(Mar. 1979), 133-36.

――. 1979b. "Thai Historiography from Ancient Times to the Modern Period." In Perceptions of the Past in Southeast Asia, ed. A. J. S. Reid and D. G. Marr, 156-70. Hong Kong: Heinemann.

Chatthip Nartsupha, comp. 1972. Udomkan kap sangkhomthai [Thai Ideology and Society]. Bangkok: Social Science Association of Thailand.

Chik nakak sakdina thai [Tearing off the Masks of the Thai Feudalists]. N. P., n.d.

Chinda Duangchinda. 1979. "Chutchop thi maimi wan chop [The End That Will Never End]." In Pak kai, 111-17. Bangkok: Samakhom nakkhian haeng prathetthai.

Chonthira (Klatyu) Satyawatthana. 1974a. "Kanbanyai ruang kansanong top patikiriya khong khon run mai thi mi to wannakhadi thai [An Address Responding to the New Generation's Reactions to Thai Literature]." Aksonsatphichan, 2:3(Aug.), 19-38.

——, et al. 1974b. "Sinlapin khong prachachon [Artist of the People]." Aksonsatphichan, 2:1(June), 6-31.

Chulalongkorn University. 1952. Mahawitthayalai chabap piyamaharachanuson 23 tulakhom 2495 [University: In Memory of Our Great Beloved King, 23 October 1952]. Bangkok: Chulalongkorn University.

——. 1975. "Botlakhon ruang chit phumisak [A Play about Jit Poumisak]." Aksonsatphichan, 2:11-12(Apr.-May), 72-82.

——. 1976. Aksonsatphichan, 3:11-12(Apr.-May).

Chumnum wannasin (Literary Arts Group), Chiangmai University. 1976. Raingan kan samina khuan phao wannakhadi thai ru mai [Report on a Seminar: Should Thai Literature be Burned?]. Chiangmai: Chiangmai University, Faculty of Human Sciences.

Cohn, Bernard S. 1977. "African Models and Indian Histories." In Realm and Region in Traditional India, ed. Richard G. Fox, 90-113. New Delhi: Vikas Publishing House.

Condominas, Georges. 1978. "A Few Remarks about Thai Political Systems." In Natural Symbols in South East Asia, ed. G. B. Milner. London: University of London, School of Oriental and African Studies.

Damrong Rajanubhab. 1950. Phraratchaphongsawadan ratchakan thi 5 [Royal Chronicle of the Fifth Reign]. Bangkok: Fine Arts Department.

——. 1963. "Tamnan phasi-akon bangyang [An Account of Various Taxes]." In Latthi thamniam tangtang [A Miscellany of Customs]. Part 16. Bangkok: Khlang Witthaya.

——. 1975. "Laksana kanpokkhrong prathetsayam tae boran [The Nature of Rule in Siam from Ancient Times]." In Khukrit et al. 1975, 3-29.

Dange, S. A. 1949. India: From Primitive Communism to Slavery. Bombay:

People's Publishing House.

Darling, Frank C. 1965. Thailand and the United States. Washington, D. C.: Public Affairs Press.

Direk Chaiyanam. 1974. "Prawat wiwatthanakan prachathipatai khong yurop [History of the Evolution of Euraopean Democracy]." In Samak et al. 1974, 145-90.

Dirlik, Arif. 1978. Revolution and History: The Origins of Marxist Historiography in China, 1919-1937. Berkeley: University of California Press.

Duby, Georges. 1980. The Three Orders: Feudal Society Imagined. Trans. Arthur Goldhammer. Chicago and London: University of Chicago.

FEER (Far Eastern Economic Review). 1984. 23 Aug., 12-13; 20 Sept., 42-43.

Flood, E. Thadeus. 1975. "The Thai Left Wing in Historical Context." Bulletin of Concerned Asian Scholars, 7: 2, 55-67.

——. 1977. "Jit Phumisak: Profile of a Revolutionary Intellectual." Indochina Chronicle, 54, 12-14.

Foster, William Z. 1951. Outline Political History of the Americas. New York: International Publishers.

——. [1952] 1968. History of the Communist Party of the United States. New York: Greenwood Press. Reprinted.

Foucault, Michel. 1972. The Archaeology of Knowledge and The Discourse on Language. Trans. A. M. Sheridan Smith. New York 1972.

——. 1979. "What is an Author?" In Textual Strategies: Perspectives in Post-Structuralist Criticism, pp. 141-60. Ed. and introd. Josue V. Harari. Ithaca: Cornell University Press.

Gedney, William J. 1952. Weekly Review of Siamese Periodical Literature. Bangkok.

Girling, John L. S. 1981. Thailand: Society and Politics. Ithaca: Cornell Univeristy Press.

Han ten Brummelhuis. 1983. Control of Land and Control of People: The Case of Thai 'Feudalism.' Working Paper No. 27. Amsterdam: Universiteit van

Amsterdam, Antropologisch-Sociologisch Centrum.

Hayes, Samuel P. 1971. The Beginning of American Aid to Southeast Asia: The Griffith Mission of 1950. Lexington, Mass.: D. C. Heath and Company.

Hong Lysa. 1984. Thailand in the Nineteenth Century: Evolution of the Economy and Society. Singapore: Institute of Southeast Asian Studies.

Iang Huadong. 1979. "Mua chit phumisak rian phasachin [When Jit Phoumisak Studied Chinese]." Lok Nangsu, 2: 8(May), 79-83.

Jacobs, Norman. 1971. Modernization without Development: Thailand as an Asian Case Study. New York: Praeger Publishers.

Kanchana Tangchonlathip. 1979. "Ngan khian thang dan prawattisat khong sang phatthanothai [The Historical Works of Sang Phatthanothai]." Warasan thammast, 9: 1(July-Sept. 1979), 120-49.

Kemp, Jeremy, 1982. "A Tail Wagging the Dog: The Patron-Client Model in Thai Studies." In Private Patronage and Public Power: Political Clientelism in the Modern State, ed. Christopher Clapham, 142-61. London: Frances Printer Ltd.

Khachorn Sukhapanij. 1971. "Phraifakhathai." Nitisan sinlapakon, 15: 3 (Sept. 1971), 92-97.

——. "Thanandon phrai [The Status of Phrai]." In Khukrit et al. 1975, 69-120.

Khletlap. 1984. "Chit phumisak: wanni yang mi lom haichai yu [Jit Poumisak: He's Still Breathing]." 1: 37(12-18 May 1984), 44-45.

Khukrit Pramot. 1961. Farang saktina [European Saktina]. Bangkok: Kaona.

——. 1964. "Rabop sakdina nai prathet thai [The Saktina System in Thailand]." Khwamru khu prathip chut kao pracham rudu nao [Knowledge is a Lamp Shining (Old Series), Winter Issue], pp. 4-39.

Khukrit Pramot et al. 1975. Prawattisat lae kanmuang nangsu anprakop wichaphunthan arayathamthai [History and Politics: A Reader Concerning the Fundamentals of Thai Civilization]. Bangkok: Thammasat University.

Klum phithak wannakam khong prachachon. 1975[?]. Khrong chandawong lae chiwit bon thuak khao phuphan khong chit phumisak [Khrong Chandawong and the Life of Jit Poumisak in the Phuphan Mountains]. Bangkok: Klum Phithak

Wannakam Khong Prachachon.

Klumsuksa itsara [Independent Study Group]. 1981. Chik nakak sangkhomthai [Tearing off the Mask of Thai Society]. Bangkok: Klumsuksa itsara.

Klumwichai sangkhom thai' 25 [The 1982 Research Group on Thai Society]. n.d. Senthang sangkhom thai [The Path of Thai Society.] Bangkok: Mitmai.

Kongbannathikan Sayam Nikon [Siam Nikon Editorial Staff]. 1979. Khonpa [People of the Jungle]. Bangkok: Athit.

LaFeber, Walter. 1976. American, Russia, and the Cold War, 1945-1975. Third ed. New York: John Wiley and Sons.

Lamnam Wannasin, pseud. 1980. "Bot wikhro krasae kanyokyong chit phumisak chuang lang 14 tulakhom 2516-6 tulakhom 2519 [An Analysis of the Movement to Glorify Jit Poumisak from 14 October 1973 to 6 October 1976]." In Muang Boyang 1980 et al., 211-21.

Leach, Edmund, and S. N. Mukherjee, John Ward, eds. 1985. Feudalism: Comparative Studies. Sydney: Sydney Association for Studies in Society and Culture.

Lingat, Robert. [1933] 1983. Prawattisat kotmai thai [History of Thai Law]. Volume I. Bangkok: Munniti khrongkan tamra sangkhomsat lae manutsayasat.

Luan Saraphaiphiphat [Saraphai, pseud.]. 1957. Wichan kanmuang [A Review of Politics]. Bangkok: Khlang Witthaya.

Lobe, Thomas. 1977. United States Security Policy and Aid to the Thailand Police. Denver: University of Denver (Colorado Seminary).

Lok Nangsu. 1978. "Wai-alai mae khong chit phumisak [In Memory of Jit Poumisak's Mother]." 1:4(Jan.), 27-29.

——. 1979a. "Chinda Duangchinda khian ruangsan thung chit phumisak [Chinda Duangchinda Writes a Short Story about Jit Poumisak]." 2:9(June), 6-7.

——. 1979b. "Banglang chiwit lae khothokthiang mai kiawkap chit phumisak [Background to the Life and New Debate over Jit Poumisak]." 3:3(Dec.), 10-17.

——. 1979c. "Maihet bannathikan [Editorial Comment]." 2:8(May), 4.

——. 1981a. "Nananukrom nakkhian m. r. w. sumonnachat sawatdikun [A

Miscellany of Authors: M. R. W. Sumonnochat Sawatdikun]." 5: 1(Oct.), 11.

——. 1981b. "Samphat winliam che ketni to korani yonbok [Interview with William J. Gedney about the Yonbok Affair]." 4: 12(Sept.) 62-63.

——. 1981c. Interview with M. R. W. Duangchai Chumphon. 5: 3(Dec.), 44-45.

"Mae Khwan Khao," pseud. 1978. "Nangsu tong ham nitisat thammasat chabap rap sattawat mai pho so 2500 [A Banned Book: Thammasat's Nitisat of B. E. 2500(A. D. 1957) to Greet the New Century]." Lok Nangsu, 2: 1(Oct.), 77-80.

——. 1979. "Nangsu ha yak [A Rare Book]." Lok Nangsu, 3: 3(Dec.), 50-54.

Marcus, George E. and Cushman, Dick. 1982. "Ethnographies as Texts." Annual Review of Anthropology, 11, 25-69.

Morell, David, and Chai-anan Samudavanija. 1981. Political Conflict in Thailand: Reform, Reaction, Revolution. Cambridge, Mass.: Oelgeschlager, Gunn & Hain.

Mortimer, Rex. 1984. Stubborn Survivors. Dissenting Essays on Peasants and Third World Development. Ed. Herbert Feith and Rodney Tiffen. Monash Papers on Southeast Asia no. 10. Melbourne: Centre of Southeast Asia Studies, Monash University.

Mrazek, Rudolf. 1972. "Tan Malaka: A political Personality's Structure of Experience." Indonesia, 14(Oct.), 1-48.

Muang Boyang [pseud.]. 1976. "Chit phumisak kap kanprathuang khrang raek [Jit Poumisak's First Protest]." Aksonsatphichan, 3: 13-14(June-July 1976), 59-61.

——. 1980. Botphleng haeng rungarun [A Song of Youth]. Bangkok: Chomrom Nangsu Tonkla.

Muang Boyang et al. 1980. Dang thian phuthongthae kae khon ruam botkhwam kiawkap chit phumisak [As a Candle Shining forth for all Mankind: Collected Articles on Jit Poumisak]. Bangkok: Puifai.

Muang Boyang. 1981. "Hetkan thi kha thukklaothot [The Incident in which I was Denounced]." Lok Nangsu, 4: 12, 53-62.

Nakkharin Mektrairat. 1982. "Kanplianplaeng kanpokkhrong 2475 khong sayam: phromdaen haeng khwamru [Siam's Chang of Government in 1932: The State of Knowledge]." Warasan thammasat, 11:2(June), 24.

Naowarat Phongphaibun. 1983. Phiang khwamkhluanwai [Mere Movement]. Bangkok: Chaophraya.

Nation Review. 1983. 12, 13, 14, 18, 19 July.

Neher, Arlene Becker. 1980. "Prelude to Alliance: The Expansion of American Economic Interest in Thailand during the 1940s." Ph. D. dissertation, Northern Illinois University.

Nuechterlein, Donald E. 1965. Thailand and the Struggle for Southeast Asia. Ithaca: Cornell University Press.

Nidhi Aeusrivongse. 1982. "A Dialogue of Two Thai Historians." Unpublished paper.

——. 1984. Conversation, 25 January 1984, Bangkok.

Nitisat. 1956. 7:2(Oct.).

O'Connor, Stanley J. 1981. "Lauriston Sharp and Southeast Asian Studies at Cornell." In Cornell University Arts and Sciences Newsletter, 3:1.

Panya Prasanchai. 1983. Review of Klumwichai 1983. Warasan Setthasat Kanmuang, 3:1(July), 104-12.

Phatsakon Chutaphut, comp. 1980. Kasat Kaset. Bangkok: Phasit.

Phin Bua-on [Amnat Yutthawiwat, pseud.]. 1975. Wichai sangkhomthai [Researching Thai Society]. Bangkok: Prachamit.

Phirom Poumisak. 1980[?]. Khitthung mae [Remembering Mother]. Bangkok: Dokya.

——. 1981. "Khwamlang nai waiyao [The Past of My Youth]." Lok Nangsu, 4:12(Sept.), 36-39.

Phritthisan Chumphon, M. R. W. 1985. "Yonralukthung khonrunmai kamnoet khabuankan naksuksa 14 tulakhom 1973 nai boribot kanmuang thai [A Backward Glance at the New Generation: The Origins of the 14 October 1973 Student Movement in Political Context]." Pacharayasan, 12:5(Sept.-Oct. 1985), 56-67.

Phunphit Amatyakul. 1980. Saktina rama. Bangkok: Bannakit.

Prachaban [pseud.]. 1950. Khaphachao yak pen khommiwnit [I Want to be a Communist]. Bangkok: Hosamut Klang.

Raktham Rakthai [pseud.]. N. d. Kao ratchakan haeng ratchawong chakkri [Nine Reigns of the Chakkri Dynasty]. N.p.

Reynolds, Craig J. 1973. "The Case of K. S. R. Kulap: A Challenge to Royal Historical Writing in Late Nineteenth Century Thailand." Journal of the Siam Society, 61:2(July), 63-90.

——. 1979. What is Social History? Paper No. 8 (Thai and English). Bangkok: Thai khadi Reserch Institute, Thammast University. Thai version reprinted Bangkok 1984.

——. 1984. "The Plot of Thai History." In Historical Documents and Literary Evidence. Bangkok: International Conference on Thai Studies, Thai Studies Program, Chulalongkorn University.

——. 1985. "Feudalism as a Trope or Discourse for the Asian Past with Special Reference to Thailand." In Leach et al. eds. 1985, 136-54.

Reynolds, Craig J. and Hong Lysa. 1983. "Marxism in Thai Historical Studies." Journal of Asian Studies, 43:1(Nov.), 77-104.

Robinson, Richard. 1981. "Culture, Politics, and Economy in the Political History of the New Order." Indonesia, 31(April), 1-29.

Rungwit Suwanaphichon. 1979. Siburapha sihaeng wannakam thai [Sri Burapha: A Shining Light in the Thai Arts]. Bangkok: Phaisiko.

Ryan, Michael. 1982. Marxism and Deconstruction: A Critical Articulation. Baltimore and London: The Johns Hopkins Univesity Press.

Samak Burawat et al. 1974. Mahachon thatsana [From the Vantage Point of the Masses]. Bangkok: Klumwichakan Phua Prachachon. Reprint of 1952 ed.

Sangkhommasat (Chiangmai University). 1982. Interview with Rawi Buranachai. 6:1(Apr.-Sept.), 216-18.

Sathian Chanthimathon. 1982. Saithan wannakam phua chiwit khong thai [The Flow of Thai Art for Life]. Bangkok: Chaophraya.

Sayammai. 1983. "Banthuklap pho kho tho khamhaikan udom sisuwan [An

Unclassified Report on the CPT: The Confessions of Udom Sisuwan]." 2: 61 (14 Jan.), 30-34.

Sayam Nikon. 1979. Interview with Sang Phathanothai. 99(21 May), 28-31.

Seni Pramot. 1969. Prachum pathakatha lae kham aphiprai khong m. r. w. seni pramot (2489-2509) [A Collection of M. R. W. Seni Pramot's Lectures and Speeches, 1946-1966]. Bangkok: Ruamsat.

Shirk, Paul. 1969. "Thai-Soviet Relations." Asian Survey, 9: 9(Sept.), 682-93.

Shulman, Marshall D. 1965. Stalin's Foreign Policy Reappraised. New York: Atheneum.

Sihadet Bunnag, Phan-ek. 1980. "'Sakdina' kap kanbonthamlai khong fai trongkham ['Sakdina' and Subversion by the Opposing Side]." Thesis, Thai Army College.

Simmonds, Stuart. 1963. "Thailand—A Conservative State." In Politics in Southeast Asia, ed. Saul Rose, 119-42. New York: St. Martin's Press.

Stanton, Edwin F. 1957. Brief Authority: Excursions of a Common Man in an Uncommon World. London: Robert Hale Ltd.

Stein, Burton. 1977. "The Segmentary State in South Indian History." In Realm and Region in Traditional India, ed. Richard G. Fox, 3-51. New Delhi: Vikas Publishing House.

Sturrock, John ed. 1979. Structuralism and Since: From Levi-Strauss to Derrida. New York: Oxford University Press.

Suchat Sawatsi, ed. 1974. Chit phumisak nakrop khong khonrunmai [Jit Poumisak: Warrior of the New Generation]. Bangkok: Social Science Association.

Sulak Siwarak. 1984[?]. Lokkhrap sangkhom thai [Unmasking Thai Society]. Bangkok: n.p.

——. 1985. "Lokkhrap sangkhom thai phua anakhot [Unmasking Thai Society for the Future]." Pacharayasan, 12: 3 (May-June), 116-26.

Supha Sirimanond. [1951] 1974. Khaepitalit [Capitalism]. Bangkok: Khletthai.

——. [1952] 1976. Khorapchan nai wongkan nangsuphim [Corruption in the Newspaper World]. Bangkok: Samakhomsetthasat Thammasat.

Suphot Dantrakun. 1957. Khabuan kankuchat [Movement for National Liberation]. Bangkok: Ekkasin Kanphim.

Suwadi [Charoenphong)]Thonprasitphatthana. 1979. "Patikiriya khong tatthaban phrabatsomdet phrapokklao chaoyuhua to kan khluanwai thang khwamkhit sangkhomniyom khommiwnit (pho so 2468-2475) [The Reaction of King Phrapokklao's Government to Currents of Socialist and Communist Thought (1925-1932)]." In Kanmuang kanpokkhrong thai samai mai ruam ngan wichai thang prawattisat lae ratthasat (Modern Thai Politics and Government: Collected Research Works in History and Political Science), ed. Suwadi Charoenphong and Chai-anan Samudavanija, pp. 293-359. Bangkok: Social Science Association of Thailand.

Terwiel, B. J. 1983. A History of Modern Thailand. St. Lucia, Queensland: University of Queensland Press.

Thak Chaloemtiarana. 1979. Thailand: The Politics of Despotic Paternalism. Bangkok: Social Science Association of Thailand and Thai Khadi Institute, Thammasat University.

Thanin Kraiwichian. 1974. Kanchai kotmai pongkan khommiwnit [The Use of Law to Fight Communism]. Bangkok: Ministry of Defense. Fifth printing.

——. 1977. Satsana kap khwammankhong khong chat [Religion and the Security of the State]. Bangkok: Ministry of Education (Krom Wichakan).

Thawip Woradilok. 1980. Wichan ngankawi khong chi phumisak lae khokhian unun [A Critique of Jit Poumisak's Poetry and other Works]. Bangkok: Dokkaeo.

——. ["Thawipwon," pseud.]. 1981. "Chak lusin thung chit phumisak [From Lu Xun to Jit Poumisak]." Lok Nangsu, 5:3(Dec.), 60-68.

Thongbai Thongbao. 1974. Khommiwnit latyao [Communists of Lard Yao Prison]. Bangkok: Khonnum.

Thongchai Phungkanthai. 1978. "Latthikhommiwnit lae nayobai totan khong ratthabanthai pho so 2468-2500 [Communism and the Thai Government's policies to Resist It, 1925-1957]." M. A. thesis, Chulalongkorn University.

Tomosugi, Takashi. 1980. A Structural Analysis of Thai Economic History. Case Study of a Northern Chao Phraya Delta Village. Tokyo: Institute of Developing Economies.

Trocki, Carl A. 1981. "Power and Paradigms." Bulletin of Concerned Asian Scholars, 13:2, 64-73.

Tuan Bunnag. 1957. Khao khrong setthakit khong pridi [Pridi's Economic Plan]. Bangkok: Soemwit Bannakhan.

Turton, Andrew. 1984. "Limits of Ideological Domination and the Formation of Social Consciousness." In History and Peasant Consciousness in South East Asia, ed. Andrew Turton and Shigeharu Tanabe, 19-73. Osaka: National Museum of Ethnology.

Turton, Andrew, et al. 1978. Thailand: Roots of Conflict. Nottingham: Spokesman.

Udom Sisuwan [Banchong Banchoetsin, pseud.]. 1978. Chiwit kap khwamfaifan [Life and Dreams]. Bangkok: Dokya.

——. [Aran Phrommachomphu, pseud.]. 1979. Senthang sangkhomthai（The Path of Thai Society）. Bangkok: Akson. Reprint of Thai kungmuangkhun [Thailand, A Semicolony]. Bangkok: Mahachon, 1950.

Wanwaithayakon Worawan. 1951. Chumnum phraniphon [Collected Writings]. Bangkok: Thammachedi.

Ward, J. O. 1985. "Feudalism: Interpretative Category or Framework of Life in the Medieval West?" In Leach et al. 1985, 40-67.

Wichit Watthakan. 1930. Prawattisat sakon [World History]. Vol. 6. Bangkok.

——. 1962. "Khamson ruang prawattisat setthakit khong thai [Teachings on the Economic History of the Thai]." In Wichit anuson [In Memory of Wichit], 33-180. Bangkok: Khanaratthamontri.

Wiwat Khatithammanit. 1985. "Kabot santiphap [The Peace Revolt]." Warasan thammasat, 14:2(June), 5-38.

Wyatt, David K. 1984. Thailand: A Short History. New Haven and London: Yale University Press.

访谈材料

阿里·伽里布（Ari Karibut），生于1924年。访谈日期为1979年9月10日，地点在曼谷。当时阿里是刑事警察局刑事犯罪调查科（Criminal Investigation Division）特事部的副指挥，这个部门是专门处理政治案件的。他已经退休了。他是在1958年左右，集因沙立·他那叻发动政变而被逮捕之后见到集的。

察·查旺恭（Chat Chawangkun），生于1909年。访谈日期为1979年10月16日，地点在曼谷。当时他是泰国红十字会（Thai Red Cross）的负责人。他于1969年以警长的身份从警察局（见阿里条目）退休。他处理了1953年朱拉隆功大学因集的掷地事件而引发的案件，当时集任朱拉隆功大学同名刊物的纪念年刊编辑。

金达那·高达恭（Cintana Kotrakun），生于1932年。访谈日期为1979年10月2日，地点在曼谷。曾为台维（Thewet）出版社的所有者和经理，集的《文艺为人生，文艺为人民》就是1957年在那里出版的。1958年沙立·他那叻掌权之后，她连同仅出生8天的孩子一起被拘捕，并一直被关押到1965年。现在她在朱拉隆功大学附近经营一家文具用品店。

翠依·格德尼（Gedney, Choi. 1925—1981）。访谈日期为1980年5月10日，地点在密歇根州安娜堡（Ann Arbor, Michigan）。威廉·格德尼的妻子，他们和集·普米萨在20世纪50年代初共同生活过一段时间。

威廉·格德尼（Gedney, William J.），生于1915年。访谈日期为1980年4月28日及5月13日，地点在密歇根州安娜堡。美国语言学家，台语族语言教授，在20世纪40年代末、50年代初住在曼谷。1980年从密歇根大学语言学系退休。

康兴·希瑙（Khamsing Srinawk），生于1930年。访谈形式为交谈会话，时间为1980年5月14—19日，地点在纽约州伊萨卡（New York, Ithaca）。短篇小说及小说作家，有时务农，在20世纪50年代的作家-记者圈中非常活跃。1976年10月6日政变之后逃入丛林，后于1977年流亡瑞典；20世纪80年代初返回曼谷。在丛林期间，康兴成为20世纪70年代的年轻的激进人士和乌冬这样的老一代之间的沟通桥梁（见乌冬条目）。

品·玻恩（Phin Bua-on），生于1920年。访谈日期为1984年8月31日，地点在曼谷。商人。生于农民家庭，品于20世纪50年代在法政大学读书期间成为泰国共产党的积极分子，1951年放弃学业成为泰国版《真理报》的编辑，这是苏联《真理报》的泰国版本。1952年末前往中国，在马列学院（Marxist-Leninist Institute）学习。1957—1958年沙立政变时期开始在曼谷转入地下，后于1959年进入丛林。1967年被捕，差点因《反共法案》而被处决，但是于1969年被释放。

皮荣·普米萨（Phirom Poumisak），生于1928年。访谈日期为1979年9月2日，地点在曼谷。公务员、作家。集的姐姐，是他唯一在世的直系亲属。受训成为一名药理学家，皮荣于1985年从卫生部的岗位上退休。

布拉乌·希曼达（Prawut Simanta），生于1933年。访谈日期为1983年12月18日，地点在曼谷。商人。20世纪50年代集在朱拉隆功大学时的同学，当时他在左翼政治中表现活跃。1970年加入泰国共产党，在1973年学生游行并推翻军政府之时进入丛林。1980年特赦之后返回曼谷，并进入一家保险公司工作。

沙田·詹迪玛通（Sathian Chantimathon），生于1943年。访谈日期为1984年1月6日，地点在曼谷。报业人、文学评论家。1976年10月6日政变之后进入丛林，1981年9月返回。

素帕·希利玛诺（Supha Sirimanond. 1911—1986）。访谈日期为1979年9月16日、10月17日和10月28日，地点在曼谷。记者、作家和编辑（《文学评论》，1949—1952年）。他从集还是大学生的时候就认识他，并在1953年发生掷地事件之后聘请他为《新泰国报》（*Thai Mai*）写稿。对于20世纪70年代年轻的活动家和激进分子而言，他是其重构20世纪50年代思想史以及追寻集的生平经历的重要信息来源。

他威·瓦拉迪洛（Thawip Woradilok），生于1928年。访谈日期为1979年9月27日和1984年1月13日。律师、专栏作家、社会主义史学家，尤其值得一提的是其社会主义文学作品。1960—1961年间，被沙立政府关押了10个月，那时在拉耀监狱结识了集。

通拜·通包（Thongbai Thongbao），生于1928年。访谈日期为1979年9月28日，地点在曼谷。在法政大学学习法律之后成为作家和记者。1958—

1966 年被沙立政府关押。泰国著名的民权律师领袖之一，1984 年他因其关于人权的作品而获得麦格塞塞奖（Magsaysay Award）。

乌冬·希素万（Udom Sisuwan），生于 1920 年。访谈日期为 1983 年 12 月 27 日和 1984 年 1 月 19 日，地点在曼谷。专栏作家、散文家、泰国共产党理论家。1938 年前往云南，作为翻译参与红十字会和世界语协会（Esperanto Association）工作。1946 年加入泰国共产党，并进入中央委员会。1958—1962 年被沙立政府关押，那时在拉耀监狱结识了集，获释后进入丛林。1982 年 9 月变节，现在在曼谷做一名专栏作家。

威布·索帕翁（Wipudh Sophawong），生于 1933 年。访谈日期为 1979 年 9 月 23 日。是纳卡琳威洛大学（巴三密校区）（Sinakkharinwirot(Prasanmit) University）泰国文学教师。威布作为朱拉隆功大学的大一新生，参加了 1953 年的学生集会（掷地事件）。在该事件中，集因朱拉隆功大学纪念专刊的编辑工作而受到猛烈批评。

威·威萨塔维（Wit Witsathewet），生于 1936 年。访谈日期为 1979 年 5 月 26 日，地点在曼谷。大学哲学老师。集在 1956—1957 年时熟知的学生，当时集正在完成朱拉隆功大学学士学位的学习。

附录一　泰国历史研究中的马克思主义[*]

克雷格·J.雷诺尔斯、孔莉莎

大卫·威尔逊（David Wilson）在二十多年前提出了马克思主义和共产主义与泰国的历史和社会格格不入的论断（Wilson 1960），从那之后，西方对泰国的马克思主义的研究取得了长足的进步。威尔逊认为，泰国本土的价值观和制度到目前为止成功地抵制和遏制住了激进的外来意识形态以及秉持这种意识形态的持异见者，并使之处于下风；和其他东南亚国家相比，泰国被认为不会受到马克思主义和共产主义的影响。这种"低风险的评估"是许多学者的共识，它也源自苏联在外交政策决策时总是因为证据不足而犹豫不决。查尔斯·麦克莱恩（Charles McLane）在其关于苏联在东南亚的战略的著作中，以"共产主义在暹罗的神秘之路（1941—1947）"和"泰国共产主义的低迷（1948—1954）"为题对泰国共产主义进行分析，表明作者认为泰国部分沉闷无聊，无法与他在越南、印度尼西亚、缅甸、马来亚和菲律宾发现的革命事件相提并论（McLane 1966）。麦克莱恩和威尔逊一样，在泰国几乎无法辨识出他正在致力研究的现象。

近来，作为泰国20世纪70年代政治变革导致的直接结果，许多英文著作开始重新评估泰国的马克思主义，提出理解泰国政治、社会和历史的新范式与新框架。这些研究涉及学生激进主义和泰国共产党的政治命运（Girling 1981: chap. 7; Kanok 1981; Morrell and Chai-anan 1981: chap. 11），导致激进政治的社会经济条件和阶级斗争（Anderson 1977; Turton 1978），泰国的马克思主义和马克思主义思想的历史（Flood 1975; Wedel 1981），对从早期到现在的

---

[*]　Craig J. Reynolds and Hong Lysa, "Marxism in Thai Historical Studies," *The Journal of Asian Studies*, Vol. 43, No. 1 (Nov., 1983), pp. 77-104.

泰国社会和政治发展的历史唯物主义分析（Elliott 1978），以及制约使用英文从事泰国政治和历史研究的方法与假设（Anderson 1978; Bell 1982）。但是，这些著作都没有充分有效地利用泰国的学术成果，很大程度上是因为这些成果大多仍只有本地语言的版本。

下文关于泰国马克思主义思想的论述以最近的政治历史为语境，将会把注意力转移到当前用泰语进行的关于泰国社会政治经济学的论争之中。本文认为，虽然泰国没有经历过和其他东南亚国家相同程度的激进民族主义，但是它在二战结束后十年左右时间里经历了一个平行的马克思主义时期。这种泰国社会主义思想的修正主义观点可以追溯到二战前——追溯到帕耶素里亚努瓦（Phraya Suriyanuwat）和比里·帕侬荣（Pridi Phanomyong）的经济计划；但限于篇幅，我们只讨论最近的时期。[1] 今天，在对泰国历史和社会的政治经济分析中出现了一个截然不同的学派，它将泰国研究视为一个整体，它所关注的是泰国的未来（Somchai 1981a）。这种社会分析对社会历史、方法论、编年史与思想文化生活等方面的研究都产生了影响。过去这十年来泰语著作的井喷源于20世纪70年代中期那段繁盛时期，当时泰国的文学和历史研究被戏剧性的暴力政治变革激发起来，焕发出活力与生机。

依照时期或"框架"来思考二战结束之后的泰国历史将大有裨益，政治、经济、社会和历史分析以及富有想象力的文学作品创作的氛围，都受到政权性质的形塑。大致上，这些框架包括三个时期：1944—1958年，宽·阿派旺（Khuang Abhaivongse）和比里·帕侬荣的文官政府被陆军元帅贝·披汶颂堪（Plaek Phibunsongkhram，即銮披汶）领导的政变推翻；1958—1973年，陆军元帅沙立·他那叻的独裁统治，之后是沙立派系的成员领导的政府；此后是另一个文官执政时期，从1973年10月14日的大规模示威活动开始，到1976年10月6日军警袭击法政大学结束。从条件上看，每个时期都各不相同，这三个框架可以概括为两个相对开明的时期，夹着一段限制的时期。在1973—1976年这第三个框架时期和从1978年到现在这段时间的作家和活动家们，能够感受到与1944—1958年时期相似的政治和文学氛围：

---

[1] 需要指出的是，最早的作品是社会经济计划而不是历史著作；关于希素里亚努瓦和比里的著作，参见 Wedel（1981:chap. 1）。对泰国马克思主义的研究在其第一个时期通常是反共产主义的研究（Thongchai 1978; Suwadi 1979）。

尽管暴力越来越多,国内的政治气候却愈发宽松,允许公开讨论有争议的问题;相对开放的审查政策(和之前时期相比,这时的开放程度仅次于1952年之后)允许马克思主义作品出版和发行:有一些是翻译作品,有一些是使用本地语言的原创分析;外交政策也在转型:虽然只是表面上的,但早期的美泰同盟,从1973—1976年就开始疏远(Flood 1975)。在这两个时期,都是军事干预终结了开明政治,随之而来的是严苛审查和限制集会的时期。在1973—1976年间,学生、大学教师和作家们从20世纪40年代末和20世纪50年代的极富想象力的非小说类作品中,重新发现了一段被沙立统治的黑暗岁月掩盖的历史;被重新发现的遗产之一就是当前的关于政治经济的争论,它从1978年下半年开始迅速升温,因为10月6日事件之后的紧张气氛渐渐散去,军政府开始放松管制,为1979年4月举行的议会选举做准备。从1979年中期开始,此前在10月6日政变之后撤到丛林中的激进分子们纷纷返回曼谷,带着对泰国共产党(CPT)理论和策略的尖锐批评,进一步刺激了业已在城市知识分子中间展开的争论。

对泰国政治经济的分析牵涉如何定义和描述泰国历史从古至今的社会形态。目前的争论集中在两个事件上,它们被认为促使泰国社会进入了两个不同社会形态之间的过渡阶段:1855年《鲍林条约》的签订,它打开了泰国的国门,迎接西方贸易和外国资本主义的渗透;1932年文武官员发动的政变,它结束了君主专制制度。20世纪70年代中期以来争议的焦点,是如何"命名"这两个事件之间的社会形态和生产方式,即前资本主义的社会形态和1855年之前的生产方式(封建的或亚细亚式的?),1855—1932年以及1932年至今的社会形态带有多重生产方式,更为复杂和疑问重重。社会形态分析对泰国修正主义史学的贡献是复杂的,仅从这一点就对结果和后果进行总结将是轻率的,但一般而言,影响取决于方法、社会变革的语汇和泰国的历史分期。

对社会形态的命名在理论的严谨程度上千差万别,参与者在辩论中的侧重也各有不同:侧重历史研究 VS. 理论或行动策略;侧重前资本主义 VS. "部分"资本主义社会形态;侧重20世纪的依附理论,等等。在这种命名的背后,是为了寻找国家发展迟缓的原因(see, e.g., Lae 1979),因为没有正确的历史认识,就无法找到解决经济落后的方法。用一位学者的话说:

"一种社会科学理论若忽视考察历史变迁,又着重探讨演化进程,是无法分析社会现象的原因的。"(Chatthip et al. 1981:90)这种导致在一个完整的轨迹上行动的社会形态理论,很明显来自下面这位年轻的编辑的话,他在每月专栏中的署名是英文绰号"Mr. Intelligentsia"("知识分子先生"):

> 一个民族的历史运动与扩张的现实,将反映其具有"标准"或"普遍"特征的社会形态(FORMATION)发展的一系列演替阶段。但是我们的思想家和活动家的任务,应该是竭力去发现那些带有我们自身特性的规律;这些规律应该(而且必定)会存在于实现"过渡的(社会)形态"之中,这种"过渡的(社会)形态"要与生产发展的各个阶段和我们社会里的阶级冲突相一致。(Somchai 1981b: 34)[①]

这段话中的"过渡的形态"指的是能引领摆脱当下社会形态的形态,当下的社会形态带有旧社会的痕迹,阻碍了向真正的社会主义发展,但是作者的评论暴露了泰国社会形态分析的普遍难题:泰国独具个性,在普遍性的演变模式之下保存完好,怎么可能在这种状况下描述泰国过去、现在、未来的社会形态呢?

当社会形态分析在20世纪40年代末和20世纪50年代初(上文勾勒出的第一个框架)第一次出现时,它坚持严格的单线发展模式,这源自当时盛行的中国和苏联理论。这种社会形态的单线发展序列(即原始公社、奴隶社会、封建社会、资本主义、社会主义)遗漏了马克思和恩格斯曾在很多地方提及的形态,他们曾用其将非西方社会纳入他们的普遍理论,这种形态即是亚细亚生产方式(Asiatic mode of production)或"东方社会"(Oriental Society)。亚细亚生产方式在20世纪20年代末和20世纪30年代初的一场激烈论争之后,被从苏联的模式中删去;但斯大林主义史学重新提升了它的重要地位,它既减少了俄国社会的"亚细亚"特性,又否定了马克思的亚细亚生产方式论断所暗示的基于西方资本主义在亚细亚社会演化中的关键作用(Sawer 1977: 75ff.; Mandel 1971: chap. 8)。

[①] 引文原文是泰文的。在此及其他地方出现的大写字母,是泰文文本中出现的罗马字符。

对亚细亚生产方式的兴趣和多重线性发展，在西方和亚洲马克思主义者中间重新受到越来越多的关注，这和马克思长期未曾发表的《经济学手稿（1857—1858）》（*Grundrisse*）的情况类似。泰国的政治经济学家有时会采用这种模式来描述 1855 年之前的社会，认为它是静态的，没有办法发展出自己的动态的、具有变革性的资本主义。尽管泰国的"封建主义"看起来非常像亚细亚模式，但正如以下所述，大多数泰国学者（例如莱和查提）发现这种模式在解释力上是如此有限。而泰国政治经济学家在过去十年里开始摆脱理论的桎梏，社会理论家们在二战刚结束之后的第一个框架时期都在一种正统约束下写作，尤其是当时中国尚未摆脱苏联的革命模式；中苏之间直到 20 世纪 50 年代末才开始出现争端。就中国自身而言，在 20 世纪 30 年代的讨论反映了共产国际的争论，亚细亚模式同样遭到很多人的拒绝，在其他具有发达的马克思主义史学的亚洲国家，如越南和朝鲜，情况也都差不多（Dirlik 1978：191-99；Whitmore 1980：27；Ch'oe 1981：514）。

　　二战后，马克思主义社会分析是通过翻译、进口书籍和用泰语总结马克思主义社会经济理论等方式传入泰国的。英文版本的《马克思恩格斯选集》（*Selected Works by Marx and Engels*）、列宁的《帝国主义：资本主义的最高阶段》（*Imperialism: The Highest Stage of Capitalism*）和斯大林的《列宁主义的问题》（*Problems of Leninism*）都能在曼谷的书店中见到（Aksonsan 1951：94）。但是比外文作品更重要的是泰文的文章和翻译。《文学评论》（*Aksonsan*）是一份 1949—1952 年间编辑和出版的月刊，素帕·希利玛诺（Supha Sirimanond）任主编，因其刊载的社会理论、关于国际事务的文章，以及其编辑方针培养起来的文学批评方式而成为这一时期的重要材料。正是在《文学评论》中，古腊·赛巴立（Kulap Saipradit）在 1950 年发表了《马克思主义哲学》，它编译自埃米尔·伯恩斯（Emile Burns）的著作；1954 年，他在《良友》（*Piyamit*）上发表了恩格斯的《家庭、私有制和国家的起源》（*The Origin of the Family, Private Property, and the State*）的概要翻译（Kulap 1974, 1978）。素帕本人也在《资本主义》（*Capitalism*，1974 年）中试图向读者们传授关于历史唯物主义和社会形态演化的内容，该书首版于 1951 年，在法政大学的一次讲座上首次对外宣传。1950 年还出版了"德查·叻达育廷"（Decha Rattayothin，意为"红军的力量"）所著的《社会的演进》（*The*

Evolution of Society)（1979 年）。该书是通过中文转译的俄语著作（这可以从封面上的简评中推断出来），充满了俄罗斯的专有名词和历史事件，唯一的泰国元素就是泰文拼写。这些作品是这一时期泰国接触马克思主义社会分析的典型代表：泰国作家很少阅读马克思和恩格斯的第一手材料（素帕是为数不多的一位），他们接受了一种应用于其他社会的社会形态模式，并未质疑其是否适用于泰国的国情。事实上，要证明泰国社会符合从原始公社到奴隶社会、封建社会、资本主义和社会主义社会的普遍进化发展进程，是"进步"运动的主要目标之一，因为这种实践破坏了依据传统史学对泰国历史所作的分期。这种社会形态的单线发展序列是在上面提到的作品和当时其他著作中反复出现的主题，它更像是一个辨识标志。

有一部著作稍微远离被斯大林在 1938 年树立为正统的单线发展模式，它试图使社会形态模式适应泰国的历史事件（并使这些事件能适于某种模式——这两个进程是同时发生的），这部著作就是 1950 年出版的《作为半殖民地的泰国》（*Thailand, A Semicolony*），作者使用了"阿兰·婆罗玛冲普"（Aran Phrommachomphu）的笔名（Udom 1979）。"阿兰"就是乌冬·希素万（Udom Sisuwan），他是一名华裔泰人，生于 1920 年左右，从 20 世纪 40 年代一直到 20 世纪 50 年代末都在做记者和文学评论家，直到被陆军元帅沙立逮捕并投入监狱。他在 20 世纪 60 年代中期获释之后离开了首都曼谷，进入丛林加入了泰国共产党。他在党内一路平步青云，进入中央委员会，并担任 1976 年统一战线之后的"爱国民主力量协调委员会"（Committee for Coordinating Patriotic and Democratic Forces）主席（Turton 1978: 144, 146, 154）。1982 年 9 月这位泰共元老突然叛党，进一步证实了泰国共产党自 1979 年以来就处于风雨飘摇之中（McBeth 1982）。

在其 1950 年的历史著作中，"阿兰"将 1855 年之前的泰国描绘成一个封建社会，其特征是一种自给自足的农业经济，其对外贸易受到萨迪纳（封建）制下垄断征税的阻碍。萨迪纳社会的统治阶级包括君主、王族和贵族，所有的土地都归君主或刹帝利（ksatriya，即帝王）所有。被统治阶级由派（*phrai*）（农奴）们组成，每个人都附属于统治阶级成员，可被任意买卖，每年需要为主人服 3—6 个月的徭役，替他们耕田。"派"不能离开他们的土地；他们没有任何政治、经济、文化或国家权利；他们与萨迪纳阶级的冲突引发的斗争往往以遭到残酷镇压收场，因为"派"们缺乏正确和强有力的领导。在 19 世纪，当欧洲帝国主义声索他们在亚洲的利益时，萨迪纳阶级无力抵抗，被迫对他们，特别是对英国的贸易权和治外法权等要求做出妥协让步（Udom 1979:27-28, 53-55）。①

从 1855 年与英国签订条约之日开始，外国资本的渗透改变了生产关系，泰国沦为半殖民地。与此同时，萨迪纳制"过去一直是独立的，现在被迫变成受帝国主义影响的半萨迪纳制"(p. 94)。现在有两种截然不同的剥削类型：一种是地主与高利贷者对农民的萨迪纳式剥削；另一种是富农对雇用农工，与地主阶级、富农、资本家对广大贫困农民的半萨迪纳式剥削（p. 96）。曼谷王朝五世王（1868—1910 年在位）朱拉隆功改革给人民的生活条件带来了一定的改善，但是改革并未给本土资本主义的发展创造条件。事实上，君主只能依赖外国贷款支持改革计划中的资本密集型项目，从而进一步将泰国推入帝国主义的魔爪之中（pp. 99-103）。在 1932 年之所以能成功推翻君主专制，只是因为手段得当，并不是因为得到了民众的广泛支持。"统治权落入小资产阶级、中层资本家和地主阶级的手中"，而地主阶级在过去是独自掌权的（p. 124）。② 政变领导者们在消灭萨迪纳阶级一事上犹豫不决，所以后者保留了巨大的经济影响力，但它发现自己的政治权利已受到限制。帝国主义的经济结构在 1932 年政体变革之后也原封不动地保留下来（p. 133）。到了二战之后，"阿兰"转向国际局势：战后苏维埃政权占据上风；美国商业扩张，进入之前由轴心国控制的市场；世界分裂成两大阵营。战后国际关系的解释建立在安德烈·日丹诺夫（Andrei Zhdanov）1947 年的讲话稿《国际形势》（The International Situation）一书基础之上，它概括了苏联外交政策的新立场，并发表了"两个阵营"学说，号召东方各国揭竿而起，建立"人民民主国家"（chap. 5）。

---

① 萨迪纳在古典泰文和现代泰文中从拼写到发音都一样，本文中则使用不同的转写以示区别，古典泰文使用 sakdina，现代泰文使用 Śaktina，以强调萨迪纳在 20 世纪 50 年代被赋予的新意义。"Serf" 被译作 "农奴"（that kasikon），用来代指泰国的"派"（phrai）。

② 萨迪纳阶级是地主阶级。我们将表示地主的两个词 čhaothidin 译写作 "Land-Lord"（地主），čhaokhongthidin 译写作 "landlord"（土地的主人），为了强调前资本主义时期的统治阶级（是 Land-Lord）掌握了政治、司法和文化权力，并不是简单地收取租金。在这种语境下，phračhaophaendin 最好翻译成 "Lord of Land"（大地之主），意为所有土地的主人，即国王。

"阿兰"分析的很多方面在当前的政治经济辩论中都是毫无争议的；事实上，这种分析支撑起了马克思主义新史学。1855年之前为自给自足的农业经济，农业和手工业均供当地使用；1855年之后外国资本渗透，导致了生产关系的变化和新的剥削类型的出现。这些分析要素都或多或少地被人接受了。该书放在今天没什么争议，但是在当时则显得有些激进。它的优点在于为历史分析引入了一个新词汇，并攻击传统观念，例如它暗示19世纪的君主们妥协退让，损害了国家主权；瓦栖拉兀（Vajiravudh，1910—1925年在位）所支持的"民族主义"不过是泰国新兴的右翼意识形态的一层面纱，泰国后来与日本勾结起来，满足日本帝国主义对远东的野心（pp. 64, 153-55）。抛开其有待商榷的社会形态分析，该书对今天的泰国历史学家的价值在于其宽广的历史视野、国际语境，以及它将社会、经济和政治关系相关联的方式。这种关联方式在某种程度上挑战了泰国统治阶级是仁慈的、明智的和值得人民无条件服从的观念。

1958—1973年间，历届泰国政府都查禁了《作为半殖民地的泰国》一书。自1973年以来，许多泰国读者将其视为泰国共产党的鼓吹宣传，一直对其视而不见。其理由非常充足，居然是：直至最近，关于1855年到1932年再到今天的泰国社会是"半殖民地、半封建"社会形态的分析一直被视为泰共的核心理论，从未有过争议。直到20世纪70年代末，泰国政治经济学家们才因为其理论框架开始认真对待此书，对其进行检验、阐述、修正或抵制。在一篇1981年的重要文章中（详见下文），《作为半殖民地的泰国》在理论基础上受到指摘。该文认为"半殖民地、半封建"的说法并不是真正的马克思-恩格斯理论体系中的社会形态或生产方式学说，而是来自毛泽东1939年的《中国革命和中国共产党》，而且这种社会形态在很多关键点上并不适合泰国的国情。更重要的是，它认为这种混合形态掩盖了泰国经济在1855年之后的发展，因此也模糊了评估现今泰国社会形态的必要性。

所有人都将注意力放在《作为半殖民地的泰国》的理论上，但这本书并不是一部非常理论性的著作。此外，它专注于西方帝国主义和20世纪国际经济状况对泰国社会的冲击，而不是1855年之前的前资本主义社会形态。"阿兰"仅用55页的篇幅讨论了1855年之前的时期，他在序言中坦承："尽管泰国的萨迪纳制的历史相当久远，但是这一制度首次在泰国社会中出现，究竟是在素可泰时期还是在阿瑜陀耶时期还没有定论。"1957 年，即"阿兰"出版该书七年之后，也是第一个时期接近尾声之际，"颂萨麦·希素达万纳"（Somsamai Srisudravarna）在其著作《当今泰国萨迪纳制的真面目》（*The Real Face of Thai Saktina Today*）中对这个分析的难题（即萨迪纳制的起源）提出了解决方法，这本书研究了泰国从遥远的史前时代到 19 世纪中期再到 1932 年在社会形态上的变化（Jit 1957）。① 这两部著作互相补充。"阿兰"的视野"向外"，展示萨迪纳和半萨迪纳社会是如何被外来经济利益支配的；"颂萨麦"的视野则在空间上"向内"，在时间上"向后"，要说明萨迪纳生产方式是何时以及如何在泰国社会占据主导地位的。在书的开始几页，"颂萨麦"公开宣称，农民状况的恶化、饥饿、高昂的地租和利率、政府官员的腐败和道德水准的滑坡，现在正促使泰国人民"要求进行土地改革，管控地租和利息，以及实现国家工业化，以摆脱落后的萨迪纳农业秩序"（p. 358）。毫无疑问，这位作者也同样将研究对准当下，对准他观察到的身边的状况。

"颂萨麦·希素达万纳"就是集·普米萨（Jit Poumisak，1930—1966 年），是一位诗人、音乐家、语言学家和散文家，比乌冬约小 10 岁（Flood 1977; Kongbannathikan 1979; Müang Boyang 1980; Müang Boyang et al. 1980; Thongbai 1974）。和乌冬不同，集在世的时候并没有加入泰国共产党。他在 20 世纪 60 年代中期加入丛林抵抗组织，很快就英年早逝。他是死后才被追认为泰共党员的。他与一开始就向党组织靠拢的乌冬的关系并不融洽，可能是因为《当今泰国萨迪纳制的真面目》完全没有坚持"半殖民地、半封建"理论，其写作目的甚至可以看作是为了超越乌冬的分析（Müang Boyang et al. 1980: 80）。很明显，集的想象力既不受党的纪律约束，也不受他于 20 世纪 50 年代初在朱拉隆功大学接受的正规教育的训练。他未能通过第二学年的历史课程。在 1953 年，他因自己的文章与大学当局发生了争执，其中一篇文章《黄蕉叶鬼》（Spirits of the Yellow Leaves）是针对佛教的历史唯物主义批判。关于集的事件的新闻简报被人制成了剪贴簿。在这起事件中，他在一次著名的学生会议上被人指责为左派，之后被暂停了学业。除了当时的反共法令外，还因

---

① 所有引用均出自这个最初版本。该书从 1973 年开始多次再版重印（如 Jit 1979），但错误较多，而且使得该书带有一些当代延展性的"当今"（*nai patchuban*）一词被从标题中去除了，也许这样就不会使该书在多年之后再版时显得过时。

为他与美国语言学家威廉·格德尼（William J. Gedney）之间的友谊，他们当时住在一起（Müang Boyang 1981）。集返回学校获得了学位。那时他已经在法政大学法学院为纪念佛陀涅槃 2500 周年而推出的 1957 年年刊中发表了《当今泰国萨迪纳制的真面目》，在此之前他就已经在进步文学界为人熟知了。1958 年他被沙立逮捕，与其他作家和政治异见人士关押在一起，对此无人感到意外（Thak 1979: 148-49）。

《当今泰国萨迪纳制的真面目》的前三分之一阐述了马克思主义社会分析的核心学说，如生产方式、历史唯物主义和在世界历史中的阶级斗争。在赞同奴隶社会和封建/萨迪纳社会是普遍的社会形态的基础上，"颂萨麦"又讨论了导致一个阶级被另一个阶级取代的阶级对立，并概述了萨迪纳制的经济、政治和文化特征。由于在这个体系中主要的生产资料是土地，"剥削阶级必然是那些拥有最大片土地的人"，而"被剥削阶级，则是指那些没有土地的人，被称作农奴阶级或庶民（'派'）阶级或农民阶级……这两个阶级之间的阶级斗争的结果，获得胜利并握有政治权力的一方是地主阶级，因为地主阶级对土地拥有绝对的权力，这也是经济方面的权力"（Jit 1957: 367-68）。萨迪纳社会的机构得到并保护地主阶级的利益，而萨迪纳统治集团的领袖就是刹帝利（国王）或大地之主（*phračhaophaendin*）。这一节的目的是"理解萨迪纳制度是如何产生的，基本情况如何，对人们的生产和生活有何推动和促进作用，以及它的停滞和倒退对人类社会的福祉和生产带来怎样的危害等问题的理解提供基本的依据"（p. 394）。

余下的分析研究了泰国社会本身的社会形态。分析缘起于短暂的原始公社时期，那时傣泰族群还未进入如今已是泰国核心地带的湄南河河谷，进而又详细研究了泰国社会中的奴隶制与萨迪纳制的起源。其实，"颂萨麦"发现这些带有阶段的社会形态早就由宫廷史学划定好了历史分期。尽管萨迪纳社会的基础早已打好，泰国社会在素可泰时期（13—14 世纪）经历了奴隶时期的最后一个阶段。当王国的中心转移到 14 世纪中期建立的阿瑜陀耶时，社会完全步入萨迪纳阶段。奴隶制主要是通过碑铭中发现的语言证据分辨出来的，而萨迪纳社会的证据则来自法典、编年史和法令——这些是所有泰国历史学家都采用的主要史料来源。15 世纪的国王戴莱洛迦纳（King Trailok）的行政法典是一个分级详尽、规定严格的体系，它通过土地权利的分配获取经济盈余。从19世纪中期开始，烈性酒、鸦片、赌场和妓院的税收垄断权被卖给包税人。包税人大多是华人，他们形成了一个新阶级，即垄断买办资本家，他们"依靠萨迪纳阶级的权力，剥削人民，牟取暴利"（p. 485）。在20世纪的第二个十年，当"民主的强烈气息开始四处传播"，刹帝利（国王）对叛乱忧心忡忡，他通过反华舆论让人民反对垄断买办资本家，虽然包税人不过是萨迪纳阶级的代理人而已。在这里，"颂萨麦"揭露了海尔布隆纳（Heilbroner）所说的"系统扭曲"（systematic distortions），它掩盖了政治的、经济的和社会的现实：反华政策只是分散人们的注意力，使人们无法察觉到他们真正的敌人正是统治阶级。

"颂萨麦"竭力在泰国历史中发现这种单线发展模式，他将注意力更多地放在系统结构而不是变化上。他全神贯注于萨迪纳社会中阶级剥削的例子，忽视了萨迪纳制本身的转换和变化。举例来说，萨迪纳阶级偶尔会通过修改法律规定的方式向农民做出让步。尽管这些并不足以改变生产方式，但它们确实表明农民作为阶级冲突中的一支力量的作用，以及萨迪纳制度内日益复杂的情况（Anan 1981:70-72）。支配"颂萨麦"分析的单线发展模式严格遵循斯大林主义史学，这表明他显然读过相关著作。其公认的马克思主义思想来源是个古怪的组合，既有昔日的美国共产党人霍华德·法斯特（Howard Fast）和威廉·福斯特（William Z. Foster）的作品，也有俄国历史刊物《历史问题》（*Voprossy Istorii*），还有各种并不比"阿兰"参考来源更接近马恩全集原著的翻译作品。这些都能在曼谷读到，确实令人称奇。《〈政治经济学批判〉导言》（*Preface to the Contribution to the Critique of Political Economy*）和《政治经济学批判大纲》（*Grundrisse*）都会提出一种双线或多重线性发展模式，但"颂萨麦"对此一无所知（Somkiat 1981:281-383）。

但是这本书对泰国马克思主义史学的贡献，在语言学领域和社会分析领域同样重要。它赋予了古典泰语词汇 *sakdina*（萨迪纳）新的意义，在这一点上其贡献超过了同时期的任何一部著作。这个泰文术语被用来与英文中"feudalism"和法文中的"féodalisme"等同，这种泰国社会形态也被等同于欧洲的封建制（Jit 1957:389）。通过将这个词作为形容词而不是名词使用，通过嘲讽萨迪纳阶级的习惯和行为，以及通过巧妙运用君主专用的皇语和佛像、吉祥的白象等方式，在追踪其词源的同时，允许围绕这个旧术语进行祛魅式的词义增殖，从而将"封建主义"深深根植在泰语土壤中。在这场"feudalism"与"śaktina"之间的异同游戏中（书中文本声明二者是相同的，但是有关泰国的内容却不时出现，使二者呈现差异），古典泰语中的 sakdina 一页一页地逐渐变成现代泰语中的 śaktina。尽管泰国学者认为"颂萨麦"断言"śaktina"（萨迪纳）与"feudal"（封建）相似/相同是其分析的一个缺点（e.g., Anan 1981:57, 63），但是该书论证了该术语如何以及为何意味着"落后的农业秩序""专制统治"和"剥削的生产关系"，将古老的泰文术语转化成文学分析中所谓的比喻意义。

在此，我们应该为分析战后时期的被后辈称作"进步人士"（progressives）的人，这样就可以添加一个新维度。这些新社会历史的作者们还创作诗歌、小说和文学批评，被人冠以"社会现实主义"（social realism）和"文艺为人生，文艺为人民"（art for life, art for the People）的特征（e.g., Udom 1978; Jit 1978）。这种文学和文学批评和我们一直在讨论的社会分析一样，基于萨玛·布拉瓦（Samak Burawat）全面思考的一些哲学命题。萨玛是一位在伦敦接受教育的地质学家和矿业工程师，从 1947—1952 年在曼谷的玛哈蒙固佛学院（Mahamakut Buddhist Academy）讲授哲学。他在 20 世纪 50 年代推出的著作卷帙浩繁，在一个完全重组的泰国世界观下，综合了马克思主义、佛教和社会达尔文主义。萨玛的历史唯物主义是建立在其职业研究基础之上的："因此作为基本现象的物质实体，会连锁反应地引发其他现象，延伸到既有思想。必须强调的是，思想是社会变革中的一个关键因素，但是它附属并服从于物质实体的变化。"（Samak 1954:469）萨玛的观点还有富有远见的一面，例如在他的《新科学与未来佛》（New Science and the Metteya Buddha）（Samak 1970）中，预言了人类社会可经由自身的科学完善实现乌托邦（泰语通常译成"梅德莱佛居之地"，这位未来佛将引领人们开辟新纪元）。萨玛的想象力在今天年轻的读者们看来似乎已经过时了。他这部烦冗的著作影响了一代人，引发了政治文化的变革。尽管萨玛的思想体系是 20 世纪泰国思想史的一大里程碑，但他却是一位备受忽视的学者。

事实上，1958 年的沙立政变将社会现实主义文学、萨玛的新宇宙论和乌冬、集等人的著作全部埋没了。在随后的 14 年里，随着与沙立意识形态高度契合的思想主导了泰国研究，这些作品被人们遗忘了。这种思维使欧洲封建社会与前资本主义的泰国社会之间形成了鲜明对比。它强调政治权力的基础是对劳动力的控制,而非对土地的控制。而且它认为泰国社会关系的决定因素是"恩主-仆从"庇护关系,而非阶级。① 沙立为了强调本土价值观和制度,不惜抵制外国模式与意识形态(Thak 1979: 152-71)。与其政治哲学步调一致,泰国特性自然就是独一无二的了(争议也就由此而起),马克思主义分析也就不适用于泰国了。但是就在1961年沙立时代刚刚开始之际,出现了一种马克思主义分析,它比集和乌冬的解释都更浅显(San 1979)。1973年激动人心的事件之后的十年间,泰国学者们针对1958—1973年的"封闭"框架和战后初期的开明时代进步人士的著作,发展出一个批判视角。

尽管每个人都说1973年10月14日是泰国历史的一个转折点,但在那之前修正主义社会史学就已经开始萌芽。在《社会科学评论》(*Sangkhomsat parithat*)以及1972年重印的集的文学批评(Jit 1972)的字里行间,可以窥见意识形态的变化。在1971年举行的大学研讨会(Chatthip 1972; Somchai 1981b: 249-308)上,作家和学者们齐聚一堂,讨论意识形态与泰国社会。一位编辑和儿童文学作家阿努·阿帕皮荣(Anut Aphaphirom,他在1976年10月6日之后加入了游击队,最近才返回曼谷)(*Parithatsan* Dec. 1981),重提萨迪纳社会的比喻。他依据社会价值观和社会经济状况,将前现代泰国社会形态描述为"部分萨迪纳、部分资本主义和部分殖民地"(Chatthip 1972: 6-12)。在1932年之前的萨迪纳社会,人们并不平等,社会结构基于阶级,社会秩序由聚集在王宫的所谓警察和军队力量、辅以外籍雇用兵来维持。阿努强调了诸如"保全脸面""给予恩惠的义务""接受命运"和"顺从尊长"等重要价值观。与1958—1973年期间的学者们不同的是,他对这些价值观给予了负面评价:这样的价值观阻碍了充满怀疑精神的调查和科学的发展。宗教向人们灌输这些价值观和态度,从而巩固了萨迪纳意识形态。当西方即资本主义高举着人类平等和科学、尊重个人和冒险使用资本的观念到来之后,

---

① 关于这一解释最具影响的例子,请见克立(1975)。他还写过一本《西方的萨迪纳》(*Farang sakdina*, 1961),从1957年底到1958年初连载,对将泰国社会总结为萨迪纳制的观点竭尽嘲讽。在最广为人知的用英文写作的研究泰国社会组织的著作(Akin 1969)同样属于这一类别;它与卡宗(Khačhon)的《派的地位》(*Thanandon phrai*)一脉相承(Khükrit 1975),卡宗这篇文章首发在1959年12月的《朱拉文汇》(*Chumnumčhula*)上,正值沙立时代刚刚开启之时。

它就与萨迪纳社会发生了冲突。阿努推动的意识促成了"十月十四日"事件，他关心的是意识形态和社会主义道德，而不是这些经济体制。1973年后，阿努在其类似萨玛20世纪50年代新宇宙论那样的著作中（Anut 1979a, 1979b），进一步超越了萨迪纳社会及其当代残余的特征描述，走向一种新社会的整体视野。

1958年之前那段时间的小说、诗歌和社会分析最终在1973年10月14日之后再次焕发生机。大规模学生示威推翻了他侬（Thanom）政府，二战后的泰国历史迎来了新时代。审查制度放宽之后，出版商为了赶在政治意识高涨的时期销售而加紧制作图书。许多书都是过去时期作品的重印。在一些情况下，原书的部分章节、文章、系列作品都被结集成册发行，因此之前散落的文字被制成了书籍（Akagi 1978）。集的《真面目》就是一个很好的例证。它原本只是法政大学法学院年刊的一小部分。大学生们将该书奉为圣典，并以其对泰国历史进行破除陈规和不敬的解读去挑战他们的老师。该书被大量重印，并获得了护身符般的威力。集的生平被重新建构起来并广为流传。但在1973—1976年群情激昂的气氛中，最吸引泰国青年人的是集作为革命诗人和知识分子的形象。他作为学者的声望有待逐步确立，这一进程开始于1974年9月由社会科学协会（Social Science Association）赞助的研讨会（Suchat 1974; Charnvit 1979），并由新近发现的集的手稿（Jit 1976, 1981, 1982a, 1982b）的出版和持续的批判性关注不断推动。

关于1973年10月14日之后泰国社会分析的复兴，在查提·纳塔素帕（Chatthip Nartsupha）在1974年2月发表的一篇简明扼要的概述文章（Chatthip et al. 1981: 109-122）中可见一斑。查提是一位经济史学家，凭借研究方法和潜心学术，他真正建立起了泰国的一大政治经济研究学派。查提的目的既是为了劝诫，也是为了分析：他希望人们能注意到从唯物主义角度来解释泰国社会历史的重要性，他还想概括出泰国历史的模样。这种方法以及查提学派鼓励的研究的关键词是"经济体制""生产方式"和"阶级"。从1974年初开始，这些术语开始在泰国学术的历史话语中流行开来。

查提的泰国历史分期与集很接近。他以素可泰时期为起点，尽管社会中有奴隶存在，但他并不认可它属于奴隶制阶段，而是在其阶级结构中带有萨迪纳社会成分。萨迪纳社会在15世纪中期阿瑜陀耶时期最终成型，其特点是落后的农业生产状态。由于增加产量的方式是扩大农用土地数量，而不是改变生产的性质，生产方式就无法得到改变。水利工程是地方自主修建的，而不是通过国家。因此，尽管与马克思和恩格斯的亚细亚生产方式（Asiatic mode of production, AMP）很相似，查提的前资本主义社会形态与亚细亚生产方式有根本的不同。1855 年之后的经济体系是"夹杂着资本主义的萨迪纳制"，资本主义因素只是在交易上发挥主导作用，而无关生产本身（Chatthip et al. 1981: 113）。查提并不认为 1932 年的"革命"成果使泰国社会形态发生了什么重要变化。事实上，他甚至没有提及此事。他认为，萨迪纳社会一直持续到 20 世纪中叶。此时出现了一个新的劳动阶级，服务于小型工业化经济部门。但是由于社会结构没有变化，这个工人阶级仅占劳动力总数的 5%。大多数泰国人民继续通过租佃"占有生产资料"或"拥有生产资料"，而不是出卖自己的劳动力（p. 116）。由于没有看到泰国在 1932 年之后发生任何根本性的结构变革，查提认为萨迪纳制继续统治泰国经济，必然会导致泰国工业的发展迟缓。同样，缺乏结构的变化意味着本土工业化资本的积累仍然处于低水平。

查提 1974 年初的一篇文章十分简略和初级，没有任何脚注，也没有引用乌冬和集的分析，对社会形态的命名也不严谨。尽管"夹杂着资本主义的萨迪纳制"的提法很不精确，但仍然为此后的许多泰国历史学家所使用。他的分析还因为缺乏比较视角和时间上的相对主义而有所削弱。根据什么标准来断定萨迪纳社会是落后的呢？它在 15 世纪时就是这样吗？查提得出结论，认为 1932 年泰国的经济并未改变：生产方式没有改变，没有出现新的重要的阶级形态。他因此做出 1855 年之后一个世纪是在延续过去的判断，这成为当前论辩中最具争议的问题。但是在查提写作这篇文章的时候，该文在泰国经济史研究中是具有开创性的。它预示着政治经济学研究的复兴。随着修正主义史学方兴未艾，"萨迪纳制"逐渐成为前资本主义时期泰国社会的象征（e.g., Suppharat 1976）。在过去的十年里，查提一直站在第一线，致力于泰国经济研究的发展。1975 年，他组织人重印了帕耶素里亚努瓦在 1911 年的论著，将泰国经济学研究的焦点追溯到了 60 多年前瓦栖拉兀对这部论著的压制上（Chatthip 1977; Sirilak 1980b; Suriyanuwat 1975）。他并不是唯一一个为自己学科的糟糕现状哀叹的人（Ammar 1976: 44）。

泰国马克思主义历史研究取得了突破，社会形态的单线发展序列已成为理论桎梏，需要考虑各种各样的多线发展模式。在1975年12月举行的一次研讨会中，一位具有美国教育背景的政治学家猜阿南·萨姆塔瓦尼（Chai-anan Samudavanija）首次对集的历史著述进行连篇累牍的评价。猜阿南冗长的论文最初的题目是"泰国萨迪纳的真面目"（以有些冒犯的方式引用集的著作），后来在出版的时候改为"萨迪纳与泰国社会的发展"（*Saktina and the Development of Thai Society*），附有一篇查提的批评和冗长的附录，列举了所有世俗和宗教官员的萨迪纳级别（Chai-anan 1976）。猜阿南质疑了集的社会形态说，他认为虽然集阐述了素可泰社会存在奴隶，但奴隶生产方式的观点完全没有说服力。通过探讨泰国社会如果真像欧洲或日本那样是萨迪纳/封建的话，为何经历了这么长时间才到达资本主义阶段，猜阿南质疑泰国社会是否真的是马克思意义上的那种萨迪纳/封建（p. 11）。他从1973年10月之后出现的众多马克思主义的评注中选取了一种意见，认为前资本主义的泰国社会是亚细亚式的，不是封建的，这是将卡尔·魏特夫（Karl Wittfogel）在其《东方专制主义：对于极权力量的比较研究》（*Oriental Depotism: A Comparative Study of Total Power*）一书中的推论应用于泰国社会（Suraphong 1974; Chai-anan 1976: 30）。日本学者田辺繁治（Tanabe Shigeharu）帮助猜阿南将素可泰和阿瑜陀耶时期的泰国中部地区概括为一个"简单的水利社会"，直到曼谷王朝时期签订《鲍林条约》（Bowring Treaty）之后才成为真正的水利社会，因为《鲍林条约》刺激了大米出口贸易的增长（Chai-anan 1976: chap. 3; Tanabe 1975-76）。猜阿南之后又重点研究了上层建筑中根深蒂固、长期存在的文化、宗教，特别是法律和政治因素，以解释变化速度缓慢的原因。他还援用魏特夫的理论作为自己的理论支撑。

作为唯一的土地所有者并仅授予生产者用益物权（usufructuary rights），泰国的专制君主垄断了国家的资源和权力，使泰国社会无法产生一个独立的贵族阶层，而这正是西方社会资本主义发展的关键所在。和欧洲封建主拥有自己的农奴和土地不同，泰国的贵族是一个服务专制君主的官僚阶层：低级别的阶级冲突和斗争"是因为缺乏能够起来挑战绝对国家权力的权力中心"（Chai-anan 1976: 92; also 83-84）。在猜阿南看来，在前现代泰国社会没有明显的阶级冲突并不意味着没有剥削；相反（在这里他从字面意思来理解法典条文),由于通过行政法律体系施行的极端压制,贵族和农民一样弱小,无力挑战君主。因此,泰国人民生活在魏特夫所谓的东方专制君主的**绝对权力的绝对服膺**与**绝对恐惧**之中(pp. 88-89)。

正如许多学者试图将中国和马克思从魏特夫的理论中拯救出来一样,也有大批泰国评论家在评论猜阿南研究时试图将泰国、马克思和集从魏特夫与猜阿南的理论中拯救出来。一位参加1975年12月研讨会的发言者阿努·阿帕皮荣指责猜阿南利用马克思主义去破坏集,又利用集去破坏马克思主义。这是一个严厉的批评,反映了单线发展模式的持续影响,以及激进主义者一方在面对理论的精细区分时的急躁(Müang Boyang et al. 1980:228)。除了集的研究,猜阿南还批评了另一位新马克思主义者"昂纳·尤塔威瓦"(Amnat Yutthawiwat)的著作(Phin 1975)。昂纳以前曾经在泰国共产党工作,但现在却为政府的意识形态战争计划工作。猜阿南的批评者们发现魏特夫的模式在经验层面是不可行的:历史证据并不支持前资本主义时期的泰国政权修建了农业灌溉工程的结论,除了防洪,在水源充足的中部平原没有必要发展水利技术(Chatthip in preface to Chai-anan 1976; Sanit 1976)。不管猜阿南了解多少泰国的状况,他也承认前资本主义的泰国政权并没有为农民的生产活动修建运河和水坝。田辺繁治(1977:39)后来也证实阿瑜陀耶时期的运河"并不是为了促进农业生产而开凿的,而是为了通往沿海各省和向南进入马来半岛的内河航行"。泰国历史地理学家现在也同意,广泛的灌溉工程,如那些在素可泰时期的工程,是为了满足王家的供水需求,而不是农民们的生产需要。另一个基于经验的事实是,地方贵族是有机会积攒经济权力的,而猜阿南的观点则恰好相反,因此他提出的中央政府严格控制贵族之说也备受怀疑(Lae 1979:97)。

在理论上,在魏特夫的解释中过度的政治要素几乎扼杀了经济因素,借此来分析"马克思主义的不足",意味着唯物史观受到了轻慢(Lae 1979:98; Phonphen 1976b: 147; Suraphong 1976:147)。有一个相关的理论问题,它不是由泰国批评家提出来的:如果政府不直接干预农业生产(其本身实际上并不是生产基础的一部分),在何种意义上才能算是亚细亚式的生产方式呢?(Sawer 1977:48-49, 52)猜阿南本人心知肚明,前资本主义的泰国政府维持秩序并从生产者那里获取税收,但却不提供公共的生产条件。按照佩里·安德森（Perry Anderson）建议的路线或可有助于说明这一点："亲属关系、宗教、法律或政权等'上层建筑'必然进入"泰国前资本主义形态的"基本结构中"（Anderson 1974：403）。

但是《萨迪纳与泰国社会的发展》是有积极作用的：它从两个方向推动了关于社会形态的论争。首先，猜阿南不遗余力地说明泰国和欧洲社会的历史经验是不同的，存在一个可以分析泰国个案的不同于西方封建制的独立的马克思主义范畴。这是对历史研究的有效回应，这种历史研究试图通过强调泰国社会的独特性来贬低20世纪50年代的马克思主义分析。其次，猜阿南的研究鼓励泰国学者超越马克思-恩格斯文集，将目光投向欧洲马克思主义知识分子和依附论理论学者。结果，他们对泰国社会形态的分析变得日益精细和复杂。魏特夫的"水利社会"最终不再被视为有用的分析概念，但人们对亚细亚生产方式的态度却模棱两可。

1976年10月6日政变和之后右翼政权12个月的统治使这场政治经济论争沉寂下来。政府公布了两份遭查禁的出版物清单（*Ratchakitchanubeksa* 1977）。乌冬和集的历史著述再一次遭到禁止，迫使一批有胆识的泰国人在美国出版了《真面目》一书（Jit 1977）。但是继任政府采取和解政策，极大地放宽了原右翼政权的严密维稳措施。从1978年下半年开始，泰文出版物名单看起来越来越像在1973—1976年时期那样。这些再版书籍的标题或作者偶尔会有改动（集的《真面目》在1979年再版时署了其本名；题目也有变化，见Udom 1979），尽管这些伎俩愚弄不了当局，但他们确实让一些新手在购书时感到困惑。

无论如何，今天人们已经司空见惯，在浏览曼谷的书店和报摊时发现杂志上有卡尔·马克思的大幅照片，书籍插图与艺术海报中描绘农民和工人艰辛劳作、年轻干部表情坚毅和社会主义新社会的男女强健体魄的形象。事实上，整个1973年之后时期的海报艺术、书籍插图和封面照片的问题都值得思考和阐释。社会现实主义、作为1973年"十月事件"青年斗争与喷洒热血标志的首都民主纪念碑肖像，以及部分西方绘画作品（米勒的《拾穗》、毕加索的《格尔尼卡》是其中的两幅作品），都可被解读为一个符号系统。这个符号系统与主导泰国公共生活的佛教-君主的符号体系形成竞争、反抗和替换的关系。每一位观看一年一度的法政大学与朱拉隆功大学足球对抗赛的观众,都可以见到这种符号系统的冲突。这种场面和比赛本身一样,让观众们感到愉悦。

仿佛是想通过用英文讨论来试探风向,即使处于 1976 年政变的紧张局势之下,查提和素提·巴萨赛(Suthy Prasartset)还是在 1977 年 8 月在曼谷举行的亚洲历史学家国际协会(International Association of Historians of Asia)研讨会上发表了一篇文章。他们提出,暹罗经济从自给自足向商品生产的转型是受外部力量影响的结果;因此经济货币化导致了高利贷和外商资本,而不是工业资本的增长。他们在收集补充了一些支撑材料之后,于 1977 年 10 月在新加坡发表了文章(Chatthip and Suthy, eds. 1977)。他们在 1978 年又扩充了这篇论文,形成一部两卷本文献的导言(Chatthip, Suthy, Montri 1981; Hewison 1980)。在开篇文章中,他们称前资本主义经济是萨迪纳的,但是其包括自给自足乡村经济在内的特征,看起来非常像亚细亚生产方式:

> 总之,在 19 世纪的暹罗,国王控制着最多的土地、劳动力和资本基金。因此,他榨取了极大比例的剩余产品。这种对农民的基本产品,即农民的生计来源的巧取豪夺,限制了经济生产力的发展。它也抑制了阶级或阶层分化的进程。中央集权的萨迪纳控制是资本主义生产方式发展的障碍。最终出现了臣服于萨迪纳贵族和王室的商人资本(Chatthip, Suthy, Montri, eds., *Political Economy, 1851-1910*, 1981: 30-31)。

不管是不是马克思主义者,许多泰国学者都接受了"萨迪纳制"是用来概括前资本主义泰国社会的一种社会形态;但与此同时,人们也认识到这个制度并不是欧洲意义上的"封建制"(没有分权,没有采邑制,等等),它类似于亚细亚生产方式。但是"萨迪纳"是一个极其重要的比喻,它带有极强的修辞和意识形态力量,仍然需要用它指代更超然中立的"前资本主义形态",这种用法在与其他第三世界社会进行比较(将来总会有人进行这种比较)的时候可以避免发生混淆。正是因为这个原因,诸如"亚洲的封建制"和"泰国萨迪纳制"等古怪的混合体仍然流连在现在进行的实证研究中。

这些实证研究假设一个中央集权的政权榨取了所有剩余产品,在《鲍林条约》签订之前存在一种自给自足的经济,而附庸的华商资产阶级在《鲍林条约》签订之后也无法改变这种经济，这标志着新史学的一个重要发展：大量使用档案资料和访谈以加强理论架构（Hong 1981; Suwadi and Phiphada, comps. n.d.; Wuttichai 1979）。查提等人对泰国政治经济学研究的激励现在已经硕果累累，许多年轻学者都发表了这一领域的硕士论文，其中不少人是查提的学生。他们的论文题目涉及包税制（Yada 1981），1855年前的乡村经济（Suwit n.d.），华商与买办阶级（Sirilak 1980a）等。可以说，这些研究展示了在泰国的经济和经济民族主义问题上，泰国史学是如何吸收、内化了标准的西方著作的（e.g., Johnston 1975）。马克思主义的框架或多或少将这些研究集中在一起，阐明在过去十年，泰国历史话语中的语言是如何改变的。希里叻（Sirilak）关于新兴资产阶级的著作强化了"阶级"作为一个核心分析概念的地位。亚达（Yada）关于包税制的论文研究了19世纪的华人包税人，没有把他们看作一个少数群体或海外华人问题，而是作为一个半官方的阶级，充当官方统治阶级的财务代理人。我们还会注意到，优先考虑动摇历史分期和早期泰国史学的关注点（在位时间、君主、王室的虔敬，等等），有时夸大了1855年的意义。1855年之前的经济比政治经济学家们承认的更有活力，更能灵活应对《鲍林条约》条款带来的变化（Hong 1981: chaps. 3, 4, 6; Somsak 1982: 154-55, 157）。曼谷王朝初期的泰国经济无法贴上类似亚细亚生产方式特征的那种"静态的"或"停滞不前的"标签。

对萨迪纳阶级的剥削能力和榨取剩余产品的中央集权状态的强调，引发了关于19世纪或自1855年以来大约一个世纪里泰国社会经济发展的某些命题。不像其他一些亚洲社会的马克思主义历史学家，泰国历史学家不会设想前资本主义社会有能力为本土资本主义创造条件。但是欧洲资本主义是从封建主义中发展起来的，并在这个过程中将其摧毁。泰国的资本主义来自境外："依附于旧萨迪纳制，它并未摧毁该制度，而是不可避免地依赖这种制度去榨取剩余产品。如果泰国没有向国际贸易敞开大门，几百年后它还将保持纯粹的萨迪纳制。"（Chatthip et al. 1981: 105）萨迪纳阶级的地位根深蒂固，能够在适应新形势的同时，防止新的买办阶层发展成资产阶级。萨迪纳阶级的成员（王族、贵族）成为华商的庇护人和保护者，作为买办的华商们连接着世界市场和本土农业经济；这种"官僚资本主义"必然会使剩余产品外流，同时造成泰国经济发展迟缓（Sangsit 1980, 1981）。[①] "当新统治者在 1932 年推翻君主专制掌权之后，外国对泰国经济的主导就成为他们重要的关切"；而政变领导人开始发展国有企业以对抗外国经济的渗透（Suthy 1980: 163）。然而，"国家资本主义在包括泰国在内的欠发达国家退化成为官僚资本主义，因为国有企业成为政治庇护的来源，经济利益通过它被分配给各个派系及其追随者"（Suthy 1980: 199）。换句话说，俸禄进贡（prebendalism）被视为是导致更进步的 1932 年政变领导人注定举步维艰的因素之一。由于缺乏经济基础，他们为了追求自己的阶级利益，很快就与华人买办的经济影响力挂上了钩（Rangsan Thanaphonphan, commenting on Suthy, in Chatthip 1980: 240-42; *Pačharayasan* 1981: 87-89）。

但是关于 1932 年的整体意义还远未确定。如果当今的泰国政治经济学家们在关于前资本主义社会形态的命名和运行问题上已达成某种共识的话，那么在关于 1855 年之后的社会形态问题上仍存在诸多分歧。争论的核心集中在 1932 年政变这个现代泰国历史上的关键事件上。事实上新领导层没有进行土地改革，比里·帕侬荣的经济重建计划也被否决了，那么政变能够成为社会形态转型的标志吗？或者它仅仅是一个政治事件，也就是说，变化的只是上层建筑？它对阶级结构又有何影响？如果萨迪纳阶级已被推翻，那么前资本主义的萨迪纳形态的要素又以何种方式坚持到现在，并一直影响社会经济发展呢？政变对资本主义在泰国经济中的增长有何意义？（Warit Phao-ariya 1981; *Pačharayasan* 1981: 74-97）在 1973 年 10 月学生动员和军政府倒台的鼓舞之下，人们重新开始关注 1932 年政变以及此前"少壮派"军人在 1912 年发动的未遂政变（Atcharaphon 1981; Thaemsuk 1979）。

1855 年以来过渡形态的复杂性体现在两个坐标轴上：一是外国资本和世界市场对泰国生产者（无论在农业还是制造业）的影响，二是各种经济部门在城乡间的不平衡和不平等发展。随着一些泰国政治经济学家在 20 世纪 70 年代留学归国，安德烈·冈德·弗兰克（Andre Gunder Frank）、萨米尔·阿明（Samir Amin）和其他依附理论学者们的著作被引入争论之中。他们提出

[①] 泰国对"官僚资本主义"的使用比较特殊。有时它被译作 *thunniyom kharatchakan*（直译为"公务员资本主义"），有时译作 *thunniyom khunnang*。后者如果译回英语，比较接近"贵族资本主义"（aristo-capitalism）。

关于本土与外来因素之间相对权重的问题，以此解释泰国不发达的原因。可是，依附性泰国经济的观点并不是在 20 世纪末引入的。关于 1855 年后经济依附性观点的试金石是范·德·海德（van der Heide）（1906 年）的分析，查提和素提将其描述为关于泰国政治经济的第一个系统分析。

现代泰国社会形态因最近泰国共产党的命运而变得更加疑问重重。越南于 1978—1979 年占领柬埔寨，随后泰共党内又出现分裂。一批学者和学生们从 1979 年中期开始从丛林根据地返回城市，他们对党的理论、战略和领导都提出了批评。这一切激发人们重新审视"半殖民地、半封建"的论点。泰共对泰国历史的解释已经成为社会革命理论话语和战略话语的焦点。这种话语多少出现在研讨会、杂志和期刊等学术领域中，因为来自大学内外的思想家们都在盗用并篡改这一迄今为止被视作激进变革的"非法"意识形态。举一个例子，在曾经进行过油和甘蔗产业研究的朱拉隆功大学政治经济学研习小组，就有一些非学者成员加入讨论（Khaočhaturat 1981）。

对"半殖民地、半封建"论点最严厉的批评，来自一位具有法国教育背景、新近加入到政治经济学论争的学者"颂猜·纳惹拉"（Songchai na Yala）。他通过一篇篇幅很长、谨慎论证的文章来评估"半殖民地、半封建"泰国形态的理论依据（Songchai na Yala 1981; Chayan 1981）。"颂猜"将这种形态的起源设定在毛泽东 1939 年的文章《中国革命和中国共产党》。他在比较中国和泰国在 19 世纪下半叶的状况之后得出结论，认为这种社会形态在泰国的应用模糊了社会经济现实，也掩盖了泰国生产方式的变化。基于上述对泰共最近的批评的观察，"颂猜"强调毛泽东的理论不适合泰国国情，这在某种程度上反映了泰共的华裔泰人的领导方式和中国革命理论已经普遍走下神坛。但必须强调的是，"颂猜"本人并不是一名丛林归来者。关于 20 世纪 50 年代那场著名的斯威齐-多布（Sweezy-Dobb）讨论，他认为，虽然生产关系的多线发展模式可能构成一个社会形态，但是只有一个模式能够主导，对该模式的命名部分取决于确认掌握国家权力的阶级（Songchai na Yala 1981:11-14）。对泰国来说，这个讨论意味着泰国的社会形态从《鲍林条约》以来至少到 1910 年（曼谷王朝五世王时期结束）不会是"阿兰"所说的"萨迪纳制"与"半萨迪纳制"的混合体，从根本上仍是萨迪纳制（p. 31）。严格来说，这段时期仍是"前资本主义"的，因为资本主义只能通过不平等交换和市场操纵，而非通过生产本身施以控制。

但是 1932 年"政府更迭"（泰语中有时有这种说法）之后的泰国社会是怎样的呢？一面回避革命，又不时要求革命。在此，"颂猜"只是部分赞同那些坚持弱化 1932 年影响的人。他将 1932 年解释为一个分水岭，是以其对 1855 年以来复杂的泰国社会形态的命名和分析（依附性与欠发达）为基础的。从历史唯物主义角度来看，它的意义比公认的更加重要：

> 因为它推翻了萨迪纳政权，为建立一个资本主义的生产方式（泰国依附性的和欠发达的资本主义）开辟了道路。这种资本主义生产方式从此成为基本的生产方式。被推翻的不仅是萨迪纳政府的权力，还包括生产关系。例如，我指的是 1932 年发布的禁止没收农业财产的诏令和 1938 年发布的关于废除人头税和田赋的征税诏令（promulgated 1 April 1939）(p. 44)。

1936 年的另一项法律将每人持有土地的限制调整到了 50 莱（1 莱＝1600 平方米），这对萨迪纳地主的利益造成了巨大的冲击。这种对证据的解读过于墨守成规，萨迪纳生产关系并未随着出台法律的大笔一挥而立即发生转变。对此"颂猜"会回答，重要的是萨迪纳阶级在 1932 年后是如何卷土重来的。萨迪纳阶级作为一个阶级的政治经济权力已经瓦解了，领导政变的民党（People's Party）在 20 世纪 30 年代建立了国家资本主义，从而改变了生产关系。但是直到 1947 年以后，随着比里政府的倒台，由銮披汶·颂堪领导的 1932 年政变集团中的右翼势力重新掌权，以及大量美国援助的涌入，才导致资本主义模式在政治和经济上占据主导。

"颂猜"在其文章中与两位学院派政治经济学家格莱萨·春纳旺（Kraisak Chunnawan）和布里察·边蓬汕（Pricha Piamphongsan）争论。据说这两位政治经济学家支持"半殖民地、半封建"这样的修正观点。他们在自己的著作中指出，萨迪纳残余一直固守在人们的观念和意识当中，继续维持农民和工人阶级的从属地位（Kraisak 1979; Pricha 1979）。这些残余存在于人们的价值观、态度和仪式之中，而仪式就起到了灌输这些残余的作用。其实，隐在字面之外、未被提及的是君主和佛教僧侣，从沙立时代的军人政权开始（事实上从 1932 年就开始了）就一直利用它们使自己的统治合法化。而君主如今卷入右翼政治之中，1976 年 10 月的藐视君主罪仍然令每个人记忆犹新，而关于王位继承问题也令人高度紧张。在这种背景下，在以泰语撰写的对巩固政权合法化的机构和意识形态的作用进行社会分析的研究中，能委婉提到"萨迪纳残余"与偶尔提及万物有灵与迷信这些东西就算不错了。

因为"颂猜"并没有直接讨论意识形态和意识在命名转型中的泰国社会形态中的作用，长期存在的这些萨迪纳残余（格莱萨和布里察曾以"半封建制"形态这种修正的观点对这些萨迪纳残余作过概述）就成为这篇文章所激起的评论中的一个争论焦点。不出意外，"颂猜"因夸大了萨迪纳政权的毁灭和未能考虑萨迪纳残余在 1932 年政变之后的意识形态作用而受到批评（comment by Sangsit in Songchai na Yala 1981: 109-110）。另一位批评者怀疑，将农村地区称作"前资本主义"比起"萨迪纳"是否真有改善，并追问该如何界定"颂猜"所提出这种前资本主义模式（comment by Somkiat, p. 101）。这种批评激发人们去搜寻经济指数，为如何称呼社会形态（既有前资本主义，也有部分资本主义）提供准则。由于先前提到的原因，"颂猜"提出的"前资本主义"倾向，触动了那些习惯于"萨迪纳"的学者们的敏感神经。他返回《资本论》（*Capital*）寻求观点支持，并以此来证明这种倾向。

"颂猜"文章的目标并不仅仅是"阿兰"，更重要的是针对泰共宣传的"半殖民地、半封建"这种混合提法。对于 20 世纪初的社会，他更倾向于使用"前资本主义形态"而不是"半封建"；连他自己也承认，这看起来好像只是一个语义问题，但实际上是出于实际考虑。由于遵循已被证明是过时的教条，泰共过于依赖"毛主义"战略，将农村和农民视为革命的关键。"颂猜"的贡献是对这种混合提法提出了理论批评，质疑其有效性，并在泰共处于动荡之际，提供一个替代策略。

正是在这种情况下，他引述了一位泰共官员在 1980 年 9 月接受法国记者采访时的谈话：党需要修正"半殖民地、半封建"的观点（pp. 81-82）。最近，一篇刊登在《祖国》（*Matuphum*）上的文章（1982 年 1 月 24 日）报道了泰共在东北部举行的一次会议，会议决议认为泰国社会当前是 80% 的"半殖民地资本主义"，其余部分的形态意识是"受萨迪纳影响的"（信息来源是一位泰国高级军官；关于泰共这篇材料的真实性还有待确认）。这种精确的统计一定会让在大学执教的政治经济学家们羡慕不已。泰共的主张是对格莱萨、布里察等人论述做出的回应吗？或者是政治经济学家们注意到了泰共最近提出的声明？社会形态分析是两种激进话语交汇和重合的交点，这两种激进话语分别是泰共的话语和城市知识分子的话语。

结　论

马克思主义在泰国20世纪上半叶对占主导地位的官方历史并未造成直接影响，它对中央政府的影响也可忽略不计。我们可能同意大卫·威尔逊的观点，认为二战结束后十年左右时间里，马克思主义在泰国并未真正挑战国家权力。脱离威尔逊文中狭隘的战略意义，马克思主义即便在那时来看，也似乎仍是一种过于复杂、难以解释的现象。到20世纪50年代，泰国马克思主义已经开始为激进变革的话语提供术语和分析了。这种激进变革由一群人数虽少但能言善辩的城市知识分子推动。他们掀起了一股文学批评的风潮，将泰国文学推向新的方向，并开始谈论泰国社会过去和现在的政治经济状况。

这种话语当然不会出现在一个政治真空的时期。它诞生于1932年之后的现代主义关切之中，这种关切绝不局限于当时被确认为左翼的作家和记者中。它反对的是1947年后披汶的独裁统治。君主制除了作为政治话题仍然受到热议之外，在20世纪30年代中期到20世纪50年代力量衰微，而且1932年政变领导人依然有强烈的反君主的冲动，所以20世纪最重要的军政府文官顾问仍然可以撰写关于泰国政治经济的论著，使用"萨迪纳"作为土地分配制度的比喻，感叹曼谷王朝六世王禁止人们对泰国经济进行研究（Wichit 1962）。[①]

我们仍要问将"马克思主义"这个名词和"马克思主义的"这个形容词放置于过去40年的泰国历史语境中时都意味着什么。在这里我们面对东南亚研究中的一个常见问题，这是每个学习儒教、伊斯兰教、佛教或社会达尔文

[①] 遗憾的是这篇论著未标明日期，但它似乎来自銮威集（Luang Wichit）在1950年左右做的讲座。虽然年轻学者认为他是一个无原则的机会主义者和官方的理论家，但是他的著作有利于塑造这一时期有文化的城市平民的意识。参见Kopküa 1976。

主义以及马克思主义的学者都要直面的问题：如何开发一套语言来恰当解释一种思想体系，而这套语言必须是源自相应的知识土壤和政治文化之中而不是之外。每个思想体系都是一个超级丰富的隐喻来源。这种隐喻通过保留本土特征、绘制新地形景观、在罗盘上开辟新航线并连接不同线路的方式重新命名熟悉的现实，由此转换和放大这些熟悉的现实。爪哇和马来的国王采用阿拉伯语的称谓，在古代柬埔寨碑文中用梵语的"瓦尔纳"（varna）来描述社会群体，19世纪越南语中有关教育的汉越词汇，目前在泰国引发争议的半殖民地、半封建社会形态等，都是这种重新命名的实例。这些比喻涉及的范围极其广泛：哲学、精神生活、行政管理系统、社会和政治结构。事实上，它们渗入人类活动和想象的每一个领域，而这些活动与想象就表现在各个社会呈现自己的文字图像中。

每一种外国思想体系都体现在文献集成之中，如果以宗教经文来比喻，这种文献集成往往由经典核心和注疏评论两部分构成。注疏评论可能通过与经典的较量而获得解释力和实用价值。翻译和解释思想体系的外语注疏部分便对其持续传播至关重要了。泰国马克思主义的情况与众不同。相较于马克思的《资本论》（尚未译成泰文），一些泰国学者更感兴趣的是欧洲和美国的新马克思主义著作，甚至是魏特夫剑走偏锋的水利社会分析。当马克思主义研究在1973年10月之后重新活跃起来，其首要任务之一就是要为对此一无所知的一代读者们解释基本术语和确定主要文本（Phonphen 1976a; Thanet 1976）。另一个使用泰文撰写但内容都是外国的例子，是20世纪70年代末的一篇文章。这篇文章对葛兰西（Gramsci）、多布（Dobb）、斯威奇（Sweezy）、布罗代尔（Braudel）、阿尔都塞（Althusser）、佩里·安德森和沃勒斯坦（Wallerstein）进行了专业的解读，以展示欧洲的马克思主义在后斯大林时期是多么放松（Somkiat 1979）。正如东欧集团国家最近的一项调查表明，要努力使泰国读者了解数量巨大的比较社会主义文献，既需要尽可能多地予以关注，也要将马克思主义分析应用到泰国社会和历史中（Pricha and Chalatchai 1981）。甚至有人对社会主义的形而上学也做了阐释（Suwinai 1981）。

我们试图确定二战以来泰国政治经济学中的主要著作，在重要的学科中发现它们，将其内容与最近的政治史联系起来，并评估它们对过去40年泰国历史研究的影响。泰国引以为傲的避免被直接殖民统治的结果之一，是前资本主义社会的保皇主义或以宫廷为中心的史学从未被摒弃，也没有被殖民化进程甚至半殖民地状态降低重要性。这给今天的历史学家留下了打破传统史学、为20世纪末建立新史学的任务。新一代历史学家试图掌控泰国的史学，使用马克思主义社会分析作为一个杠杆，把编年史和档案从保皇主义者和民族主义者制造神话的顾虑中撬离。因此，国王的在位时间的重要性不断下降，而1855年的贸易条约或1908年关于土地出租的王家公告（赋予自由买卖土地的权利）成为更重要的编年史中的标志。社会也越来越被视为一个整体、一个系统（系统即 rabop 这个术语被广泛应用），它的构成成分如制度、阶级、社会组织等，都是相互依存的，并在不断变化，事实上也有冲突。在过去十年间，不止一位泰国历史学家抨击过历史中的"伟人"理论，他们认为更复杂的历史原因根植于国家政治历史之中，而这种"伟人"理论则突出了君主们的才华横溢和宽厚仁慈，以及大臣们的远见卓识。这些历史变革的新范式和灌输给他们的打破陈规旧习的主张，是在1973年10月与政府更迭密切相关的大规模示威和对抗政治前后数月内锻造出来的，当时曼谷街头的冲突已日益明显了。直到那一天，历史的主体似乎是"平淡无奇的"，只是"标记时间"，然而社会科学正在向前发展（Phatcharaphon and Chukiat 1981）。

近年来的许多泰国历史研究都可以简化为马克思主义史学的核心内容，包括物质因素的决定性作用，一系列特定的社会形态的演进，辩证法在历史变化中，尤其是在阶级斗争中的作用，平衡与停滞的虚幻本质，等等（Bernstein 1981）。泰国学者自己也意识到这样一些原理，并不时对其做出阐释（e.g., Pricha in Chatthip 1980: 225-26）。但是现在我们应该清楚，正如历史研究在大学课程中的重要性，这些原理在关于社会、政治和意识形态的更为宏大的话语中同样重要。这种宏大话语赋予这些原理更多活力，需要我们认真考虑。对这一话语做出贡献的出版物，从本文所引用的学术研究到普及型作品，它们不为捍卫某个特殊地位，而是要阐明泰国的政治经济情况，如通过说明银行利益与国家权力之间的关联、国际上大宗商品价格与泰国农民生产者所得报酬之间的差异，以及展现剩余价值的榨取是如何从农村地区开始，到城市地区结束的（Klumsuksa-itsara 1981）。

如果无法将政治经济论争简化为一个关于马克思主义的史学原则，原因就在于思想与行为之间的矛盾，在于社会分析与志在替代政治哲学和体系之间的矛盾。对现代泰国社会形态的命名直接导致通向激进变革的策略和社会主义未来的计划（Thirayut et al. 1981:111-51; *Parithatsan* Nov. 1981）。此外，在很大程度上，泰共也一同参与了论争，它既是同志也是对手。在过去十年，一批泰国最优秀聪明的人进入丛林又离开，打破了城市与丛林的两极对立（Kongbannathikan 1980a）。很多人的朋友和亲戚、学生与老师在1976年10月之后进入丛林。他们命运的故事引起了媒体的兴趣，拥有广大的读者群，相当一部分无疑是中产阶级。一些杂志和期刊声名鹊起，他们追踪那些丛林留守者和丛林归来者，最重要的是他们关于个人经历的讲述。泰共的前景和策略也受到密切关注（Kongbannathikan 1980b），而对其同样关注的还有政府信息部的"泰国社会事实传播图书项目"（Book Project for Dissemination of the Facts on Thai Society）（Sitthan 1980）。随着不少人从1979年中期开始陆续回归，这种兴趣非但没有减弱、反而更加浓厚了，这是因为这些人对泰共的领导、理论和策略的批评，以及泰共为适应时代变化而进行改组和宣传（Pridi 1981; Wedel 1982）。

对于英文读者来说，"半殖民地""半封建""半殖民地资本主义"和"依附性资本主义与欠发达"等概念如同风扇上转动的叶片一样，其分析范围越来越弱，以它们为标准进行有意义的时期划分也饱受争议；但是在泰语中它们却是标明地图不同位置的关键坐标。人们可能会说，除非将这些社会形态进行相互比较，即关系比较，否则它们本身毫无意义。因此，除非你知道提拉育·汶密（Thirayut Bunmi）是一名著名的丛林归来者，曾担任泰共统一战线"爱国与民主力量协调委员会"的书记，不然你很难理解他将泰国社会定位为"半资本主义、半萨迪纳和依附性或新殖民主义"，他对泰国社会形态的独特命名即使不是对泰共理论的否定，也是决定性突破（Thirayut et al. 1981:79-107）。

虽然把泰国所有关于社会结构和社会制度的著作都归因于马克思主义的说法是错误的（许多坚持把泰国社会作为一个系统进行研究的社会学家和历史学家并不认为自己是从事政治经济研究的马克思主义者），但是说泰国没有人公开宣称自己是马克思的门徒也是不实的。我们在这里将援引尼提·尤希翁（Nidhi Aeusrivongse）的著作。他在清迈大学任教，他在密歇根大学完成的博士论文是关于印度尼西亚历史的。他在过去五年里的著作给整个泰国历史研究带来了巨大的冲击，但是他并不是哪个政治经济团体的成员，也不是一位经济史学家。事实上，他试图为曼谷王朝初期历史的研究注入活力，这被一些人视为是对查提学派的直接挑战，后者将1855年之前的社会视为是静态的（Somsak 1982）。尼提最近的两篇文章在标题中都使用了"资产阶级"（kratumphi）一词（Nidhi 1981, 1982）。对查提和其他很多人来说，这个术语并不适用于曼谷王朝早期，因为萨迪纳社会是非进化、前现代的，无法产生一个资产阶级。而对尼提而言，这个术语恰如其分。他使用这个词是有去神话化的目的，以展示统治阶级的平凡无奇。统治阶级的大地主——刹帝利（国王），并非什么天子、神王、佛祖或诸如此类的，而是进行咖啡和大米贸易的商人，在文学和戏剧艺术上有独特的品位。换句话说，曼谷王朝初期的统治者们只不过是有着华裔血统的泰国商人。尼提与政治经济学家的共通之处可用颂杰（Somkiat）的《辩证社会科学》（*Dialectical Social Science*）一书的题目来表示，它指的是对泰国历史记录进行反复检验，以纠正错误的观念并了解泰国社会真实的过去、现在和未来。

参考文献

Akagi Osamu. 1978. "Research Note and Data on 'Pocketbook' Publication in Thailand, 1973-1976." *South East Asian Studies* 16, 3:473-523.

Akin Rabibhadana. 1969. *The Social Organization of Thai Society in the Early Bangkok Period, 1782-1873*. Southeast Asia Program Data Paper No. 74. Ithaca: Cornell University, Department of Asian Studies.

Aksonsan. 1951. 3, 1 (April).

Ammar Siamwalla. 1976. "Songpratya büanglang kanthamngan khong naksetthasat" (The two philosophies behind the work of economists). *Sangkhomsat parithat* 14, 3-4:14-49.

Anan Ganjanaphan. 1981. "Withikankhian prawattisat khong čhit phumisak" (Jit

Poumisak's historical method). *Ruam botkhwam prawattisat* (Collected articles on history) 3: 54-88.

Anderson, Benedict R. O'G. 1977. "Withdrawal Symptoms: Social and Cultural Aspects of the October 6 Coup." *Bulletin of Concerned Asian Scholars* 9 , 3: 13-30.

——. 1978. "Studies of the Thai State: The State of Thai Studies." In *The Study of Thailand. Analyses of Knowledge, Approaches, and Prospects in Anthropology, Art History, Economics, History and Political Science*, ed. Eliezer B. Ayal, 193-247. Papers in International Studies, Southeast Asia Series, No. 54. Athens, Ohio: Ohio University, Center for International Studies.

Anderson, Perry. 1974. *Lineages of the Absolutist State.* London: NLB.

Anut Aphaphirom. 1979a. *Thritsadi prawattisat lae sangkhom* (Historical and social theory). Bangkok: Klum Nangnuan.

——. 1979b. *Tünthoet ... yaowachon* (Youth, awake!). Bangkok: Klum Boekfa.

AtcharaphOn Kamutphitsamai. 1981. "Kabot ro so 130: süksa korani kanpatirup thangkanpokkhrong lae klum thahanmai" (The 1912 Revolt: A study of governmental reform and the "new military" group). M.A. thesis, Chulalongkorn University.

Bell, Peter. 1982. "Western Conceptions of Thai Society: The Politics of American Scholarship." *Journal of Contemporary Asia* 12, 1: 61-74.

Bernstein, Howard R. 1981. "Marxist Historiography and the Methodology of Research Programs." *History and Theory, Beiheft* 20: 424-49.

Chai-anan Samudavanija. 1976. *Sakdina kap phatthanakan khong sangkhomthai* (Saktina and the development of Thai society). Bangkok: Namaksonkanphim.

Charnvit Kasetsiri. 1979. "Thai Historiography from Ancient Times to the Modern Period." In *Perceptions of the Past in Southeast Asia*, ed. A. J. S. Reid and D. G. Marr, 156-70. Hong Kong: Heinemann.

Chatthip Nartsupha, comp. 1972. *Udomkan kap sangkhomthai* (Thai ideology and society). Bangkok: Social Science Association of Thailand.

Chatthip Nartsupha. 1977. "The Economic Thought of Phraya Suriyanuwat." In *The Review of Social Science. A Collection of Articles by Thai Scholars*, ed.

Likhit Dhiravegin, 116-37. Bangkok: Social Science Association of Thailand.

Chatthip Nartsupha and Suthy Prasartset, eds., 1977. *Socio-economic Institutions and Cultural Changei n Siam, 1851-1910: A Documentary Survey*. Perspective Series No. 4. Singapore: Institute of Southeast Asian Studies.

Chatthip Nartsupha, ed. 1980. *Wiwatthanakan thunniyomthai* (The evolution of Thai capitalism). Bangkok: Faculties of Economics, Chulalongkorn and Thammasat Universities.

Chatthip Nartsupha et al. 1981. *Setthasat kap prawattisatthai* (Economics and Thai history). Bangkok: Sangsan.

Chatthip Nartsupha, Suthy Prasartset, and Montri Chenvidhakarn, eds. (1978) 1981. *The Political Economy of Siam, 1851-1910* and *The Political Economy of Siam, 1910-1932*. 2 vols. Bangkok: Social Science Association of Thailand.

Chayan Vaddhanaphuti. 1981. "Thai Social Formation: Current Debates." *Southeast Asian Chronicle* 80:22-24.

Ch'oe, Yŏng-ho. 1981. "Reinterpreting Traditional History in North Korea." *Journal of Asian Studies* 40, 3:503-23.

Decha Rattayothin (pseud.). (1950) 1979. Wiwatthanakan khong sangkhom (The evolution of society). Bangkok: Prawattisat.

Dirlik, Arif. 1978. *Revolution and History: The Origins of Marxist Historiography in China, 1919-1937*. Berkeley: University of California Press.

Elliott, David. 1978. *Thailand: Origins of Military Rule*. London: Zed Press.

Flood, E. Thadeus. 1975. "The Thai Left Wing in Historical Context." *Bulletin of Concerned Asian Scholars* 7, 2:55-67.

——. 1977. "Jit Phumisak: Profile of a Revolutionary Intellectual." *Indochina Chronicle* 54:12-14.

Girling, John L. S. 1981. *Thailand: Society and Politics*. Ithaca: Cornell University Press.

Hewison, Kevin J. 1980. Review of Chatthip, Suthy, Montri, eds., 1981. *Journal of Contemporary Asia* 10, 3:293-99.

Hong Lysa. 1981. "The Evolution of the Thai Economy in the Early Bangkok

Period and Its Historiography." Ph.D. dissertation, University of Sydney.

Jit Poumisak (Somsamai Srisudravarna, pseud.). 1957. "Chomna khong sakdinathai nai patčhuban" (The real face of Thai śaktina today). In *Nitisat 2500 chabap rap sattawatmai* (The Faculty of Law yearbook of 2500 to greet the new century), 356-491. Bangkok: Faculty of Law, Thammasat University.

Jit Poumisak. 1976. *Khwampenma khong kham sayam thai lao lae khom lae laksana thang sangkhom khong chüchonchat* (Etymology of the terms Siam, Thai, Lao, and Khom and the social characteristics of nationalities). Bangkok: Textbook Project for the Social Sciences and Humanities, Social Science Association of Thailand.

——. 1977. Reprint of Jit, 1957. Newark, N.J.: Chomrom nangsüthai samakkhi.

Jit Poumisak (Thiphakon, pseud.). (1957) 1972. *Sinlapa phüa chitwit sinlapa phüa prachachon* (Art for life, art for the people). Bangkok: Nangsü. Reprinted 1978. Bangkok: Tonmakham.

Jit Poumisak. 1979. Reprint of Jit 1957. Bangkok: Saeng-ngoen.

——. 1981. *Ongkan chaengnam lae khokhitmai nai prawattisatthai lumnam čhaophraya* (The oath of allegiance and new ideas on Thai history in the Chaophraya River basin). Bangkok: Duangkamon.

——. 1982a. *Khothetčhing waduai chonchatkhom* (Facts concerning the Khom nationality). Bangkok: Maingam.

——. 1982b. *Tamnan haeng nakhonwa*t (Conversations about Angkor Wat). Bangkok: Maingam.

Johnston, David B. 1975. "Rural Society and the Rice Economy in Thailand." Ph.D. dissertation, Yale University.

Kanok Wongtrangan. 1981. "Communist Revolutionary Process: A Study of the Communist Party of Thailand." Ph.D. dissertation, Johns Hopkins University.

Khaočhaturat (Bangkok). Dec. 26, 1981.

Khükrit Pramot. 1961. *Farang sakdina* (European śaktina). Bangkok: Kaona.

Khükrit Pramot et al. 1975. *Prawattisat lae kanmüang nangsü anprakop wichaphünthan arayathamthai* (History and politics: A reader concerning the fundamentals of Thai civilization). Bangkok: Thammasat University.

Klumsüksa-itsara (Independent Study Group). 1981. *Chiknakak sangkhomthai* (Tearing off the mask of Thai society). Bangkok: Klumsiuksa-itsara.

Kongbannathikan sayamnikon (Siamnikon Editorial Staff). 1979. Khonpa (People of the jungle). Bangkok: Athit.

——. 1980a. *Khonpa khün müang* (The jungle people return to the city). Bangkok: Athit.

——. 1980b. *Pho kho tho hon sathan kanpatiwat* (The CPT: Set for revolution). Bangkok: Athit.

Kopküa Suwannathatphian. 1976. "Kankhian prawattisat baepchatniyom phičharana luang wičhit watthakan" (Nationalist historical writing: An examination of Luang Wičhit Watthakan). *Warasan thammasat* 6, 1: 148-80.

Kraisak Chunnawan. 1979. "Khwamdoiphatthana lae kanplianplaeng nai chonnabot" (Underdevelopment and changes in rural society). In *Thiralük 23 tula* (In remembrance of 23 October), 42-49. Bangkok: Chulalongkorn University.

Kulap Saipradit. (1950) 1974. *Pratya khong latthimaksit* (The philosophy of Marxism). Chiengmai: Naewruamsüksa, Chiengmai University.

——. (1954) 1978. Introd. Anan Ganjanaphan. *Kamnoet khong khropkhrua* (The origins of the family) and *Rabiap sangkhom khong manut* (The human social system). 2 vols. Bangkok: Phiphi.

Lae Dilokkawitthayarat. 1979. "'Witthikanphalit baep esia' kap ngüankhai thang prawattisat haeng khwamdoiphatthana khong sangkhomthai" ('The Asiatic mode of production' and historical factors in the underdevelopment of Thai society). *Warasan thammasat* 9, 1: 87-98.

McBeth, John. 1982. "In from the Cold (2)." *Far Eastern Economic Review*, Sept. 17, 1982.

McLane, Charles B. 1966. *Soviet Strategies in Southeast Asia: An Exploration of Eastern Policy Under Lenin and Stalin*. Princeton: Princeton University Press.

Mandel, Ernest. 1971. *The Formation of the Economic Thought of Karl Marx, 1843 to Capital*. London: Monthly Review Press.

Matuphum (Bangkok). Jan. 24, 1982.

Morell, David, and Chai-anan Samudavanija. 1981. *Political Conflict in Thailand: Reform, Reaction, Revolution*. Cambridge, Mass.: Oelgeschlager, Gunn & Hain.

Müang Boyang (pseud.). 1980. *Botphleng haeng rungarun* (A song of youth). Bangkok: Chomromnangsü tonkla.

——. 1981. "Hetkan thi kha thukklaothot" (The incident in which I was denounced). *Loknangsü* (Book world) 4, 12:53-62.

Müang Boyang et al. 1980. *Dang thian phu thongthae kae khon ruam botkhwam kiawkap čhit phumisak* (As a candle shining forth for all mankind: Collected articles on Jit Poumisak). Bangkok: Puifai.

Nidhi Aeusrivongse. 1981. "Sunthonphu mahakawi kratumphi" (Sunthorn Phu: The great bourgeois poet). Paper presented at seminar on The Social History of Early Bangkok, Sinlapakon University, Bangkok.

——. 1982. *Watthanatham kratumphi kap wannakam ton rattanakosin* (Bourgeois culture and literary art in the early Bangkok period). Academic Papers Series No. 20. Bangkok: Thai Khadi Research Institute, Thammasat University.

Pačharayasan (Bangkok). 1981: 8, 3 (June-July).

Parithatsan (Bangkok). Nov. 1981:8-26; Dec. 1981:56-59.

Phatcharaphon Changkaew and Chukiat Sakunchokchai. 1981. "Nithi iawsiwong kap prawattisatthai" (Nidhi Aeusrivongse and Thai history). *Warasan thammasat* 10, 2:58-73.

Phin Bua-on (Amnat Yutthawiwat, pseud.). 1975. *Wičhai sangkhomthai* (Researching Thai society). Bangkok: Prachamit.

Phonphen Hantrakun. 1976a. "Prawattisat nai thasana khong samnak maksit" (History from the perspective of the Marxist school). In *Pratya prawattisat* (Philosophies of history), ed. Charnvit Kasetsiri and Suchat Sawatsi, 273-303. 2d ed. Bangkok: Praphansan.

——. 1976b. Review of Chai-anan, 1976. *Warasan thammasat* 6, 2:141-50.

Pricha Piamphongsan. 1979. "Rabop setthakit sangkhomthai küngmüangkhün küngsakdina" (The Thai socioeconomic system: Semicolonial, semifeudal). In *Thiralük 23 tula* (In remembrance of 23 October), 52-57. Bangkok: Chulalongkorn University.

Pricha Piamphongsan and Chalatchai Ramitanon. 1981. *Latthimak lae sangkhomniyom* (Marxism and socialism). Bangkok: Khletthai.

Pridi Bunsu. 1981. *Khwamapčhon khong latthimak* (The poverty of Marxism). Bangkok: Munnithi Komonkhimthong.

Ratchakitchanubeksa (Royal Thai Government Gazette). 1977. Special Issues 94, 18:1-12; 94, 97:3-16.

Samak Burawat. 1954. *Panya* (Intellect). Bangkok: Ruamsan.

——. 1970. *Witthayasatmai kap phrasi-an* (The new science and the Metteya Buddha). Bangkok: Phraephitthaya.

San Rangsarit. (1961) 1979. *Wiwatthanakan haeng sangkhomsayam* (The evolution of Siamese society). Bangkok: Sahasüksaphan.

Sangsit Piriyarangsan. 1980. "Thai Bureaucratic Capitalism, 1932-1960." Master's thesis, English Language Program, Thammasat University.

——. 1981. "Thunniyom khunnangthai 2475-2503" (Thai bureaucratic capitalism, 1932-1960). *Pačharayasan* 8, 3:54-63.

Sanit Samakrakan. 1976. Review of Chai-anan, 1976. *Sangkhomsat parithat* 14, 1:141-46.

Sawer, Marian. 1977. *Marxism and the Question of the Asiatic Mode of Production*. The Hague: Martinus Nijhoff.

Sirilak Sakkriangkrai. 1980a. *Tonkamnoet chonchannaithun nai prathetthai pho so 2398-2453* (The origins of the capitalist class in Thailand, 1855-1910). Bangkok: Sangsan.

Sirilak Sakkriangkrai, ed. 1980b. *Phraya suriyanuwat (koet bunnak) naksetthasat khonraek khong müangthai* (Phraya Suriyanuwat (Koet Bunnag): Thailand's first economist). Bangkok: Thai Watthanaphanit.

Sitthan Rakprathet (pseud.). 1980. *Pho kho tho wanni* (The CPT today). Bangkok: Phithakpracha.

Somchai Suwannasi. 1981a. "Udomkan maksit kap ngüankhai thang prawattisat nai prathetthai" (Marxist ideology and historical conditions in Thailand). *Warasan thammasat* 10, 1: 112-22.

Somchai Suwannasi, ed. 1981b. *Ruamkhokhian khong woraphut chai-anam* (Collected writings of Woraphut Chai-anam). Bangkok: Kongbannathikan Pačharayasan.

Somkiat Wanthana. 1979. "Wikkarütakan thang sangkhomsat lae kantoepto khong prawattisat baep maksit nai thotsawat 1970" (Crisis in social science and the growth of Marxist history in the 1970s). *Warasan thammasat* 9, 2: 105-47.

——. 1981. *Sangkhomsat wiphatsawithi* (Dialectical social science). Bangkok: Wali.

Somsak Čhiamthirasakun. 1982. "Sangkhomthai čhak sakdina su thunniyom" (Thai society: From 'śaktina' to 'capitalist'). *Warasan thammasat* 11, 2: 128-64.

Songchai na Yala (pseud.). 1981. "Panha kansüksa withikanphalit khong thai annüangmačhak thritsadi küngmüangkhün küngsakdina" (Problems in analyzing Thai modes of production arising from the semicolonial, semifeudal theory). *Warasan setthasatkanmüang* 1, 2: 1-98.

Suchat Sawatsi, ed. 1974. *Čhit phumisak nakrop khong khonrunmai* (Jit Poumisak: Warrior of the new generation). Bangkok: Social Science Association.

Supha Sirimanond. (1951) 1974. *Khaepitalit* (Capitalism). Bangkok: Khletthai.

Suppharat Loetphanitchakun. 1976. "Rabopsakdina" (The śaktina system). *Warasan thammasat* 6, 1: 22-38.

Suraphong Chai-anam. 1974. *Mak lae sangkhomniyom* (Marx and socialism). Bangkok: Khletthai.

——. 1976. Review of Chai-anan, 1976. *Sangkhomsat parithat* 14, 1: 146-49.

Suriyanuwat, Phraya. (1911) 1975. Introd. Chatthip Nartsupha. *Sapsat* (The science of property). Bangkok: Phikkhanet.

Suthy Prasartset. 1980. "Rabop thunniyom doirat nai prathetthai kho so 1932-1959" (State capitalism in Thailand, 1932-19591. In Chatthip, ed., 1980: 139-206.

Suwadi Čharoenphong. 1979. "Patikiriya khong ratthaban phrabatsomdet phrapokklao čhaoyuhua to kankhlüanwai thang khwamkhit sangkhomniyom khommiwnit (pho so 2468-2475)" (The reaction of King Phrapokklao's government to currents of Socialist and Communist thought (1925-1932)). In *Kanmüang kanpokkhrongthai samaimai ruamnganwičhai thang prawattisat lae ratthasat* (Modern Thai politics and government: Collected research works in history and political science), ed. Suwadi Čharoenphong and Chai-anan Samudavanija, 293-359. Bangkok: Social Science Association of Thailand.

Suwadi Thonprasitphatthana and Phiphada Menasawat, comps. N.d. *Ruambotkhatyo witthayaniphon parinyatho phanaek prawattisat khana-aksonsat čhulalongkon mahawitthayalai* (Collected abstracts of masters' theses in history, Faculty of Arts, Chulalongkorn University). Bangkok: Social Science Association.

Suwinai Pharanawalai. 1981. *Botkhlong sanoe waduai thritsadi sangkhomniyom nai ngae khong watthuniyom prawattisat* (An experimental essay on socialist theory from the perspective of historical materialism). Bangkok: Social Research Institute Book Project, Chulalongkorn University.

Suwit Phaithayawat. N.d. *Wiwatthanakan setthakitchonnabot nai phakklang khong pratthetthai pho so 2394-2475* (Evolution of the rural economy in the central plains of Thailand, 1851-1932). Bangkok: Sangsan.

Tanabe Shigeharu. 1975-76. "Kanchonlaprathan phüa kankaset nai prawattisat setthakitthai" (Irrigation for agriculture in Thai economic history). *Warasan thammasat* 5, 2:70-94.

——. 1977. "Historical Geography of the Canal System in the Chao Phraya River Delta from the Ayutthaya Period to the Fourth Reign of the Ratanakosin Dynasty." *Journal of the Siam Society* 65, 2:23-72.

Thaemsuk Numnon. 1979. *Yangtoek runraek kabot ro so 130* (The first generation of Young Turks). Bangkok: Ruangsin.

Thak Chaloemtiarana. 1979. *Thailand: The Politics of Despotic Paternalism*. Bangkok: Social Science Association of Thailand and Thai Khadi Institute, Thammasat University.

Thanet Aphonsuwan. 1976. "Pratya prawattisat khong latthimak" (The historical philosophy of Marxism). *Warasan thammasat* 6, 2: 83- 100.

Thirayut Bunmi et al. 1981. *Patiwat song naewthang* (Two revolutionary paths). Bangkok: Athit.

Thongbai Thongbao. 1974. *Khommiwnit latyao* (Communists of Lard Yao Prison). Bangkok: Khonnum.

Thongchai Phüngkanthai. 1978. "Latthikhommiwnit lae nayobai totan khong ratthabanthai pho so 2468-2500" (Communism and the Thai government's policies to resist it, 1925- 57). M.A. thesis, Chulalongkorn University.

Turton, Andrew, et al. 1978. *Thailand. Roots of Conflict*. Nottingham: Spokesman.

Udom Sisuwan (Bančhong Bančhoetsin, pseud.). 1978. *Chiwit kap khwamfaifan* (Life and dreams). Bangkok: Dokya.

Udom Sisuwan (Aran Phrommachomphu, pseud.). (1950) 1979. *Senthang sangkhomthai* (The path of Thai society). Bangkok: Akson. Reprint of *Thai küngmüangkhün* (Thailand, a semicolony). Bangkok: Mahachon.

van der Heide, J. H. 1906. "The Economical Development of Siam During the Last Half Century." *Journal of the Siam Society* 3: 74 - 101.

Warit Phao-ariya (pseud.). 1981. "Arai khü kanpatiwat prachathipatai katumphi nai thasana khong mak wikhro korani kanpatiwat 2475 lae kanpatiwat 1-3 mesayon 2524" (The nature of bourgeois democratic revolution from the Marxian perspective: Analysis of the 1932 affair and the revolution of 1-3 April 1981). *Pačharayasan* 8, 3: 64- 73.

Wedel, Yuangrat. 1981. "Modern Thai Radical Thought: The Siamization of Marxism and Its Theoretical Problems." Ph.D. dissertation, University of Michigan.

——. 1982. "Current Thai Radical Ideology: The Returnees from the Jungle." *Contemporary Southeast Asia* 4, 1: 1- 18.

Whitmore, John K. 1980. "Communism and History in Vietnam." In *Vietnamese Communism in Comparative Perspective*, ed. William S. Turley, 11- 44. Boulder, Colo.: Westview Press.

Wičhit Watthakan, Luang. 1962. "Khamson rüang prawattisat setthakit khong thai"

(Teachings on the history of the Thai economy). In *Wičhit anuson* (In memory of Wichit), 33-180. Bangkok: Khanaratthamontri.

Wilson, David A. 1960. "Thailand and Marxism." In *Marxism in Southeast Asia*, ed. Frank N. Trager, 58-101. Stanford: Stanford University Press.

Wuttichai Munlasin, comp. 1979. *Botkhatyo parinyaniphon phakwichaprawattisat mahawitthayalai sinakkharinwirot prasanmit* (Abstracts of graduate theses in history, Prasanmit University). Bangkok: Social Science Association.

Yada Praphaphan. 1981. *Rabop čhaophasinai-akon samaikrungthep yukton* (The tax farming system in the early Bangkok period). Bangkok: Sangsan.

附录二 第二章泰文转写原文对照

adhiraja —— อธิราช

akon —— อากร

akon bonbia —— อากรบ่อนเบี้ย

akon fin —— อากรฝิ่น

akon huai —— อากรหวย

akon kha na —— อากรค่านา

akon khana —— อากรค่านา

akon khanam —— อากรค่าน้ำ

akon sopheni —— อากรโสเภณี

akon suan —— อากรสวน

akon sura —— อากรสุรา

Asawaphahu —— อัศวพาหุ

asawin —— อัศวิน

banchi hangwao —— บัญชีหางว่าว

barami —— บารมี

bia —— เบี้ย

borom —— บรม

cha kha —— จ่าข้า

Chaiyaprakan —— ไชยปราการ

chakraphat —— จักรพรรดิ

cham uat —— จำอวด

chang —— ซัง

chanot tradaeng —— โฉนดตราแดง

chao —— เจ้า

chao chiwit —— เจ้าชีวิต

chao kha —— เจ้าข้า

chao krom —— เจ้ากรม

chao phasi —— เจ้าภาษี

Chao Phitheharat —— เจ้าพิเทหราช

Chao Thewathirat —— เจ้าเทวาธิราช

Chao Thotsathep —— เจ้าทศเทพ

chaofa —— เจ้าฟ้า

chaokha —— เจ้าค่ะ（应答语）

chaomuang —— เจ้าเมือง

chao-ong —— เจ้าของ

Chaophraya Chakri Siongkharak —— เจ้าพระยาจักรีศรีองครักษ์

Chaophraya Maha Upparat —— เจ้าพระยามหาอุปราช

Chaophraya Mahasenabodi —— เจ้าพระยามหาเสนาบดี

Chaophraya Sithammarat —— เจ้าพระยาศรีธรรมราช

Chaophraya Surasi —— เจ้าพระยาสุรสีห์

chaophraya thammathibodi sirattanamonthianban —— เจ้าพระยาธรรมาธิบดีศรีรัตนมณเฑียรบาล

chaophya —— เจ้าพญา

chatusadom —— จตุสดมภ์

chek —— เจ๊ก

chin —— จีน

dan —— ด่าน

devaraja —— เทวราช

dika —— ฎีกา

dong phayayen —— ดงพญาเย็น

fuang —— เฟื้อง

hang khao —— หางข้าว

hap —— หาบ

ho ratsadakonphiphat — หอรัษฎากรพิพัฒน์

ha sip — ห้าสิบ

hua sip — หัวสิบ

kadumphi — กระภุมพี

kamrateng'an si intrapodintrathit / kamratenan sri indrapatindraditya — กัมรเดงอัญศรีอินทรบดินทราทิตย์

kamtat — กำตัด

kasat — กษัตริย์

kaset / ksetr — เกษตร

Kasiansamut — เกษียรสมุทร

kasikam — กสิกรรม

kenchalia — เกณฑ์เฉลีย

kha — ข่า

kha — ค่ะ

kha nittayaphat — ค่านิตยภัต

kha rachakan — ค่าราชการ

khaluang — ข้าหลวง

khanon — ขนอน

khao wen — เข้าเวร

khaphra — ข้าพระ

khaphra yomsong — ข้าพระโยมสงฆ์

khathai — ข้าไท

khathat boriphan — ข้าทาสบริพาร

khattiya — ขัตติยะ

khayom — ขโยม

khet / khett — เขตต์

khikha — ขี้ข้า

khoi — ข้อย

khon chantam — คนชั้นต่ำ

khru — ครุ

khruang ratchabannakan —— เครื่องราชบรรณาการ

khun khlon —— ขุนโขลน

khun wang —— ขุนวัง

khunsuk —— ขุนศึก

khup —— คืบ

khutrit doi sincheong —— ขูดรีดโดยสิ้นเชิง

Kotmai Laksana Ayaluang —— กฎหมายลักษณะอาญาหลวง

Kotmai Laksana Betset —— กฎหมายลักษณะเบ็ดเสร็จ

Kotmai Laksana That —— กฎหมายลักษณะทาส

krarok —— กระรอก

Krom Phrakasetrathibodi —— กรมพระเกษตราธิบดี

Krom Phrakosathibodi —— กรมพระโกษาธิบดี

Krom Phranakhonban —— กรมพระนครบาล

Krom Phrathammathikon —— กรมพระธรรมาธิกรณ์

Kromma Phra Nara —— กรมพระนราฯ

krommasak —— กรมศักดิ์

kwan —— กวน

kwanban —— กวานบ้าน

kwanchao —— กวานเจ้า

kwanlang —— กวนลาง

kwian —— เกวียน

lek —— เลก

lekh —— เลข

lekwat —— เลกวัด

lew —— เลว

lukchao lukkhun —— ลูกเจ้าลูกขุน

lukkhun —— ลูกขุน

Mahadap Narok —— มหาดาบนรก

mahatthai —— มหาดไทย

mi bun —— มีบุญ

mia klang thasi — เมียกลางทาสี

mitchatit — มิจฉาทิฐิ

momchao — หม่อมเจ้า

momratchawong — หม่อมราชวงศ์

mu krom kong — หมู่กรมกอง

Muang — เมือง

Muang Paep — เมือง แปป

Muang Phraya Mahanakhon — เมืองพระยามหานคร

mun — หมื่น

Mun Phrom — หมื่นพรหม

na — นา

na fangloi — นาฟางลอย

na khukho — นาคู่โค

na namfon fangloi — นาน้ำฝนฟางลอย

Nai Khongkhrao — นายคงเครา

Nai Niriyaban — นายนิริยบาล

Nai Ruang — นายร่วง

naithun — นายทุน

ngoen phinai — เงินพินัย

nitchaphat / niccabhatra — นิจภัตร

orot sawan — โอรสสวรรค์

palat — ปลัด

palat krom — ปลัดกรม

pha phapwai — ผ้าพับไว้

phainga — ไพ่งา

Phan Kham — พันคำ

Phan Thong — พันทอง

Phan Thot — พันทด

phasi — ภาษี

phasi phakbung — ภาษีผักบุ้ง

phatthaya / badhya —— พัทธยา

Phaya Ruang —— พญาร่วง

pha—ya—kha —— พะยะค่ะ（应答语）

phithi phirunsat —— พิธีพิรุณศาสตร์

pho —— พ่อ

phokhun —— พ่อขุน

Phokhun Bulom —— พ่อขุนบูลม

Phra Aiyakan Tamnaeng Na Thahan Lae Phonlaruan —— พระอัยการตำแหน่งนาทหารและพลเรือน

Phra Akkhrachayathoe —— พระอัครชายาเธอ

phra ayakan phrommasak —— พระอัยการพรมศักดิ์

phra chao —— พระเจ้า

phra kanlapana —— พระกัลปนา

phra khantharat / Gandhararatha —— พระคันธาราษฎร์

Phra Maharatchakhru Phrakhru Mahithon —— พระมหาราชครู พระครูมหิธร

Phra Maharatchakhru Phraratchakhru Purohitachan —— พระมหาราชครู พระราชครู ปุโรหิตาจารย์

phra phuthachao —— พระพุทธเจ้า

Phra Phutthabat —— พระพุทธบาท

Phra Praphanthawongthoe —— พระประพันธวงศ์เธอ

Phra Rachawirawongthoe —— พระราชวีรวงศ์เธอ

phra ratcha anachak —— พระราชอาณาจักร

phra ratcha anakhet —— พระราชอาณาเขต

Phra Samphanthawongthoe —— พระสัมพันธวงศ์เธอ

Phra Warawongthoe —— พระวรวงศ์เธอ

phra'ongchao —— พระองค์เจ้า

phrabatsomdet phrachao ramathibodi siwisuttiwongongkhaburisodom borommachakkraphat rachathirat triphuwanathibet borombophit phraphutthachao —— พระบาทสมเด็จพระเจ้ารามาธิบดี ศรีวิสุทธิวงศ์ องคบุริโสดม บรมจักรพรรดิราชาธิราชตรีภูวนาธิเบศ บรมบพิตรพระพุทธเจ้าอยู่หัว

Phrachao Aiyakathoe —— พระเจ้าอัยกาเธอ

Phrachao Aiyikatheo —— พระอัยยิกาเธอ

Phrachao Boromawongthoe —— พระเจ้าบรมวงศ์เธอ

Phrachao Lanthoe —— พระเจ้าหลานเธอ

Phrachao Lukthoe —— พระเจ้าลูกเธอ

Phrachao Lukyathoe —— พระเจ้าลูกยาเธอ

Phrachao Nongnangthoe —— พระเจ้าน้องนางเธอ

Phrachao Nongyathoe —— พระเจ้าน้องยาเธอ

Phrachao Paiyakathoe —— พระเจ้าปัยกาเธอ

phrachao phaendin —— พระเจ้าแผ่นดิน

Phrachao Ratchawongthoe —— พระเจ้าราชวงศ์เธอ

phrachaokha —— พระเจ้าข้า (应答语)

phrai —— ไพร่

phrai hua ngan —— ไพร่หัวงาน

phrai lew —— ไพร่เลว

phrai mi khrua —— ไพร่มีครัว

phrai rap —— ไพร่ราบ

phraifa —— ไพร่ฟ้า

phraifa kha khongluang —— ไพร่ฟ้าข้าคนหลวง

phraifa kha luang —— ไพร่ฟ้าข้าหลวง

phraifa khathai —— ไพร่ฟ้าข้าไท

phraifa nasai —— ไพร่ฟ้าหน้าใส

phrailuang —— ไพร่หลวง

phraisom —— ไพร่สม

phrakhan chaise / phrakharrga jayasri —— พระขรรค์ชัยศรี

phrakhru —— พระครู

phrarachakhana —— พระราชาคณะ

Phraratchakamnot Tamnaeng Sakdina Boromwongsanuwong —— พระราชกำหนดตำแหน่งศักดินาบรมวงศานุวงศ์

phrasen anasiddhi —— พระแสงอาญาสิทธิ์

phrasen kharrgajayasri —— พระแสงขรรค์ชัยศรี

Phraya Chaiyathibodi —— พระยาไชยาธิบดี

Phraya Kamhaengsongkhram —— พระยากำแหงสงคราม

Phraya Kasetsongkhram —— พระยาเกษตรสงคราม

phraya na mun —— พระยานาหมื่น

Phraya Phetcharatattanasongkhram —— พระยาเพชรรัตนสงคราม

Phraya Phalathep —— พระยาพลเทพ

Phraya Phrasadetsurentharathibodi —— พระยาพระเสด็จสุเรนทราธิบดี

Phraya Ramronnarong —— พระยารามรณรงค์

Phraya Siharatdechochai —— พระยาสีหราชเดโชชัย

Phraya Sithammasokkarat —— พระยาศรีธรรมาโศกราช

Phraya Sithammathirat —— พระยาศรีธรรมาธิราช

Phraya Thainam —— พระยาท้ายน้ำ

Phraya Thammathibodi —— พระยาธรรมาธิบดี

Phraya Yommarat —— พระยายมราช

phu mi kha that boriwan —— ผู้มีข้าทาสบริวาร

phu mi pun wasana —— ผู้มีบุญวาสนา

phudi paetsaraek —— ผู้ดีแปดสาแหรก

phudi tindaeng takhaeng tindoen —— ผู้ดีตีนแดงตะแคงตีนเดิน

phudi tokyak —— ผู้ดีตกยาก

phusangsan —— ผู้สร้างสรรค์

phuwa ratchakan muang —— ผู้ว่าราชการเมือง

phya —— พญา

pokam —— โปกำ

popan —— โปปั่น

prachachon —— ประชาชน

rabop that —— ระบบทาส

rachakan —— ราชการ

rachupakan —— รัชชูปการ

rai —— ไร่

rapchai wenkam —— รับใช้เวรกรรม

rucha —— ฤชา

ru tham —— รู้ธรรม

sak / sakti — ศักดิ์

saktina — ศักดินา

salung — สลึง

samoena — เสมอนา

Sampheng — สำเพ็ง

samu banchi — สมุห์บัญชี

samuhanayok — สมุหนายก

san phrakan — ศาลพระกาฬ

satsadi — สัสดี

Sayam — สยาม

sen — เส้น

senabodi krommawang — เสนาบดีกรมวัง

seri chon — เสรีชน

seriniyom — เสรีนิยม

Setthasan — เศรษฐสาร

sinlapa phua chiwit — ศิลปะเพื่อชีวิต

sinlapa phua sinlapa — ศิลปะเพื่อศิลปะ

sinmai — สินไหม

Sipkao Chaofa — สิบเก้าเจ้าฟ้า

Sipsong Chaothai — สิบสองเจ้าไทย

sok — ศอก

somdet chaophraya — สมเด็จเจ้าพญา

Somdet Phra Aiyakathoe — สมเด็จพระอัยกาเธอ

Somdet Phraboromorasatirat — สมเด็จพระบรมโอรสาธิราช

Somdet Phrachao Boromawongthoe — สมเด็จพระเจ้าบรมวงศ์เธอ

Somdet Phrachao Lanthoe — สมเด็จพระเจ้าหลานเธอ

Somdet Phrachao Lukyathoe — สมเด็จพระเจ้าลูกยาเธอ

Somdet Phrachao Nongyathoe — สมเด็จพระเจ้าน้องยาเธอ

Somdet Phrachao Paiyakathoe — สมเด็จพระเจ้าปัยกาเธอ

somdet phrarachakhana — สมเด็จพระราชาคณะ

sommotthep —— สมมติเทพ

song krom —— ทรงกรม

sosialit —— โซเชียลิสม์

suai —— ส่วย

suai thaenraeng —— ส่วยแทนแรง

tamleng —— ตำลึง

thahansua —— ทหารเสือ

Thai —— ไทย

Thai Yai —— ไทยใหญ่

Thale Chupson —— ทะเลชุบศร

Thammasat / dharmasastra —— ธรรมศาสตร์

thanan —— ทะนาน

thang —— ถัง

thao —— ท้าว

Thao Intharasuriya —— ท้าวอินทรสุริยา

Thao Intrarasuren —— ท้าวอินทรสุเรนทร์

Thao Intrarathewi —— ท้าวอินทรเทวี

Thao Mahaphrom —— ท้าวมหาพรหม

Thao Sichulalak —— ท้าวศรีจุฬาลักษณ์

Thao Sisatcha —— ท้าวศรีสัจจา

Thao Sisudachan —— ท้าวศรีสุดาจันทร์

Thao Somsak —— ท้าวสมศักดิ์

Thao Sopha —— ท้าวโสภา

Thao Warachan —— ท้าววรจันทร์

that —— ทาส

that nam'ngoen —— ทาสน้ำเงิน

that ruanbia —— ทาสเรือนเบี้ย

that sinthai —— ทาสสินไถ่

thay —— ไท

theknik —— เทคนิค

theva / deva — เทวะ

thewada — เทวดา

thoe lai — เทอหลาย

thoti — โถตี

thua — ถั่ว

thunniyom — ทุนนิยม

tradaeng — ตราแดง

wa — วา

waniphok — วณิพก

yachok — ยาจก

yiap khikai mai fo — เหยียบขี้ไก่ไม่ฝ่อ

yokkrabat — ยกกระบัตร

yomsong — โยมสงฆ์

yot / yojana — โยชน์

图书在版编目（CIP）数据

泰国的激进话语：泰国萨迪纳制的真面目 /（澳）克雷格·J. 雷诺尔斯著；金勇译. — 北京：商务印书馆，2022
（海外东南亚研究译丛）
ISBN 978-7-100-20776-8

Ⅰ. ①泰… Ⅱ. ①克… ②金… Ⅲ. ①泰国－历史－研究 Ⅳ. ①K336.0

中国版本图书馆CIP数据核字（2022）第036073号

权利保留，侵权必究。

海外东南亚研究译丛
泰国的激进话语：泰国萨迪纳制的真面目
〔澳〕克雷格·J. 雷诺尔斯　著
金　勇　译
杜　洁　校

商　务　印　书　馆　出　版
（北京王府井大街36号　邮政编码100710）
商　务　印　书　馆　发　行
北京兰星球彩色印刷有限公司印刷
ISBN 978-7-100-20776-8

2022年9月第1版　　开本710×1000　1/16
2022年9月第1次印刷　印张20　3/4

定价：108.00元